사기 선집

사기
선집

김원중 교수가 가려 뽑은
『사기』 명편 22

사마천 ● 김원중 편역

민음사

머리말

    중국 역사의 아버지, 사성(史聖) 사마천은 왕 앞에서 자신의 의견을 잘못 드러냈다가 궁형(宮刑)이라는 형벌을 당하고 나서 당시의 심정을 이렇게 말했다. "하루에도 창자가 아홉 번씩 끊어지는 듯하고 집 안에 있으면 갑자기 망연자실하고 집 밖을 나서면 어디로 가야 할지를 알지 못합니다. 매번 이 치욕을 생각할 때마다 땀이 등줄기를 흘러 옷을 적시지 않는 적이 없습니다."(「보임소경서(報任少卿書)」) 이러한 치욕의 상황에서 사마천은 피로 쓴 역사, 혼을 담은 대서사 『사기』를 완성했다.

    『사기』 중에서도 백미로 손꼽히는 열전은 사마천 자신이 처한 상황을 반영하듯 첫 편 「백이 열전」을 통해 착하고 옳은 사람이라고 해서 반드시 잘 사는 것은 아니라는 메시지를 던지며 시작된다. 춘추 전국 시대, 초한 쟁패와 제국의 성립 과정에서 보이는 다양한 인간 군상의 성공과 실패, 희망과 좌절에 대해 이야기하는 사마천은 영원한 승자와 패자도 없고 불후한 강자와 약자도 없는 경계의 미학을 강조하면서 역사의 패배자도 역사의 주인공으로 거듭나게 한다. 그리하여 한 인물이 세운 업적의 찬란함보다는 그 인물의 인간적 면모나 드러나지 않았던 모습에 초점을 두고 서술한 사마천의 붓끝은 격동하는 역사의 흐름 속에 살다간 다양한 부류들의 개성만큼이나 역동적이고 흥미진진하게 움직이며 이야기를 펼쳐 나간다.

사마천이 『사기』에서 다루는 인물은 제왕을 비롯하여 왕이나 제후, 재상, 장군, 모사, 협객, 장사꾼 등 다양하다. 이러한 인물들은 여전히 우리가 늘 살아가며 부딪치는 수많은 사람들의 전형이다. 그 안에는 시대의 판도를 송두리째 뒤바꾼 전략가와 통찰력의 소유자도 있고, 어설픈 명분론보다는 시대의 흐름을 간파하는 안목으로 역사를 새롭게 창조한 자들도 있다. 무에서 유를 창조하거나 비주류 속에서 주류로 진입한 자들은 거듭된 치욕 속에서도 묵묵히 견뎌 내, 때로는 여유롭게 때로는 비장하게 시대에 맞서 정면 승부를 던진 인물들이었다. 예컨대 안영처럼 남다른 소신과 열린 사고로 유연한 리더십을 발휘하는 2인자의 처세를 잘 보여 주는 인물도 있고, 관중처럼 친구의 헌신에 힘입어 재상 지위를 얻고 경제 우선 정책과 개혁적 마인드로 나라를 부강하게 만든 인물도 있다. 그런가 하면 여불위는 진시황 부자(父子)를 등극시켜 인재 경영의 귀재의 면모를 드러냈고, 쥐 두 마리를 보고 인생의 지혜를 터득한 이사는 "태산은 한 줌의 흙을 사양하지 않는다."라는 인재 개방론을 주장하며 진 제국의 시스템을 완성했다.

특히 이 책에 실린 스물두 편은 대부분 발분(發憤)과 절치부심(切齒腐心)으로 치욕을 승화하여 자신을 딛고 일어선 자들의 이야기이다. 한신은 저잣거리에서 남의 가랑이 사이를 기어 지나가는 모욕을 겪었으나 훗날 한나라의 손꼽히는 개국 공신이 되었고, 월왕 구천은 쓸개를 곁에 두고 패배를 곱씹으며 단련하여 복수에 성공한다. 어머니의 부고장이 날아와도 출세하지 못했다는 핑계를 대고 장례에 가지 않고 심지어 장군이 되기 위해 아내마저 죽인 비정한 야심가 오기는 부하의 종기를 빠는 행동도 서슴지 않아 장병들을 감동시켜 76번 치른 전쟁에서 64차례나 완승했다. 남의 집 머슴살이를 하다가 "왕후장상이 어찌 씨가 있겠느냐!"라며 들고 일어서 왕이 된 진섭, 군법을 수호하고 법치를 지키기 위해 측근까지 제거한 양저 등 시대에 발자취를 남긴 인물들은 자신의 단점을 이겨 내고 역경을 발판으로 삼아 때로는 시류에 편승하고 때로는 시대를 거슬러 가면서 천변만화하는 역사의 대변주 아래 나름의 생존력을 확보해 나갔다.

한편 사마천은 돈을 향한 인간의 본능을 과감히 인정할 것을 요구하기도 한다. 널리 알려진 「화식 열전」은 10대 명편 중의 하나로서 먹고사는 문제, 즉 경제 능력이 사회생활에서 중요하다는 것을 힘써 강조한다. 사마천은 이 편에서 "부유해지는 데에는 정해진 직업이 없고, 재물에는 정해진 주인이 없다. 능력 있는 사람에게는 재물이 모이고, 능력이 없는 사람에게는 기왓장 부서지듯 흩어진다. 천금의 부자는 한 도읍에 군주에 맞먹고, 거만금을 가진 자는 왕과 즐거움을 같이한다. (그들이야말로) 어찌 소봉(素封)이라고 할 만한 자들인가 아닌가!"라고 하면서 경제적인 부가 왕이나 제후 못지않은 권력으로 확장된다는 것을 여러 사례를 통해 입증하고 있다. 여기서 소봉이란 천자로부터 받은 봉토는 없지만 재산이 많아 제후와 비할 만한 큰 부자를 뜻하는 말이다.

이제 여기 스물두 편을 통해 사마천이 던지는 인간과 권력에 대한 위대한 성찰의 메시지를 읽어 보자. 사마천이 역사에서 읽어 낸 '세상의 도리(世道)'는 무정하고 서릿발 같은 현실 속에서 더욱 빛을 발하고 있다. 이는 2000년 전 역사 인물들을 21세기 오늘의 인물로 재탄생시키는 힘이다.

이들을 통해 우리는 무엇을 느끼고 무엇을 배울 것인가? 독자들은 한 편 한 편 읽으면서 사마천이 던지고자 한 행간의 의미를 읽어 내려가기로 하자. 문맥과 문맥 사이에 스며 있는 사마천의 내공 있는 글쓰기 세계로 빠져 보기로 하자.

2014년 11월
죽전(竹田)의 연구실에서
김원중 적다

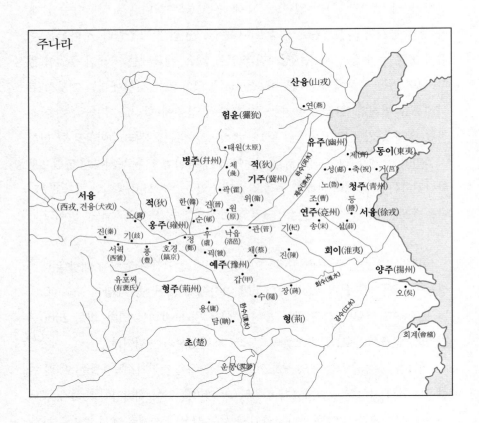

주나라

산융(山戎)

험윤(玁狁)

연(燕)

태원(太原)
병주(幷州)
체(彘)

적(狄)
기주(冀州)
곽(霍)

위(衛)

유주(幽州)

동이(東夷)

제(齊)
성(邿) 축(祝) 거(莒)

노(魯)
조(曹) 등(滕) 청주(靑州)

서융
(西戎, 견융(犬戎))

적(狄)
한(韓)
진(晉)
원(原)
웅주(雍州)
순(郇)

연주(兗州)
기(杞)
송(宋) 설(薛)

서융(徐戎)

진(秦)
기(岐)
우(虞)
노(潞)

정(鄭) 낙읍(洛邑)
관(管)

회이(淮夷)

서괵
(西虢)
풍
(豊)
호경
(鎬京)
곽(虢)

예주(豫州)
채(蔡)
진(陳)

유포씨
(有褒氏)

형주(荊州)
갑(甲)

수(隨)
장(蔣)
회수(淮水)

양주(揚州)

오(吳)

용(庸)
담(聃)
한수(漢水)
형(荊)
강수(江水)

초(楚)

회계(會稽)

운몽(雲夢)

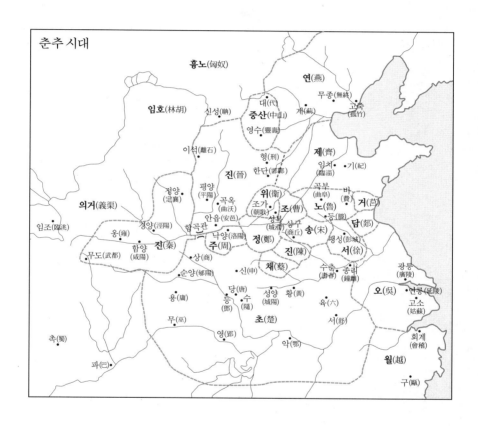

춘추 시대

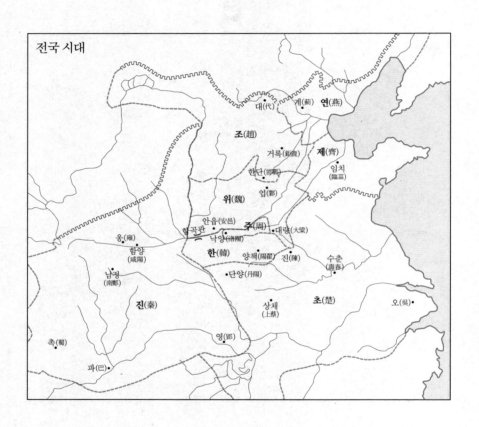

전국 시대

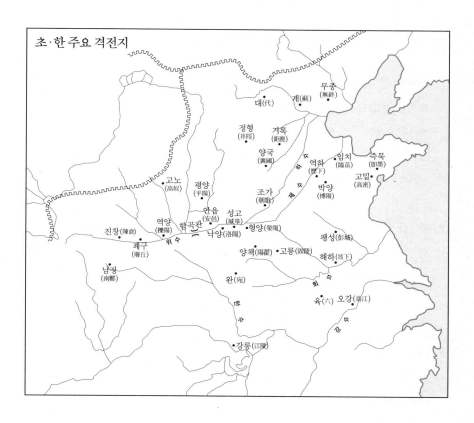

초·한 주요 격전지

차례

3부 항우와 유방의 초한 쟁패

4부 사마천이 꿰뚫은 다양한 인간 삶

일러두기

1   이 책은 졸역 『사기 본기』(2010), 『사기 세가』(2010), 『사기 열전(1·2)』(2007) 중
    22편을 추려 엮은 것이다.
2   번역의 원칙은 원문에 충실한 직역을 위주로 했다. 역자가 독자의 이해를 돕기 위해
    부가한 말과 원문과 역어가 다른 말은 [ ] 안에 넣었다.
3   각 편의 소제목과 해제는 독자의 이해를 돕기 위해 역자가 붙인 것이다.

1부

천하 제패를 향한
치열한 경쟁의 시대

1

백이 열전

伯夷列傳

이 편은 일흔 편의 열전 중 첫 번째 편으로 고죽국 군주의 두 아들인 백이(伯夷)와 숙제(叔齊)의 고매한 인품을 허유(許由), 무광(務光)에 견주면서 그려 나간다. 사마천은 백이와 숙제가 세상에 알려진 게 공자의 칭찬에 의한 것임을 언급하면서 70 열전의 인물이 자신의 붓끝을 빌려 세상에 이름을 떨치게 됨을 암시하고 있다.

조선 중기 시인 백곡 김득신이 1억 1만 3000번이나 외웠다는 이 편은 불과 1000자도 못 되지만 10여 명이나 되는 역사 인물을 다룬다. 즉 '백이 열전'이지만 백이에 대한 기록은 겨우 215자에 그칠 뿐이고 나머지 4분의 3은 저자 자신의 논설이다. 그의 관점은 이렇게 요약된다.

사마천은 천도(天道)에 대한 의문을 표시하면서 인간사의 불공정한 여러 형태에 대해 회의를 품는다. 천도의 기본은 권선징악이지만 사회 현실은 오히려 그 반대인 경우가 적지 않아 착한 사람이 재앙을 입고 나쁜 사람이 복을 누리는 게 세상의 이치(世道)라는 것이다. 따라서 사마천은 공자가 백이와 숙제 두 사람에 대해 "인(仁)을 구하여 그것을 얻었다."라고 한 칭찬을 의문시한다. 백이와 숙제가 남긴 「채미가(采薇歌)」의 내용이나, 이 두 사람이 주나라 곡식을 먹지 않고 죽은 것으로 볼 때 원망으로 가득 차 있지 않느냐는 것이다.

아울러 겸양의 미덕을 강조하고 다툼을 꾸짖었다. 한(漢)나라 초 군주와 신하, 아버지와 아들, 형과 동생 사이의 심각한 이권 다툼 속에서, 의리와 명분을 내걸고 꿋꿋

한 삶을 살아간 백이와 숙제가 부귀영화를 마치 뜬구름에 비유하면서 목숨을 아까워하지 않은 모습은 단연 돋보였을 것이다.

사마천이 이 편을 쓴 의도는 단순히 수양산에서 굶어 죽은 백이와 숙제의 행적을 기록하려 했다기보다는 도도히 흐르는 역사 속에서 어찌할 수 없는 인간의 운명에 궁형(宮刑)을 당한 자신을 빗대어 쓴 것이다. 특히 하늘의 도(天道)에 대해 옳고 그름(是非)의 의문을 던지면서 세상 이치의 냉엄함에도 주목하고 있다.

수양산에서 고사리를 뜯어 먹고 살다가 굶어 죽은 백이와 숙제.

왜 유가 경전에는 허유와 무광 등의 사적이 없을까?

대체로 학자들이 기록한 서적은 매우 광범위하나 믿을 만한 것은 육예(六藝, 즉 육경(六經, 『시경』, 『서경』, 『예기』, 『악경』, 『역경』, 『춘추』))에서 찾을 수 있다. 『시경』과 『서경』에도 없어진 곳이 있기는 하나,[1] 우(虞)나라와 하(夏)나라 때의 글로 알 수 있다.

요(堯)임금[2]은 순(舜)[3]에게 제위를 물려주었고, 순임금은 우(禹)[4]에게 물려주었다. 순임금과 우임금 사이에 사악(四嶽, 요순 때 사방 제후들의 우두머리)과 열두 주의 목(牧, 각 주의 행정 장관)들이 다 함께 〔우임금을〕 추천하였으므로[5] 시험 삼아 자리를 주고 수십 년 동안 정치를 맡겨 공적이 이루어진 다음에 제위를 넘겨주었다. 〔이러한 절차를 밟는 까닭은〕 천하는 소중한 그릇이고 왕은 가장 높은 통치자이므로 천하를 전해 주는 일이 이처럼 어려움을 보여 주기 위해서이다. 그러나 말하기를 좋아하는 자들은 이렇게 말한다.

"요임금이 허유에게 천하를 물려주려고 하자, 허유는 받지 않고 오히려 그러한 말을 들은 것을 부끄러워하며 달아나 숨어 버렸다. 하나라 때에는 변수(卞隨)와 무광[6] 같은 인물이 있었다. 이러한 사람들은 무엇 때문에 칭송을 받을까?"

태사공은 말한다.

"내가 기산(箕山)에 올랐을 때, 그 위에 허유의 무덤이 있을 것이라고들 했다. 공자는 옛 인인(仁人), 성인(聖人), 현인(賢人)들을 차례로 열거하면서 오태

---

1   『서경』은 본래 3000여 편이었는데 공자에 의해 100편으로 정리되었고 진나라의 분서갱유가 있은 뒤 28편만 남게 되었다고 한다. 또한 공자는 『시경』을 305편으로 정리하기도 했다.
2   전설 속 도당씨(陶唐氏) 부락의 우두머리로서 덕으로 나라를 다스린 성군으로 손꼽힌다.
3   전설 속 우씨(虞氏) 부락의 우두머리이다. 요임금과 함께 이상적인 군주의 모범으로 일컬어진다.
4   하후씨(夏后氏) 부락의 우두머리이며 하나라 창시자이다. 그는 홍수를 다스려 민심을 얻었으며, 중국 역사상 최초의 통치자가 되었다. 그는 농사 시기에 주의하여 최상의 이익을 얻으려고 했다. 그 당시 이미 군대, 형벌, 관리, 감옥 등이 있어 중국 초기 국가의 탄생으로 여겨진다.
5   이것은 원시 민주 정치의 전형으로 공자가 주장한 '천하위공(天下爲公)'의 이상적인 형태이다.
6   변수와 무광은 모두 하나라 걸왕 때의 겸손한 인물로 추앙받는다.

백(吳太伯),[7] 백이 같은 무리들을 자세히 언급하고 있다. 나는 허유와 무광이 절개와 의리가 몹시 고결한 인물이었다고 들었다. 그러나 『시경』과 『서경』의 문장에는 그들에 관한 대략적인 기록조차 없으니 무슨 까닭인가?"

백이와 숙제는 정말 원망하는 마음이 없었을까?

공자는 "백이와 숙제는 지나간 원한(무왕(武王)이 주왕(紂王)을 정벌할 때 말고삐를 부여잡고 간언한 것을 듣지 않은 일)을 생각하지 않으므로 다른 사람을 원망하는 일이 거의 없었다."라고 했고, "[그들은] 인(仁)을 구하여 그것을 얻었는데 또 무엇을 원망하였겠는가?"라고 했다. 그러나 나는 백이의 심경이 일시(軼詩, 『시경』에 실려 있지 않은 시인 「채미가」)를 보면 [공자의 말과는] 다른 데가 있어 슬프다. 전해 오는 것은 이러하다.

백이와 숙제는 고죽국(孤竹國)[8] 군주의 두 아들인데, 그들의 아버지는 아우인 숙제에게 뒤를 잇게 할 작정이었다. 그러나 아버지가 죽자 숙제는 왕위를 형 백이에게 양보하려고 했다. 그러자 백이는 '아버지의 명령'이라면서 달아나 버렸고 숙제도 [왕위에] 오르려 하지 않고 달아나 버렸다. 고죽국 사람들은 할 수 없이 중간의 아들(백이의 동생이며 숙제의 형)을 왕으로 세웠다. 이때 백이와 숙제는 서백창(西伯昌)[9]이 노인을 잘 모신다는 소문을 듣고 그를 찾아가서 몸을 의탁하려고 했다. 그런데 그들이 [주나라에] 이르렀을 때 서백창은 죽었고, [그의 아들] 무왕(武王)은 [선왕의] 시호를 문왕(文

---

7 주나라 태왕(太王)의 맏아들로, 왕위를 셋째 아들에게 물려주려는 아버지의 뜻에 따르고 오나라로 갔기 때문에 오태백이라고 부른다. 자세한 이야기는 「오태백 세가」를 참고.

8 탕(湯)임금이 봉한 나라이다. 고죽국 군주의 성은 묵태(墨胎)이고 이름은 초(初)이며 자는 조(朝)이다. 그는 청렴하고 고상한 지조를 지킨 백이와 숙제의 아버지로 알려져 있으나 확실하지는 않다.

9 주나라 문왕(文王)을 말한다. 그는 은나라 말기에 서쪽 제후의 우두머리였기 때문에 서백(西伯)으로 불린다.

王)이라고 일컬으며 나무로 만든 아버지의 위패를 수레에 싣고 동쪽으로 주왕(紂王)[10]을 치려 했다. 백이와 숙제는 무왕의 말고삐를 붙잡고 간언했다.

"아버지가 돌아가셨는데 장례도 치르지 않고 바로 전쟁을 일으키는 것을 효(孝)라고 할 수 있습니까? 신하 신분으로 군주를 죽이는 것을 인(仁)이라고 할 수 있습니까?"

그러자 [무왕] 곁에 있던 신하들이 무기로 베려고 했다. 이때 태공(太公, 제나라의 시조인 여상(呂尙))이 [그들을 두둔하여] 말했다.

"이들은 의로운 사람들이다."

이에 그들을 보호하여 가게 했다. 그 뒤 무왕이 은나라의 어지러움을 평정하자 천하는 주나라를 종주(宗主)로 삼았다. 그러나 백이와 숙제는 이를 부끄럽게 여기고 의롭게 주나라 곡식을 먹지 않고, 수양산(首陽山)으로 들어가 고사리를 뜯어 먹었다. 그들은 굶주려서 죽을 지경에 이르러 노래를 지었는데, 그 가사는 이렇다.

저 서산(西山)에 올라
고사리를 뜯었네.
폭력으로 폭력을 바꾸었건만
그 잘못을 모르는구나.
신농(神農), 우, 하나라 때는 홀연히 사라졌으니
우리는 앞으로 어디로 돌아가야 하나?
아아! [이제는] 죽음뿐,
운명도 다했구나!

마침내 수양산에서 굶어 죽었다.

---

10 은나라 마지막 임금으로, 포악하고 잔인하여 하나라 걸왕(桀王)과 함께 폭군의 대명사로 일컬어진다. 무왕이 그를 죽이고 은나라를 멸망시켰다.

이 가사로 본다면 원망한 것인가? 〔원망하지〕 않은 것인가?

착한 이가 곤경에 빠지는 것이 하늘의 도인가?

어떤 사람은 이렇게 말했다.

"하늘의 도는 사사로움이 없어 늘 착한 사람과 함께한다."

백이와 숙제는 착한 사람이라고 할 수 있지 않은가? 그러나 그들은 이처럼 어진 덕망을 쌓고 행실을 깨끗하게 했어도 굶어 죽었다.

또한 〔제자〕 일흔 명 중에서 공자는 안연(顔淵)만이 학문을 좋아한다고 칭찬하였다. 그러나 안연은 〔밥그릇이〕 자주 텅 비었고 술지게미와 쌀겨 같은 거친 음식조차 배불리 먹지 못하고 끝내 젊은 나이에 죽고 말았다. 하늘이 착한 사람에게 복을 내려 준다면 어찌 이런 일이 있을 수 있는가? 도척(盜跖)[11]은 날마다 죄 없는 사람을 죽이고 그들의 고기를 잘게 썰어 먹었다. 잔인한 짓을 하며 수천 명의 무리를 모아 제멋대로 천하를 돌아다녔지만 끝내 하늘에서 내려 준 자신의 수명을 다 누리고 죽었다. 이는 어떠한 덕을 따르는 것인가? 이러한 것들은 그러한 사례 중에서도 가장 두드러진다.

최근 사례를 살펴보면 하는 행동이 올바르지 않고 법령이 금지하는 일만을 일삼으면서도 한평생을 호강하며 즐겁게 살고 대대로 〔부귀가〕 이어지는 사람이 있다. 그런가 하면 걸음 한 번 내딛는 데도 땅을 가려서 딛고, 말을 할 때도 알맞은 때를 기다려 하며, 길을 갈 때는 작은 길로 가지 않고, 공평하고 바른 일이 아니면 떨쳐 일어나서 하지 않는데도 재앙을 만나는 사람은 그 수를 헤아릴 수 없을 만큼 많다. 나는 매우 당혹스럽다. 만일 〔이러한 것이〕 하

---

11 춘추 시대 노(魯)나라 사람으로 9000명의 무리를 거느리고 악행을 저지르며 제후들조차 공격한 자로 이름은 척(跖)이다. 역대 통치자들은 그를 대도(大盜)라고 헐뜯었고, 역사에서는 도척(盜跖)이라고 했다.

늘의 도라면 옳은가? 그른가?

천리마의 꼬리에 붙어야 천 리 길을 갈 수 있다

공자는 이렇게 말했다.

"길이 다르면 서로 도모하지 않는다."

이는 사람은 자기의 뜻을 좇는다는 말이다. 그래서 〔공자는 또한〕 이렇게 말했다.

"부귀가 찾아서 얻을 수 있는 것이라면 말채찍을 잡는 천한 일자리라도 나는 하겠다. 또 만일 찾아서 얻을 수 없다면 나는 내가 좋아하는 것을 좇겠다."

"추운 계절이 되고 나서야 비로소 소나무와 잣나무가 시들지 않는다는 것을 안다."

온 세상이 혼탁하면 깨끗한 사람이 비로소 드러난다. 어찌하여 〔세속 사람들은〕 부귀한 사람을 중시하고, 깨끗하고 맑은 사람을 하찮게 여길까?

공자는 말했다.

"군자(君子)[12]는 죽고 나서도 자기 이름이 일컬어지지 않는 것을 싫어한다."

가의(賈誼, 한나라 문제 때의 정치가이자 문인)는 이렇게 말했다.

"탐욕스러운 자는 재물에 목숨을 걸고, 열사는 이름에 목숨을 걸며, 뽐내기 좋아하는 사람은 권세 때문에 죽고, 뭇 서민은 〔그날그날의〕 생계에 매달린다."

"같은 종류의 빛은 서로 비추어 주고, 같은 부류들은 서로 어울린다."

"구름은 용을 따라 생기고 바람은 범을 따라 일어난다. 성인이 나타나야 만물도 다 뚜렷해진다."

---

12 군자는 본래 통치자(君)의 아들(子)이라는 뜻으로 귀족과 비슷한 의미로 쓰였으나, 공자 이래로 사회적 위치와 관련 없이 도덕적 품성이 높아 존경받는 사람을 가리킨다.

백이와 숙제가 비록 어질기는 했지만 공자의 칭찬이 있고 나서부터 그 명성이 더욱더 드러나게 되었다. 안연이 학문을 좋아하기는 했지만 천리마(공자를 비유함)의 꼬리에 붙었기에 행적이 더욱 두드러지게 되었다. 바위나 동굴 속에 〔숨어 사는〕 선비들은 때를 보아 나아가고 물러난다. 그러나 이러한 사람들의 명성이 묻혀 거론되지 않는 것이 슬프구나. 시골에 묻혀 사는 사람 중에 덕행을 닦아 명성을 세우고자 하는 사람이라도 덕행 있는 선비를 만나지 못한다면 어떻게 후세에 이름을 남길 수 있겠는가?

관·안 열전
管晏列傳

이 편은 춘추 시대 제(齊)나라의 명재상으로 이름을 떨친 관중(管仲)과 안영(晏嬰)의 이야기를 다루고 있다. 시대적으로 100여 년이나 차이가 나는 두 사람을 한 열전에 실은 것은 이들이 세운 탁월한 공적 때문이다.

기원전 785년 제나라 양공(襄公)이 피살되자 소백(小白)과 규(糾)는 서로 군주가 되기 위해 다투었다. 그때 포숙(鮑叔)은 소백을 보좌하고 관중은 규를 보좌했다. 규는 관중에게 군대를 인솔하여 소백을 막도록 했다. 관중은 활을 쏘아 소백의 허리띠를 맞혔다. 그 뒤 소백은 먼저 제나라로 가서 군주가 되었는데 이가 환공(桓公)이다. 환공이 즉위한 뒤 포숙은 관중을 추천하여 경(卿)이 되도록 했다. 환공은 옛 원수인 관중을 재상으로 삼았다. 관중은 40여 년 동안 재상 자리에 있으면서 정치, 경제, 군사 등 모든 방면에 대대적인 개혁을 단행했고 환공이 춘추 시대의 첫 번째 패자가 되는 데 크게 기여하여 춘추 시대 최고의 군사(軍師)로 꼽힌다.

공자에게 소인으로 폄하된 관중은 관경중(管敬中)이라고도 부른다. 출신이 보잘것없던 그가 재능을 펼치고 제나라의 뛰어난 재상이 된 것은 전적으로 포숙의 추천 덕분이다. 따라서 사마천은 사람을 알아보는 포숙의 능력을 부각시키고 있다.

안영은 춘추 시대 제나라의 영공(靈公), 장공(莊公), 경공(景公) 등 세 대에 걸쳐 재상을 지내며 50년 동안 집정하면서 제나라를 중흥시켜 제후들 사이에 이름을 떨쳤다. 그는 2인자 행동 미학의 귀감을 보여 결단력과 슬기와 해학이 넘쳤고, 내치에도 뛰어났다. 그는 평생 동안 단 한 번도 긴장을 풀지 않았다고 하며 30년 동안 옷 한 벌로 생활할 만큼 검소했다. 그러면서도 직언을 서슴지 않은 명재상이다.

포숙의 추천으로 옥에서 풀려나 제나라 재상이 된 관중.

사람을 알아보는 눈을 가져야 한다

관중(管仲) 이오(夷吾)는 영수(潁水) 근처 사람이다. 젊을 때 늘 포숙아(鮑叔牙)와 사귀었는데, 포숙은 그의 현명함을 알아주었다. 관중은 빈곤하여 언제나 포숙을 속였지만 포숙은 늘 그를 잘 대해 주고 속인 일을 따지지 않았다.

시간이 지난 뒤 포숙은 제(齊)나라 공자(公子, 제후의 아들) 소백(小白)[1]을 섬기고 관중은 공자 규(糾)를 섬겼다. 소백이 왕위에 올라 환공(桓公)이 되고 이에 맞서던 규는 싸움에서 져 죽었다. 관중은 옥에 갇히는 몸이 되었으나 포숙은 환공에게 관중을 마침내 추천하였다.[2] 이렇게 하여 관중은 제나라의 정치를 맡게 되었다. 제나라 환공은 관중을 등용하여 천하의 우두머리가 되었다. 환공이 제후들을 여러 차례 모아 천하를 바르게 이끈 것은 모두 관중의 묘책에 따른 것이었다.

관중은 이렇게 말했다.

"내가 가난하게 살 때 포숙과 장사를 한 적이 있었다. 이익을 나눌 때마다 내가 더 많은 몫을 차지하곤 했지만 포숙이 나를 욕심쟁이라고 말하지 않았던 것은 내가 가난한 것을 알았기 때문이다. 내가 일찍이 포숙을 대신해서 어떤 일을 도모하다가 그를 더욱 어렵게 만들었지만 포숙이 나를 어리석다고 하지 않았던 것은 유리할 때와 불리할 때가 있음을 알았기 때문이다. 내가 일찍이 세 번이나 벼슬길에 나갔다가 세 번 다 군주에게 내쫓겼지만 포숙이 나를 모자란 사람이라고 여기지 않았던 것은 내가 때를 만나지 못한 것을 알았기 때문이다. 내가 일찍이 세 번 싸움에 나갔다가 세 번 모두 달아났지

---

1   소백은 제나라 환공의 이름이다. 양공이 타당한 이유 없이 사람을 무수히 죽이자, 소백과 규를 비롯한 그의 동생들은 두려움에 떨며 다른 나라로 도망쳤다. 소백의 형인 규는 노나라로 가고 소백은 고(高)로 달아났다. 얼마 뒤 양공이 다른 사람에게 피살되었다는 소식을 듣고 소백이 먼저 돌아와 임금 자리에 올랐다. 「제 태공 세가」 참고.
2   이때 포숙은 관중을 추천하면서 이렇게 말했다고 한다. "당신이 제나라만을 다스리고자 하면 고혜(高傒)와 숙아(叔牙)가 있으면 됩니다. 당신이 천하의 우두머리가 되고자 한다면 관이오가 아니면 불가능합니다. 이오는 어느 나라에 있든 그 나라에서 소중히 여길 인물이니 잃어서는 안 됩니다."

만 포숙이 나를 겁쟁이라고 하지 않았던 것은 내가 늙은 어머니를 모시고 있다는 사실을 알았기 때문이다. 공자 규가 임금 자리를 놓고 벌인 싸움에서 졌을 때, 〔나와 함께 곁에서 규를 도운〕 소홀(召忽)은 스스로 목숨을 끊었고 나는 붙잡혀 굴욕스러운 몸이 되었으나 포숙이 나를 부끄러움도 모르는 사람이라고 여기지 않았던 것은 내가 자그마한 일에는 부끄러워하지 않지만 천하에 이름을 날리지 못하는 것을 부끄러워함을 알았기 때문이다. 나를 낳아 준 이는 부모이지만 나를 알아준 이는 포자(鮑子, 포숙)이다."

포숙은 관중을 추천하고 자신은 그의 아랫자리에 있었다. 〔포숙의〕 자손들은 대대로 제나라의 봉록을 받으며 봉읍지를 십여 대 동안 가졌으며 늘 이름 있는 대부로 알려졌다. 세상 사람들은 관중의 현명함을 칭송하기보다는 사람을 알아보는 눈을 가진 포숙을 더 찬미하였다.

창고가 가득 차야 예절을 안다

관중은 제나라 재상이 되어 정치를 맡자 보잘것없는 제나라가 바닷가에 있는 이점을 살려 교역을 통해 재물을 쌓아 나라를 부유하게 하고 군대를 튼튼하게 만들었으며 백성과 더불어 좋고 나쁜 것을 나누었다. 그는 이렇게 말했다.

"창고에 물자가 풍부해야 예절을 알며, 먹고 입는 것이 풍족해야 명예와 치욕을 알게 된다. 임금이 법도를 실천하면 육친(六親, 아버지, 어머니, 형, 동생, 아내, 자식)이 굳게 결속하고, 사유(四維, 나라를 다스리는 네 가지 강령, 즉 예(禮), 의(義), 염(廉), 치(恥))가 펼쳐지지 못하면 나라는 멸망한다. 수원(水源)에서 물이 흘러가듯이 명령을 내리면 그 명령은 민심에 순응하게 된다."

나라에서 의논한 정책은 낮은 수준이어서 실천하기 쉬웠다. 백성이 바라는 것은 그대로 들어주고 백성이 싫어하는 것은 그들의 뜻대로 없애 주었다.

관중은 정치를 하면서 재앙이 될 수 있는 일도 복이 되게 하고, 실패할 일도 돌이켜 성공으로 이끌었다. 그는 물가의 높고 낮음을 따지고 득실을 재는 데 신중히 하였다. 〔예를 들면〕 제나라 환공은 부인 소희(少姬)가 뱃놀이하는 중에 배를 흔들어 놀라게 한 죄를 물어 그녀를 모국인 남쪽 채(蔡)나라로 내쳤는데, 채나라에서 그녀를 다시 시집보내자 화가 나서 채나라를 친 일이 있었다. 그때 관중은 초나라를 함께 쳐서 주나라 왕실에 포모(包茅, 참억새로 만든 제사 용품으로 술을 거르는 데 씀)를 바치지 않은 것을 나무랐다. 〔또〕 환공이 북쪽으로 산융(山戎)을 치려 하자, 관중은 이 기회에 연나라를 쳐서 〔그들의 조상인〕 소공(召公)의 〔어진〕 정치를 다시 수행하도록 했다. 가(柯)에서 제후들을 만나 맹세할 때에도 환공이 노나라에서 빼앗은 땅을 돌려주기로 한 노나라 장수 조말(曹沫)과의 약속을 어기려고 하자, 관중은 이 약속을 지켜 신의를 세우도록 했다. 제후들은 이 일로 해서 제나라로 귀의하게 되었다. 그래서 "주는 것이 곧 얻는 것임을 아는 게 정치의 비책이다."라는 말이 생겨났다.

관중의 재산은 공실(公室, 제후 집안)의 재산에 버금가고 삼귀(三歸)³와 반점(反坫)⁴을 갖고 있었으나 제나라 사람들은 사치스럽다고 생각하지 않았다. 관중이 세상을 떠난 뒤에도 제나라에서는 그의 정책을 그대로 써서 늘 다른 제후국보다 강했다. 〔관중이 죽은 뒤〕 백여 년이 지나 안영이 등장했다.⁵

군자는 자신을 알아주는 이에게 뜻을 드러낸다

안평중(晏平仲) 영(嬰)은 내(萊)나라 이유(夷維) 사람으로 제나라 영공, 장공, 경공을 섬겼으며 아껴 쓰고 힘써 실행하여 제나라에서 중시되었다.

---

3   성이 각기 다른 세 여자를 세 집에서 아내로 거느리는 것 또는 누각이나 창고 이름이라고도 한다.
4   제후들이 만나 맹세할 때 술을 바치는 의식을 치른 뒤 빈 술잔을 엎어 두는 받침대이다.
5   「제 태공 세가」에 의하면 관중은 환공 41년(기원전 645년)에 죽었고, 안영은 영공 26년(기원전 556년)에 그 아버지가 맡았던 제나라의 경(卿)을 이어받았으므로 관중과 안영은 약 90년의 차이가 있으니 여기서 100여 년이 지난 뒤라고 한 것과 일치하지 않는다.

〔안영은〕 제나라 재상이 된 뒤에도 밥상에 고기반찬을 두 가지 이상 놓지 못하게 하고 첩에게는 비단옷을 입지 못하게 하였다. 그는 조정에 나아가서는 임금이 물으면 바른말로 대답하고, 묻지 않을 때에는 곧은 몸가짐을 하였다. 나라에 도가 있으면 명령을 따랐지만 도가 없으면 그 명령을 따르지 않았다. 그래서 세 대(영공, 장공, 경공)에 걸쳐 이름을 떨칠 수 있었다.

월석보(越石父)라는 어진 사람이 죄인의 몸이 되었다. 안자는 밖에 나갔다가 길에서 우연히 그와 마주쳤다.[6] 〔안자는〕 자기 마차의 왼쪽 말을 풀어 보석금으로 내주고 〔월석보를〕 마차에 태워 함께 집으로 돌아왔다. 집에 이른 안자는 인사말도 없이 내실로 들어가 버렸다. 〔안자가 내실에서〕 한참 머물자 월석보는 절교하자고 청했다. 안자는 화들짝 놀라 옷과 모자를 바로하고 사과하며 말했다.

"제가 어질지는 못하지만 당신이 어려울 때 구해 드렸습니다. 어찌 당신은 이토록 빨리 인연을 끊으려 하십니까?"

석보가 말했다.

"그렇지 않습니다. 제가 듣건대 군자는 자기를 알아주지 않는 자에게는 〔자신의 뜻을〕 굽히지만 자기를 알아주는 자에게는 〔자신의 뜻을〕 펼친다고 합니다. 제가 죄인의 몸일 때 저 옥리들은 저에 대해 모르고 있었습니다. 그러나 당신은 깨달은 바가 있어서 보석금을 내어 저를 구해 주었으니 이는 저를 알아준 것입니다. 저를 알아주면서도 예의를 갖추지 않는다면 진실로 죄인의 몸으로 있는 편이 낫습니다."

그러자 안자는 〔월석보를 안으로〕 모셔 상객(上客, 존귀한 빈객)으로 대우하였다.

안자가 제나라 재상이 되어 밖으로 나가려 할 때 마부의 아내가 문틈으로 자기 남편을 엿보았다. 그녀의 남편은 재상의 마부인데 〔마차의〕 큰 차양

---

6   가벼운 죄를 지은 죄수는 노역에 종사하거나 외출할 수도 있지만 저녁이 되면 반드시 감옥으로 돌아가야 했다.

을 받쳐 들고 말 네 필에 채찍질을 하면서 의기양양하며 자못 만족스러운 표정이었다. 시간이 지나 [마부가] 돌아오자 그 아내는 헤어지자고 요구했다. 남편이 그 까닭을 묻자 아내가 대답했다.

"안자라는 분은 키가 여섯 자도 채 못 되는데 제나라 재상이 되어 제후들 사이에서 이름을 떨치고 있습니다. 오늘 제가 그분이 외출하는 모습을 살펴보니 품은 뜻이 깊고 늘 자신을 낮추는 겸손한 태도가 있었습니다. 그런데 지금 당신은 키는 여덟 자나 되건만 겨우 남의 마부 노릇을 하면서도 아주 의기양양해하고 있습니다. 이것이 소첩이 헤어지자고 하는 까닭입니다."

이 일이 있은 뒤 마부는 겸손해졌다. 안자가 이상한 생각이 들어 물어보자 마부는 있는 그대로 대답했다. 그래서 안자는 그를 추천하여 대부로 삼았다.

태사공은 말한다.

"내가 관씨(管氏, 관중)가 쓴 책 『관자(管子)』의 「목민(牧民)」, 「산고(山高)」, 「승마(乘馬)」, 「경중(輕重)」, 「구부(九府)」 편과 [안자가 쓴] 『안자춘추(晏子春秋)』를 읽어 보니 그 내용이 매우 상세하였다. 그 책들을 읽고 그들이 살아온 자취를 살펴보고자 하여 차례대로 전기를 쓰기로 하였다. 그들의 책은 세상에 많이 나와 있으므로 여기서는 말하지 않기로 하고 세상에 알려지지 않은 일만을 말하였다.

세상 사람들은 관중을 어진 신하라고들 하지만 공자는 그를 무시하였다. 어찌 주나라 왕실의 운명이 쇠미해진 상황에서 어진 환공을 도와 왕도(王道)로 천하를 다스리는 군자가 되게 하지 않고 천하의 우두머리[7]로서만 이름을 떨치게 하려고 했겠는가? 전하는 말에 [군주가] '잘한 점은 좋아 더 잘하게 하고 그 잘못된 점은 바로잡아 주어야만 군주와 신하가 서로 친해질 수 있

---

7 '천하의 우두머리'란 '패자(覇者)'를 우리말로 풀이한 것이다. 본래 패자는 패도(覇道)로 제후들의 우두머리가 된 자를 가리킨다. 여기서 패도란 인(仁)과 의(義)를 가볍게 보고 권모술수와 무력을 숭상하는 것으로서 왕도(王道)와 상반되는 뜻이다. 춘추 전국 시대에 여러 제후국 간에 전쟁이 끊이지 않은 것도 제후들이 대부분 패도를 숭상했기 때문이다.

다.'라고 하였는데, 이것이 어찌 관중을 두고 하는 말이 아니겠는가?

안자는 제나라 장공이 대부 최저(崔杼)의 반역으로 죽었을 때, 그 시신 앞에 엎드려 소리 높여 울고 군신의 예를 다하고 떠났다. 이것을 어찌 '정의를 보고도 실천하지 않은 용기 없는 행동'이라고 할 수 있겠는가? 그러나 왕에게 간언할 때는 왕의 얼굴빛을 거슬렀으니, 이것은 '조정에서는 충성을 다할 것을 생각하고 물러나서는 허물을 보충할 것을 생각한다.'라는 마음가짐이었으리라! 오늘날 안자가 살아 있다면 나는 그를 위해 채찍을 드는 마부가 되어도 좋을 만큼 흠모한다."

3

노자·한비 열전

老子韓非列傳

이 편은 도가와 법가의 학술 원류를 다루고 있다. 한나라 초기를 지배하던 사상은 겉은 도가요 안은 법가였으며 『사기』 집필 당시 왕인 무제도 겉은 유가요 안은 법가였으니, 실상 법가를 숭상한 진(秦)나라의 사상적 맥락이 크게 바뀌지는 않았다.

노자와 장자의 사상을 흔히 도가 사상 또는 노장 사상이라고 한다. 도가 사상은 끊임없는 전쟁과 불안정 및 권력과 지위 다툼으로부터 벗어나 은둔과 도피를 일삼는 철학이다. 그래서 도가 사상은 군주 권력의 전제 정치에 대한 보통 사람들의 저항을 나타낸 것이라고도 한다.

노자에 관한 사마천의 관점은 이러하다. 노자는 공자와 동시대인으로 나이가 공자보다 많고 '예(禮)'에 밝아 공자에게 가르침을 주었다는 것이다. 사마천은 장자(莊子)의 우언을 당시 유가와 묵가를 공격하는 탁월한 무기로 본다.

한편 사마천은 법가 인물에 대해서는 비우호적이므로 오기(吳起)나 상군(商君) 등에 대해 편향된 시각을 드러냈다. 그러나 이 편에서 한비는 그의 비참한 최후가 감개 있는 필치로 그려지고 있다. 법치를 내세운 한비는 전국 시대 한(韓)나라 명문 귀족의 후예로서 눌변이지만 논리력을 필요로 하는 글에는 뛰어난 재능을 보였다. 한나라는 전국 칠웅 가운데 가장 작고 약했다. 전란이 계속되는 불안한 상황 속에서 약소국의 비애와 고통, 모욕과 굴욕, 굶주림 등은 한비에게 가혹한 고통이었다. 그래서 한비는 한나라 왕에게 해결책을 자주 간언하였으나 불행히도 받아들여지지 않았다.

「노·장·신·한 열전(老莊申韓列傳)」이라고도 하는 이 편은 사마천이 법가와 도가의 회통(會通)에 무게 중심을 두고 신불해와 한비 두 사람의 사상을 황로 사상에 귀착시킨 점에서 이해해야 한다. 이 편 외에 「맹자·순경 열전」에서는 유가만을 다룬 듯하지만 제자백가의 학설도 싣고 있다.

공자가 예를 묻자 대답하는 노자.

훌륭한 상인은 물건을 깊숙이 숨겨 둔다

노자(老子)는 초나라 고현(苦縣) 여향(厲鄕) 곡인리(曲仁里) 사람으로 성은 이씨(李氏), 이름은 이(耳), 자는 담(耼)이다. 그는 주나라의 장서를 관리하는 사관이었다.

공자가 주나라에 가 머무를 때 노자에게 예(禮)를 묻자 노자는 이렇게 대답했다.

"당신이 말하는 성현들은 뼈가 이미 썩어 없어지고 오직 그들의 말만이 남아 있을 뿐이오. 또 군자는 때를 만나면 달려가지만, 때를 만나지 못하면 쑥처럼 떠도는 모습이 되오. 훌륭한 상인은 〔물건을〕 깊숙이 숨겨 두어 텅 빈 것처럼 보이게 하고, 군자는 아름다운 덕을 지니고 있지만 모양새는 어리석은 것처럼 보인다고 하였소. 그대의 교만과 지나친 욕망, 위선적인 모습과 지나친 야심을 버리시오. 이러한 것들은 그대 자신에게 아무런 도움도 되지 않소. 내가 그대에게 할 말은 이와 같을 뿐이오."

공자는 돌아와서 제자들에게 이렇게 말했다.

"새가 잘 난다는 것을 나는 알고, 물고기가 헤엄을 잘 친다는 것을 나는 알며, 짐승이 잘 달린다는 것을 나는 안다. 달리는 것은 그물을 쳐서 잡을 수 있고, 헤엄치는 것은 낚시질로 잡을 수 있으며, 나는 것은 화살을 쏘아 잡을 수 있다. 그러나 용이라면 그것이 어떻게 바람과 구름을 타고 하늘로 올라가는지 나는 알 수 없다. 나는 오늘 노자를 만났는데 그는 마치 용 같은 존재였다."

노자는 도와 덕을 닦고 스스로 학문을 숨겨 명성을 없애는 데 힘썼다. 오랫동안 주나라에서 살다가 주나라가 쇠락해 가는 것을 보고는 그곳을 떠났다. 그가 함곡관(函谷關)에 이르자, 관령(關令) 윤희(尹喜)가 이렇게 말했다.

"선생께서는 앞으로 은둔하려 하시니 저를 위해 억지로라도 글을 써 주십시오."

그리하여 노자는 책 상·하편을 지어 '도(道)'와 '덕(德)'의 의미를 오천여

자로 말하고 떠나가 버렸다. 그 뒤로 그가 어떻게 여생을 살았는지는 아무도 모른다.

어떤 사람에 의하면 노래자(老萊子, 춘추 시대의 은자)[1]도 초나라 사람으로 책 열다섯 편을 지어 도가의 쓰임을 말하였는데, 공자와 같은 시대 사람이라고 한다.

대체로 노자는 백육십여 살 또는 이백여 살을 살았다고 하는데, 그가 도를 닦아 수명을 연장하였기 때문이라고 한다.

공자가 죽은 지 백이십구 년 되던 해 사서(史書)의 기록에 의하면, 주나라 태사(太史, 역사책이나 역법을 관장하던 직책) 담(僧)이 진(秦)나라 헌공(獻公)을 만나 이렇게 말했다.

"진나라는 처음에 주나라와 합쳤다가 오백 년이 지나면 나뉘고, 나뉜 날로부터 칠십 년이 지나면 패왕(霸王)이 나올 것이다."

어떤 사람은 담이 바로 노자라고 하고, 어떤 사람은 그렇지 않다고 한다. 이 세상에는 그것의 옳고 그름을 아는 이가 없다. 노자는 숨어 사는 군자였다.

노자의 아들은 이름이 종(宗)인데, 종은 위(魏)나라 장군이 되어 단간(段干)을 봉토로 받았다. 종의 아들은 주(注)이고, 주의 아들은 궁(宮)이며, 궁의 현손은 가(假)인데 가는 한(漢)나라 효문제(孝文帝) 때에 벼슬했다. 가의 아들 해(解)는 교서왕(膠西王) 앙(卬)의 태부(太傅)가 되어 제나라의 한 영역을 다스렸다.

세상에서 노자의 학문을 배우는 이들은 유가 학문을 내치고, 유가 학문을 배우는 이들은 역시 노자를 내쳤다. "길이 다르면 서로 도모하지 않는다."라는 말은 아마도 이러한 것을 두고 한 말일 것이다. 이이(李耳, 노자)는 하지 않는 것(無爲)으로써 저절로 교화되게 하고, 맑고 고요하게 있으면서 저절로

---

1   사마천은 노자와 노래자가 같은 사람일 것이라는 의심이 들어 여기에 기록했다. 『열선전(列仙傳)』에 의하면 노래자는 초나라 사람으로 당시 세상이 혼란스러워 몽산(夢山) 북쪽에서 농사를 지으며 숨어 살았는데, 초나라 왕이 몸소 찾아가 그를 맞이했다고 한다.

올바르게 되도록 했다.

관리가 되느니 더러운 시궁창에서 놀리라

장자(莊子)는 몽현(蒙縣) 사람으로 이름은 주(周)이다. 일찍이 몽현의 칠원(漆園)이라는 곳에서 벼슬아치 노릇을 했으며 양 혜왕(梁惠王), 제 선왕(齊宣王)과 같은 시대 사람이다. 그의 학문은 [넓어] 통하지 않은 것이 없었는데, 그 학문의 요체는 근본적으로 노자의 학설로 돌아간다.

십여만 자에 이르는 그의 책은 대부분 우화들이다. [그는] 「어부(漁父)」, 「도척(盜跖)」, 「거협(胠篋)」 편을 지어서 공자 무리를 호되게 비판하고 노자의 가르침을 밝혔다. 외루허(畏累虛), 항상자(亢桑子) 같은 이야기는 모두 꾸며 낸 이야기로서 사실이 아니다. [그는] 책을 지음에 빼어난 문사로 세상일을 살피고 인간의 마음에 어울리는 비유를 들어 유가와 묵가를 예리하게 공격했다. 당대의 학문이 무르익은 위대한 학자들도 그의 공격을 벗어나지는 못했다. 그의 말은 거센 물결처럼 거침이 없이 생각대로 펼쳐졌으므로 왕공(王公)이나 대인(大人)들에게 등용되지 못했다.

초나라 위왕(威王)은 장주가 현명하다는 말을 듣고 사신을 보내 많은 예물을 주고 재상으로 맞아들이려고 했다. 그러나 장주는 웃으며 초나라 왕의 사신에게 이렇게 말했다.

"천금(千金)은 막대한 이익이고 재상이란 높은 지위지요. 그대는 교제(郊祭, 고대 제왕이 해마다 동짓날에 도성의 남쪽 교외에서 하늘에 올린 제사)를 지낼 때 희생물로 바쳐지는 소를 보지 못했소? 그 소는 여러 해 동안 잘 먹다가 화려한 비단옷을 입고 결국 종묘로 [끌려] 들어가게 되오. 이때 그 소가 [몸집이] 작은 돼지가 되겠다고 한들 어찌 그렇게 될 수 있겠소? 그대는 빨리 돌아가 나를 욕되게 하지 마시오. 나는 차라리 더러운 시궁창에서 노닐며 즐길지언정 나라를 가진 제후들에게 얽매이지는 않을 것이오. 죽을 때까지 벼슬하지 않고 내 마음대로 즐겁게 살고 싶소."

형명지학의 대가 신불해

신불해(申不害)는 경읍(京邑) 사람으로, 본래는 정나라의 하찮은 신하였다. 법가의 학술을 배워 한(韓)나라 소후(昭侯)에게 유세하여 재상이 되었다. 그는 십오 년 동안 안으로는 정치와 교육을 바로 세우고 밖으로는 제후들을 상대했다. 그가 살아 있는 동안 한나라는 제대로 다스려지고 군사력이 막강하여 감히 쳐들어오는 자가 없었다.

신불해의 학문은 황제(黃帝)[2]와 노자에 근본을 두고 형명(刑名)[3]을 내세웠다. 그는 글 두 편을 썼는데 그것을 「신자(申子)」라고 한다.

용의 비늘을 건드리지 말라

한비(韓非)는 한(韓)나라의 여러 공자 가운데 한 사람으로 형명과 법술(法術)[4]의 학설을 좋아했으나 그의 학문은 황로 사상을 바탕으로 한다. 한비는

---

2 전설 속의 인물로 성은 공손(公孫)이고 호는 헌원씨(軒轅氏)이다. 중원 각 부족의 공동 조상이며 중국인의 조상으로 숭배된다. 당시 궁실, 수레, 배, 음악, 문자, 의학 등을 창조하고 발명했다. 그래서 후세 사람들은 그를 칭찬하여 온갖 물건을 만들 수 있는 자라고 하고 제왕의 형상을 부여했다. 황제는 노자와 함께 자연을 숭상하였으므로 합쳐서 황로(黃老)라 일컫는 경우가 많다.

3 형명(刑名)이란 원래 '형체와 명칭'을 가리키는 말로 '형명(形名)'이라고도 한다. 선진 때 법가들은 '형명'을 '법술(法術)'과 연계시켜 '명(名)'을 명분, 법령 등의 뜻으로 써서 '순명책실(循名責實)', '신상명벌(愼賞明罰)'을 주장하였다. 후대 사람들은 이들의 주장을 형명지학(刑名之學)이라고도 하고, 줄여서 형명(刑名)이라고도 부른다.

4 '법'이란 회화나 문서에 나타난 군주의 명령으로서 일종의 성문법이라고 할 수 있고, '술'은 군주의 가슴속에 있는 것으로서 나라를 잘 다스리기 위해 아랫사람의 능력을 최대한 발휘시킨다든지 잘못된 일이 있으면 꾸짖고 벌주는 등의 행동을 하는 것을 말한다. 이러한 법과 술을 더해 '법술'이라고 하는데, 이것은 특히 중앙 집권적 통치 체제하에서 높이 평가되었다. 한비자가 진시황의 마음을 사로잡은 것은 결코 우연이 아니었다.

날 때부터 말을 더듬어 유세는 잘 못했으나 글을 잘 지었다. 한비는 이사(李斯)와 함께 순경(荀卿)을 스승으로 섬겼는데, 이사는 자신이 한비에 미치지 못한다고 말했다.

한비는 한나라 땅이 나날이 줄어들고 쇠약해져 가는 것을 보고 한나라 왕 한안(韓安)에게 여러 차례 글을 올려 간언했지만, 한나라 왕은 그를 등용할 수 없었다. 그리하여 한비는 한나라 왕이 나라를 다스리는 데 법과 제도를 닦아 바로 세우고 권세를 잡아 신하들을 부리며 나라를 부유하게 하고 병력을 튼튼하게 하며 인재를 찾아 쓰고 어진 사람을 임명하는 일에 힘쓰지 않고, 도리어 쓸모없는 소인배(유학자들)를 등용하여 그들을 〔전투에서〕 공로와 실적이 있는 자보다 윗자리에 앉히는 것을 통탄하였다.

한비는 유학자는 글로 나라의 법을 혼란스럽게 하고, 협객은 힘으로 나라의 금령을 어긴다고 생각했다. 군주는 나라가 편안할 때에는 이름 있는 유학자를 아끼고 위급할 때에는 갑옷 입고 투구 쓴 무사를 등용한다. 그러므로 지금 이 나라에서 녹을 주어 기르는 자는 위급할 때에는 쓸 수 없는 자이고, 위급할 때에 쓰이는 사람은 평소 녹을 주어 기른 자가 아니다. 한비는 청렴하고 정직한 인물들이 사악한 신하들 때문에 쓰이지 못하는 것을 슬퍼하고 옛날 왕들이 시행한 정치의 성공과 실패에 관한 변천 과정을 살펴 「고분(孤憤)」, 「오두(五蠹)」, 「내저설(內儲說)」, 「외저설(外儲說)」, 「세림(說林)」, 「세난(說難)」 편 등 십여만 자의 글을 지었다.

그러나 한비는 유세의 어려움을 알고 「세난」 편을 매우 자세하게 지었음에도 결국은 진나라에서 죽어 자신은 정작 그 위험에서 벗어나지 못하였다. 그는 「세난」 편에서 〔이렇게〕 말하였다.

대체로 유세의 어려움은 내 지식으로 상대방을 설득시키기 어렵다는 것이 아니고, 내 말솜씨로 뜻을 분명히 밝히기 어렵다는 것도 아니며, 또 내가 감히 해야 할 말을 자유롭게 모두 하기 어렵다는 것도 아니다. 유세의 어려움은 군주라는 상대방의 마음을 잘 파악하여 내 주장을 그 마음에 꼭 들어맞게 하는 데 있다. 상대방이 높은 명성을 얻고자 하는데 큰 이익을 얻도록 설득한다면 식견이 낮은 속된 사람이라고 가볍게 여기며 멀리할 것이다. 이와 반대로 상대방이 큰 이익을 얻고자 하는데 높은 이름을 얻도록 설득한다면 상식이 없고 세상 이치에 어둡다고 받아들이지 않을 것이다. 상대방이 속으로는 큰 이익을 바라면서 겉으로는 높은 이름을 원할 때 높은 이름을 얻는 방법으로 설득한다면 겉으로는 받아들이는 척하겠지만 속으로는 멀리할 것이며, 만약 큰 이익을 얻는 방법으로 설득한다면 속으로는 의견을 받아들이면서도 겉으로는 그를 꺼릴 것이다. 유세자는 이러한 점들을 잘 새겨 두어야 한다.

대체로 일이란 은밀히 함으로써 이루어지고 말이 새어 나가면 실패한다. 그러나 유세자가 상대방의 비밀을 들출 뜻이 없었지만 우연히 상대방의 비밀을 말한다면 유세자는 몸이 위태로워진다. 또 군주에게 허물이 있을 때 유세자가 주저 없이 분명하게 바른말을 하고 교묘한 주장을 내세워 그 잘못을 들추어내면 그 몸은 위태로워진다. 유세자가 아직 군주에게 두터운 신임과 은혜도 입지 않았는데 자신이 알고 있는 것을 다 말해 버리면 설령 그 주장을 실행하여 공을 세우더라도 군주는 그 덕을 잊을 것이며, 그 주장을 실행하지 않아 실패하게 되면 군주에게 의심을 받을 것이다. 이런 경우에도 유세자의 몸은 위태로워질 것이다. 또 군주가 좋은 계책을 얻어 자기 공로를 세우고자 하는데 유세자가 그 내막을 알게 되면 그 몸이 위태로워진다. 군주가 겉으로는 어떤 일을 하는 것처럼 꾸미고 실제로는 다른 일을 꾸미고 있을 때 유세자가 이것을 알게 되면 역시 몸이 위태로워진다. 또 군주가 결코 하고 싶지 않은 일을 억지로 하게 하거나 그만두고 싶지 않은 일을 멈추게 하면 또한 몸이 위태로워진다. 그러므로 현명하고 어진 군주에 관해서 말하면 자기를 헐뜯는다는 오해를 받게 되고, 지위가 낮은 인물에 관해서 말하면 군주의 권세를 팔아서 자신을 돋보이려 한다는 오해를 받게 되며, 군주가 총애하는 자에 관해서 이야기하면 그들을 이용하려는 줄 알며, 군주가 미워하는 자에 관해서 논하면 자기를 떠보려는 것으로 여길 것이다. 말을 꾸미지 않고 간결하게 하면 아는 게 없다고 하찮게 여길 것이고, 장황하게 늘어놓으면 말이 많다고 할 것이며, 사실에 근거하여 이치에 맞는 의견을 말하면 소심한 겁쟁이라 말을 다 못한다고 할 것이고, 생각한 바를 거침없이 말하면 버릇없고 오만한 사람이라고 할 것이다. 이런 것들이 유세의 어려운 점이니 마음속에 새겨 두어야 한다.

유세에서 중요한 것은 상대방의 장점을 아름답게 꾸미고 단점을 덮어버릴 줄 아는 것이다. 상대방이 자신의 계책을 지혜로운 것으로 여긴다면 지나간 잘못을 꼬집어 궁지로 몰아서는 안 된다. 자신의 결정을 용감한 것이라고 여기면 구태여 반대 의견을 내세워 화나게 해서는 안 된다. 상대방이 자신의 능력을 과장하더라도 그 일의 어려움을 들어 가로막아서는 안 된다.

유세자는 군주가 꾸민 일과 같은 계책을 가진 자가 있으면 그 사람을 칭찬하고, 군주와 같은 행위를 하는 자가 있으면 그 사람을 칭찬하며, 군주와 같은 실패를 한 사람이 있으면 그것은 실패한 것이 아니라며 두둔해 주고, 군주와 같은 실수를 한 자가 있으면 그에게 잘못이 없음을 명확히 설명하고 덮어 주어야 한다. 군주가 유세자의 충성스러운 마음에 반감을 가지지 않고 주장을 내치지 않아야 비로소 유세자는 그 지혜와 언변을 마음껏 펼칠 수 있다. 이것이 바로 군주에게 신임을 얻고 의심 받지 않으며 자신이 아는 바를 다 말할 수 있는 방법이다.

이렇게 하여 오랜 시일이 지나 군주의 총애가 깊어지면 큰 계책을 올려도 의심 받지 않고 군주와 서로 다투며 말하여도 벌을 받지 않을 것이다. 그때 유세자가 국가에 이로운 점과 해로운 점을 명백히 따져 군주가 공적을 이룰 수 있게 하며, 옳고 그름을 솔직하게 지적해도 영화를 얻게 된다. 이러한 관계가 이어지면 유세는 성공한 것이다.

재상 이윤(伊尹)⁵이 요리사가 되고, 백리해(百里奚)⁶가 포로가 된 것은 모두 군주에게 등용되기 위한 수단이었다. 이 두 사람은 모두 성인이면서도 이처럼 자기 몸을 수고롭게 하고 천박한 일을 겪은 뒤에 세상에 나왔다. 그러므로 재능 있는 인재라도 이러한 일을 부끄러워할 것이 없다.

송나라에 어떤 부자가 있는데 집의 토담이 비에 무너져 내렸다. 그 아들이 이렇게 말했다.

"담을 다시 쌓지 않으면 도둑이 들 것입니다."

그 이웃집 주인도 아들과 똑같이 말하였다. 날이 저물자 정말 많은 재물을 잃었다. 부자는 자기 아들은 매우 똑똑하다고 칭찬하면서도 이웃집 주인을 의심했다.

예전에 정나라 무공(武公)은 호(胡)나라를 칠 계획으로 자기 딸을 호나라 군주에게 시집보내고 대신들에게 이렇게 물었다.

"내가 전쟁을 일으키려 하는데 어느 나라를 치면 되겠소?"

관기사(關其思)가 대답했다.

"호나라를 칠 만합니다."

그러자 무공은 이렇게 말했다.

"호나라는 형제 같은 나라인데 그대는 호나라를 치라고 하니 어쩌된 일이오?"

그러고 나서 관기사를 죽였다. 호나라 군주는 이 소식을 듣고 정나라를 친한 친구 나라로 여기고 공격에 대비하지 않았다. 그러자 정나라 군사들이 호나라를 습격하여 취하였다.

이웃집 사람과 관기사가 한 말은 모두 옳으나 심한 경우는 목숨을 잃고

---

5 은나라의 유명한 재상으로 탕임금을 도와 어진 정치를 펼쳤으며 하나라의 걸왕을 멸망시켰다. 탕임금의 손자인 태갑이 포악한 정치를 하자 이를 말리다가 귀양까지 가게 되었으나 다시 돌아와 훌륭한 정치를 했다. 이윤은 본래 요리사 출신으로, 솥을 지고 가서 음식을 만들어 탕임금에게 바치고는 그에게 신임을 얻기를 바랐다는 전설이 있다.

6 춘추 시대 사람으로 진(秦)나라 목공(穆公)이 천하의 우두머리가 되도록 도왔다.

가벼운 경우는 의심을 받았다. 이는 안다는 것이 어려운 일이 아니라 아는 것을 어떻게 쓰느냐가 어렵다는 뜻이다.

예전에 미자하(彌子瑕)라는 사람이 위(衛)나라 군주에게 총애를 받았다. 위나라 법에 군주의 수레를 타는 자는 월형(刖刑, 다리를 자르는 형벌)에 처하도록 되어 있었다. 얼마 뒤에 미자하의 어머니가 병이 나자, 어떤 사람이 밤에 미자하가 있는 곳으로 가서 이 사실을 알렸다. 미자하는 군주의 명령이라고 속여 군주의 수레를 타고 대궐 문을 빠져나갔다. 군주는 이 일을 듣고 미자하를 어질다고 하면서 이렇게 말했다.

"효자로구나! 어머니를 위해서 다리가 잘리는 형벌까지 감수하다니!"

또 미자하가 군주와 과수원에 갔다가 복숭아를 먹어 보니 맛이 달았다. 미자하가 먹던 복숭아를 군주에게 바치자 군주는 또 이렇게 말했다.

"나를 아끼는구나. 제 입맛을 참고 이토록 나를 생각하다니."

그 뒤 미자하는 고운 얼굴빛이 사라져 군주의 총애를 잃고 군주에게 죄를 짓게 되었다. 그러자 군주는 이렇게 말했다.

"이자는 일찍이 나를 속이고 내 수레를 탔고, 또 나에게 먹다 남은 복숭아를 먹게 했다."

미자하의 행위는 처음이나 나중이나 다를 바가 없었지만 처음에는 현명하다고 칭찬을 받고 나중에는 죄를 입게 되었다. 그것은 군주가 그를 사랑하고 미워하는 마음을 완전히 바꾸었기 때문이다. 그러므로 군주에게 총애를 받을 때에는 지혜가 군주의 마음에 든다고 하여 더욱 친밀해지고, 군주에게 미움을 받을 때에는 죄를 짓는다고 하여 더욱더 멀어지는 것이다. 따라서 군주에게 간언하고 유세하는 자는 군주가 자기를 사랑하는가 미워하는가를 살펴본 다음에 유세해야 한다.

용이라는 벌레는 잘 길들여 가지고 놀 수도 있고 그 등에 탈 수도 있으나, 그 목덜미 아래에 거꾸로 난 한 자 길이의 비늘이 있어 이것을 건드린 사람은 [용이] 죽인다고 한다. 군주에게도 거꾸로 난 비늘이 있으니, 유세하는 사람이 군주의 거꾸로 난 비늘을 건드리지 않아야 성공한 유세에 가깝다고 할 수 있을 것이다.

어떤 사람이 한비의 책을 진(秦)나라로 가지고 와 퍼뜨렸다. 진나라 왕은 「고분」, 「오두」 두 편의 문장을 보고 말했다.

"아! 과인이 이 책을 쓴 사람을 만나 교유할 수만 있다면 죽어도 한이 없겠다."

이사가 말했다.

"이것은 한비라는 사람이 지은 책입니다."

진나라는 급히 한나라를 쳤다. 한나라 왕은 처음에 한비를 등용하지 않았으나 다급해지자 즉시 한비를 진나라에 사신으로 보냈다. 진나라 왕은 한비를 좋아하기는 하나 믿고 등용하지는 않았다. 이때 이사와 요고(姚賈)가 한비를 해치려고 이렇게 헐뜯었다.

"한비는 한나라의 공자 가운데 한 사람입니다. 지금 왕께서 제후들을 삼키려는데, 결국 〔그는〕 한나라를 위해 일하지 진나라를 위해 일하지 않을 테니 이것이 사람의 마음입니다. 지금 왕께서 그를 등용하지 않은 채 오랫동안 머물게 했다가 그대로 돌려보낸다면 이는 스스로 뒤탈을 남기는 일입니다. 죄를 뒤집어씌워 법에 따라 죽이느니만 못합니다."

진나라 왕은 옳다고 여기고 한비를 옥리에게 넘겨 죄를 묻도록 하였다. 이사는 사람을 보내 한비에게 독약을 전해 스스로 목숨을 끊도록 하려고 하였다. 한비는 직접 진나라 왕을 만나 진언하려고 했지만 만날 수 없었다. 진나라 왕이 뒤늦게 후회하고 사람을 보내 한비를 놓아주게 하였으나, 한비는 이미 세상을 떠난 뒤였다.

신자(申子, 신불해)와 한자(韓子, 한비)는 모두 책을 지어 후세에 전했으므로 이를 배우는 자가 많다. 나는 다만 한비가 「세난」 편을 짓고도 스스로는 재앙을 벗어날 수 없었던 것이 슬플 뿐이다.

태사공은 말한다.

"노자가 귀하게 생각하는 도는 허무(虛無)이고, 무위(無爲)에서 변화에 호응하는 것이다. 그러므로 그가 지은 책은 말이 미묘하여 알기 어렵다. 장자는 노자가 말한 도덕의 의미를 미루어 풀어서 자신의 생각을 자유롭게 펼쳤는데, 그 요지 또한 자연으로 돌아가라는 것이다. 신자는 스스로 힘써 명분과 실질에 적용시켰고, 한자는 먹줄을 친 것처럼 법규를 만들어 세상의 모든 일을 결단하고 옳고 그름을 분명히 하였지만 너무나 각박하고 은혜로움이 부족했다. [이들 셋은] 모두 [노자의] 도와 덕에 그 근원을 두고 있으니 노자의 사상이 깊고도 먼 것이다."

4

사마 양저 열전

司馬穰苴列傳

이 편은 사마(司馬, 군사 업무를 책임짐)를 지낸 양저를 다루었다. 사마 양저는 춘추 시대 말기 제나라 대부로 재상 안영의 추천을 받아 장군에 임명되었는데, 이는 자신의 신분에 비해 높은 자리를 부여받은 것이었다. 당시 제나라는 군사적으로 매우 불리했다. 경공은 양저를 믿고 군사를 맡기며 적군을 막으라 지시했다. 그런데 양저와 군사 작전에 함께 투입된 장고(莊賈)가 양저를 깔보고 송별연에 갔다가 약속 시간에 늦었다. 그러자 양저는 군율에 따라 장고를 참수하여 자신의 위엄을 세웠다. 이렇듯 그는 군대를 매우 엄정하게 지휘 감독하고 병법에 정통했으며 싸움에도 용감했다.

전쟁만큼 큰 죄악은 없다고 한다. 그러나 춘추 전국 시대에 전쟁은 필요악이었다. 법가에서는 부국강병을 주장하면서 전쟁을 통하여 전쟁을 없애는 '이전거전(以戰去戰)' (『상군서(商君書)』 「화책(畵策)」) 이론을 제시했다. 이와 마찬가지로 병가들도 어떻게든 승리하여 적을 소멸시키고 자신을 보존하는 일에 주요 관심을 두었다.

사마천은 병가의 인물 전기를 통해 알 수 있는 각양각색의 전례(戰例)를 기록하면서, 뛰어난 장수는 '기술(巧)'로써 전쟁을 치른다는 것을 말하고 있다. 또한 사마천은 여기서 사마 양저야말로 이론과 실천 면에서 『사마법(司馬法)』을 계승 발전시키면서도 대의와 예절을 아는 유가의 풍모를 지닌 장수라고 평가하며 양저에 대한 존경을 표시하고 있다. 『한서』 「예문지」에 의하면 『사마법』은 155권이었는데 다섯 권만 남았다고 한다.

약속을 어긴 장고를 베려는 양저.

약속은 생명과도 같다

사마 양저(司馬穰苴)는 전완(田完)의 후예다. 제나라 경공 때 진(晉)나라가 아읍(阿邑)과 견읍(甄邑)을 치고 연(燕)나라가 황하 부근을 공격했다. 제나라 군대가 완패하자 경공이 걱정하므로 안영은 전양저(田穰苴)를 추천하며 말했다.

"양저는 비록 전씨의 서출이지만 그의 글은 많은 사람의 마음을 사로잡고 무예는 적군을 위협할 만하니, 군왕께서 그를 시험해 보시기 원합니다."

경공은 양저를 불러 군대의 일에 관해서 이야기를 나눠 보고는 매우 기뻐하며, 그를 장군으로 삼아 군사를 이끌고 가서 연나라와 진나라 군사를 막도록 하였다. 양저가 말했다.

"저는 본래 미천한 신분인데, 군왕께서 이러한 저를 백성 가운데서 뽑아 대부의 윗자리에 두셨습니다. 그러나 병졸들은 제게 복종하지 않고 백성은 믿지 않으니, 저는 권세가 미미하고 보잘것없는 존재에 지나지 않습니다. 바라건대 군왕께서 총애하고 온 백성이 존경하는 신하를 감군(監軍, 군대의 감찰관)으로 삼으십시오."

경공은 양저의 부탁을 받아들여 장고(莊賈)를 보내 가도록 하였다. 양저는 떠난다는 인사를 하고 나서 장고와 이렇게 약속했다.

"내일 해가 중천에 뜨면 군문(軍門, 군영의 정문)에서 만납시다."

이튿날 양저는 수레를 빨리 달려 먼저 군영으로 가서 해시계와 물시계를 마련해 놓고 장고를 기다렸다. 원래 장고는 교만한 사람으로, 장군이 이미 군영에 가 있으니 감군인 자신은 그렇게 서두를 필요가 없다고 생각했다. 친척과 측근들이 그를 전송하자 머물며 술을 마셨다. 해가 중천에 떠도 장고가 오지 않자 양저는 해시계를 엎고 물시계를 쏟아 버리고는 군영으로 들어가 병사들을 지휘하며 약속한 사실을 선포했다. 약속한 사실이 이미 선포되고 저녁때가 되어서야 장고가 모습을 드러냈다. 양저가 말했다.

"어째서 약속 시간보다 늦었습니까?"

장고가 사과하며 말했다.

"대부들과 친척들이 송별연을 열어 주어 지체되었소."

양저는 말했다.

"장수란 명령을 받은 그날부터 그 집을 잊고, 군영에 이르러 군령이 확정되면 그 친척들을 잊으며, 북을 치며 급히 나아가 공격할 때에는 자신을 잊어버려야 합니다. 지금 적국이 깊숙이 쳐들어와 나라가 들끓고 병사들은 국경에서 뜨거운 햇살과 비바람을 맞고 있으며 군왕께서는 편히 잠자리에 들지 못하고 단맛을 느끼지 못하며 음식을 드십니다. 백성의 목숨이 모두 당신에게 달려 있거늘 송별회라는 말이 뭡니까?"

그러고 나서 군정(軍正, 군대의 법무관)을 불러 물었다.

"군법에는 약속 시간에 대지 못하면 어떻게 하도록 되어 있소?"

군정이 대답했다.

"마땅히 베어야 합니다."

장고는 두려워서 사람을 보내 급히 경공에게 이 일을 알리고 사면을 요청했다. 양저는 경공에게 갔던 사람이 돌아오기도 전에 장고의 목을 베어 전군에 돌려 본보기로 삼았다. 전군의 병사는 모두 두려워 벌벌 떨었다. 한참 뒤 경공이 보낸 사자가 장고를 사면하라는 부절을 가지고 말을 달려 군영 안으로 들이닥쳤다. 그러자 양저가 말했다.

"장수가 군영에 있을 때에는 왕의 명령도 받들지 않을 수 있소."

그러고는 군정에게 물었다.

"군영 안에서 말을 달리면 군법에는 어떻게 처리하도록 되어 있소?"

군정이 말했다.

"마땅히 베어야 합니다."

이 말을 들은 사자는 몹시 두려워했다. 그러나 양저는 이렇게 말했다.

"그는 군왕의 사자이니 죽일 수는 없소."

그러고는 그의 마부를 베고 수레의 왼쪽 곁나무(駙木)를 가르고 왼쪽 곁마의 목을 쳐 전군에 본보기로 삼았다. 양저는 사자를 보내 군왕에게 다시 보고하게 한 뒤 싸움터로 나갔다.

병사들을 감동시킨 용병술

〔양저는〕 병사들이 머무는 막사와 우물, 아궁이, 먹을거리, 질병을 물어보고 약을 챙겨 주는 일도 몸소 보살폈다. 또한 장군에게 주어지는 물자와 양식을 모두 병사들에게 누리게 하였는데, 자신은 병사들 중에서도 몸이 가장 허약한 병사의 몫과 똑같이 양식을 나누었다. 이로부터 사흘 뒤에 병사들을 다시 순시하자 병든 병사들까지도 모두 앞다투어 싸움터로 나가기를 바랐다.

진나라 군사들은 이 소문을 듣고 물러가고, 연나라 군사들도 이 소문을 듣고 황하를 건너 흩어졌다. 양저는 즉시 그들을 뒤쫓아 가 예전에 잃었던 봉국의 땅을 되찾고 병사들을 거느리고 돌아왔다.

〔양저는〕 군대가 도성에 닿기 전에 병사들의 무장을 풀고 군령을 거두어 충성을 맹세한 뒤에 도성으로 들어갔다. 경공이 대부들과 교외로 나와 군사들을 맞이하여 노고를 위로하였고 개선 의식을 마친 뒤 돌아가 쉬었다. 경공은 양저를 만나 보고는 대사마(大司馬)로 삼았다. 전씨는 제나라에서 나날이 더욱 존경을 받게 되었다.

얼마 뒤 대부 포씨(鮑氏), 고씨(高氏), 국씨(國氏)의 무리가 양저를 해치려 경공에게 헐뜯었다. 경공이 양저를 물러나게 하자 양저는 병이 나 세상을 떠났다. 전기(田乞)와 전표(田豹)의 무리는 이 일로 인하여 고씨, 국씨 등을 원망했다. 그 후 전상(田常)¹이 간공(簡公)을 죽였을 때 고씨, 국씨 일족을 모두 죽

1　제나라 대신 전성자(田成子)로 이름은 항(恒)이다. 전상은 기원전 481년에 간공을 죽인 뒤 그 자리에 평공(平公)을 앉히고 재상이 되었다.

였다. 전상의 증손자 전화(田和)는 제나라 위왕(威王)이 되었다. 제나라 위왕이 병사를 다루고 위엄을 보이는 일에 대부분 양저의 병법을 본받자, 제후들은 제나라에 입조(入朝)하게 되었다.

제나라 위왕은 대부들에게 고대의 『사마병법(司馬兵法)』을 정리하여 논의하도록 하였고, 그 가운데 양저의 병법을 덧붙여 『사마양저병법』이라고 일컫게 하였다.

태사공은 말한다.

"내가 『사마병법』을 읽어 보니 그 개략이 넓고 크며 깊어 설령 하·은·주 삼대(三代)의 제왕들이 전쟁에 나서도 그 의미를 다 이해하지는 못하였을 것이다. 그러나 그 문장을 보면 과장된 점도 없지 않다. 양저는 보잘것없는 작은 나라를 위해서 군대를 움직였으니, 어느 틈에 『사마병법』에서 말하는 겸양의 예절을 지킬 수 있었겠는가? 세상에는 이미 『사마병법』이 많이 있으므로 구태여 거론하지 않고 양저의 열전만을 짓는다."

5

손자·오기 열전

孫子吳起列傳

춘추 시대부터 본격적으로 시작된 겸병(兼倂) 전쟁이 계속 확대됨에 따라 각 제후국들
이 전쟁에 동원하는 병력 수도 늘어나 수십만에 이를 정도였다. 이와 같은 새로운 상황
이 펼쳐짐에 따라서 효율적인 전쟁을 하기 위한 전략과 전술의 필요성이 날로 높아지
게 되었음은 두말할 나위도 없다.

이 편은 세 명의 뛰어난 병법가 손무(孫武), 그보다 100여 년 뒤의 후손 손빈(孫臏),
오기(吳紀)의 이야기에 방연(龐涓)을 덧붙인 것이다.

손무, 손빈, 오기 세 사람은 춘추 전국 시대의 저명한 군사가이자 병법가로서 그들
의 저작은 후세에까지 전해진다. 조조(曹操)가 주석을 달아 유명해진 손무의 병법은 일
명 『손자(孫子)』 13편으로서 중국에서 가장 오래된 병서일 뿐 아니라, 정교한 문체와
치밀한 구성 등으로 유명하여 세계 군사학에서 중요한 위상을 확보하고 있다. 이 책은
7세기에 일본에 전해졌고 18세기 이후에는 프랑스 어, 영어, 독일어, 체코 어 등으로 번
역되었을 정도이다. 손무는 전투 현장에서 효과적인 용병술을 강조하는 데 역점을 두
었다. 손빈은 위(魏)나라 장군 방연의 간계로 발이 잘리는 형벌을 받았으나 제나라 장
군 전기의 인정을 받아 그의 군사가 되어 두 차례나 위나라를 격파했다.

오기는 인간에 대한 깊은 통찰과 안목을 바탕으로 하여 용병 방법을 제시했다는
점에서 그 가치를 인정받고 있다. 그는 공자의 제자인 증자에게 배웠고 노나라에서 벼
슬하여 장군에 임명되었으며 제나라와 싸워 크게 이겼으나 그다지 인정받지 못하다가

위(魏)나라에서 중용되었다. 그는 76번 싸워서 64번 완승을 거둘 정도로 뛰어난 병법가였다.

이 편은 본문 전체가 5000자도 안 될 만큼 짧고 문맥이 매끄럽지 못한 것으로 보아 전해지는 과정에서 빠진 곳이 있는 듯하다.

궁녀를 훈련시키는 손자.

군령을 따르지 않는 병사에게는 죽음뿐이다

손자, 즉 손무(孫武)는 제나라 사람으로 병법이 뛰어나 오나라 왕 합려(闔閭)를 만나게 되었다. 합려가 말했다.

"그대가 지은 열세 편[1]을 모두 읽어 보았소. 작게나마 군대를 한번 지휘해 보일 수 있겠소?"

〔손자가〕 대답했다.

"가능합니다."

합려가 물었다.

"부녀자로도 해볼 수 있소?"

〔손자가〕 답했다.

"가능합니다."

이 제의를 받아들인 합려는 궁중의 미녀 백팔십 명을 불러들였다. 손자는 〔그들을〕 두 부대로 나누어 오나라 왕이 총애하는 후궁 두 명을 각 편의 대장으로 삼고는 〔모든 이에게〕 창을 들게 하고 이렇게 물었다.

"여러분은 자신들의 가슴, 왼손, 오른손, 등을 알고 있는가?"

그러자 부녀자들이 대답했다.

"알고 있습니다."

손자가 이렇게 말했다.

"'앞으로!' 하면 가슴을 바라보고, '좌로!' 하면 왼손을 바라보며, '우로!' 하면 오른손 쪽을 바라보고, '뒤로!' 하면 등 뒤쪽을 보도록 하라."

부녀자들은 대답했다.

"알겠습니다."

---

1 열세 편이란 『손자병법』을 말한다. 『손자병법』에는 「시계(始計)」, 「작전(作戰)」, 「모공(謀攻)」, 「군형(軍形)」, 「병세(兵勢)」, 「허실(虛實)」, 「군쟁(軍爭)」, 「구변(九變)」, 「행군(行軍)」, 「지형(地形)」, 「구지(九地)」, 「화공(火攻)」, 「용간(用間)」의 열세 편이 있다.

손자는 이렇게 훈련 규정을 약속하고 공포한 뒤 부월(鈇鉞, 옛날 군법으로 사람을 죽일 때 썼음)을 마련해 놓고 여러 차례 군령을 내렸다. 그런데 북을 쳐 오른쪽으로 행진하도록 했으나 부녀자들은 큰 소리로 웃기만 했다. 손자가 말했다.

"군령이 분명하지 않고 명령에 숙달되지 않은 것은 장수의 죄이다."

그러고는 다시 여러 차례 군령을 되풀이하고 북을 쳐 왼쪽으로 행진하도록 했지만 부녀자들은 역시 깔깔댈 뿐이었다. 손자는 말했다.

"군령이 분명하지 않고 명령에 숙달되지 않은 것은 장수의 죄이지만, [군령이] 이미 정확해졌는데도 규정에 따르지 않는 것은 사졸들의 죄이다."

손자는 이렇게 말하고 나서 좌우 대장의 목을 베려고 했다. 누대 위에서 지켜보고 있던 오나라 왕은 자신이 사랑하는 희첩들의 목을 베려는 것을 보고는 몹시 놀라 급히 사람을 보내 명을 내려 말했다.

"과인은 이미 장군이 용병에 뛰어나다는 것을 알았소. 과인은 이 두 희첩이 없으면 밥을 먹어도 단맛을 모르니 부디 목을 베지 말아 주시오."

손자가 말했다.

"저는 이미 군주의 명을 받아 장수가 되었습니다. 장수가 군에 있을 때에는 군주의 명이라도 받들지 않는 경우가 있습니다."

손자는 결국 두 대장의 목을 베어 모두에게 보여 주었다. 그러고는 그들 다음으로 왕의 총애를 받는 후궁을 대장으로 삼고 다시 북을 쳤다. 부녀자들은 모두 왼쪽으로, 오른쪽으로, 앞으로, 뒤로, 꿇어앉기, 일어서기 등을 자로 잰 듯 먹줄을 긋듯 정확하게 하며 아무런 불평도 하지 않았다. 손자는 전령을 보내 오나라 왕에게 말했다.

"군대는 이미 잘 갖추어졌습니다. 왕께서는 시험 삼아 내려오셔서 보십시오. 왕께서 그들을 쓰고자 하신다면 물불을 가리지 않고 뛰어들 것입니다."

오나라 왕은 말했다.

"장군은 그만 관사로 돌아가 쉬도록 하시오. 과인은 내려가 보고 싶지 않소."

손자가 말했다.

"왕께서는 한갓 이론만 좋아하실 뿐 그것을 실제로 사용할 수 없습니다."

그러자 합려는 손자가 용병술에 능통한 것을 알고는 마침내 그를 장군으로 임명했다. 그 뒤 오나라가 서쪽의 강대국인 초나라를 무찔러 수도 영(郢)을 차지하고, 북쪽으로 제나라와 진(晉)나라를 위협하여 제후들 사이에서 이름을 떨친 것은 손자의 힘이 함께했기 때문이다.

급소를 치고 빈틈을 노려라

손무가 세상을 떠난 지 백여 년쯤 뒤에 손빈(孫臏)이라는 사람이 등장했다. 손빈은 [제나라의] 아읍(阿邑)과 견읍(鄄邑) 사이에서 태어났으며 손무의 자손이다. 손빈은 일찍이 방연(龐涓)과 함께 병법을 배웠다. 방연은 [공부를] 마치고 위(魏)나라를 섬겨 혜왕(惠王)의 장군이 되었다. 그러나 그는 스스로 능력이 손빈을 따를 수 없다고 생각하여 몰래 사람을 보내 손빈을 불렀다. 방연은 손빈이 도착하자, 그가 자기보다 뛰어난 것을 두려워하고 시기하여 죄를 뒤집어씌웠다. 방연은 손빈의 두 발을 자르고 얼굴에 글자를 새겨 숨어 살게 하여 [세상 사람들에게] 알려지지 않도록 했다.

[그 뒤] 제나라 사자가 양(梁)나라로 갔을 때, 손빈은 형벌을 받은 몸으로 몰래 제나라 사자를 만나 설득했다. 제나라 사자는 [손빈이] 대단한 사람이라고 여겨서 몰래 수레에 태워 제나라로 돌아왔다. 제나라 장군 전기(田忌)는 그의 재능을 알아보고 빈객으로 예우해 주었다.

전기는 제나라 공자들과 자주 마차 경주 내기를 하곤 했다. 손빈은 말들이 달리는 능력은 대단한 차이가 없지만 상, 중, 하 세 등급이 있음을 알고 전기에게 이렇게 말했다.

"내기를 크게 거십시오. 신은 당신이 이길 수 있도록 해 드리겠습니다."

전기는 손빈을 믿고 제나라 왕과 여러 공자에게 천금을 건 내기를 했다. 경기가 시작되려 할 무렵에 손빈이 말했다.

"지금 당신의 하급 말과 상대편의 상급 말을 겨루게 하고, 당신의 상급 말과 상대편의 중급 말을 겨루게 하며, 당신의 중급 말과 상대편의 하급 말을 겨루게 하십시오."

세 등급 말의 시합이 끝난 결과 전기는 첫 번째는 이기지 못하고 두 차례는 이겨 마침내 〔제나라〕 왕의 천금을 얻었다. 따라서 전기는 손빈을 위왕(威王)에게 추천했고, 위왕은 그에게 병법을 묻고는 마침내 군사(軍師)로 삼았다.

그 뒤 위(魏)나라가 조나라를 치자 조나라는 다급하여 제나라에 도움을 요청했다. 제나라 위왕이 손빈을 장군으로 삼으려고 하자 손빈은 사양하며 말했다.

"형벌을 받은 사람은 〔장군이〕 될 수 없습니다."

그래서 위왕은 전기를 장군에 임명하고, 손빈을 군사로 삼아 휘장을 친 수레 속에 머물게 하고는 그 속에 앉아 계책을 세우도록 하였다. 전기가 병사들을 이끌고 조나라로 가려 하자 손빈이 말했다.

"어지럽게 엉킨 실을 풀려고 할 때는 주먹으로 쳐서는 안 되며, 싸우는 사람을 말리려고 할 때도 그 사이에 끼어들어 손으로 밀치려 해서는 안 됩니다. 급소를 치고 빈틈을 찔러 형세를 불리하게 만들면 저절로 해결될 것입니다. 지금 위나라와 조나라가 서로 싸우고 있으니, 날쌘 정예 병사들은 틀림없이 모두 나라 밖에서 고갈되고 늙고 병약한 자들만 나라 안에 남아 있을 것입니다. 당신께서는 병사들을 이끌고 빨리 〔위나라의 수도〕 대량으로 쳐들어가 중요한 길목을 차지하고 막 텅 빈 곳을 치십시오. 그들은 틀림없이 조나라 공격을 멈추고 자기 나라를 구할 것입니다. 이렇게 되면 우리가 한 번 움직여 조나라의 포위망을 풀어 주고 위나라를 황폐하게 할 수 있습니다."

전기가 손빈의 계책을 따르니 위나라는 정말 조나라의 수도 한단(邯鄲)에서 물러났다. 제나라 군대는 계릉(桂陵)에서 위나라 군대를 크게 무찔렀다.

〔그로부터〕십삼 년 뒤에 위나라와 조나라가 함께 한(韓)나라를 공격하자 한나라는 제나라에 위급함을 알렸다. 제나라에서는 전기를 장군으로 삼아 내보냈다. 〔전기는〕곧장 대량으로 쳐들어갔다. 위나라 장군 방연은 이 소식을 듣고는 한나라 공격을 그만두고 돌아갔으나, 제나라 군사는 〔방연보다 한 발 앞서〕위나라 국경을 넘어 서쪽으로 들어가고 있었다.

손빈은 전기에게 이렇게 말했다.

"저 삼진(三晉)의 위나라 병사들은 원래 사납고 용감하며 제나라를 무시하고 제나라 군사들을 겁쟁이라고 부르고 있습니다. 싸움을 잘하는 사람은 그 형세를 잘 이용하여 유리하게 이끌어 나갑니다. 병법에 '승리를 좇아 백 리 밖까지 급히 달려가는 군대는 상장군(上將軍)을 잃게 되고, 승리를 좇아 오십 리 밖까지 급히 달려가는 군대는 절반만 목적지에 이른다.'라고 하였습니다. 우리 제나라 군대가 위나라 땅에 들어서면 첫날에는 아궁이 십만 개를 만들게 하고, 다음 날에는 아궁이 오만 개를 만들게 하며, 또 그다음 날에는 아궁이 삼만 개를 만들게 하십시오."

방연은 행군한 지 사흘째가 되자 몹시 기뻐하며 말했다.

"나는 일찍이 제나라 군사가 겁쟁이인 줄 알고 있었지만 우리 땅에 들어온 지 사흘 만에 달아난 병사가 절반을 넘는구나."

그러고는 그의 보병들은 따로 남겨 둔 채 날쌘 정예 부대만을 이끌고 이틀 길을 하루 만에 달려 급히 뒤쫓았다. 손빈이 방연의 추격 속도를 헤아려 보니 날이 저물 무렵이면 위나라의 마릉(馬陵)에 이를 것 같았다. 마릉은 길이 좁은 데다가 길 양쪽으로 험한 산이 많아 병사들을 매복시키기에 좋았다. 손빈은 길 옆에 있던 큰 나무의 껍질을 벗겨 내고 흰 부분에 이렇게 써 놓았다.

"방연은 이 나무 아래에서 죽게 될 것이다."

그러고는 제나라 군사 중에서 활을 잘 쏘는 사람들을 골라 쇠뇌 일만 개를 준비시켜 길 양쪽에 매복시키고 이렇게 말했다.

"저물 무렵에 불빛이 보이면 일제히 쏘도록 하라."

방연은 정말 밤이 되어서 껍질을 벗겨 놓은 나무 밑에 이르렀다. 그는 흰 부분에 씌어 있는 글씨를 발견하고는 불을 밝혀 비추어 보았다. 방연이 그 글을 미처 다 읽기도 전에 제나라 군사들은 한꺼번에 수많은 쇠뇌를 쏘아 댔다. 위나라 군사들은 우왕좌왕하며 뿔뿔이 흩어졌다. 방연은 자신의 지혜가 다하고 싸움에서 진 것을 알고는 이렇게 말했다.

"결국 어린애 같은 놈의 이름을 천하에 떨치게 만들었구나."

그러고는 스스로 목을 찔러 죽었다. 제나라 군대는 승리의 기세를 틈타 위나라 군대를 쳐부수고 위나라 태자 신(申)을 포로로 잡아 돌아왔다. 손빈은 이 일로 해서 천하에 이름을 떨쳤으며 그의 병법이 세상에 전해지게 되었다.[2]

아내를 명성과 바꾸다

오기(吳起)는 위(衛)나라 사람으로 병사 다루는 일을 좋아했다. 〔그는〕 일찍이 증자(曾子)에게 배우고 노나라 군주를 섬겼다. 제나라 사람들이 노나라를 공격하자 노나라에서는 오기를 장군으로 임명하려 했으나, 오기의 아내가 제나라 여자이므로 의심을 품었다. 그러자 오기는 이름을 얻기 위해 자기 아내를 죽여 제나라 편이 아님을 분명히 했다. 노나라는 마침내 그를 장군으로 임명했다. 오기는 병사들을 이끌고 제나라를 공격하여 크게 무찔렀다.

노나라의 어떤 사람이 오기를 이렇게 비난했다.

"오기는 사람됨이 시기심이 많고 잔인하다. 그가 젊을 때 집 안에는 천금이나 쌓여 있었음에도 벼슬을 구하러 유세하다가 이루지도 못하고 파산하

---

2 손빈의 병법은 한나라 때 널리 퍼졌으나 육조 시대 이후 전해지지 않아 사람들의 의심을 자아내다가 1972년에 한(漢)나라 묘에서 출토되었다.

였다. 마을 사람들이 이를 비웃자 오기는 자기를 비방한 삼십여 명을 죽이고는 동쪽으로 위(衛)나라 성문을 빠져나왔다. 오기는 어머니와 헤어지면서 자기 팔을 깨물며 '저는 대신이나 재상이 되기 전에는 다시 위나라로 돌아오지 않을 것입니다.'라고 맹세하였다. 그 뒤 오기는 증자를 섬겼다. 그로부터 얼마 뒤에 그 어머니가 죽었지만 오기는 끝내 돌아가지 않았다. 증자는 오기를 기박하다고 하면서 그와 관계를 끊었다. 이에 오기는 노나라로 가서 병법을 배워 노나라 군주를 섬기게 되었다. 그런데 노나라 군주가 [오기의 아내가 제나라 사람이기 때문에] 의심하자, 오기는 아내를 죽이면서까지 장군이 되려 하였다. 대체로 노나라는 작은 나라인데 [큰 나라와] 싸워 이겼다는 이름을 얻게 되면 제후들은 노나라를 도모하려고 할 것이다. 게다가 노나라와 위나라는 형제 나라인데,[3] 우리 군주가 오기를 중용한다면 이것은 위나라를 팽개치는 일이다."

[이러한 소문을 들은] 노나라 군주는 오기를 탐탁지 않게 여겨 내쳤다.

이때 오기는 위(魏)나라 문후(文侯)가 현명하다는 말을 듣고 그를 섬기려고 하였다. 문후는 이극(李克, 이회(李悝))에게 물었다.

"오기는 어떠한 사람이오?"

이극이 대답했다.

"오기는 탐욕스럽고 여색을 밝히지만 병사를 다루는 일만은 사마 양저도 능가할 수 없습니다."

위나라 문후는 오기를 장군으로 삼아 진(秦)나라를 쳐서 성 다섯 개를 함락시켰다.

---

3 노나라의 시조 주공 단(周公旦)과 위나라의 시조 강숙 봉(康叔封)은 문왕(文王)의 아들로 친형제 사이이다. 그러므로 역사에서는 노나라와 위나라를 형제 나라라고 한다.

나라의 보배는 험난한 지형이 아니라 임금의 덕행이다

오기는 장수가 되자 병사들 가운데 가장 낮은 자와 똑같이 옷을 입고 밥을 먹었다. 누울 때에도 자리를 깔지 못하게 하고 행군할 때도 말이나 수레를 타지 않고 식량은 직접 가지고 다니면서 병사들과 함께 수고로움을 나누었다.

한번은 종기 난 병사가 있었는데 오기가 그 병사를 위해 고름을 빨아 주었다. 병사의 어머니가 그 소식을 듣고는 소리 내어 울었다. 어떤 사람이 그 까닭을 물었다.

"당신 아들은 졸병에 지나지 않는데 장군께서 직접 고름을 빨아 주셨소. 그런데 어찌하여 그토록 슬피 소리 내어 우시오?"

병사의 어머니가 대답했다.

"그렇지 않습니다. 예전에 오 공(吳公, 오기)께서 우리 애 아버지의 종기를 빨아 준 적이 있는데 그 사람은 자기 몸을 돌보지 않고 용감히 싸우다가 적진에서 죽고 말았습니다. 오 공이 지금 또 제 자식의 종기를 빨아 주었으니 이 아이도 어느 때 어디서 죽게 될지 모릅니다. 그래서 소리 내어 우는 것입니다."

문후는 오기가 병사를 다루는 일에 뛰어날 뿐만 아니라 청렴하고 공정하여 병사들의 마음을 얻고 있다고 생각하고는 곧 서하(西河) 태수로 삼아 진(秦)나라와 한(韓)나라에 대항하도록 하였다.

위나라 문후가 죽고 나서 오기는 그의 아들 무후(武侯)를 섬겼다. 한번은 무후가 배를 타고 서하를 내려가다가 중간 지점에 이르러서 오기를 돌아보며 이런 말을 했다.

"아름답구나, 산천의 견고함이여! 이는 위나라의 보배로구나!"

이 말에 오기는 이렇게 대답했다.

"[나라의 보배는] 임금의 덕행에 있지 지형의 험준함에 있지 않습니다. 예전에 삼묘씨(三苗氏, 유묘씨(有苗氏))의 나라는 왼쪽에 동정호(洞庭湖)가 있고 오른쪽에 팽려호(彭蠡湖)가 있었지만 덕행과 의리를 닦지 않아서 [하나라의] 우임금에게 멸망했습니다. 하나라의 걸왕(桀王)이 살던 곳은 황하와 제수(濟水)를 왼쪽에 끼고 태산(泰山)과 화산(華山)이 그 오른쪽에 있으며 이궐(伊闕, 용문산(龍門山))이 그 남쪽에 있고 양장(羊腸)이 그 북쪽에 있지만 어진 정치를 베풀지 않아 은나라의 탕(湯)임금[4]에게 내쫓겼습니다. 또 은나라 주왕은 맹문산(孟門山)이 왼쪽에 있고 태항산(太行山)이 오른쪽에 있으며 상산(常山)이 북쪽에 있고 황하가 남쪽으로 지나지만 덕망 있는 정치를 하지 않아 무왕이 그를 죽였습니다. 이렇게 보면 [나라를 다스리는 데 중요한 것은] 임금의 덕행이지 험난한 지형이 아닙니다. 만일 임금께서 덕을 닦지 않으시면 배 안에 있는 사람은 모두 적국의 사람이 될 것입니다."

무후가 말했다.

"알겠소."

남보다 윗자리에 있는 이유

오기는 서하 태수가 되자 명성이 훨씬 높아졌다. 그런데 위나라에서는 재상 직책을 마련하고 전문(田文)을 그 자리에 임명했다. 오기는 기분이 언짢아져 전문에게 말했다.

"당신과 공로를 비교해 보고 싶은데 어떻소?"

이에 전문이 대답했다.

"좋습니다."

오기가 물었다.

---

4 은 왕조의 창시자로 성탕(成湯), 천을(天乙), 성당(成唐) 등으로도 불린다.

"삼군(三軍)의 장군이 되어 병사들에게 기꺼이 목숨을 바쳐 싸우게 하고, 적국이 감히 우리를 도모하지 못하게 한 점에서 나를 당신과 비교하면 누가 더 낫습니까?"

전문이 대답했다.

"내가 당신만 못합니다."

오기가 물었다.

"모든 관리를 다스리고 온 백성을 화합시키고 나라의 창고를 가득 채운 점에서는 나와 당신 중 누가 더 뛰어납니까?"

전문이 대답했다.

"내가 당신만 못합니다."

오기가 또다시 물었다.

"서하를 지켜 진나라 군사들이 감히 동쪽으로 쳐들어오지 못하게 하고, 한나라와 조나라를 복종시킨 점에서는 나와 당신 중에서 누가 낫습니까?"

그러자 전문은 이번에도 이렇게 대답했다.

"내가 당신만 못합니다."

오기가 물었다.

"이 세 가지 점에서 당신은 모두 나보다 못한데 나보다 윗자리에 있는 것은 무슨 까닭입니까?"

전문이 대답했다.

"왕의 나이가 어려 나라가 안정되지 못하고, 신하들은 말을 들으려 하지 않으며, 백성은 그분을 믿지 못하고 있습니다. 이런 때에 재상 자리를 당신에게 맡기겠습니까, 아니면 내게 맡기겠습니까?"

오기는 한참 동안 조용히 있다가 말했다.

"당신에게 맡기겠습니다."

전문이 말했다.

"이것이 바로 내가 당신보다 윗자리에 있는 까닭입니다."

오기는 그제야 자기가 전문만 못하다는 것을 깨닫게 되었다.

전문이 죽자 공숙(公叔)이 재상이 되었다. 공숙은 위나라 공주를 아내로 얻어서 오기를 해치려 했는데, 공숙의 하인이 말했다.

"오기를 간단히 제거할 수 있습니다."

공숙이 물었다.

"어떻게 하면 되느냐?"

그 하인이 말했다.

"오기는 사람됨이 지조가 있고 청렴하며 이름나는 것을 좋아합니다. 먼저 나리께서 무후께 '오기는 현명한 사람입니다. 그런데 군주의 나라는 작은 데 다 강한 진나라와 국경을 맞대고 있습니다. 신이 생각하기에 오기가 머물 마음이 없을까 염려됩니다.'라고 말씀드리십시오. 무후께서 '어찌하면 좋겠소?'라고 곧장 물으시면, 나리께서는 무후께 '공주를 아내로 주겠다고 하면서 시험해 보십시오. 오기가 머무를 마음이 있으면 분명히 받아들일 것이고 머무를 마음이 없으면 한사코 사양할 것입니다. 이런 방법으로 헤아려 보십시오.'라고 말씀드리십시오. 그리고 나리께서는 오기를 초대하여 함께 댁으로 가신 뒤에 공주의 화를 돋우어 나리를 경멸하는 모습을 보이십시오. 오기는 공주가 나리를 하찮게 여기는 것을 보면 반드시 〔군왕의 제안을〕 받아들이지 않을 것입니다."

이렇게 하여 오기는 공주가 위나라 재상을 깔보는 모습을 보고 정말로 위나라 무후에게 받아들이지 않겠다는 뜻을 확실히 밝혔다. 이 일로 무후는 오기를 의심하고 믿지 않게 되었다. 오기는 죄를 입게 될까 두려워 마침내 〔위나라를〕 떠나 곧장 초나라로 갔다.

죽은 시체 위에 엎드린 오기

초나라의 도왕(悼王)은 평소 오기가 현명하다고 들어 그가 초나라에 오자 재상에 임명했다. 오기는 법령을 확실하고도 세밀하게 만들고, 긴요하지 않은 관직을 없애며, 왕실과 촌수가 먼 왕족들의 봉록을 없애고 군사를 길렀다. 그가 내세우는 정치의 핵심은 병력을 강화시켜 합종이나 연횡을 주장하는 유세객들을 물리치는 데에 있었다.

그래서 그는 남쪽으로는 백월(百越)을 평정하고, 북쪽으로는 진(陳)과 채(蔡)를 초나라 땅이 되도록 하였으며, 삼진(三晉, 본래는 한(韓)과 위(魏), 조(趙) 세 나라를 가리키지만 여기서는 한과 위 두 나라만을 가리킴)을 물리치고, 서쪽으로는 진나라를 쳤다. 제후들은 초나라가 점점 강성해지는 것을 두려워했다.

예전에 초나라의 귀족과 친척들은 한결같이 오기를 죽일 기회만을 엿보았다. 종실의 대신들은 도왕의 죽음을 계기로 난을 일으켜 오기를 공격했다. 오기는 도왕의 시신 위에 달려가 엎드렸다. 오기를 공격하던 무리가 화살을 쏘아 오기를 죽이고 도왕을 맞추었다. 도왕의 장례식이 끝나고 태자(숙왕(肅王))가 즉위하자, 영윤(令尹)에게 오기를 죽이려고 왕의 시신에까지 맞추었던 자들을 모조리 잡아 죽이도록 하였다. 오기를 쏘아 죽인 일에 연루되어 일족이 모두 죽은 자는 칠십여 집안에 이르렀다.

태사공은 말한다.

"세상에서 병법을 말하는 자들은 누구나 『손자(孫子)』 열세 편과 『오기병법(吳起兵法)』[5]을 거론하는데 이 책들은 세상에 많이 전해지므로 서술하지 않고 그들이 활동한 사적과 독창적인 계책만 논하였다. 옛말에 '실천을 잘하는

---

5   『한서』「예문지」에 『오기병법』 48편이 언급되어 있는데 현존하는 것은 「도국(圖國)」, 「요적(料敵)」, 「치병(治兵)」, 「논장(論將)」, 「변화(變化)」, 「여사(勵士)」 등 여섯 편이다.

사람이 꼭 말을 잘하는 것은 아니며, 말을 잘하는 사람이 반드시 실천을 잘하는 것은 아니다.'라고 하였다. 손자(손빈)가 방연을 해치운 책략은 실로 절묘했으나, 그에 앞서 다리가 잘리는 형벌을 당하는 재앙을 막지는 못하였다. 오기는 무후에게 험난한 지형보다 임금의 덕행이 더 낫다고 말했지만, 초나라에서 그의 행실이 각박하고 인정이 없었으므로 목숨을 잃었으니 슬프구나!"

6

오자서 열전
伍子胥列傳

오자서는 춘추 시대 오(吳)나라의 대부로 합려를 도와 왕위에 오르게 한 뒤 막강한 권력을 휘둘렀으며, 합려의 아들 부차(夫差)에게는 월나라와 화친을 맺지 말고 멸망시켜 뒤탈을 남기지 말라고 권유했다. 그러나 오나라 왕은 오자서를 헐뜯는 간사한 신하의 말만을 듣고 그를 멀리하더니 결국에는 스스로 목숨을 끊도록 했다.

오자서는 본래 억울하게 죽은 아버지와 형의 원수를 갚고자 초나라를 등지고 오나라로 들어온 인물이다. 어찌 보면 사마천도 궁형을 받고 인고의 세월을 살았으니 오자서의 입장과 일맥상통하는 면이 있다. 그래서 사마천은 비분강개한 필치로 오자서를 위한 열전을 만들어 오자서야말로 작은 의를 버리고 큰 부끄러움을 씻었다고 칭찬했다.

이 편의 문장은 『좌전(左傳)』과 『국어(國語)』에 의거하여 구성한 흔적이 역력하며 연도 착오가 눈에 띈다. 「조 세가(趙世家)」, 「자객 열전(刺客列傳)」과 함께 읽으면 좋다.

왕이 내린 검을 받고서 자결하려는 오자서.

소인배의 참언을 믿고 친자식을 내치다

오자서(伍子胥)는 초나라 사람으로 이름은 운(員)이다. 오운의 아버지는 오사(伍奢)이고, 형은 오상(伍尚)이다. 그의 조상 가운데 오거(伍擧)라는 사람이 있었는데, 강직한 간언으로 초나라 장왕(莊王)[1]을 섬겨 이름이 높았다. 따라서 그 후손들은 초나라에서 이름 있는 가문이 되었다.

초나라 평왕(平王)에게는 건(建)이라는 태자가 있었다. 평왕은 오사를 태부(太傅)로 삼고 비무기(費無忌)를 소부(少傅)로 삼았는데, 비무기는 태자 건을 정성껏 섬기지 않았다.

평왕은 비무기에게 진(秦)나라로 가서 태자를 위해 [태자의] 아내를 맞이해 오도록 했다. 비무기는 진나라 공주가 미인임을 알고 말을 돌려 와서는 평왕에게 이렇게 보고했다.

"진나라 공주는 빼어난 미인이니 왕께서 직접 진나라 공주를 왕비로 맞이하시고 태자에게는 다른 아내를 얻어 주십시오."

평왕은 마침내 스스로 진나라 공주를 아내로 삼고는 그녀를 끔찍이 사랑하고 총애하여 아들 진(軫)을 낳았다. 그리고 태자에게는 다른 아내를 맞아 주었다.

비무기는 진나라 공주의 일로 평왕의 환심을 사게 되자 태자를 버리고 평왕을 섬겼다. 그는 하루아침에 평왕이 죽고 태자가 임금이 되면 자기 목숨이 위험해질까 봐 두려운 나머지 태자 건을 헐뜯었다.

건의 어머니는 채나라 여자로 평왕에게 총애를 받지 못했다. 평왕은 건을 차츰 멀리하더니 성보읍(城父邑)을 지켜 변방을 방비하도록 하였다.

그로부터 얼마 뒤에 비무기는 또 밤낮으로 왕에게 태자의 허물을 이렇게

---

1 춘추 오패 중 한 사람으로, 백수 생활 3년을 청산하고 마침내 세상을 장악했다. 부하를 잘 다루고 덕을 행한 군주로 평가된다.

말하였다.

"태자는 진나라 공주의 일로 원한을 품고 있을 것입니다. 왕께서는 모쪼록 스스로 어느 정도 대비하십시오. 태자는 성보읍에 머물면서 군대를 거느리고 밖으로 제후들과 교류하여 〔도성으로〕 쳐들어와 반란을 일으키려고 합니다."

평왕은 태자의 태부 오사를 불러 캐물었다. 오사는 비무기가 평왕에게 태자를 헐뜯은 것을 알고 있으므로 이렇게 말했다.

"왕께서는 어찌 참소를 일삼는 하찮은 신하 때문에 골육 같은 자식을 멀리하려고 하십니까?"

그러자 비무기가 말했다.

"왕께서 지금 그들을 제거하지 못하면 반란이 일어나 왕께서는 사로잡히게 될 것입니다."

이 말을 듣고 화가 난 평왕은 오사를 옥에 가두고 성보읍에 사마(司馬) 분양(奮揚)을 보내 태자를 죽이게 하였다. 분양은 성보읍에 이르기 전에 미리 태자에게 사람을 보내 이렇게 말했다.

"태자께서는 빨리 달아나십시오. 그러지 않으면 죽임을 당할 것입니다."

태자 건은 송나라로 달아났다.

억울한 죽음을 가슴에 안고 떠나다

비무기는 평왕에게 말했다.

"오사의 두 아들은 모두 현명하므로 없애지 않으면 초나라의 두통거리가 될 것입니다. 그 아버지를 인질로 잡고 그들을 불러들이지 않으면 앞으로 초나라의 화근이 될 것입니다."

왕은 오사에게 사신을 보내 말했다.

"네 두 아들을 불러들이면 살려 주겠지만 그러지 못하면 죽일 것이다."

그러자 오사는 말했다.

"오상은 사람됨이 어질어 내가 부르면 틀림없이 올 것입니다. 그러나 오운은 사람됨이 고집스럽고 굴욕을 견딜 수 있어 큰일을 해낼 것입니다. 그가 오게 되면 아버지와 자식이 함께 사로잡힐 줄 알기에 틀림없이 오지 않을 형국입니다."

왕은 그의 말을 듣지 않고 사람을 보내 오사의 두 아들에게 말했다.

"〔너희가〕 오면 나는 너희 아비를 살려 주겠지만 오지 않으면 당장 죽여 버리겠다."

오상이 아버지가 있는 곳으로 가려고 하자 오운이 말했다.

"초나라에서 우리 형제를 부르는 것은 아버지를 살려 주려고 해서가 아닙니다. 도망치는 자가 있으면 뒷날의 근심거리가 될까 봐 두려워하여 아버지를 볼모로 잡고 거짓으로 우리 두 자식을 부르는 것입니다. 우리 두 자식이 그곳에 가면 아버지와 자식이 모두 죽게 됩니다. 그것이 아버지의 죽음에 무슨 보탬이 되겠습니까? 〔그곳으로〕 간다면 원수를 갚을 길조차 사라지게 됩니다. 차라리 다른 나라로 달아났다가 병력을 빌려 아버지의 원수를 갚는 것이 낫습니다. 함께 죽는다 해도 아무런 의미가 없습니다."

오상이 말했다.

"〔나 역시〕 그곳으로 가더라도 끝내 아버지의 목숨을 구할 수 없다는 것을 안다. 그러나 아버지께서 살기 위해서 나를 부르셨는데 가지 않았다가 나중에 원수도 갚지 못하면 사람들의 웃음거리가 될 것이다."

〔그러고는〕 오운에게 말했다.

"너는 달아나라. 너는 아버지의 원수를 갚을 수 있을 것이다. 나는 〔아버지가 계신 곳으로〕 가서 죽음을 맞이하겠다."

이렇게 해서 오상이 스스로 앞으로 나가 붙잡히자, 사자는 오자서마저 붙잡으려고 했다. 그러나 오자서가 활을 당겨 사자를 겨누었으므로 사자는 감히 달려들지 못했다. 오자서는 태자 건이 있는 송나라로 도망쳐 그를 섬겼다. 오사는 오자서가 달아났다는 말을 듣고 이렇게 말했다.

"초나라 군주와 신하들은 머지않아 전란으로 고통을 겪을 것이다."

오상이 초나라에 도착하자, 초나라에서는 오사와 오상을 모두 죽였다.

때를 기다려라

오자서가 송나라에 이르렀을 때, 송나라에는 화씨(華氏)의 난[2]이 일어났으므로 곧 태자 건과 함께 정(鄭)나라로 달아났다. 정나라 사람들은 그들을 잘 예우해 주었으나, 태자 건은 〔작은 나라는 자신에게 힘이 못 된다고 생각하고〕 다시 진(晉)나라로 갔다. 진나라 경공(頃公)이 말했다.

"태자는 정나라와 사이가 좋고, 정나라에서도 태자를 신뢰하고 있소. 태자가 나를 위하여 안에서 호응해 주고 내가 밖에서 친다면 틀림없이 정나라를 멸망시킬 수 있을 것이오. 정나라가 멸망하면 태자를 그곳 왕으로 봉하겠소."

결국 태자는 정나라로 돌아갔다. 그러나 이 계획을 행동으로 옮기기 전에 공교롭게도 태자가 사사로운 일로 자신이 데리고 있던 시종을 죽이려고 한 일이 일어났다. 시종이 그의 음모를 다 알고 이 사실을 정나라에 낱낱이 알렸다. 그러자 정나라 정공(定公)과 자산(子産)이 태자 건을 죽였다.

건에게는 승(勝)이라는 아들이 있었다. 겁에 질린 오자서는 승과 함께 서둘러 오나라로 달아났다. 그들이 소관(昭關)에 이르자 소관을 지키는 병사들이 그들을 붙잡으려고 했다. 오자서는 승과 헤어져 혼자 도망치다가 뒤쫓는 자가 바짝 따라와 거의 붙잡힐 지경에 이르렀다. 오자서가 장강에 이르렀을

---

2 기원전 522년 송나라 대부 화해(華亥)와 상녕(向寧), 화정(華定) 등이 송나라 원공(元公)을 죽이려고 일으킨 반란이다. 이 세 사람은 실패하여 진(陳)나라로 달아났다.

때, 마침 장강에서 배를 타고 있던 한 어부가 오자서가 위급한 상황에 놓여 있음을 알고 그를 건네주었다. 오자서는 강을 건너고 나자 갖고 있던 칼을 풀어 어부에게 주며 말했다.

"이 칼은 백 금(百金)의 가치는 될 테니 이것을 당신에게 드리지요."

그러자 어부는 이렇게 말했다.

"초나라 법에 오자서 당신을 잡는 자에게는 좁쌀 오만 석(石)과 집규(執珪, 작위 이름으로 봉국의 군주 격임) 벼슬을 준다고 했습니다. 〔내게 욕심이 있었다면〕 어찌 이까짓 백 금의 칼이 문제이겠습니까?"

어부는 끝내 칼을 받지 않았다.

오자서는 오나라에 이르기도 전에 병이 나 가던 길을 멈추고 밥을 빌어먹기도 하였다.

오자서가 오나라에 이르렀을 때는 오나라 왕 요(僚)가 막 정권을 잡고, 공자 광(光)이 장군으로 있었다. 오자서는 공자 광에게 오나라 왕을 만날 수 있게 다리를 놓아 달라고 부탁했다.

초나라 국경의 종리(鐘離)라는 마을과 오나라 국경의 비량지(卑梁氏)라는 마을은 모두 누에를 치며 살았다. 얼마 뒤 이 두 곳의 여자들이 뽕잎을 차지하려 다투다가 마을 간에 싸움이 일어났다. 초나라 평왕은 몹시 화를 냈고, 두 나라가 모두 병사를 일으켜 서로 공격하게 되었다. 오나라에서는 공자 광에게 초나라를 치도록 하였다. 공자 광이 초나라의 종리와 거소(居巢)를 함락시키고 돌아왔다. 오자서는 오나라 왕 요에게 이렇게 권유했다.

"초나라를 멸망시킬 수 있으니 공자 광을 다시 보내십시오."

공자 광은 오나라 왕에게 말했다.

"오자서의 아버지와 형은 초나라에서 죽음을 당했습니다. 그가 왕께 초나라를 치라고 권하는 것은 자신의 원수를 갚기 위해서일 뿐입니다. 그리고 초나라를 치더라도 아직은 멸망시킬 수 없습니다."

오자서는 공자 광이 오나라 왕을 죽이고 자신이 왕위에 오르려는 속셈이 있어, 아직은 나라 밖의 일을 이야기할 때가 아님을 알게 되었다. 그래서 공자 광에게 전제(專諸)라는 사람을 추천하고 물러나 태자 건의 아들 승과 함께 초야에 묻혀 농사를 지었다.

그로부터 오 년이 지나 초나라 평왕이 죽었다. 일찍이 평왕이 태자 건에게서 가로챈 진나라 공주의 아들 진이 후계자가 되었다. 그가 바로 소왕(昭王)이다.

오나라 왕 요는 초나라의 국상을 틈타 두 공자(촉용(燭庸)과 갑여(蓋餘))를 시켜 병사를 이끌고 가서 초나라를 몰래 치도록 했다. 그러나 초나라에서는 병사를 움직여 오나라 군사의 뒤를 끊어 되돌아가지 못하게 했다. 한편 오나라에서는 도성이 텅 비게 되자, 공자 광이 전제에게 오나라 왕 요를 암살하도록 하고 스스로 왕위에 올랐다. 그가 바로 오왕 합려이다. 합려는 이미 자리에 올라 뜻을 이루자 곧 오자서를 불러 행인(行人, 외무 대신급)으로 삼아 함께 나랏일을 꾀하였다.

오나라의 힘을 빌려 초나라를 깨뜨리다

초나라에서 대신 극완(郤宛)과 백주리(伯州犁)가 주살되자, 백주리의 손자 백비(伯嚭)[3]가 오나라로 망명했다. 오나라에서는 백비를 대부로 임명했다. 앞서 오나라 왕 요의 명령에 따라 병사를 이끌고 초나라를 공격하러 갔던 두 공자는 길이 끊겨 돌아올 수 없었다. 그들은 합려가 오나라 왕 요를 죽이고 스스로 왕위에 올랐다는 소식을 듣고는 병사들을 이끌고 초나라에 투항했다. 초나라에서는 그들을 서(舒) 땅에 봉하였다.

합려는 왕이 된 지 삼 년째 되던 해에 군사를 일으켜 오자서, 백비와 함께

---

3   백비는 오나라 대부로서 왕의 비위를 잘 맞추어 총애를 받았다. 그는 오나라가 멸망하자 월나라로 투항했는데, 일설에는 구천에 의해서 죽었다고도 한다.

초나라를 쳐서 서 땅을 빼앗고 예전에 초나라에 투항한 두 장군을 사로잡았다. 합려는 초나라의 수도 영(郢)까지 쳐들어가려고 하였으나 장군 손무(孫武)가 만류하며 말했다.

"백성이 지쳐 있으니 아직 때가 아닙니다. 잠시 기다리십시오."

합려는 군사를 물려 돌아왔다.

합려 4년에 오나라는 초나라를 공격하여 육(六)과 잠(灊) 땅을 차지하였다. 5년에는 월나라를 공격하여 승리하였다. 6년에는 초나라 소왕이 공자 낭와(囊瓦)에게 병사를 이끌고 가서 오나라를 공격하게 하였다. 오나라는 오자서에게 이를 맞아 싸우도록 하여 초나라 군사를 예장(豫章)에서 크게 무찌르고 초나라의 거소까지 빼앗았다.

합려 9년에 오나라 왕은 오자서와 손무에게 이렇게 물었다.

"앞서 그대들은 초나라의 수도 영을 칠 때가 아니라고 하였는데 지금은 어떻소?"

두 사람은 대답했다.

"초나라 장군 낭와는 탐욕스러워 속국인 당(唐)나라와 채(蔡)나라가 원한을 품고 있습니다.[4] 왕께서 초나라를 치고자 한다면 반드시 당나라와 채나라를 우리 편으로 끌어들이십시오."

합려는 이 말을 듣고 군사를 모두 동원하여 당, 채 두 나라와 힘을 합쳐 초나라를 공격했다. 오나라는 한수(漢水)를 사이에 두고 초나라와 진을 쳤다. 오나라 왕의 동생 부개(夫概)는 병사를 이끌고 따라가기를 원하였으나 왕이 들어주지 않자, 자기가 거느리고 있던 병사 오천 명을 이끌고 초나라 장군 자상(子常)을 공격했다. 자상은 싸움에서 패하여 정나라로 달아났다. 오나라는 승기를 잡고 다섯 번 접전한 끝에 마침내 영에 이르렀다. 기묘일(己卯日)에 초

4　당나라와 채나라 군주가 초나라를 방문했을 때 낭와는 이들을 붙들어 두고 재물을 요구하여 3년 뒤에나 풀어 주었다. 이 일로 두 나라는 낭와에게 원한을 품었다.

나라 소왕이 달아났고, 그다음 날인 경진일(庚辰日)에 오나라 왕이 영으로 들어갔다. 소왕은 수렵지이던 운몽(雲夢)으로 달아났지만 도둑 떼의 습격을 받자 다시 운(鄖)나라로 달아났다. 운공(鄖公)의 동생 회(懷)가 이렇게 말했다.

"초나라 평왕이 우리 아버지를 죽였으니 내가 그 아들을 죽인다 해도 괜찮지 않겠습니까?"

운공은 동생이 소왕을 죽일까 두려운 나머지 소왕과 함께 수(隨)나라로 달아났다. 오나라 병사들은 수나라를 에워싸고 수나라 사람들에게 말했다.

"한천(漢川) 부근 주 왕실의 자손은 모두 초나라에 의해 멸망당하였다."

그러자 수나라 사람들이 소왕을 죽이려고 했는데, 왕자 기(綦)가 소왕을 숨겨 둔 채 자신이 소왕을 대신해 죽으려고 했다. 수나라 사람들이 점을 쳐 보니 오나라에 소왕을 넘겨주는 것은 불길하다는 점괘가 나와 오나라의 요청을 거절하고 소왕을 내주지 않았다.

해는 저물고 갈 길은 멀다

처음에 오자서는 신포서(申包胥)와 친하게 지냈는데, 오자서가 달아나면서 신포서에게 이렇게 말했다.

"나는 반드시 초나라를 엎고 말 것이오."

그러자 신포서는 이렇게 응수했다.

"나는 반드시 초나라를 지킬 것이오."

오나라 병사들이 영에 들어갔을 때, 오자서는 소왕을 잡으려고 하였으나 잡을 수 없었다. 그 대신 초나라 평왕의 무덤을 파헤쳐 그 시신을 꺼내 삼백 번이나 채찍질한 뒤에야 그만두었다. 산속으로 달아났던 신포서는 사람을 보내 오자서에게 이런 말을 전했다.

"당신의 복수는 너무 지나친 것 같소. 나는 '사람이 많으면 한때 하늘도 이길 수 있지만, 일단 하늘의 뜻이 정해지면 사람을 깨뜨릴 수도 있다.'라고 들었소. 일찍이 평왕의 신하가 되어 평왕을 섬겼던 그대가 지금 그 시신을 욕보이니, 어찌 이보다 더 천리에 어긋난 일이 있겠소?"

그러자 오자서는 말했다.

"나를 대신해서 신포서에게 사과하고 '해는 저물고 갈 길은 멀어 천리를 좇을 수 없었소.'라고 말해 주게."

이 말을 듣고 신포서는 진(秦)나라로 달려가 초나라의 위급한 상황을 알리고 구원을 요청하였으나 진나라는 그 요청을 들어주지 않았다. 그러자 신포서는 진나라의 대궐 앞뜰에서 이레 밤낮을 쉬지 않고 소리 내어 울었다. 신포서를 가엾게 여긴 진나라 애공(哀公)이 이렇게 말했다.

"초나라는 비록 도리라고는 찾아볼 수 없으나 이토록 충성스러운 신하가 있으니 망하게 할 수는 없지 않은가?"

그러고는 전차 오백 대를 보내 초나라를 도와 오나라를 공격하여 6월에 직(稷)에서 오나라 병사를 무찔렀다.

한편 오나라 왕 합려가 초나라에 오랫동안 머물면서 소왕을 찾고 있는 동안 합려의 동생 부개가 도망쳐 와 스스로 왕위에 올랐다. 이 소식을 들은 합려는 초나라를 포기하고 자기 나라로 돌아와 부개를 공격했다. 부개는 싸움에서 져 초나라로 쫓겨 달아났다. 초나라 소왕은 오나라에 내란이 일어난 것을 알고는 서둘러 영으로 돌아와 부개를 당계(堂谿)에 봉하고 당계씨(堂谿氏)라고 불렀다. 초나라는 다시 오나라와 싸워 이겼다. 오나라 왕은 자기 나라로 돌아갔다.

악의 씨가 자라지 못하게 하라

그로부터 이 년 뒤 합려는 태자 부차(夫差)에게 군사를 거느리고 가서 초나라를 치게 하여 파(番) 땅을 빼앗았다. 초나라는 오나라가 다시 대거 쳐들어올까 봐 두려워 영을 버리고 수도를 약(鄀)으로 옮겼다. 이때 오나라는 오자서와 손무의 계책을 받아들여 서쪽으로는 강한 초나라를 깨뜨리고, 북쪽으로는 제나라와 진(晉)나라를 누르며, 남쪽으로는 월나라 사람들을 복종시켰다.

그로부터 사 년 뒤에 공자(孔子)가 노나라의 재상이 되었다.

다시 오 년 뒤에는 오나라가 월나라를 공격하였다. 월나라 왕 구천(句踐)이 고소(姑蘇)에서 맞아 싸워 오나라를 무찌르고 합려의 손가락에 상처까지 입히자 오나라는 군사를 물렸다. 그 뒤 합려는 상처가 커져 죽음에 이르게 되자 태자 부차에게 이렇게 말했다.

"너는 구천이 아비를 죽인 일을 잊겠느냐?"

부차가 대답했다.

"절대로 잊지 않을 것입니다."

그날 저녁 합려가 죽었다. 부차는 왕위에 올라 백비를 왕실 안팎의 일을 처리하는 태재(太宰)로 삼고 군사들에게 싸우는 법과 활쏘기를 가르쳤다. 그는 이 년 뒤에 월나라를 공격하여 부초산(夫湫山, 夫椒山)에서 승리를 거두었다. 월나라 왕 구천은 남은 병사 오천 명을 이끌고 회계산(會稽山)에 머물면서 대부 문종(文種)을 시켜 오나라 태재 백비에게 많은 선물을 보내어 화해를 청하고, 월나라를 오나라에 바쳐 자신은 오나라 왕의 신하가 되고 자기 아내는 그의 첩이 되도록 하겠다고 했다. 오나라 왕이 이 요청을 받아들이려고 하자 오자서가 간언했다.

"월나라 왕은 아무리 힘든 고통도 잘 견뎌 내는 사람입니다. 지금 그를 없애지 않으면 훗날 반드시 후회할 것입니다."

그러나 오나라 왕은 오자서의 말을 듣지 않고 태재 백비의 계책에 따라 월나라와 친교를 맺었다.

그로부터 오 년 뒤에 제나라 경공(景公)이 죽었다. 오나라 왕은 제나라의 새 군주가 유약하다는 말을 듣고, 제나라 대신들이 서로 권력 다툼을 하고 있는 틈을 타 군사를 일으켜 북쪽으로 제나라를 치려고 했다. 그러자 오자서는 이렇게 간언했다.

"구천은 반찬 하나로 밥을 먹으며 문상과 문병을 하고 있습니다. 이것은 장차 그들을 요긴하게 쓰려고 하기 때문입니다. 그를 죽이지 않으면 반드시 오나라의 걱정거리가 될 것입니다. 지금 오나라에 월나라가 있다는 것은 배속에 병이 생긴 것과 같습니다. 그럼에도 왕께서는 월나라를 먼저 없애려 하지 않고 제나라를 치려는 데 힘을 기울이고 있으니, 어찌 잘못된 일이 아니겠습니까?"

그러나 오나라 왕은 오자서의 말을 듣지 않고 제나라를 쳐서 제나라 군사를 애릉(艾陵)에서 크게 무찌르고 그 여세를 몰아 추(鄒)나라와 노나라 군주까지 협박하고 돌아왔다. 그 뒤로 오나라 왕은 오자서의 계책을 더욱 홀시하였다.

사 년 뒤에 오나라 왕은 또 북쪽으로 제나라를 치려고 했다. 이때 월나라 왕 구천은 공자의 제자인 자공(子貢)의 계책을 받아들여 군사를 이끌고 오나라를 도우면서 한편으로는 태재 백비에게 귀중한 보물을 바쳤다. 태재 백비는 이미 월나라 왕이 주는 뇌물을 여러 차례 받았기 때문에 월나라 왕을 유달리 좋아하고 믿어 밤낮을 가리지 않고 오나라 왕에게 월나라 왕을 좋게 이야기하였다. 오나라 왕은 백비의 계책을 믿었다. 오자서는 간언했다.

"월나라는 배 속에 생긴 병처럼 골치 아픈 존재입니다. 지금 왕께서는 월나라 왕의 황당한 거짓말을 믿고 제나라를 넘보고 있습니다. 설령 제나라를 쳐서 빼앗는다 해도 황폐한 땅이라 아무런 쓸모가 없습니다. 또 『서경』 「반경(盤庚)」 편의 고(誥)에 '옳고 그른 것을 거스르고 공손하지 않은 사람에게는 가볍게는 코를 베고 무겁게는 목을 베어 이 땅에 악의 씨가 자라지 못하게 하라.'라고 하였습니다. 이것이 상(商)나라가 흥성하게 된 까닭입니다. 원컨대 왕께서는 제나라를 치려는 마음을 접어 두고 먼저 월나라를 처리하십시오. 만약 그렇게 하지 않으면 나중에 후회해도 소용이 없을 것입니다."

그러나 오나라 왕은 이 말을 듣지 않고 오자서를 제나라에 사신으로 보냈다. 오자서는 돌아오기에 앞서 아들에게 말했다.

"나는 왕께 여러 차례 간언했으나 왕은 내 말을 듣지 않았다. 이제 곧 오나라가 망하는 날을 보게 될 것이다. 네가 오나라와 함께 죽는 것은 덧없는 일이다."

그러고는 아들을 제나라의 포씨(鮑氏)에게 맡기고, 오나라로 돌아와 제나라 정세를 보고하였다.

오나라의 태재 백비는 일찍부터 오자서와 사이가 나빴으므로 오자서를 이렇게 헐뜯었다.

"오자서는 고집이 세고 사나우며 정이 없고 시기심이 강합니다. 그는 왕께 원한을 품고 있어 큰 화근이 될까 걱정스럽습니다. 예전에 왕께서 제나라를 치려고 할 때 오자서는 반대했지만 왕께서는 결국 제나라를 쳐서 큰 공을 세우셨습니다. 오자서는 자신의 계책이 받아들여지지 않은 것을 부끄럽게 여기며 원망을 품었습니다. 지금 왕께서 다시 제나라를 치려고 하는데 오자서는 고집스럽게 간언하여 왕께서 병사를 내는 것을 막으려고 합니다. 이것은 오직 오나라가 싸움에 져서 자기 계책이 옳았다는 것이 입증되기를 원하는 것일 뿐입니다. 지금 왕께서 직접 전쟁터로 나가 나라 안의 병력을 모두 동원하여 제나라를 치려고 하는데, 오자서는 자신의 간언이 받아들여지지 않았다 하여 전쟁터로 나가지 않으려고 병을 핑계 삼아 관직에서 물러났습니다. 왕께서는 이에 대한 대비책을 세우셔야만 합니다. 그가 재앙을 일으키는 것은 별로 어려운 일이 아닙니다. 또 신이 몰래 사람을 시켜 알아보니 오자서는 제나라에 사신으로 갔을 때 자기 아들을 제나라의 포씨에게 맡겨 두었다고 합니다. 오자서는 신하가 된 몸으로 나라 안에서 뜻을 이루지 못했다고 하여 밖으로 제후들에게 기대려고 하며, 선왕의 모신(謀臣)이던 자신이 지금은 버림을 받고 있다고 생각하여 늘 원망하고 있습니다. 원컨대 왕께서는 빨리 이에 대한 대책을 세우십시오."

그러자 오나라 왕이 말했다.

"그대의 말이 아니더라도 나 역시 그를 의심하고 있었소."

오나라 왕은 사신을 보내 오자서에게 촉루(屬鏤)라는 칼을 내리고 이렇게 말했다.

"그대는 이 칼로 자결하라."

오자서는 하늘을 우러러보며 탄식했다.

"아! 참소를 일삼는 신하 백비가 나라를 어지럽히고 있는데 왕은 도리어 나를 죽이려 하는구나! 나는 그의 아버지를 제후의 우두머리로 만들었고, 그가 임금이 되기 전 공자들끼리 태자 자리를 놓고 다툴 때 죽음을 무릅쓰고 선왕에게 간해 그를 후계자로 정하게 했다. 그렇게 하지 않았다면 그는 태자가 될 수 없었을 것이다. 그가 왕위에 오르고 나서 내게 오나라를 나누어 주려고 하였을 때도 나는 바라지 않았다. 그런데 지금 그는 간사한 신하의 말만 듣고 나를 죽이려 하는구나."

그러고는 가신들에게 이렇게 말했다.

"내 무덤 위에 가래나무를 심어 왕의 관을 짤 목재로 쓰도록 하라. 아울러 내 눈을 빼내 오나라 동문(東門)에 매달아 월나라 군사들이 쳐들어와 오나라를 멸망시키는 것을 똑똑히 볼 수 있도록 하라."

그런 뒤 스스로 목을 찔러 죽었다.

오나라 왕은 이 말을 듣고 몹시 화가 나서 오자서의 시체를 가져다가 말가죽으로 만든 자루에 넣어 강물에 내던져 버렸다. 오나라 사람들은 그를 가엾게 여겨 강 언덕에 사당을 세우고 서산(胥山)이라고 불렀다.

성공하면 충신이고 실패하면 역적이다

오나라 왕은 오자서를 죽이고 나서 드디어 제나라를 공격했다. 이때 제나라 포씨가 군주인 도공(悼公, 제나라 경공의 아들)을 죽이고 양생(陽生)을 왕으로 세웠다. 오나라 왕은 역적들을 없애려고 했으나 이기지 못하고 자기 나라로 돌아왔다.

이 년 뒤에 오나라 왕은 노나라 애공(哀公)과 위(衛)나라 출공(出公)을 탁고(橐皐)로 불러 맹약을 맺었다. 그 이듬해에는 북쪽의 황지(黃池)에서 제후들을 크게 모아 주나라 왕실의 이름으로 명령했다. 이사이에 월나라 왕 구천은 오나라를 습격하여 태자를 죽이고 오나라 군사를 무찔렀다. 오나라 왕은 이 소식을 듣고 돌아와 사신을 통해 많은 선물을 보내 월나라와 화친을 맺었다.

구 년 뒤에 월나라 왕 구천은 마침내 오나라를 멸망시키고 부차를 죽였다. 태재 백비도 자기 군주에게 충성하지 않고 다른 나라로부터 많은 뇌물을 받고 구천 자신과 내통하였다는 구실로 죽였다.

이보다 앞서 오자서와 함께 달아났던 초나라 태자 건의 아들 승은 오나라에 있었다. 오나라 왕 부차 때, 초나라 혜왕(惠王)은 승을 초나라로 불러들이려고 했다. 그때 초나라 귀족 섭공(葉公)이 이렇게 간언했다.

"승은 용맹스러운 것을 즐겨 하는데, 죽음을 각오한 사람들을 은밀히 찾고 있으니 아마 음모를 꾸미고 있는 듯합니다."

그러나 혜왕은 섭공의 말을 듣지 않고 승을 불러들여 초나라 국경 지역인 언(鄢)에 살게 하고 백공(白公)이라고 불렀다. 백공이 초나라로 돌아온 지 삼 년째 되던 해에 오나라에서는 오자서를 죽였다.

백공 승은 초나라로 돌아온 뒤 아버지를 죽인 정나라에 원한을 품고, 남몰래 죽음을 각오하고 싸울 사람들을 길러 정나라에 원수를 갚으려고 했다. 초나라로 온 지 오 년째 되던 해에 정나라 토벌을 요청했다. 초나라의 영윤(令尹)인 자서(子西)가 허락했으나 병사를 내기도 전에 진(晉)나라가 정나라를 공격했다. 정나라에서는 초나라에 도움을 요청했고, 초나라에서는 자서를 보내 돕도록 했다. 자서가 정나라와 맹약을 맺고 돌아오자 백공 승은 화를 내며 말했다.

"원수는 정나라가 아니라 자서이다."

승이 직접 칼을 갈고 있는데 어떤 사람이 이렇게 물었다.

"어떻게 하려고 하십니까?"

승이 대답했다.

"자서를 없애려고 한다."

이 말을 들은 자서는 웃으며 말했다.

"승은 겨우 알(卵) 같은 존재에 지나지 않는데 무슨 일을 할 수 있겠는 가?"

사 년 뒤에 백공 승은 석기(石乞)와 함께 조정으로 쳐들어가 영윤 자서와 사마 자기(子綦)를 죽였다. 석기가 말했다.

"왕을 죽여야만 합니다."

초나라 혜왕을 죽이려고 하자, 왕은 고부(高府, 도성 안에 있는 창고)로 달아 났다. 그 뒤 석기의 시종 굴고(屈固)가 혜왕을 업고 소부인(昭夫人)의 궁전으로 달아났다. 섭공은 백공이 난을 일으켰다는 소식을 듣고 자신의 병사들을 이 끌고 백공을 공격했다. 백공의 무리는 싸움에서 지자 산속으로 달아나 자살 했다. 섭공이 석기를 사로잡아 백공의 시체가 있는 곳을 물었으나 석기는 말 하지 않았다. 섭공이 삶아 죽이겠다고 위협하자 석기는 이렇게 말했다.

"일이 성공하였다면 경(卿)이 되었겠지만 실패하였으니 삶겨 죽어야 할 터. 이것이 본디 그 직분이다."

석기는 백공의 시체가 있는 곳을 끝까지 말하지 않았다. 마침내 섭공은 석기를 삶아 죽이고 혜왕을 찾아내 다시 왕으로 세웠다.

태사공은 말한다.

"원한이 사람에게 끼치는 해독은 정녕 무섭구나! 임금이라도 신하에게 원한을 사서는 안 되거늘, 하물며 같은 지위에 있는 사람들끼리야 어떠하겠는가? 일찍이 오자서가 아버지 오사를 따라 함께 죽었다면 땅강아지나 개미와 무슨 차이가 있었겠는가? 그는 작은 의를 버리고 큰 치욕을 씻어 후세에까지 이름을 남겼으니 슬프구나! 오자서는 장강에서 오도 가도 못하는 위급한 상황에 놓이고, 또 길에서 빌어먹을 때도 마음속에 어찌 초나라의 수도 영을 잠깐인들 잊었겠는가? 그는 모든 것을 참고 견뎌 내어 공명을 이룰 수 있었다. 강인한 대장부가 아니면 어느 누가 이런 일을 해낼 수 있겠는가? 백공도 만일 스스로 왕이 되려고만 하지 않았던들 그 공적과 계책도 다 말할 수 없으리라!"

월왕 구천 세가

越王句踐世家

이 편의 제목은 '월 세가'라고 해야 「진 세가」와 「초 세가」 등 나라 이름으로 편명을 삼은 세가의 다른 편과 형평이 맞는 듯하지만, 사마천은 월나라 역사의 중심인물인 구천이란 인물로 편명을 삼았다.

사마천이 보기에 구천 이전의 월나라는 중원과 소통하지도 않고 사적 또한 기록할 만하지 않다는 것이 인물로 제목을 정한 일차적 이유고, 또 다른 이유는 구천이 패도를 꾀하여 나라를 복원하는 과정을 서술하고 싶었기 때문이기도 하다. 사마천은 「태사공 자서」에서 "구천은 회계산에서 고통을 겪고 대부 문종과 범려(范蠡)를 등용했다. 구천이 만이(蠻夷)들 속에 있으면서 덕을 닦아 강대한 오나라를 멸망시키고 주나라 왕실을 떠받든 것을 아름답게 여겨" 이 편을 지었다고 밝혔다.

이렇듯 사마천은 구천이 치욕을 견뎌 내는 과정에 중점을 두고 그가 발분하는 태도에 의미를 부여하여 구천이 품고 있는 와신상담, 즉 절치부심하면서 나라를 재건하려는 지도자로서의 희생정신을 높이 평가한 것이다. 그러면서도 구천이 승리하고 나서 공신들에 대한 살육을 자행하는 것에 관해서는 혹독하게 비판한다.

그런데 분명한 점은 사마천이 오나라와 월나라를 동등 관계로 보지 않고 오나라의 손을 들어주었다는 것이다. 앞서 보았듯 오나라를 도와 공을 세운 오자서를 열전에서 단독으로 전을 만들어 다룬 것에서도 짐작할 수 있다. 월나라 왕을 도운 범려를 이 편에서뿐 아니라 「화식 열전」에서도 비교적 상세하게 다루기는 하지만 오자서에 비해 분량이 적은 것을 보아도 두드러지는 사실이다.

그렇다고 해서 사마천이 범려라는 인물을 과소평가하는 것은 아니다. 범려의 처세법이 다른 공신들과는 달랐다는 점을 긍정적으로 보았고, 또한 전국 시대 중기 이후에 형성되기 시작한 황로 사상의 맥락을 이해하고 실천하려 한 그의 태도도 높이 평가했기 때문이다.

부차에게 패배한 구천이 치욕의 고통을 견디다.

치욕의 고통은 스스로 견디는 자가 겪는 통과 의례다

월(越)나라 왕 구천(句踐)은 그 조상이 우임금의 후손이며, 하후의 임금 소강(少康, 하나라 여섯 번째 왕)의 배다른 아들로, [그의 조상은] 회계(會稽)에 봉해져, 우임금의 제사를 받들어 지켰다. 몸에는 문신을 하고 머리카락을 잘랐으며,[1] 황무지를 개간하여 도읍을 삼았다. 이십여 대를 거친 후에 윤상(允常)의 시대에 이르렀다. 윤상의 시대에 오나라 왕 합려와 싸우게 되어 그들은 서로 원망하며 공격했다. 윤상이 죽자 아들 구천이 왕의 자리에 오르니, 이 사람이 월나라 왕이다.

[구천] 원년, 오나라 왕 합려는 윤상이 죽었다는 소식을 듣고는 즉시 군대를 일으켜 월나라를 정벌했다. 월나라 왕 구천이 죽음을 무릅쓴 병사들로 하여금 싸우게 하니, 그들은 세 줄을 이루어 오나라의 진영에 이르러 크게 외치고 스스로 목을 쳤다. 오나라 군대가 바라만 보고 있는 사이 월나라 군대가 이 틈을 타 오나라 군대를 몰래 공격하자 오나라 군대는 취리(檇李)에서 무너지고, 오나라 왕 합려를 쏘아 부상을 입혔다. 합려가 죽으려 할 때 아들 부차에게 일러 말했다.

"월나라를 절대 잊지 마라."

[구천] 3년, 구천은 오나라 왕 부차가 밤낮으로 군대를 훈련시켜 월나라에 복수하려 한다는 소문을 듣고, 오나라가 군대를 일으키기 전에 월나라가 미리 공격하려고 했다.

범려(范蠡)가 간언하여 말했다.

"[오나라를 먼저] 공격해서는 안 됩니다. 신이 듣기로 무기는 흉기이고, 전쟁은 덕을 거스르는 것이며 다툼은 일 가운데에서 가장 말단의 것입니다. 다

---

1 남방에 물이 많으므로 물속에 사는 교룡 등의 해를 피하기 위한 풍습이었다. 한족이 아닌 이민족의 나라임을 드러낸다.

른 사람 몰래 도모하여 덕을 거스르고, 흉기를 사용하기를 좋아하여 자신을 말단의 것에 시험하려 하심은 하늘도 금하는 것으로, 행한다 해도 아무 이득이 없습니다."

그러나 월나라 왕은 말했다.

"나는 이미 결정했소."

〔구천은〕 드디어 군대를 일으켰다.

오나라 왕은 이 소식을 듣고, 날랜 병사를 선발하여 월나라를 공격해서 부초산에서 무너뜨렸다. 월나라 왕은 남은 병사 오천 명으로 회계산에 들어가 지켰는데, 오나라 왕은 그들을 뒤쫓아가 포위했다. 월나라 왕이 범려에게 물었다.

"그대의 말을 듣지 않아 결국 이 지경에 빠졌으니, 어찌하면 좋겠소?"

범려가 대답했다.

"충만함을 간직하려면 하늘과 함께하고, 기우는 것을 안정시키고자 하면 사람과 함께해야 하며, 사리를 절제하고자 하면 땅과 함께해야 합니다. 겸허한 말씀과 후한 예물을 갖추어 그에게 보내십시오. 만약 이 사람이 허락하지 않으면, 왕께서 스스로 볼모가 되어 그를 섬기십시오."

구천이 말했다.

"좋소."

그러고는 대부 문종을 오나라에 보내 화해를 청했다.

문종은 무릎으로 기어 가 머리를 조아리며 말했다.

"왕의 망한 신하인 구천이 저 문종으로 하여금 감히 당신의 담당 관리에게 아뢰나니 '구천은 신하가 되고, 그의 처는 당신의 첩이 되기를 청합니다.'"

오나라 왕은 이를 허락하려고 하였다. 오자서가 오나라 왕에게 말했다.

"하늘이 월나라를 우리 오나라에 주는 것이니, 허락하지 마십시오."

문종이 돌아와 구천에게 보고하자, 구천은 아내와 자식을 죽이고 보물을 불사르고는 죽음으로 맞서 싸우려고 했다. 문종이 구천을 말리면서 말했다.

"오나라의 태재 백비는 탐욕스러운 사람이니 뇌물로써 그를 꾀어낼 수 있을 것입니다. 아무도 모르게 이를 알리십시오."

이에 구천은 즉시 미녀와 보물을 가지고 문종을 시켜 오나라 태제 백비에게 바치게 했다. 백비는 〔뇌물을〕 받고 나서 대부 문종을 오나라 왕에게 알현시켜 주었다.

문종은 머리를 조아려 말했다.

"원컨대 대왕께서 구천의 죄를 용서해 주시고, 저 보물을 모두 받아 주시기 원합니다. 불행하게도 용서해 주지 않으면, 구천은 장차 그의 처자식을 모두 죽여 버리고 보물들을 불사르고 나서 오천 명을 모두 모아 싸우려 들 것이니 〔당신께서는〕 반드시 감당하셔야만 합니다."

백비는 이 틈을 타 오나라 왕을 설득하여 말했다.

"월나라가 마음속으로 신하가 되었으니, 그를 용서해 주시면 이는 우리나라의 이익이 됩니다."

오나라 왕이 허락하려 하자, 오자서가 나아가 간언하여 말했다.

"지금 월나라를 멸망시키지 않으면 나중에 반드시 후회하게 됩니다. 구천은 어진 군주이고 문종과 범려는 훌륭한 신하이니, 만약 지금 그들을 월나라로 돌려보내면 난을 일으킬 것입니다."

오나라 왕은 이를 듣지 않고 마침내 월나라를 용서해 주어, 군대를 거두어 돌아가게 했다.

구천이 회계산에 포위되어 있으면서 매우 탄식하며 말했다.

"나는 여기에서 끝나야 하는가?"

문종이 말했다.

"탕임금은 하대(夏臺)에 억류되었고 〔주나라〕 문왕은 유리(羑里)에 갇혔으며, 진(晋)나라 중이는 적나라로 달아났고, 제나라 소백(小白)은 거(莒)나라로 도망쳤습니다만, 그들은 왕 노릇 하고 패권을 차지하게 되었습니다. 이로 본다면 〔현재 당신의 처지가〕 어찌 복이 될 수 없다고 하십니까?"[2]

오나라 왕이 월나라 왕을 용서해 주자 월나라 왕 구천은 월나라로 돌아가서 몸소 고통을 겪으며 고심하는데, 앉은 자리에는 쓸개를 두고, 앉아 있거나 누워 있거나 항상 쓸개를 바라보며, 마시거나 먹을 때도 쓸개를 맛보았다. 그러고는 [스스로에게] 말했다.

"너는 회계산에서의 치욕을 잊었는가?"

그 자신은 직접 밭을 갈아 농사짓고, 부인은 직접 길쌈질했으며, 음식으로는 고기를 먹지 않았고 옷은 화려한 옷을 입지 않았으며, 몸을 낮추고 어진 사람에게 겸손하고 손님을 후하게 접대하며, 가난한 사람을 돕고 죽은 자를 애도하며 백성들과 더불어 수고로움을 함께했다.

월나라 왕이 범려로 하여금 국정을 다스리게 하자, 범려가 대답하였다.

"군사에 관한 일이라면, 문종이 저 범려만 못합니다. 그러나 국가를 안정시키고 백성을 친근하게 귀의하는 것은 저 범려가 문종만 못합니다."

이에 모든 국정을 대부 문종에게 부탁하고, 범려와 대부 자계(柘稽)로 하여금 강화를 맺고 오나라에 볼모로 남게 했다.

이 년이 지나자 오나라는 범려를 돌려보냈다.

구천이 회계산에서 돌아온 지 칠 년 되던 해에, 그의 사병들과 백성들을 아끼고 어루만지며 그들을 써서 오나라에 복수하고자 했다. 대부 봉동(逢同)이 간언하여 말했다.

"나라가 이리저리 떠돈 지 얼마 되지 않아 이제야 조금 나아졌습니다. 우리가 나아졌는데 만일 무기를 갖추고 예리하게 된다면, 오나라는 반드시 두려워하게 되고 그들이 두려워하면 난은 반드시 닥치게 될 것입니다. 사나운 새가 공격할 때는 반드시 그의 모습을 숨기는 법입니다. 지금 오나라는 제나

2　이 부분에는 와신상담의 의미가 깔려 있다. 사마천은 「태사공 자서」에서 "옛날 서백(西伯, 주나라 문왕)은 유리에 갇혀 있으므로 『주역』을 풀이했고, 공자는 진(陳)나라와 채나라에서 고난을 겪었기 때문에 『춘추』를 지었으며, 굴원은 쫓겨나는 신세가 되어 「이소」를 지었고, 좌구명은 눈이 멀어 『국어』를 남겼다. 손자(손빈)는 다리를 잘림으로써 『병법』을 논했고, 여불위는 촉나라로 좌천되어 세상에 『여람(呂覽, 여씨춘추)』을 전했으며, 한비는 진(秦)나라에 갇혀 「세난」과 「고분」 두 편을 남겼다."라고 하면서 발분(發憤)에 역사적 의미를 부여했다.

라와 진(晉)나라를 공격하고 있으며, 초나라와 월나라에 깊은 원한을 맺고 있으며, 이름은 천하에 높으나 실제로는 주나라를 해하고 있습니다. 덕은 적은데 공적만 많아 반드시 자만에 빠져 있을 것입니다. 우리 월나라를 위해서 계책을 내자면, 제나라와 동맹을 맺고 초나라와는 친하게 지내며, 진(晉)나라에게 의탁함으로써 오나라를 후하게 받드는 것만 한 것이 없습니다. 오나라의 생각이 넓어지면 반드시 전쟁을 하찮게 여길 것입니다. 이렇게 하면 우리는 그 힘을 연합하여 삼국(三國, 제, 초, 진(晉))이 오나라를 공격하게 하고, 월나라는 그 피폐한 틈을 타서 공격하면 이길 수 있습니다."

구천이 말했다.

"좋소."

이 년이 지나자, 오나라 왕은 제나라를 정벌하고자 했다. 오자서가 간언하여 말했다.

"안 됩니다. 신이 듣건대, 구천은 두 가지 이상 맛있는 음식을 먹지 않으며, 백성들과 더불어 힘들거나 즐거운 일을 함께한다고 합니다. 이 사람이 죽지 않으면 반드시 우리 나라에게 근심이 됩니다. 오나라에게 월나라가 있는 것은 배 속의 큰 병과 같으며, 제나라와 오나라의 관계는 옴과 같은 작은 병일 뿐입니다. 원컨대, 왕께서는 제나라는 놔두고 우선 월나라를 공격하십시오."

〔그러나〕 오나라 왕은 듣지 않고 제나라를 정벌하여 그들을 애릉에서 쳐부수고, 제나라 대신 고장(高張)과 국하(國夏)를 포로로 잡아 돌아와, 오자서를 꾸짖었다. 오자서가 말했다.

"왕께서는 기뻐하지 마십시오."

〔이에〕 오나라 왕이 노여워하자 오자서는 스스로 목숨을 끊으려 하였는데, 오나라 왕이 이 소식을 듣고 그렇게 하지 못하도록 했다.

월나라 대부 문종이 말했다.

"신이 보건대, 오나라 왕은 정권을 잡고 나서 교만해졌으니, 시험 삼아 식량을 빌려 달라고 하여, 우리 나라에 대한 태도를 헤아려 보십시오."

식량을 빌려 달라고 하니 오나라 왕은 주려고 하였으나 오자서가 주지 말라고 간언했다. 그러나 〔오나라〕 왕은 이내 빌려 주니, 월나라 왕은 속으로 기뻐했다.

오자서는 말했다.

"왕께서 내 간언을 듣지 않으니 삼 년이 지나면 오나라는 아마도 폐허가 될 것이다."

태재 백비는 이를 듣고서 여러 차례 오자서와 함께 월나라를 처리하는 것에 대하여 쟁론을 벌였고, 왕에게 오자서를 헐뜯어 말했다.

"오자서는 겉모습은 충성스러워 보이나, 실제로는 잔인한 사람입니다. 그는 아버지와 형조차도 돌아보지 않았는데, 어찌 왕을 돌아보겠습니까? 왕께서 이전에 제나라를 치시려고 할 때, 그는 한사코 반대하였는데, 얼마 있다가 공을 세우자 이 때문에 도리어 왕을 원망하게 된 것입니다. 왕께서 그를 경계하지 않으시면, 그는 반드시 반란을 일으킬 것입니다."

〔태재 백비는〕 또한 〔월나라의 대부〕 봉동과 함께 모의하여, 왕에게 헐뜯었다. 오나라 왕이 처음에는 듣지 않다가 오자서를 제나라에 사신으로 보냈는데 오자서가 자기 아들을 제나라 대부 포씨에게 맡겼다는 것을 듣고서, 노여워하며 말했다.

"오운(오자서)이 과연 나를 속였구나!"

오자서가 돌아오자, 오나라 왕은 촉루검(屬鏤劍)을 오자서에게 보내어 스스로 목숨을 끊게 했다.

오자서는 크게 웃으며 말했다.

"나는 이전에 그대의 아버지가 천하를 얻도록 도왔고, 또 그대를 받들어 모셨다. 그대는 처음에 오나라를 나누어 그 반을 나에게 주려고 하였으나, 나는 받지 않았는데, 얼마 지나니 그대는 오히려 참언 때문에 죽이려 하는구나. 아! 오나라 왕은 절대로 혼자서 설 수 없으리라!"

〔그러고는〕 사자에게 알려 말했다.

"반드시 내 눈을 오나라의 동쪽 문에 매달아 놓아 월나라 군사가 쳐들어오는 것을 지켜보게 해 주시오."

마침내 오나라 왕은 태제 백비를 임명하여 정치를 맡겼다.

삼 년이 지나자 구천은 범려를 불러 말했다.

"오나라 왕이 이미 오자서를 죽였고, 주변에는 아부만 일삼는 자들뿐인데, 공격해도 되겠소?"

[범려는] 대답했다.

"아직 안 됩니다."

이듬해 봄에 오나라 왕은 북쪽으로 가서 황지(黃池)에서 제후들과 회맹하였는데, 오나라의 정예 병사들이 오나라 왕을 따라가자 수도는 단지 노약한 병사들과 태자만이 지키게 했다.

구천이 다시 범려에게 [공격해도 되겠는지] 묻자, 그는 대답했다.

"가능합니다."

이에 수전에 익숙한 병사 이천 명과 훈련 받은 병사 사만 명과 근위병 육천 명과 그 밖에 관리직 군인 일천 명을 뽑아 오나라를 공격했다. 오나라 군대는 패했고 드디어 오나라 태자도 죽게 되었다. 오나라에서 [오나라] 왕에게 다급함을 알리니, 왕은 마침 황지에서 제후와 회맹을 하고 있어서, 천하가 이 소식을 들을까 두려워하여 비밀에 부쳤다. 오나라 왕이 황지에서 회맹한 다음, 사람을 보내 예를 후하게 하여 구천에게 강화를 청했다. 월나라 왕은 또한 오나라를 멸망시킬 수 없는 것을 스스로 생각하고는 곧 오나라와 강화를 맺었다. 그 뒤 사 년 만에 월나라는 다시 오나라를 정벌했다. 오나라 병사와 백성은 지쳤고, 가볍고 날랜 병사들은 제나라 및 진(晉)나라와의 싸움에서 모두 죽었다. 월나라는 오나라를 크게 물리치고는 그들을 삼 년간이나 포위하였기 때문에 오나라 군대는 패했다. 월나라는 마침내 고소산(姑蘇山)에 오나라 왕을 다시 가두었다. 오나라 왕은 [대부] 공손웅(公孫雄)으로 하여금 맨살을 드러내고 무릎으로 기어 나아가 월나라 왕에게 강화를 청하며 말했다.

"외로운 신하인 부차는 감히 속마음을 털어놓겠습니다. 다른 날 일찍이 회계산에서 죄를 지었는데, 저 부차는 감히 왕의 명령을 거스르지 못하며, 군왕과 강화를 맺고 돌아가기를 청합니다. 지금 군왕께서는 친히 저를 주살하려 하시는데, 외로운 신하인 저는 오직 명령만을 따를 것이니, 바라건대 회계산에서 제가 당신을 그렇게 용서해 준 것처럼 저의 죄를 용서해 주시겠습니까?"

구천은 차마 모질게 하지 못하여 그에게 허락하려 했다. 그러나 범려가 말했다.

"회계산의 일은 하늘이 월나라를 오나라에게 준 기회인데, 오나라는 취하지 않았습니다. 이제 하늘이 오나라를 월나라에게 주는데, 월나라가 어찌 하늘의 뜻을 거스른단 말입니까? 또한 군왕께서 일찍이 조정에 나가셔서, 저녁에야 돌아오셨으니 오나라를 〔치기〕 위한 것이 아니었습니까? 스물두 해 동안 일을 도모하였는데 하루아침에 이를 저버린다는 것이 가능하겠습니까? 또한 하늘이 주는 것을 받지 않는다면 오히려 벌을 받는 법입니다. 『시경』에서도 '나무를 베어 도끼 자루를 만들려면, 도끼 자루 모양과 멀리 있는 것을 찾지 마라.'라고 하였으니 당신께서는 회계산에서의 화를 잊으셨습니까?"

구천은 말했다.

"나는 당신의 말을 따르고 싶으나, 차마 그의 사자를 거절할 수는 없소."

이에 범려는 북을 쳐 병사를 나아가게 하면서 말했다.

"왕께서는 이미 나에게 정치를 맡겨 일처리하게 했으니, 사자는 가시오. 그렇지 않으면 그대에게 죄를 묻겠소."

오나라의 사자는 울면서 돌아갔다. 구천은 그를 가여워하여 사람을 보내어 오나라 왕에게 말하게 했다.

"나는 그대를 용동(甬東)에서 왕 노릇 하게 하려고 하니, 일백 호의 임금 노릇을 하시오."

오나라 왕이 사양하며 말했다.

"나는 늙었으니, 군왕을 섬길 수는 없소!"

〔오나라 왕은〕 마침내 스스로 목숨을 끊었는데, 〔죽을 때〕 자신의 얼굴을 가리면서 말했다.

"나는 면목이 없어 오자서를 대하지 못하겠다."

월나라 왕은 오나라 왕을 장사 지내고, 태재 백비를 주살했다.

구천은 오나라를 평정하고 나서, 군대를 거느리고 북으로 회하(淮河)³를 건너, 제나라와 진(晉)나라 제후와 서주(徐州)에서 회맹하고 주나라에 공물을 바쳤다. 주나라 원왕(元王, 경왕의 아들)은 사람을 시켜 구천에게 제육을 내리고, 제후의 우두머리로 명했다. 구천은 이미 떠나, 회하를 건너 남으로 내려가 회하 일대의 땅을 초나라에 주고, 오나라가 빼앗은 송나라 땅은 송나라에 되돌려주었으며, 노나라에는 사수(泗水) 동쪽의 사방 일백 리에 달하는 땅을 주었다. 이때, 월나라 군대는 장강 및 회하 동쪽에서 거리낌이 없었고, 제후들은 모두 축하하며 〔구천을〕 패왕(覇王)이라고 일컬었다.

새가 다 잡히면 좋은 활은 감추기 마련이다

범려는 드디어 〔월나라를〕 떠나면서, 제나라에 있는 대부 문종에게 편지를 보내 말했다.

"나는 새가 다 잡히면 좋은 활은 감추어지고, 교활한 토끼가 모두 잡히면 사냥개는 삶아지는 법이오. 월나라 왕 구천이라는 사람은 목이 길고 입은 새처럼 뾰쪽하니, 정녕 어려움은 함께할 수 있어도 즐거움은 같이할 수 없소. 그대는 어찌하여 월나라를 떠나지 않는 것이오?"

문종은 편지를 읽고서 병을 핑계 삼아 조회하지 않았다. 어떤 사람이 문

---

3   장강(양자강), 황하, 제수(濟水)와 더불어 네 개의 큰 강 가운데 하나로서 1000킬로미터 정도 된다.

종이 반란을 일으키려 한다고 힐뜯었다.

구천은 곧 그에게 칼을 내려 주며 말했다.

"그대는 과인에게 오나라를 칠 수 있는 계책 일곱 가지를 가르쳐 주었소. 나는 그중 세 가지만을 써서 오나라를 패배시켰소. 나머지 네 가지는 그대에게 있으니, 그대는 나를 위해 선왕(先王)이 있는 그곳을 따라가 그것을 시험해 보시오."

문종은 결국 스스로 목숨을 끊었다.

눈동자는 자신의 속눈썹을 보지 못한다

구천이 죽자 그의 아들 왕 석여(鼫與)가 왕의 자리에 올랐고, 왕 석여가 죽자 그의 아들 왕 불수(不壽)가 왕의 자리에 올랐다. 왕 불수가 죽자 그의 아들 왕 옹(翁)이 왕의 자리에 올랐고, 왕 옹이 죽자 그의 아들 왕 예(翳)가 왕의 자리에 올랐다. 왕 예가 죽자 그의 아들 왕 지후(之侯)가 왕의 자리에 올랐고, 왕 지후가 죽자 그의 아들 왕 무강(無彊)이 왕의 자리에 올랐다.

왕 무강이 자리에 있을 때, 월나라가 군대를 일으켜 북쪽으로는 제나라를 공격하고, 서쪽으로는 초나라를 공격하여, 중원의 나라들과 강성함을 다투었다. 초나라 위왕(威王) 때 이르러, 월나라가 북쪽 제나라를 정벌하려 하자, 제나라 위왕(威王)은 사람을 보내 월나라 왕을 설득하여 말했다.

"월나라가 초나라를 정벌하지 않으면, 크게는 왕 노릇을 할 수 없고, 작게는 우두머리도 될 수 없습니다. 월나라가 초나라를 치지 않는 이유를 헤아려 보면, 진(晉)나라의 지지를 얻지 못해서입니다. 한(韓)나라와 위(魏)나라는 절대로 초나라를 공격하지 못합니다. 한나라가 초나라를 공격하면 그 군대를 전멸시키고 그 장수를 죽이며 섭(葉)과 양책(陽翟) 두 읍이 불안해집니다. 따라서 두 진(晉)나라(한나라와 위나라)가 월나라를 섬기는 이유는 장수를 죽이거나 병사를 죽이지 않기 때문이지, 전공을 세우기 위해 땀을 흘리는 것은 아닙니다. 어찌하여 진나라의 지원만을 중시하는 것입니까?"

월나라 왕(왕 무강)이 말했다.

"내가 진(晉)나라에 요구하는 것은 [초나라와] 서로 베어 죽이면서 싸우는 데 있지 않은데, 하물며 성을 공격하는 것이겠소? 내가 원하는 것은 위나라가 대량(大梁, 위나라 수도) 아래에 군대를 집결시켜, 제나라가 남양(南陽)과 거(莒) 땅에서 병사들을 훈련시킴으로써 상(常)과 담(郯) 두 읍 국경에 모이는 것이오. 이렇게 되면 [초나라 군대는] 방성(方城) 밖으로 남하하지 못하고, 회수와 사수 사이에서 동쪽으로 나아가지 못하며, 상(商), 오(於), 석(析), 역(酈), 종호(宗胡) 읍의 땅과 하(夏, 초나라의 서북부 일대)에서 왼쪽으로 나아가지 못하며, 진(秦)나라의 침략에 대비하지 못함으로써, 강남(江南)과 사수 일대에서 월나라에 대항하지 못할 것이오. 이렇게 되면 제나라, 진(秦)나라, 한(韓)나라, 위(魏)나라는 초나라에서 뜻을 얻을 수 있소. 두 진(晉)나라는 싸우지 않고도 땅을 나눌 수 있고, 밭을 갈지 않고도 곡식을 수확할 수 있게 되오. 이렇게 하지 않으면 황하와 화산 사이에 군대를 배치해도 제나라와 진(秦)나라에게 이용당할 것이며, 기대하는 바는 한나라와 위나라가 이처럼 실책하게 하는 것인데, 어떻게 이런 방법으로 왕 노릇 할 수 있겠소?"

제나라 사자가 말했다.

"다행스럽게도 월나라가 아직 망하지 않았군요! 저는 그들이 사용한 지략을 눈앞에 보는 것처럼 귀하게 여길 수가 없으니, 눈동자는 다른 곳의 아주 작은 솜털은 볼 수 있어도 자신의 속눈썹은 보지 못합니다. 지금 왕께서 진(晉)나라(한나라와 위나라)의 실책을 아시면서, 스스로 자신의 잘못을 알지 못하니 이는 눈동자의 논리와 같습니다. 왕께서 이 진(晉)나라에게 기대하는 것은 힘들여 노력하여 공을 세우는 데 있는 것이 아니고, 또 함께 연합하여 강화를 맺는 것도 아니며, 초나라 병사들을 분산시키는 것을 기대하는 것입니다. 지금 초나라 군대가 이미 뿔뿔이 흩어져 있는데, 진나라에게 더 무엇을 기대하겠습니까?"

월나라 왕이 말했다.

"어찌하면 좋소?"

그는 말했다.

"초나라는 세 명의 대부가 구군(九軍, 모든 군대)을 펼쳐 놓았으니, 북쪽으로는 곡옥과 오중(於中)을 포위하여 무가관(無假關)에 이르는 삼천칠백 리 길에 배치하였고, 경취(景翠, 초나라 대부)의 군대는 북쪽으로는 노나라, 제나라, 남양(南陽)에 모여 있습니다. 이것보다 더 크게 분산시킬 수 있겠습니까? 또 왕께서 바라는 것은 진(晉)나라와 초나라를 다투게 하는 것이거늘 진나라와 초나라가 싸우지 않으면 월나라 군대는 일으킬 수 없으니, 이는 두 개의 다섯만 알고 열은 알지 못하는 것입니다. 지금 초나라를 치지 않으시면, 제 생각에 월나라는 크게는 왕 노릇을 할 수도 없고 작게는 우두머리도 될 수 없음을 알 수 있습니다. 또한 수(讎), 방(龐), 장사(長沙)는 초나라의 곡식이 나는 곳이며, 경택릉(竟澤陵)은 초나라의 목재가 나는 곳입니다. 월나라가 군대를 내보내서 무가관(無假關)을 통하게 하면, 이 네 읍은 영도에 곡물을 보낼 수 없게 됩니다. 제가 듣건대, 왕 노릇 하려다가 왕 노릇 하지 못하면 우두머리는 될 수 있습니다. 그러나 우두머리도 되지 못하는 것은 왕도를 잃어버렸기 때문입니다. 따라서 원컨대 대왕께서는 병사를 돌려 초나라를 치십시오."

따라서 월나라는 마침내 제나라를 내버려 둔 채 초나라를 쳤다. 초나라 위왕은 군대를 일으켜 월나라를 크게 쳐부수고, 왕 무강을 죽였다. 옛날 오나라 땅에서 절강(浙江)까지 이르는 지역을 모두 취하고, 북쪽으로는 서주에서 제나라를 쳐부수었다. 그러자 월나라는 뿔뿔이 흩어졌으며 여러 종족의 아들들이 서로 자리를 놓고 다투어, 어떤 이는 왕이 되었고 또 어떤 이는 임금(君)이 되어, 강남 연해 일대에 살거나 초나라에 복속되어 조공을 바쳤다.

그 뒤 일곱 세대가 지나, 민군 요(閩君搖)가 즉위하면서 제후들을 도와 진(秦)나라를 평정했다. 한(漢)나라 고조(高祖, 유방)가 다시 요를 월나라 왕으로 삼아 월나라의 후대 제사를 받들게 했다. 동월(東越)과 민군(閩君)은 모두 월나라의 후예인 것이다.

큰돈을 번 자는 씀씀이가 다르다

범려는 월나라 왕 구천을 섬기는 데에 갖은 고생을 겪으며 애써 노력하고, 구천과 함께 이십여 년간 심오한 계획을 세워 결국 오나라를 멸망시키고, 회계산에서의 치욕을 되갚았다. 그러고 나서 북쪽으로는 군대를 거느리고 회하를 건너, 제나라와 진(晉)나라에 이르러 중원을 호령하며, 주나라 왕실을 받듦으로써, 구천은 패왕이 되었고 범려는 상장군이라고 일컫게 되었다. 다시 월나라로 돌아온 범려는 너무 큰 명성을 누리므로 오랫동안 머물기 어렵다고 생각했다. 게다가 구천의 사람됨이 어려움을 함께할 수는 있어도 편안함을 함께하기는 어렵다고 생각하여, 구천에게 떠난다는 편지를 써서 말했다.

"신이 듣건대, 군주가 걱정하면 신하는 수고롭고, 군주가 욕을 보면 신하는 죽어야 한다고 합니다. 옛날에 군왕께서 회계에서 모욕을 당하셨는데, 제가 죽지 않았던 까닭은 이 일(복수)을 하기 위한 것이었습니다. 이제 설욕도 하였으니, 신은 회계에서 모욕당한 죄를 받고자 합니다."

구천이 말했다.

"나는 그대에게 월나라를 나누어 주려 하오. 받지 않으면, 나는 그대를 벌하겠소."

범려가 말했다.

"군주는 자신의 명령을 실행시키고, 신하는 자신의 생각을 실행합니다."

그러고는 값이 별로 나가지 않는 보물과 구슬을 꾸려 스스로 그의 무리들과 함께 배를 타고 바다로 떠 가서는 끝내 돌아오지 않았다. 이에 구천은 회계산을 범려의 봉읍으로 삼겠다고 공표하였다.

범려가 바다를 떠다니다가 제나라에 이르러 성과 이름을 바꾸고 스스로 '치이자피(鴟夷子皮)'⁴라고 했다. 그는 해변에서 농사를 짓는데 온갖 고생을 하고 힘을 다하여 아버지와 아들이 산업을 다스렸다. 그곳에 산 지 얼마 되지 않아 재산이 수십만 금(金)에 달하게 되었다. 제나라 사람들이 그가 어질다는 것을 듣고서 그를 재상으로 삼았다.

범려는 한탄하며 말했다.

"집에 있을 때는 천금의 재산을 얻고, 관직에 있을 때는 경상에 이르렀으니, 이는 보통 사람으로서 정점에 도달한 것이다. 존귀한 이름을 오랫동안 가지고 있는 것은 상서롭지 못하다."

그러고는 재상의 인수를 돌려주고, 자신의 재산을 모두 나누어 아는 친구들과 마을 사람들에게 나누어 주고, 그중에서 귀중한 보물만 가지고 몰래 빠져나와 도(陶) 땅까지 이르렀다. 이곳이야말로 천하의 중심이므로 교역을 하면 각지와 통할 수 있어 장사를 하면 큰돈을 모을 수 있다고 생각했다. 따라서 스스로 '도 주공(陶朱公)'이라고 했다. 그러고는 다시 부자가 함께 농사를 짓고 가축을 기르며, 물건을 오랫동안 쌓아 놓았다가 때가 되면 물건들을 내다 팔아 십분의 일의 이윤을 남겼다. 그는 오래 지나지 않아 엄청난 재산을 모으니, 천하 사람들은 그를 도 주공이라고 일컬었다.

돈을 제대로 쓰려면 버릴 줄도 알아야 한다

주공(朱公, 범려)이 도 땅에 살면서, 막내아들을 낳았다. 막내아들이 장성

---

4   '치이'란 가죽으로 만든 자루를 말한다. 오나라 왕 부차는 오자서를 죽이고 나서 그의 시체를 가죽에 싸서 강물에 던져 버렸는데, 여기서 범려 역시 자신이 저지른 죄가 오자서의 경우와 같다고 하면서 이렇게 말한 것이다. 부연하면 춘추 시대 말기에는 치이자피라고 스스로를 부른 사람이 세 명 있었다. 첫 번째가 초나라의 현인으로 『설원(說苑)』에 나오는 인물이다. 두 번째는 여기에 나온 범려이며 세 번째는 제나라 사람으로 전성자를 모시던 인물이다.

하였을 무렵, 도 주공의 둘째 아들이 사람을 죽인 죄로 초나라에 갇혔다. 주공이 말했다.

"사람을 죽였으면, 죽어야 하는 것은 당연한 이치이다. 그러나 내가 듣건대, '천금을 가진 자식은 저잣거리에서 죽지 않는다.'라고 한다."

주공은 그의 막내아들을 보내어 살펴보게 했다. 그러고는 황금 일천 일(鎰)을 가져가게 했는데, 갈색 그릇에 담아 한 마리의 소가 끄는 수레에 실었다. 막내아들을 막 보내려고 할 때 주공의 큰아들이 한사코 가려고 요청했으나 주공은 들어 주지 않았다. 큰아들이 말했다.

"집안에 큰아들이 있으면 〔이를 일러〕 집안일을 살피는 '가독(家督)'이라 합니다. 지금 동생이 죄를 지었는데, 아버님께서 저를 보내지 않고 막내를 보내는 것은 제가 어리석기 때문입니다."

그러고는 스스로 목숨을 끊으려고 했다. 그의 어머니도 말했다.

"지금 막내를 보낸다고 해서 꼭 둘째 아이를 살려 낼 수도 없을 텐데, 그보다 먼저 큰아이를 잃게 된다면 어찌하면 되겠습니까?"

주공은 어쩔 수 없이 큰아들을 보냈는데, 편지 한 통을 써서 오랜 친구인 장생(莊生)에게 건네주게 하면서 말했다.

"그곳에 도착하면, 장생의 집에 이 황금 일천 일을 갖다 드리도록 해라. 그가 하자는 대로 따라야 하고, 절대로 그와 논쟁될 만한 일은 없도록 해라."

큰아들은 떠날 때, 자신도 수백 금의 황금을 따로 챙겼다. 초나라에 도착하니 장생의 집은 바깥 성곽에 있었는데, 명아주 풀숲을 헤치고 가까스로 문에 도착해 보니 사는 것이 대단히 가난했다. 큰아들은 아버지의 말씀대로 편지와 황금 일천 일을 건네주고, 그의 아버지의 말에 따르기로 했다.

장생이 말했다.

"어서 빨리 떠나라. 절대 머물러 있지 마라. 동생이 나오거든, 절대 그 까닭을 묻지 마라."

큰아들은 떠나서 더는 장생에게 찾아오거나 사사로이 머물지 않고, 자신이 따로 가져간 황금을 초나라의 귀인(貴人, 종족의 실력자)에게 바쳐 일을 꾸미려고 했다.

장생은 비록 빈궁한 마을에 살고 있어도, 청렴하고 강직한 것이 온 나라에 알려져, 초나라 왕으로부터 그 이하는 모두 그를 받들어 스승으로 삼았다. 그는 주공이 보내온 황금을 갖고 싶어 받은 것이 아니고, 일이 이루어지고 난 다음에 다시 그것을 되돌려주어 믿음을 보여 주려고 하였을 뿐이다. 이에 황금이 도착하자, 그의 부인에게 말했다.

"이것은 주공의 황금이오. 내가 만일 병들어 죽게 되면 나중에 다시 주공에게 돌려주지 못한다 하더라도, 당신은 경거망동하지 마시오."

주공의 큰아들은 그의 속마음을 알지 못하고, 황금이 그에게 이렇다 할 만한 작용을 전혀 못했다고 생각했다.

장생은 적당한 때 입궐하여 왕을 뵙고 말했다.

"어떤 별이 어떤 장소로 움직였으니, 이는 초나라에 해로움이 될 것입니다."

초나라 왕은 평소 장생을 신임하였으므로 말했다.

"지금 어찌하면 좋겠소?"

장생이 말했다.

"오로지 덕으로만 그 해를 없앨 수 있습니다."

초나라 왕이 말했다.

"선생께서는 가만히 계십시오. 과인은 어진 정치를 행하리다."

왕은 이에 사신을 시켜 세 창고를 봉쇄했다. 초나라의 귀인은 놀라서 주공의 큰아들에게 알려 말했다.

"왕께서는 장차 죄를 용서해 줄 것이오."

큰아들이 물었다.

"무슨 까닭입니까?"

그가 말했다.

"매번 왕이 사면을 내릴 때는 항상 그 세 창고를 봉쇄시켰소. 어젯밤에 왕께서 사신을 보내 봉쇄시키셨다고 하오."

주공의 큰아들이 생각하기에, 사면되어 동생이 당연히 나올 수 있을 거라면, 천금의 황금이 장생에게 헛되이 버려져 별 의미가 없었다고 여겨 다시 장생을 만나러 갔다. 그리고 장생을 다시 만나니 장생이 놀라 말했다.

"그대는 떠나지 않았는가?"

장남이 말했다.

"원래 떠나지 않았습니다. 처음에는 동생 일로 찾아뵈었는데, 동생은 지금 스스로 사면될 수 있다고 논의되고 있으니 따라서 제가 선생에게 하직 인사를 드리는 것입니다."

장생은 그가 그 황금을 다시 얻으려 한다고 생각하고는 말했다.

"자네는 방으로 들어가 황금을 가져가게."

장남은 곧장 방으로 들어가서 황금을 가지고 떠나면서 홀로 기뻐하고 다행스럽게 생각했다.

장생은 〔주공의〕 아들에게 매수되었다는 것을 치욕스럽게 생각하여, 즉시 입궐하여 초나라 왕을 뵙고 말했다.

"신이 이전에 어떤 별이 이동하는 것을 말씀드리자, 왕께서는 덕을 베풀어 보답하고자 하셨습니다. 지금 신이 문 밖을 나서서 길거리에서 듣자 하니 한결같이 말하기를 도 땅의 부자 주공의 아들이 사람을 죽여 초나라에 갇혔는데, 그 집에서 금전을 많이 보내어 왕의 측근들에게 뇌물을 주었고, 따라서 왕께서 초나라 백성을 구제하기 위해서 사면을 내린 것이 아니라 도 주공의 아들 때문이라고들 합니다."

왕은 크게 노하여 말했다.

"내가 부덕하다 하더라도, 어찌 주공의 아들 때문이라고 해서 은혜를 베푼단 말이오!"

〔초나라 왕은〕 판결을 하게 하여 주공의 아들을 죽이고 이튿날 마침내 천하에 사면령을 내렸다. 주공의 장남은 결국 그의 동생의 시신을 안고 돌아갔다.

집에 도착하니, 그의 어머니와 마을 사람들이 모두 슬퍼하는데, 주공만은 웃으며 말했다.

"내 정녕 그가 동생을 죽게 할 줄 알았다. 그놈이 동생을 사랑하지 않아서 가 아니라, 단지 돈을 아까워하여 버릴 수 없기 때문이다. 큰아이는 어려서부터 나와 함께 고생을 했고, 살기 위해 어려운 일을 겪었으므로, 돈을 쓰는 데 상당히 신중하다. 막내는 태어나면서부터 내가 잘사는 것만 보았고, 좋은 마차와 말을 타고 다니며 토끼나 잡으러 다녔으니, 그가 돈이 어디로부터 나오는지 어찌 알겠는가? 따라서 쉽게 돈을 쓰고, 아끼거나 인색하지 않다. 이전에 내가 막내아이를 보내려 하였던 것은 그가 정녕 돈을 버릴 줄 알았기 때문이었다. 그런데 큰아이는 그렇게 하지 못해서 결국 동생을 죽였으니, 사물의 이치로 보아 슬퍼할 일이 못된다. 나는 밤낮으로 둘째 아이의 시신이 오기만을 바라고 있었다."

범려는 세 번이나 자리를 옮기고도 천하에 이름을 떨쳤다. 단지 떠나가기만 한 것이 아니라, 머무는 곳에서는 반드시 명성을 얻었다. 범려가 마침내 도땅에서 늙어 죽었기에, 그를 '도 주공'이라고 대대로 전한다.

태사공은 말한다.

"우임금의 공은 크도다! 아홉 하천의 물길을 터 소통시키고 아홉 주를 안정시켰기에, 오늘날에 이르기까지 중원이 평안하구나. 그의 후손 구천에 이르러 몸을 괴롭히고 노심초사하여 마침내 강성한 오나라를 멸망시켰다. 북쪽으로는 중원의 나라에 열병 거행하며, 주나라를 받들어 패왕이라고 일컫게 되었으니 구천이야말로 정녕 현명하지 않다고 말할 수 있겠는가! 〔이는〕 아마도 우임금이 남긴 공적 때문일 것이다. 범려는 세 번 자리를 옮기고도, 모두 영광스러운 이름이 있었고, 명성이 후세까지 드리우고 있다. 임금과 신하가 이러하다면 드러나지 않으려 해도 가능할 수 있겠는가?"

상군 열전

商君列傳

상군은 법가를 대표하는 정치가 상앙(商鞅)을 말한다. 상앙은 전국 시대 중기 위(衛)나
라의 공자로서 공손앙(公孫鞅) 또는 위앙(衛鞅)이라고도 하며, 진(秦)나라에서 변법을
성공적으로 단행하여 상군에 봉해짐에 따라 역사적으로는 상앙으로 불린다.

　상앙은 법가의 선구자라고 할 수 있는 이회(李悝)의 영향을 깊이 받아서 개혁적인
성향이 강했으나 위나라에서는 중용되지 못하였다. 그는 진나라 효공이 기원전 361년
에 현명한 선비를 구한다는 말을 듣고 위나라를 떠나 진나라로 들어가 효공을 도와 변
법을 만들었다.

　상앙은 사회 개혁법(변법)을 통하여 봉건적인 옛 제도를 철저히 없애고 군주의 절
대 권력 확립에 필요한 혁신적인 조치를 강구하였다. 그는 특히 귀족들의 세습적 특권
을 박탈하고자 했을 뿐만 아니라, 절대 군주의 존재를 위협시키는 지식인들의 자율적
이고 비판적인 사상 논의를 엄금하도록 요청하였다. 이러한 일련의 강압적이고 전제주
의적 조처로써 상앙은 진나라를 정치적, 경제적, 사회적으로 부강하게 만들고 뒷날 천
하를 통일할 수 있는 기초를 다졌다.

　법가 사상 자체가 지식인을 탄압하는 전제주의적 성격을 지녔기 때문에 상앙의
사상은 지식인과 관료를 중심으로 하는 전통적 유교 사회에서는 거의 부정적인 평가
를 받았고, 사마천도 그의 인물됨에 대해서는 혹평을 했다. 그러나 사마천이 「태사공
자서」에서도 밝혔듯 효공을 강대한 패자로 만들고 훗날 통일 진나라의 기초를 다진 것

은 무시할 수 없는 공적이다.

　이 편은 상앙이 변법을 주장하게 된 과정과 성과를 체계적으로 서술하여, 후세 사람들이 상앙을 보다 정확하게 평가하도록 귀중한 자료를 제공한다.

나무를 옮긴 사람을 바라보는 상앙.

죽음의 문턱에 있는 자의 말은 믿을 수 없는가?

상군(商君)은 위(衛)나라 왕의 여러 첩이 낳은 공자들 가운데 한 사람으로, 이름은 앙(鞅)이고 성은 공손씨(公孫氏)이며 그 조상은 성이 희(姬)였다. 공손앙은 젊어서부터 법가의 학문을 좋아하고 위(魏)나라 재상인 공숙좌(公叔座)를 섬겨 중서자(中庶子, 대부의 집안일을 맡아봄)가 되었다.

공숙좌는 상앙이 현명한 줄을 알았지만 위나라 왕에게 추천할 기회를 얻지 못했다. 마침 공숙좌가 병에 걸리자 위나라 혜왕(惠王)이 직접 찾아와 병문안을 하며 이렇게 말했다.

"만일 공숙의 병이 낫지 않는다면 앞으로 나라를 어떻게 하면 좋겠소?"

공숙좌는 이렇게 대답했다.

"제 중서자로 있는 공손앙은 나이는 비록 어리지만 재능이 빼어납니다. 대왕께서는 나랏일을 그에게 맡기고 다스리는 이치를 들으십시오."

왕은 아무 말도 하지 않았다. 왕이 가려고 하자, 공숙좌는 주위 사람들을 물러나게 하고 다음과 같이 말했다.

"왕께서 공손앙을 등용하지 않으시려거든 반드시 그를 죽여 국경을 넘지 못하게 하십시오."

왕은 고개를 끄덕이고 돌아갔다.

공숙좌는 공손앙을 불러 이렇게 사과했다.

"오늘 왕께서 재상이 될 만한 인물을 묻기에 나는 당신을 추천하였소만 왕의 낯빛을 보니 내 말을 받아들이지 않을 것 같소. 나는 군주에게 먼저 충성을 다한 뒤에 신하를 돌봐야 한다고 생각하므로 왕께서 당신을 기용하지 않으시려면 죽여야 한다고 하였소. 왕은 나에게 그렇게 하시겠다고 하였소. 그대는 빨리 떠나시오. 그러지 않으면 붙잡힐 것이오."

공손앙이 말했다.

"왕께서 당신 말을 듣고도 저를 임용하지 않는데, 또 어찌 당신 말을 들어

저를 죽이겠습니까?"

그는 끝내 떠나지 않았다.

혜왕은 돌아와서 주위 신하들에게 말했다.

"공숙좌의 병이 깊어 슬프오. 과인보고 공손앙에게 나라를 맡기고 상의하여 처리하라고 하니 어찌 황당하지 않겠소!"

상대방의 마음을 알아야 성공적인 유세를 할 수 있다

공숙좌가 세상을 떠난 뒤 공손앙은 진(秦)나라 효공(孝公)이 전국에 어진 이를 찾는다는 포고령을 내리고 목공(穆公)의 패업을 이어 잃었던 동쪽 땅을 되찾으려 한다는 말을 듣고, 서쪽 진나라로 들어가 효공이 아끼는 신하 경감(景監, 경(景)씨 성을 가진 태감(太監))을 통해 효공을 만나려고 했다.

효공은 위앙을 만나 나라를 다스리는 일에 대해 매우 오랫동안 이야기를 나누었다. 그러나 효공은 때때로 졸며 잘 듣지 않았다. 위앙이 물러나오자 효공은 경감에게 화를 내며 말했다.

"당신의 빈객은 과대망상에 빠진 사람인데 어떻게 임용할 수 있겠소?"

그래서 경감이 위앙을 꾸짖자 위앙은 이렇게 말했다.

"제가 효공에게 제도(帝道, 전설 속의 오제(五帝)가 나라를 다스린 이치와 계책)를 말씀드렸는데 그 뜻을 이해하지 못하신 모양이군요."

그러고는 닷새 뒤에 한 번 더 효공을 뵐 수 있도록 해 달라고 부탁했다.

위앙은 효공을 다시 만나 〔첫 번째 만났을 때보다〕 더 열심히 말씀드렸지만 마음을 완전히 얻지는 못했다. 위앙이 물러나오자 효공은 또 경감을 꾸짖었고, 경감은 또 위앙을 나무랐다. 위앙이 말했다.

"제가 공에게 왕도(王道, 우왕, 탕왕, 문왕, 무왕이 천하를 통일시킨 이론과 방법)를 설명하였는데 아직도 마음에 들지 않는 모양이군요. 한 번 더 효공을 만나게 해 주십시오."

위앙은 또다시 효공을 만났다. 효공은 그를 좀 더 좋게 평가하기는 했지만 등용하지는 않았다. 위앙이 물러나가자 효공은 경감에게 말했다.

"당신의 빈객은 괜찮은 사람이오. 그와 더불어 이야기할 만하오."

[이 말을 경감에게 전해 들은] 위앙은 이렇게 말했다.

"제가 공에게 오패(五覇, 일반적으로 춘추 시대 제나라 환공, 진(晉)나라 문공(文公), 진(秦)나라 목공, 초나라 장왕, 송나라 양왕(襄王)을 말함)가 나라를 다스린 방법을 설명드렸는데 이것을 쓸 만하다고 생각하셨군요. 그러면 꼭 한 번만 더 뵙도록 해 주십시오. 이제 저는 공의 마음이 어디에 있는지 알았습니다."

위앙은 다시 효공을 만났다. 효공은 [위앙의 말을 들으면 들을수록 흥미가 생겨] 무릎이 위앙 앞으로 나오는 것도 알지 못하였다. 효공은 위앙과 여러 날 말을 주고받아도 싫증이 나지 않았다. 경감이 이렇게 물었다.

"그대는 어떤 방법으로 우리 왕의 마음을 사로잡았소? 우리 왕께서 매우 기뻐하고 있으니 말이오."

위앙이 말했다.

"저는 공에게 삼황오제의 도를 실행하면 하·은·주 삼대에 견줄 만한 태평성대를 누릴 것이라고 말씀드렸습니다. 그러자 공께서는 '나는 너무나 길고 멀어서 기다릴 수 없소. 그리고 어진 군주는 자기가 자리에 있을 때 세상에 이름을 나타내오. 어찌 수십 년 또는 수백 년 뒤에 제왕의 사업을 이루기를 기다릴 수 있겠소?'라고 하셨습니다. 그래서 제가 힘 있는 나라를 만드는 방법을 공께 말씀드렸더니 공께서 기뻐하신 것뿐입니다. 하지만 은, 주 시대 임금의 덕행에 견주기는 어렵습니다."

옛것을 따르는 것만이 능사는 아니다

효공은 위앙을 등용했지만, 위앙이 법을 바꾸려고 하자 세상 사람들이 자기를 비방할까 봐 매우 걱정이 되었다. 위앙이 말했다.

"의심스러워하면서 행동하면 공명이 따르지 않고, 의심스러워하면서 사업을 하면 성공할 수 없습니다. 또 다른 사람들보다 뛰어난 행동을 하는 자는 원래 세상 사람들의 비난을 받게 마련이며, 남들이 모르는 지혜를 가진 자는 반드시 사람들에게 오만하다는 비판을 듣게 마련입니다. 어리석은 자는 이미 이루어진 일도 모르지만 지혜로운 자는 일이 시작되기 전에 압니다. 백성은 일을 시작할 때에는 더불어 상의할 수 없으나 일이 성공하면 함께 즐길 수 있습니다. 가장 높은 덕을 강구하는 자는 세상과 타협하지 않으며, 큰 공을 이루는 자는 뭇사람과 상의하지 않습니다. 그러므로 성인은 나라를 강하게 할 수 있으면 구태여 옛것을 본뜨지 않고, 백성을 이롭게 할 수 있으면 옛날의 예악 제도를 좇지 않았습니다."

효공이 대답했다.

"옳은 말이오."

그러나 신하 감룡(甘龍)은 이렇게 말했다.

"옳지 않습니다. 성인은 백성의 풍속을 고치지 않고 교화시키며, 지혜로운 자는 법을 고치지 않고 다스립니다. 백성의 풍속에 따라서 교화시키면 애쓰지 않고도 공을 이룰 수 있고, 이미 시행되고 있는 법에 따라 다스리면 관리도 익숙하고 백성도 편안할 것입니다."

위앙이 말했다.

"감룡의 의견은 속된 생각입니다. 평범한 사람들은 옛 풍속에 안주하고 학자들은 자기가 배운 것에만 몰두합니다. 이 두 부류의 사람은 관직에 있으면서 법을 지키게 할 수는 있지만 법 이외의 문제(변법)를 더불어 논의할 수는 없습니다. 하·은·주 삼대는 예악 제도가 서로 다르지만 천하에서 왕 노릇 하였고 오백(五伯, 춘추 오패)은 종법 제도가 서로 다르지만 모두 천하의 우두머리가 되었습니다. 지혜로운 자는 법을 만들고 어리석은 자는 예법의 통제를 받으며, 현명한 자는 법을 고치고, 평범한 자는 예법에 얽매입니다."

두지(杜摯)가 말했다.

"백 배의 이로움이 없으면 법을 고쳐서는 안 되며, 열 배의 효과가 없으면 그릇을 바꿔서는 안 됩니다. 옛것을 본받으면 허물이 없고 예법을 따르면 사악함이 없습니다."

위앙이 말했다.

"세상을 다스리는 데는 한 가지 길만 있는 것이 아니므로 그 나라에 편하면 옛날 법을 본받을 필요가 없습니다. 그러므로 은나라 탕왕과 주나라 무왕은 옛 법을 따르지 않았지만 제왕의 일을 이루었고, 하나라 걸왕과 은나라 주왕은 예법을 바꾸지 않았지만 멸망했습니다. 옛날 법을 반대한다고 해서 비난할 것도 아니고 옛날 예법을 따른다고 하여 칭찬할 것도 못 됩니다."

효공이 말했다.

"좋소."

효공은 마침내 위앙을 좌서장(左庶長)으로 삼고 옛 법을 바꾸어 새로운 법을 정하도록 하였다.

새로 만든 법은 믿음 속에서 꽃필 수 있다

새로 만든 법에 따르면 열 집 또는 다섯 집을 한 조로 묶어 서로 잘못을 감시하도록 하고, 〔한 집이〕 죄를 지으면 〔열 집이〕 똑같이 벌을 받는다. 죄 지은 것을 알리지 않는 사람은 허리를 자르는 벌로 다스리고, 또 그것을 알린 사람에게는 적의 머리를 벤 것과 같은 상을 주며, 죄를 숨기는 사람은 적에게 항복한 사람과 똑같은 벌을 준다. 백성 가운데 한 집에 성년 남자가 두 명 이상 살면 부역과 납세를 두 배로 한다. 군대에서 공을 세운 사람은 각각 그 공의 크고 작음에 따라 벼슬을 올려 주고, 사사로이 싸움을 일삼는 자는 각각 그 죄의 가볍고 무거움에 따라 벌을 받는다. 본업에 힘써 밭을 갈고 길쌈을 하여 곡식이나 비단을 많이 바치는 사람에게는 부역과 부세를 면제한다. 상공업에 종사하여 이익만을 추구하는 자와 게을러서 가난한 자는 모두 체포하여 관청의 노비로 삼는다.[1] 군주의 친척이라도 싸워 공을 세우지 못하면 심사를 거쳐 공족(公族)으로서의 특권을 누릴 수 없다. 신분상의 존비(尊卑), 작위와 봉록의 등급을 분명히 하여 차등을 두고 토지와 집, 신첩(臣妾), 의복의 등급을 그 집안의 작위에 따라서 명백히 규정한다. 군대에서 공을 세운 사람은 영예를 누리지만 군대에서 공을 세우지 못한 사람은 부유해도 정치적으로 존경받을 수 없다.

이와 같은 법령은 이미 갖추어졌으나 백성이 새 법령을 믿지 않을까 염려하여 아직 널리 알리지는 않았다. 그래서 세 길이나 되는 나무를 도성 저잣거리의 남쪽 문에 세우고 백성을 불러 모아 이렇게 말했다.

"이 나무를 북쪽 문으로 옮겨 놓는 자에게는 십 금(金)을 주겠다."

그러나 백성은 이것을 이상히 여겨 아무도 옮기지 않았다. 다시 이렇게 말했다.

"이것을 옮기는 자에게는 오십 금을 주겠다."

어떤 사람이 이것을 옮겨 놓자 즉시 그에게 오십 금을 주어 나라에서 백성을 속이지 않음을 분명히 했다. 그러고 나서 새 법령을 널리 알렸다.

---

1   상공업에 종사하는 사람들은 일정한 거주지를 중심으로 생활하는 농민과는 달리 유동적인 삶을 살아가므로 전쟁 같은 위기 상황이 생기면 그 집이나 마을을 지킬 수 없으므로 이렇게 한 것이다.

법은 위에서부터 지켜야 한다

새로운 법령이 백성에게 시행된 지 일 년 만에 진나라 백성 가운데 도성까지 올라와 새 법령이 불편하다고 호소하는 자가 천 명을 헤아릴 정도였다. 바로 그 무렵 태자가 법을 어기자 위앙은 이렇게 말했다.

"법이 제대로 시행되지 못하는 것은 위에서부터 이것을 지키지 않기 때문이다."

그는 법에 따라 태자를 처벌하려고 했다. 그러나 군주의 뒤를 이을 태자를 처벌하기란 어려운 일이었다. 그래서 태자의 태부(太傅)로 있던 공자 건(虔)의 목을 베고 태사(太師, 임금을 보좌하는 관직) 공손고(公孫賈)의 이마에 글자를 새기는 형벌을 내렸다. 그다음 날부터 진나라 백성은 모두 새로운 법령을 지켰다.

법령이 시행된 지 십 년이 되자 진나라 백성은 매우 만족스러워하고, 길에 물건이 떨어져 있어도 주워 가지 않으며, 산에는 도적이 없고, 집집마다 풍족하며, 사람마다 마음이 넉넉했다. 백성은 나라를 위한 싸움에는 용감하고 사사로운 싸움에는 겁을 먹었다. 도시나 시골이 모두 잘 다스려졌다. 진나라 백성 가운데 예전에는 법령이 불편했으나 이제 와서는 편하다고 말하는 자가 있었다. 위앙은 이렇게 말했다.

"이러한 자는 모두 교화를 어지럽히는 자이다."

그러고는 그들을 전부 변방 지역으로 쫓아 버렸다. 그 뒤로는 감히 새로운 법에 대해서 이러쿵저러쿵 말하는 자가 없었다.

이에 왕은 위앙을 대량조(大良造)로 삼았다. 위앙은 병사를 이끌고 위(魏)나라 수도 안읍(安邑)을 에워싸 항복시켰다. 이로부터 삼 년 뒤에는 함양(咸陽)에 궁궐과 궁정을 짓고 도읍을 옹(雍)에서 함양으로 옮겼다. 그리고 백성은 아버지와 자식 또는 형제가 한집에 사는 것을 금지한다는 명령을 내렸다. 또 작은 향(鄉)과 읍(邑)과 마을을 모아 현(縣)을 만들고 현령(縣令)이나 현승

(縣丞)을 두니 모두 서른한 현이 있었다. 농지를 정리하여 경지 간의 가로와 세로 경계를 터 농사를 짓게 하고 부세를 공평히 하며 도량형도 통일하였다.

이러한 일을 실시한 지 사 년이 지난 어느 날 공자 건이 또 법령을 어겨 의형(劓刑, 코를 베는 형벌)을 받았다. 그 뒤 다시 오 년이 지나자 진나라 백성은 생활이 넉넉해지고 병력이 강해졌다. 주나라 천자가 조상의 제사에 쓴 고기를 효공에게 보내니 제후가 모두 축하해 주었다.

배 속에 있는 질병을 없애라

이듬해에 제나라는 위(魏)나라 군사를 〔위나라 읍인〕마릉(馬陵)에서 물리쳐 위나라 태자 신(申)을 사로잡고 장군 방연(龐涓)을 죽였다. 그다음 해에 위앙은 효공에게 이렇게 말했다.

"진나라와 위(魏)나라의 관계는 마치 사람의 배 속에 병이 난 것과 같아 위나라가 진나라를 아우르지 못하면 진나라가 위나라를 아우를 것입니다. 무엇 때문이겠습니까? 위나라는 험준한 산맥 서쪽에 자리잡고 안읍을 도읍으로 삼고 있으며, 진나라와는 황하를 경계로 하여 독천산(獨擅山) 동쪽의 이익을 모두 차지하고 있습니다. 그래서 유리할 때는 서쪽으로 향하여 진나라를 치고, 지쳐 힘에 겨우면 동쪽을 공격합니다. 지금 진나라는 군주의 현명함과 성스러운 덕으로 말미암아 강하고 넉넉해졌습니다. 그러나 위나라는 지난해에 제나라에게 크게 졌고, 제후들이 등을 돌리고 있습니다. 지금이 바로 위나라를 정벌할 수 있는 기회입니다. 위나라가 진나라의 공격을 견디지 못하면 반드시 동쪽으로 옮겨 갈 것입니다. 위나라가 동쪽으로 옮겨 가면 진나라는 황하와 험한 준령의 요충지를 차지하여 동쪽의 제후들을 누를 수 있습니다. 이것이 바로 제왕의 대업을 이룰 수 있는 길입니다."

효공도 옳다고 생각하고 위앙을 장군으로 삼아 위나라를 치게 하였다. 위나라는 공자 앙(卬)을 장수로 삼아 진나라를 맞아 싸우게 하였다. 양쪽 군사가 대치하고 있을 때 위앙은 위나라 장군 공자 앙에게 다음과 같은 편지를 보냈다.

저는 본래 공자와 가까운 사이였습니다. 비록 지금은 서로 적국의 장수가 되었지만 어떻게 차마 공격할 수 있겠습니까? 공자와 직접 만나 서로 마주 보며 맹약을 맺은 뒤 즐겁게 마시고 싸움을 그쳐 진나라와 위나라를 평안하게 합시다.

위나라 공자 앙도 그 말이 옳다고 생각하고 만나 맹약을 맺고 나서 술을 마셨다. 그러나 그때 위앙은 미리 숨겨 두었던 병사들에게 위나라 공자 앙을 덮치게 하여 사로잡고 위나라 군대를 쳐서 모조리 깨뜨리고 진나라로 돌아왔다. 위나라 혜왕은 자신의 군사가 제나라와 진나라에게 여러 차례 져 나라 안이 텅 비고 나날이 땅이 줄어드는 것을 두려워해, 사자를 보내 황하 서쪽 땅을 갈라 진나라에게 바치고 강화를 맺었다. 위나라는 안읍을 떠나 대량으로 도읍을 옮겼다. 위나라 혜왕은 이렇게 말했다.

"과인이 일찍이 공숙좌의 말을 듣지 않은 것이 후회스럽다."

위앙이 위나라 군대를 치고 돌아오자, 진나라에서는 앙을 상(商) 등 열다섯 읍에 봉하고 상군(商君)이라 불렀다.

사람의 마음을 잃는 자는 망한다

상군이 진나라 재상이 된 지 십 년이 흘렀다. 그동안 군주의 종실이나 외척 중에는 그를 원망하는 자가 많아졌다. 진나라의 숨어 사는 선비 조량(趙良)이 상군을 찾아오자 상군이 이렇게 말했다.

"내가 당신을 만날 수 있게 된 것은 맹난고(孟蘭皐)의 소개가 있었기 때문입니다. 지금 나는 선생과 사귀고 싶은데 어떻습니까?"

조량이 대답했다.

"저는 구태여 사귀고 싶지 않습니다. 공자는 '어진 이를 추천하여 받드는 자는 번영하고, 어질지 못한 자를 불러 모아 왕 노릇을 하는 자는 몰락한다.'라고 말하였습니다. 저는 어질지 못하기 때문에 감히 당신의 명령을 따를 수 없습니다. 또 제가 듣건대 '자격이 없는 자가 그 지위에 있는 것을 지위를 탐한다고 하고, 자기가 누릴 명성이 아닌데 그 명성을 누리는 것을 이름을 탐한다고 한다.'라고 하였습니다. 제가 당신의 뜻을 받아들인다면 지위를 탐하고 이름을 탐하는 사람이 될까 두렵습니다. 그러므로 감히 명령을 따를 수 없습니다."

상군이 말했다.

"선생은 진나라를 다스리는 내 방식을 싫어하십니까?"

조량이 대답했다.

"돌이켜 자기 마음속의 말에 귀 기울이는 것을 총(聰)이라 하고, 마음속으로 성찰할 수 있는 것을 명(明)이라고 하며, 자신을 이기는 것을 강(彊)이라고 합니다. 순임금도 '스스로 자신을 낮추면 더욱더 높아진다.'라고 말하였습니다. 당신은 순임금의 도를 따라야 합니다. 제 의견 따위는 물을 필요도 없습니다."

상앙이 말했다.

"처음에 진나라는 북쪽 오랑캐인 융적(戎翟)의 풍습을 받아들여 아버지와 아들이 구별 없이 한방에서 살았습니다. 내가 그런 풍습을 고쳐서 남자와 여자의 구별이 있게 하였고, 큰 궁궐 문을 세워 노나라나 위(衛)나라만큼 훌륭한 문화를 이루게 되었습니다. 당신은 내가 진나라를 다스리는 것을 오고대부(五羖大夫)² 백리해와 비교해 볼 때 누가 더 현명하다고 생각합니까?"

---

2 노예로 진(秦)나라에 보내졌던 백리해의 사람됨을 알아본 목공이 양가죽 다섯 장을 주고 사 와 대부로 삼은 데서 붙여진 이름이다.

조량이 대답했다.

"천 마리의 양가죽은 여우 한 마리의 겨드랑이 가죽만 못합니다. 천 사람의 아부는 한 사람의 올바른 직언만 못합니다. 주나라 무왕은 신하들의 올바른 직언으로 일어났고, 은나라 주왕은 신하들이 입을 다물어서 망하였습니다. 당신이 만일 무왕을 잘못됐다고 나무라지 않는다면 제가 온종일 솔직하게 말씀드려도 죽이지 않으시겠지요? 그렇게 하겠습니까?"

상군이 말했다.

"옛말에 이런 말이 있습니다. '겉치레 말은 허황되고 마음속에서 나오는 말은 진실되며, 듣기 괴로운 말은 약이 되고 달콤한 말은 독이 된다.' 선생께서 진정으로 하루 종일 바른말을 해 줄 수만 있다면 나에게 약이 될 것입니다. 나는 선생을 스승으로 섬기려 하는데 선생께서는 어찌하여 사양하려 하십니까?"

조량이 말했다.

"저 오고대부는 형(荊, 초) 땅의 보잘것없는 인물이었습니다. 그는 진(秦)나라 목공이 현명하다는 소문을 듣고 만나 보고 싶었지만 찾아갈 여비가 없었습니다. 그는 할 수 없이 자신을 진나라로 가는 여행자에게 팔아 남루한 홑옷을 입고 소를 치며 따라갔습니다. 그로부터 일 년이 지나서야 목공은 백리해가 어질다는 것을 알게 되어 하루아침에 미천한 소치기이던 그를 백성의 관리가 되도록 했습니다. 그러나 진나라에서는 이 일에 불만을 갖는 자가 아무도 없었습니다. 그가 진나라 재상이 된 지 육칠 년이 지나자 동쪽으로 정(鄭)나라를 치고, 진(晉)나라의 임금을 세 번이나 세우며,[3] 형나라의 재앙을 한 차례 구해 주었습니다.[4] 나라 안 사람들을 가르치니 〔진나라 남쪽에 있는〕 파인

---

3   진(晉)나라 헌공(獻公)이 죽은 뒤, 진(秦)나라 목공은 앞뒤로 하여 진(晉)나라의 세 군주를 세웠다. 즉 기원전 651년에 공자 이오(夷吾)를 진(晉)나라로 돌려보내 혜공(惠公)이 되도록 했고, 기원전 637년에는 진(晉)나라 공자 어(圉)가 들어가 회공(懷公)이 되었으며, 같은 해에 진(晉)나라 공자 중이(重耳)를 보내 문공(文公)이 되도록 했다.

4   기원전 631년에 진(秦)나라의 목공은 진(晉)나라의 문공이 초나라를 정벌하려고 전쟁을 일으켰을 때 구해 주었다. 이 싸움이 유명한 성복지전(城濮之戰)이다.

(巴人)까지 공물을 가져오고, 은덕을 제후들에게 베푸니 〔진나라 서쪽에 있는〕 여덟 곳의 오랑캐까지 와서 복종했습니다. 유여(由余)[5]도 이 소문을 듣고 문을 두드리며 만나기를 청하였습니다. 오고대부는 진나라 재상이 된 이래 아무리 피곤해도 수레에 걸터앉지 않으며 더워도 수레에 햇빛 가리개를 치지 않았습니다. 나라 안을 순시할 때에도 호위하는 수레를 거느리지 않고 무장한 호위병도 없었습니다. 그의 공로와 명예는 역사책을 모아 놓은 창고 안에 보존되고 덕행은 후세에까지 전해지고 있습니다. 오고대부가 세상을 뜨자 진나라 사람들은 남자 여자 할 것 없이 눈물을 흘리고, 아이들은 노래를 부르지 않으며, 절구질을 할 때도 방아타령을 부르지 않았습니다. 이것은 오고대부의 덕정(德政) 때문입니다.

그러나 당신은 당시 총애받고 있던 신하 경감의 소개를 통해 진나라 왕을 만났습니다. 이것은 명예로운 행위라고 할 수 없습니다. 진나라 재상이 되어서는 백성의 이익을 중요한 일로 삼지 않고 큰 궁궐을 세웠으니 그것은 공적이라 할 수 없습니다. 태자의 태사와 태부를 죽이고 이마에 먹물을 들이며 무서운 형벌로 백성을 상하게 한 것은 원한을 사고 재앙을 쌓아 놓은 일입니다. 당신은 왕의 명령보다도 깊게 백성을 교화시키고 백성은 왕이 명령하는 것보다도 빠르게 당신이 하는 일을 본받습니다. 지금 당신이 세운 제도는 도리를 등지고 당신이 고친 국법은 이치에 어긋나니 이것을 교화라고 할 수 없습니다. 당신은 또한 임금처럼 남쪽을 향하여 앉아 과인(寡人)[6]이라 일컬으며 날마다 진나라의 공자들을 핍박하고 있습니다.

---

5 진(晉)나라 사람으로 서융(西戎)으로 달아났다. 융왕은 그를 진(秦)나라로 보내 그곳의 상황을 살펴보도록 했다. 진(秦)나라 목공은 유여에게 진나라의 화려한 궁궐과 쌓아 놓은 재물을 보여 주어 국력을 과시하려고 했다. 그러나 유여는 오히려 이렇게 비웃었다. "만일 이것을 귀신이 만든 것이라면 귀신을 수고롭게 한 것이고, 사람들을 써서 만든 것이라면 백성을 해롭게 했을 것입니다." 그러자 진나라 목공은 유여의 재능을 알아보고 머물러 있게 한 뒤, 융왕에게 여자와 가무단을 보내 유여와 관계를 끊도록 했다. 유여는 서융으로 돌아온 뒤 여러 차례 간언했지만 융왕은 받아들이지 않았다. 그래서 유여는 진나라로 투항하여 목공을 도와 서융을 쳤다.

6 상앙이 상군(商君)으로 봉해진 것을 말한다. 춘추 전국 시대에는 군(君)으로 봉해지면 모두 '과인(寡人)'이라고 할 수 있었다.

『시경』에서는 '쥐한테도 예의가 있는데 사람으로서 예의가 없구나. 사람으로서 예의가 없으면 어찌 빨리 죽지 않을까?'라고 하였습니다. 이 시로 보더라도 당신은 하늘에서 내려 준 목숨을 다 누릴 수 없는 행동을 했습니다. 공자 건은 〔코 베인 것을 부끄럽게 여겨〕 벌써 팔 년 동안이나 문을 닫고 밖으로 나오지 않고 있습니다. 당신은 또 축환(祝懽)을 죽이고 공손고를 경형으로 다스렸습니다. 『시경』에서는 '사람의 마음을 얻는 자는 흥하고 마음을 잃는 자는 망한다.'라고 했습니다. 이러한 몇 가지 일은 인심을 얻을 만한 행위가 못 됩니다. 당신이 밖으로 나갈 때에는 무장한 병사들이 탄 수레 수십 대가 뒤따릅니다. 수레에는 힘세고 신체 건강한 장사가 옆에 타서 수행하며, 창을 가진 병사가 양쪽 옆에서 수레와 함께 달립니다. 『시경』에서는 '덕을 믿는 자는 일어나고 힘을 믿는 자는 멸망한다.'라고 하였습니다. 당신의 처지는 아침 이슬처럼 위태로운데도 아직 목숨을 연장하여 더 오래 살기를 바라십니까?

그렇다면 어찌하여 상과 오의 성 열다섯 개를 돌려주고, 전원으로 물러나와 꽃과 풀에 물을 주며 살지 않습니까? 동굴 속에 숨어 사는 현명한 사람을 세상에 나오도록 하여 진나라 왕에게 추천하고, 노인을 받들어 모시고 고아를 보살피며 부모와 형을 공경하고, 공을 세운 자에게 그에 걸맞은 지위를 주고 덕 있는 자를 존중하지 않습니까? 이렇게 한다면 조금은 마음이 편해질 수 있을 것입니다.

그런데 당신은 아직까지 상과 오의 넉넉함을 탐내고 진나라의 정치를 마음대로 주무르는 것을 영예로 여겨 백성의 원한을 사고 있습니다. 진나라 왕이 하루아침에 세상을 떠나 조정에 서지 못하게 되면 어찌 진나라에서 당신을 제거하려는 명분이 적다고 하겠습니까? 당신의 파멸은 한 발을 들고 넘어지기를 기다리는 것처럼 잠깐 사이에 다가올 것입니다."

그러나 상군은 그 말을 따르지 않았다.

이로부터 다섯 달 뒤에 진나라 효공이 죽고 태자가 그 자리를 이어 혜문왕(惠文王)이 되었다. 그러자 공자 건과 그를 따르는 자들이 상군이 반란을 일으키려 한다고 밀고했다. 왕은 관리를 보내 상군을 잡아 오게 했다. 상군은 달아나 변방 함곡관 부근의 여관에 들려 했으나, 여관 주인은 그가 상앙임을 모르고 이렇게 말했다.

"상군의 법에 의하면 여행증이 없는 손님을 묵게 하면 그 손님과 관계되어 처벌을 받습니다."

상군은 한숨을 쉬며 말했다.

"아! 법을 만든 폐해가 결국 이 지경까지 이르렀구나."

상군은 그곳을 떠나 위(魏)나라로 갔다. 그러나 위나라 사람들은 상앙이 공자 앙을 속여 위나라 군대를 친 것을 원망하고 있으므로 받아 주지 않았다. 상군이 다른 나라로 가려고 할 때 위나라 사람이 이렇게 말했다.

"상군은 진나라의 적이다. 진나라는 강성한 나라로 그 나라의 적이 위나라로 들어왔으니 돌려보내지 않으면 안 된다."

위나라는 상군을 진나라로 돌려보냈다. 상군은 다시 진나라로 들어가게 되자, 상읍(商邑)으로 가서 따르는 무리와 봉읍의 병사를 동원하여 북쪽으로 정나라를 쳤다. 진나라에서는 군사를 내어 상군을 치고 정나라의 맹지(黽池)에서 그를 죽였다. 진나라 혜왕은 상군을 거열형(車裂刑)[7]으로 다스리고 이렇게 말했다.

"상앙처럼 모반하는 자가 되지 말라!"

그리고 상군의 집안을 모두 죽여 버렸다.

태사공은 말한다.

"상군은 타고난 성품이 잔인하고 덕이 없는 사람이다. 그가 효공에게 벼슬을 얻고자 제왕의 도로 유세한 것을 보면 내용이 없고 화려한 말을 늘어놓은 것이지 마음속으로 하려던 말을 한 것이 아니었다. 군주의 총애를 받고 있

---

7   사람의 머리와 사지를 다섯 수레에 나누어 묶고 말 다섯 필로 끌어당겨 찢어 죽이는 잔혹한 형벌이다.

던 태감을 이용하고, 자리에 오른 뒤에는 공자 건을 처형하고, 위나라 장군 앙을 속이고, 조량의 충언을 따르지 않은 것도 그가 덕이 부족한 인물임을 밝히기에 충분하다. 나는 일찍이 상군이 지은 『상군서』에서 「개색(開塞)」, 「경전(耕戰)」[8] 따위를 읽었는데 그 내용도 그가 행동한 궤적과 비슷하였다. 상군이 결국 진나라에서 좋지 않은 평판을 얻게 된 데는 까닭이 있다."

---

8 상앙이 죽은 뒤 법가 학자들이 그의 변법 이론을 묶어 『상군서(商君書)』를 만들었는데, 『한서』 예문지에 29편이 실려 있었다고 하나 현존하는 것은 26편뿐이다. 그중 세 번째 편이 「농전(農戰)」이고, 일곱 번째 편이 「개색」이다. 여기서 「경전」이라고 한 것은 「농전」을 말한다.

맹상군 열전

孟嘗君列傳

제나라 맹상군 전문(田文), 조나라 평원군(平原君) 조승(趙勝), 위나라 신릉군(信陵君) 무기(無忌), 초나라 춘신군(春信君) 황헐(黃歇)은 선비를 기르기로 이름이 널리 알려졌는데, 각기 식객 3000여 명을 거느려 흔히 '전국 사공자(戰國四公子)'라고 부른다.

사마천은 사공자 각자의 전을 만들어 전국 시대에 각국에서 다양한 개성을 지닌 인재를 초빙하던 모습과 정치적 싸움이 벌어진 면모를 날카로운 시각에서 평가하고 있다.

그러나 『사기』에 기술된 전국 시대의 사건은 연대 착오도 적지 않은데 제나라와 위나라가 특히 심하며, 맹상군에 관한 내용도 예외가 아니다.

맹상군은 제나라 종실 대신인 전영(田嬰)의 서자로 빈객과 선비들을 좋아했다. 그는 명성과 이익만을 좇았을 뿐이므로 인물 됨됨이는 볼 것이 없다. 맹상군이 풍환(馮驩)을 비롯해 개 짖는 소리와 닭 우는 소리를 흉내내던 무리를 빈객으로 불러들였을 때, 그들이 맹상군을 절체절명의 위기에서 구하리라고 생각한 사람은 아무도 없었다. 이런 점에서 맹상군의 인물 평가 능력을 엿볼 수 있다. 물론 사마천은 맹상군을 냉소적으로 보는 면이 없지 않으나 맹상군이 선비를 우대하는 모습에 대해서만은 꽤 우호적이다. 이 편의 문장에도 『전국책』의 맛이 많이 배어 있다.

식객의 도움으로 함곡관을 빠져나오는 맹상군.

사람의 운명은 어디로부터 받는가?

맹상군(孟嘗君)은 이름이 문(文)이고 성은 전(田)이다. 그 아버지는 정곽군 (靖郭君) 전영(田嬰)인데 제나라 위왕(威王)의 첩에게서 태어난 아들로, 제나라 선왕(宣王)의 배다른 동생이다. 전영은 위왕 때부터 관직에 나아가 나랏일에 관여하였다.

전영은 성후(成侯) 추기(鄒忌), 전기(田忌)와 더불어 장수가 되어 한나라를 구하고 위(魏)나라를 친 적이 있었다. 성후 추기는 전기와 임금의 총애를 다투는 사이인데 성후가 전기를 매도하였다. 전기는 두려워서 제나라의 변방 고을을 습격했지만 싸움에서 져 도망쳤다. 때마침 위왕이 죽고 선왕이 왕위에 올랐다. 선왕은 성후가 전기를 모함한 것을 알고 다시 불러들여 장군으로 삼았다.

선왕 2년에 전기는 손빈, 전영과 함께 위(魏)나라를 마릉(馬陵)에서 쳐부수고 위나라 태자 신(申)을 사로잡았으며 위나라 장군 방연을 죽였다.

선왕 7년에 전영은 사자로서 한(韓)나라와 위(魏)나라에 가서 한나라와 위나라를 제나라에 복종하게 했다. 전영은 한나라 소후(昭侯), 위나라 혜왕이 동아(東阿) 남쪽에서 제나라 선왕과 만나 맹약을 맺고 돌아가도록 했다. 그 이듬해에 또다시 양(梁)나라 혜왕과 제나라 견(甄)에서 만났다. 이해에 양나라 혜왕이 죽었다.

선왕 9년에 전영은 제나라 재상이 되었다. 제나라 선왕이 위나라 양왕과 서주(徐州)에서 만나 서로 왕으로 부르기로 했다.[1] 초나라 위왕(威王)은 이 소식을 듣고 전영에게 화를 냈다. 그 이듬해에 초나라는 서주에서 제나라 군대를 물리치고 사자를 보내 전영을 내쫓으려고 했다. 전영은 장추(張丑)를 시켜

---

1 주나라 제도에 의하면 천자만이 왕(王)으로 일컬을 수 있고 제후국의 군주는 봉해진 작위에 따라 공(公), 후(侯), 백 (伯) 등으로 일컬었다. 여기서 제나라와 위나라는 서로 신분을 뛰어넘는 행위를 하는 데 의견을 같이했다는 말이다.

초나라 위왕을 설득하여 전영을 내쫓으려던 생각을 거두게 만들었다. 전영이 제나라 재상 자리에 있은 지 십일 년이 되었을 때 선왕이 죽고 민왕(湣王)이 즉위했다. 민왕은 즉위한 지 삼 년 만에 전영을 설(薛)에 봉했다.

전영에게는 아들이 사십여 명 있었다. 그중 천한 첩이 낳은 문(文)이라는 아들이 있었는데, 그는 5월 5일에 태어났다.[2] 처음에 전영은 첩에게 아이를 키우지 말라고 했지만 첩은 몰래 거두어 길렀다. 문이 장성하자 그 어머니는 문의 형제들을 통해 문과 전영을 만나게 했다. 그러자 전영이 문의 어머니에게 고함을 쳤다.

"내 너에게 이 아이를 버리라고 했는데 감히 키운 것은 무엇 때문이냐?"

문이 머리를 조아리며 어머니 대신 말했다.

"아버님께서 5월에 태어난 아들을 키우지 못하게 한 까닭이 무엇입니까?"

전영이 대답했다.

"5월에 태어난 아들은 키가 지게문 높이만큼 자라면 부모에게 해롭다고 하기 때문이다."

문이 또 물었다.

"사람이 태어날 때 그 운명을 하늘로부터 받습니까? 아니면 지게문으로부터 받습니까?"

전영이 대답하지 않자 문이 다시 말했다.

"사람의 운명을 하늘에서 받는다면 아버님께서는 무엇을 걱정하십니까? 그렇지 않고 운명을 지게문에서 받는다면 지게문을 계속 높이면 그만입니다. 어느 누가 그 지게문 높이를 따라 계속 클 수 있겠습니까?"

전영이 말했다.

"그만하여라."

---

2 5월 5일에 태어난 아이가 남자면 그 아버지를 해롭게 하고, 여자면 그 어머니를 해롭게 한다는 속설이 있었다.

그 뒤 얼마 지나서 문은 한가한 틈을 타 아버지 전영에게 물었다.

"아들의 아들을 뭐라고 합니까?"

전영이 대답했다.

"손자라고 한다."

문이 물었다.

"손자의 손자는 무엇이라고 합니까?"

전영이 대답했다.

"현손이라고 한다."

또 문이 물었다.

"현손의 현손은 무엇이라고 합니까?"

전영이 대답했다.

"모르겠다."

문이 말했다.

"아버님께서는 정권을 잡고 제나라 재상이 되어 지금까지 위왕, 선왕, 민왕을 섬겼습니다. 그동안 제나라 땅은 넓어지지 않았는데 아버님 자신은 천만 금이나 되는 부를 쌓았으며, 그러고도 문하에는 어진 사람 한 명 볼 수 없습니다. 제가 듣건대 장수의 가문에는 반드시 장수가 있고, 재상의 가문에는 반드시 재상이 있다고 합니다. 지금 아버님의 후궁들은 아름다운 비단옷을 질질 끌고 다니지만 선비들은 짧은 바지 하나 제대로 걸치지 못하고 있습니다. 아버님의 하인들과 첩들은 쌀밥과 고기를 실컷 먹고도 남아돌지만 선비들은 쌀겨나 술지게미조차 배불리 먹지 못하고 있습니다. 지금 아버님께서는 쌓아 둔 것이 남아돌지만 더욱 많이 쌓아 두려고만 할 뿐 나라의 힘이 날로 쇠약해지는 것은 잊고 계십니다. 저는 이 점이 이상합니다."

이 말을 듣고 전영은 문을 높이 사 집안일을 돌보게 하고 빈객 접대하는 일을 맡겼다. 그러자 빈객이 날로 불어나고 문의 이름이 제후들에게 알려졌다. 제후들이 모두 사자를 시켜 설공(薛公) 전영에게 문을 후계자로 삼도록 청하자 전영이 이를 허락했다. 전영이 죽자 시호를 정곽군이라 했다. 문이 아버지를 이어 설 땅의 영주가 되니, 이 사람이 바로 맹상군이다.

맹상군이 설 땅에 있으면서 제후들의 빈객을 불러 모으자, 죄를 짓고 도망친 자까지 모두 그 문하로 모여들었다. 맹상군이 집의 재산을 기울여서 그들을 정성껏 대우하자 천하의 인물이 거의 다 모여들어 빈객이 수천 명이나 되었다. 맹상군은 신분이 귀하고 천함을 가리지 않고 한결같이 자신과 똑같이 대우해 주었다. 맹상군은 손님과 앉아 이야기할 때 늘 병풍 뒤에 시사(侍史, 기록하는 사람)를 두어 손님의 친척이 있는 곳을 묻고 그 내용을 적어 두도록 했다. 손님이 나가면 맹상군은 바로 심부름꾼을 보내 그의 친척을 찾아가 예를 갖추고 선물을 주곤 했다.

하루는 맹상군이 손님과 이야기를 나누며 밤참을 대접하고 있었다. 그런데 누군가 불빛을 가린 탓에 방 안이 어두웠다. 손님은 자신의 음식이 맹상군의 것과 다른 것을 감추려고 일부러 어둡게 한 줄 알고 기분이 상해서 식사를 하지 않고 돌아가려 했다. 맹상군이 일어서서 몸소 자신의 밥그릇을 들어 손님의 것과 비교해 보이자 손님은 부끄러워 스스로 목숨을 끊었다. 이 일 때문에 선비들이 맹상군에게 많이 모여들었다. 맹상군이 손님을 가리지 않고 누구에게나 잘 대우하므로 사람들은 저마다 맹상군과 친하다고 생각하였다.

닭 울음소리와 개 짖는 소리로 위기를 벗어나다

진나라 소왕이 맹상군이 현명하다는 소문을 듣고 먼저 자기 아우인 경양군을 제나라에 볼모로 보내어 맹상군을 만나고자 했다. 맹상군이 초대를 받아들여 진나라로 가려고 하는데, 빈객 중에서 그가 진나라로 가기를 바라는 사람은 아무도 없었다. 그들이 가지 말라고 간청했지만 맹상군은 듣지 않았다. 소대가 이렇게 말했다.

"오늘 아침 저는 밖에서 이곳으로 오는 길에 나무 인형과 흙 인형이 서로 주고받는 말을 들었습니다. 나무 인형이 '하늘에서 비가 내리면 너는 허물어질 거야.'라고 말하자 흙 인형이 '나는 원래 흙에서 태어났으니 허물어지면 흙으로 돌아가면 그뿐이지만 하늘에서 비가 내리면 너는 어디까지 떠내려가야 할지 몰라.'라고 대답했습니다. 진나라는 호랑이나 이리처럼 사나운 나라입니다. 그런데 당신이 굳이 가려고 하시니 돌아오지 못하는 일이라도 생기면 당신은 흙 인형의 비웃음을 피하지 못할 것입니다."

맹상군은 진나라로 가려던 생각을 그만두었다.

제나라 민왕 25년에 왕은 결국 맹상군을 다시 진나라로 들어가도록 했다. 진나라 소왕은 맹상군을 곧바로 진나라 재상으로 삼으려고 했다. 그러자 어떤 사람이 진나라 소왕에게 이렇게 말했다.

"맹상군은 훌륭한 인물로서 제나라의 일족입니다. 지금 그를 진나라 재상으로 삼으면 반드시 제나라의 이익을 먼저 생각하고 진나라의 이익을 뒤로 미룰 것입니다. 그러면 진나라는 위태로워집니다."

진나라 소왕은 맹상군을 재상으로 삼으려던 생각을 그만두고, 그를 가두고 계략을 짜내 죽이려고 했다. 이에 맹상군은 사람을 시켜 소왕이 아끼는 첩에게 가서 풀어 주기를 청하도록 했다. 소왕의 첩은 이렇게 말했다.

"저는 맹상군이 가지고 있는 여우 겨드랑이의 흰 털로 만든 가죽옷(狐白裘)을 갖고 싶습니다."

이때 맹상군은 여우 겨드랑이의 흰 털로 만든 가죽옷을 한 벌 가지고 있었는데, 그 값은 천금이나 되고 천하에 둘도 없는 것이었다. 그러나 이것은 진나라에 와서 소왕에게 이미 바쳤고 또 다른 옷은 없었다. 맹상군은 고민에 싸여 빈객들에게 널리 그 대책을 물었지만 시원하게 대답하는 이가 없었다. 그런데 맨 아랫자리에 앉아 있는 사람 중에 개 흉내를 내어 좀도둑질을 하던 자가 있었는데, 그가 이렇게 말했다.

"제가 여우 가죽옷을 구해 올 수 있습니다."

밤이 이슥해지자 그는 개 흉내를 내어 진나라 궁궐의 창고 속으로 들어가 전날 소왕에게 바쳤던 여우 가죽옷을 훔쳐 돌아왔다. 맹상군이 이것을 진나라 소왕의 첩에게 바치니, 소왕의 첩이 맹상군을 위해 소왕에게 말하자 소왕은 맹상군을 풀어 주었다.

맹상군은 풀려나자 바로 말을 몰아 달아났다. 국경 통행증을 위조하고 이름과 성을 바꾸어 국경을 빠져나오려고 했다. 그는 한밤중이 되어서야 함곡관에 다다랐다. 진나라 소왕은 뒤늦게 맹상군을 풀어 준 것을 후회하고 그를 찾았으나 이미 달아난 뒤이므로 사람을 시켜 말을 달려 그를 뒤쫓게 했다.

한편 맹상군은 함곡관까지 왔지만 국경의 법으로는 첫닭이 울어야만 객들을 내보내게 되어 있었다. 맹상군은 뒤쫓아 오는 자들이 닥칠까 봐 어쩔 줄을 몰랐다. 빈객 가운데 맨 끝자리에 앉은 자가 닭 울음소리를 흉내내자 근처의 닭들이 다 울었다. 그래서 통행증을 보이고 함곡관을 빠져나왔다. 시간이 조금 지나서 정말로 맹상군을 뒤쫓던 진나라 사람들이 국경에 이르렀으나 맹상군이 이미 빠져 나간 뒤이므로 되돌아갈 수밖에 없었다.

처음 맹상군이 좀도둑과 닭 울음소리를 잘 내는 사람을 빈객으로 삼았을 때, 다른 빈객들은 모두 같은 자리에 앉는 것을 부끄러워했다. 그런데 맹상군이 진나라에서 곤경에 처했을 때 이 두 사람이 그를 구하였다. 그 뒤 빈객들은 너 나 할 것 없이 마음속 깊이 맹상군을 따르게 되었다.

맹상군이 일행과 함께 조나라를 지나자 조나라 평원군은 맹상군을 빈객으로 대접했다. 조나라 사람들은 맹상군의 사람됨이 어질다는 소문을 듣고 있던 터라 몰려나와서 그를 보았는데, 모두 웃음을 터뜨리며 이렇게 말했다.

"지금까지 설공(맹상군)은 키가 훤칠한 대장부라고 생각했는데 이제 보니 훅 불면 날아갈 듯한 왜소한 사내로구나."

맹상군이 이 말을 듣고 화를 내자 그와 함께 길을 가던 빈객들이 수레에서 뛰어내려 칼을 빼서 수백 명을 베어 죽이고, 마침내 현 하나를 없애 버린 뒤에 떠났다.

모든 일에는 보답이 따른다

제나라 민왕은 자신이 맹상군을 진나라로 보내 곤경에 빠뜨렸기 때문에 마음이 편치 않았다. 그래서 맹상군이 돌아오자 제나라 재상으로 삼고 모든 정치를 그에게 맡겼다.

맹상군은 진나라에 원한을 품었다. 그는 마침 제나라가 한나라와 위나라를 위해 초나라를 치게 된 것을 기회로 한나라, 위나라와 함께 진나라를 치기로 하고 서주(西周)에서 무기와 식량을 빌리려 했다. 소대가 서주를 위해 맹상군에게 다음과 같이 말했다.

"당신은 제나라의 힘을 이용하여 한나라와 위나라를 돕기 위해 초나라를 공격한 지 벌써 구 년째나 됩니다. 그동안 완(宛)과 섭(葉) 북쪽 지역을 빼앗아 한나라와 위나라의 국력을 튼튼하게 만들었습니다. 그런데 지금 또 진나라를 쳐서 한나라와 위나라를 더욱더 이롭게 하려고 하십니다. 한나라와 위나라가 남쪽으로는 초나라에 대한 근심이 없어지고 서쪽으로는 진나라에 대한 근심이 없어지면 오히려 제나라가 위험에 처하게 될 것입니다. 한나라와 위나라는 틀림없이 제나라를 하찮게 보고 진나라를 두려워하게 될 것입니다. 제가 보기에 이렇게 되는 것은 당신에게 위험한 일입니다. 주나라나 진나라와 관계를 긴밀히 하고, 서주를 치지도 말고 또 군대나 식량을 빌리지도 마십시오. 당신이 함곡관까지 가더라도 진나라를 공격하지 말고, 저희 주나라를 시켜서 당신 마음을 진나라 소왕에게 다음과 같이 전하십시오. '설공 맹상군은 결코 진나라를 무너뜨려 한나라와 위나라를 강하게 만들지 않을 것입니다. 그가 진나라를 치려고 하는 것은 당신이 초나라 회왕을 설득해서 초나라 동쪽 땅을 제나라에 떼어 주게 하고, 또한 진나라가 초나라 회왕을 풀어 주어 제나라와 진나라가 화목하게 지내기를 원하기 때문입니다.' 이렇게 해서 당신이 저희 주나라로 하여금 진나라에 은혜를 베풀게 하면, 진나라는 초나라 동쪽 땅을 떼어 주게 한 대가로 자기 나라의 군대를 손상시키지 않고도 제나라의 공격을 면할 수 있으니 틀림없이 그렇게 하기를 바랄 것입니다. 한편 초나라 왕도 진나라의 억류에서 풀려나면 반드시 제나라에 고마워할 것입니다. 제나라가 초나라 동쪽 땅을 손에 넣으면 더욱더 막강해지고 당신 영지인 설 땅은 대대로 안전할 것입니다. 진나라가 그다지 약화되지 않은 채 한, 위, 조세 나라의 서쪽에 있으면 이 세 나라는 틀림없이 제나라를 중시할 것입니다."

설공이 말했다.

"좋소."

그는 한나라와 위나라에게 진나라로 예물을 보내 축하하도록 하고, 한과 위와 조 세 나라가 진나라를 치는 일이 없도록 하였으며, 군사와 식량을 서주에서 빌리지 않기로 했다. 이 무렵 초나라 회왕은 진나라로 들어갔다가 붙들려 있었기 때문에 제나라에서는 회왕을 꼭 풀려나게 하려고 했다. 진나라에서는 초나라 회왕을 풀어 주지 않을 수 없었다.

맹상군의 결백을 위해 목숨을 바친 사람

맹상군이 제나라 재상일 때, 그의 가신 위자(魏子)가 맹상군 대신 봉읍의 조세를 거두었다. 위자는 한 해 동안 봉읍을 세 차례나 오고 갔지만 그해의 조세 수입을 한 번도 가져오지 않았다. 맹상군이 그 까닭을 묻자 위자는 이렇게 대답했다.

"어진 사람이 있어서 아무도 모르게 그에게 빌려 주었습니다."

맹상군은 화가 나서 위자를 그 자리에서 물러나게 했다.

그로부터 몇 년 뒤, 어떤 사람이 제나라 민왕에게 맹상군을 이렇게 헐뜯었다.

"맹상군이 반란을 일으키려고 합니다."

마침 전갑(田甲)이 민왕을 위협하자, 민왕은 속으로 맹상군을 의심했다.

이를 안 맹상군은 나라 밖으로 도망쳤다.

그러나 전에 위자에게 조세를 빌린 어진 사람이 이 소문을 듣고 민왕에게 글을 올렸다.

"맹상군은 반란을 꾀하지 않았습니다. 이 한 몸을 바쳐 맹세하겠습니다."

그러고는 궁궐 문 앞에서 스스로 목을 찔러 죽음으로써 맹상군이 결백함을 밝히려 했다. 민왕이 깜짝 놀라 맹상군의 행적을 조사해 보니 정말로 맹상군은 반란을 꾀하지 않았음이 드러났다. 민왕이 다시 맹상군을 불렀지만 맹상군은 병을 핑계로 벼슬에서 물러나 설 땅에서 조용히 살고자 하였다. 민왕은 이를 허락했다.

그 뒤 진나라에서 망명해 온 장군 여례(呂禮)가 제나라 재상이 되어 소대를 곤경에 빠뜨리려고 했다. 소대는 맹상군에게 이렇게 말했다.

"주나라 공자 주최(周最)는 제나라에서 아주 두터운 신임을 받고 있습니다. 제나라 왕이 그를 쫓아내고 친불(親弗)의 말을 들어 여례를 재상으로 삼은 것은 진나라의 환심을 사기 위함입니다. 제나라와 진나라가 마음을 합치면 친불과 여례는 중용될 것입니다. 그들이 제나라에서 중용되면 진나라는 반드시 당신을 하찮게 여길 것입니다. 당신은 서둘러 제나라 군사를 북쪽으로 이끌고 가서 조나라를 도와 진나라와 위나라가 화친하게 함으로써 주최를 불러들여 따뜻하게 대하고, 제나라 왕이 진나라와 합치려던 마음을 돌리도록 하여 천하 제후들이 제나라를 등지는 사태를 미리 막는 것이 좋습니다. 제나라가 진나라와 친교를 맺지 않으면 천하의 제후들은 제나라로 모여들고 친불은 틀림없이 달아날 것입니다. 이렇게 되면 제나라 왕은 당신 없이 누구와 함께 나랏일을 해 나가겠습니까?"

이리하여 맹상군이 그 계책에 따르자 여례는 맹상군을 미워하게 되었다. 맹상군은 두려움을 느끼고 진나라 재상 양후 위염에게 다음과 같은 편지를 보냈다.

저는 진나라가 여례의 힘을 빌려 제나라의 환심을 사려 한다고 들었습니다. 제나라는 천하에서 강한 나라입니다. 여례가 제나라의 환심을 산다면 당신은 반드시 진나라에서 하찮은 존재로 여겨질 것입니다. 제나라와 진나라가 손을 잡고 삼진(三晉)에 맞선다면 여례는 제나라와 진나라의 재상을 겸하게 될 것이 틀림없습니다. 이는 당신이 제나라를 통해서 여례를 높은 자리에 쓰이게 만드는 것입니다. 만일 제나라가 진나라와 친교하여 천하의 공격을 피할 수 있다면 제나라는 당신을 원수로 여길 것입니다. 그러니 당신은 진나라 왕에게 제나라를 치도록 권하는 편이 낫습니다. 제나라가 지면 저는 진나라가 제나라에서 얻은 땅에 당신을 봉하도록 요청하겠습니다. 또 제나라가 지면 진(秦)나라는 진(晉)나라가 강해질까 봐 두려워 반드시 당신을 중용하여 진(晉)나라와 관계를 맺으려고 할 것입니다. 한편 진(晉)나라도 제나라와 싸워 지치면 진(秦)나라를 겁내어 반드시 당신을 중용해서 화친하려 할 것입니다. 이렇게 되면 당신은 제나라를 깨뜨려서 공을 세우고 진(晉)나라를 이용해서 중용되는 것입니다. 이것은 당신이 제나라를 깨뜨려 봉읍을 얻고 진(秦)나라와 진(晉)나라가 모두 당신을 중히 여기게 하는 계책입니다. 만일 제나라가 망하지 않고 여례가 다시 기용된다면 당신은 틀림없이 몹시 난처해질 것입니다.

이에 양후가 진나라 소왕에게 말하여 제나라를 치자 여례는 달아나 버렸다.

그 뒤 제나라 민왕이 송나라를 멸망시키고 더욱더 교만해져서 맹상군을 없애려고 하자 맹상군은 두려워서 위(魏)나라로 갔다. 위나라 소왕은 그를 재상으로 삼았다. 그는 서쪽의 진나라, 조나라와 동맹을 맺고 연나라 군대와 함께 제나라를 쳐서 깨뜨렸다. 제나라 민왕은 달아나 거(莒)에 머물러 있다가 그곳에서 죽고, 제나라 양왕(襄王)이 즉위했다. 맹상군은 제후들 사이에서 중립을 지키며 어디에도 속하지 않았다. 제나라 양왕은 맹상군을 두려워하여 여러 제후와 화친하고 설공 맹상군과도 화해했다. 그러다가 전문이 죽으니 시호를 맹상군이라 했다. 여러 아들이 자리를 다투고 있는 동안 제나라와 위나라가 함께 설 땅을 멸망시켰다. 맹상군은 후사가 없어져서 대가 끊겼다.

군주가 이익에 눈멀면 백성은 떠난다

일찍이 풍환(馮驩)은 맹상군이 빈객을 좋아한다는 말을 듣고 짚신을 신고 찾아왔다. 맹상군이 말했다.

"선생, 먼 길을 오느라 고생하셨소. 나에게 무엇을 가르쳐 주시겠소."

풍환이 대답했다.

"당신이 선비를 좋아한다기에 가난한 이 몸을 당신에게 맡기고자 왔습니다."

맹상군은 풍환을 전사(傳舍, 신분이 낮은 손님들을 위해 마련한 숙소)에 머물게 한 지 열흘 뒤에 전사 책임자에게 물었다.

"저 손님은 무엇을 하고 있는가?"

"풍환 선생은 매우 가난한데 칼 한 자루를 가지고 있습니다. 그 칼도 자루를 방울고랭이풀로 꼰 노끈을 감은 보잘것없는 것입니다. 그 칼을 손으로 두드리면서 '긴 칼아, 돌아가자. 식사에 생선 반찬이 없구나.'라고 노래를 부르고 있습니다."

맹상군은 그를 행사(幸舍, 중간 계층의 빈객이 드는 숙소)로 옮겨 주었다. 그곳에서는 식사에 생선이 나왔다. 닷새가 지나서 또 숙소 책임자에게 물으니 이렇게 대답했다.

"저 손님은 또 칼을 두드리며 '긴 칼아, 돌아가자. 나가려 해도 수레가 없구나.'라고 노래를 불렀습니다."

맹상군이 그를 대사(代舍, 상등의 빈객이 드는 숙소)로 옮겨 주었다. 그곳에서는 드나들 때 수레를 탈 수 있었다. 닷새가 지난 뒤 맹상군이 다시 숙소 책임자에게 물으니 이렇게 대답했다.

"선생은 여전히 칼을 두드리면서 '긴 칼아, 돌아가자. 집이 없구나.'라고 노래를 불렀습니다."

맹상군은 이 말을 듣고 언짢았다. 일 년이 지나도록 풍환은 아무런 말도 하지 않았다.

맹상군은 그 무렵 제나라 재상으로 일만 호의 설읍을 봉지로 받았는데 그 빈객이 삼천 명이나 되어 봉읍의 조세 수입만으로는 빈객들을 보살피기에 넉넉지 못했다. 그래서 사람을 시켜 설 땅 사람들에게 돈놀이를 했다. 그런데 일 년이 지나도 수입이 없고, 돈을 빌려 간 자 대부분이 그 이자조차 내지 못했다. 맹상군은 머지않아 빈객을 대접할 돈이 떨어질 형편이었다. 맹상군은 걱정 끝에 주위 사람들에게 물었다.

"누가 설 땅에 빌려 준 돈을 거둬들일 수 있겠소?"

숙소 책임자가 이렇게 말했다.

"대사에 머물고 있는 빈객 풍공은 용모도 훌륭하고 말도 잘합니다. 나이는 많지만 별다른 재능은 없으니 그를 보내 돈을 거둬들이도록 하면 좋을 듯싶습니다."

맹상군은 풍환을 불러 이 일을 부탁했다.

"빈객들은 내 어리석음을 모르고 다행히 몸을 맡긴 분이 삼천 명이나 됩니다. 봉읍의 조세 수입만으로는 도저히 빈객을 대접할 수 없어서 설 땅 사람들에게 이자를 얻으려고 돈을 빌려 주었습니다. 그런데 설 땅에서는 해마다 조세가 들어오지 않고 백성 대부분이 이자도 내지 못하고 있습니다. 이제 빈객들에게 식사마저 접대하지 못하게 될까 걱정입니다. 선생께서 책임지고 돈을 받아 주십시오."

풍환이 대답했다.

"알겠습니다."

그는 떠난다는 인사를 하고 설 땅에 이르러 맹상군에게 돈을 빌린 자들을 불러 모아 이자를 십만 전(錢)이나 거두었다. 이 돈으로 많은 술을 빚고 살찐 소를 사들여서 돈을 빌려 간 자들을 불렀다. 이자를 낼 수 있는 자도 모두 오게 하고 이자를 낼 수 없는 자도 다 오게 했다. 모두 돈을 빌린 차용 증서를 가져오게 하여 이쪽 것과 맞추어 보고 함께 모일 날을 정했다.

약속한 날이 되자 소를 잡고 술자리를 열었다. 술자리가 한창 무르익자 가지고 온 차용 증서를 전처럼 맞추어 보고 나서 이자를 낼 수 있는 자에게는 원금과 이자를 갚을 날을 정하고, 가난해서 이자를 낼 수 없는 자에게는 그 증서를 받아서 불살라 버리고 이렇게 말했다.

"맹상군이 여러분에게 돈을 빌려 준 까닭은 돈이 없는 가난한 백성도 본업에 힘쓰게 하기 위함이었습니다. 또 이자를 요구한 까닭은 빈객들을 접대할 돈이 없기 때문입니다. 지금 부유한 사람에게는 갚을 날을 정해 드리고, 가난한 사람에게는 차용 증서를 불태워 버리도록 했습니다. 여러분은 마음껏 마시고 드십시오. 이런 군주가 있는데 어찌 그 뜻을 저버릴 수 있겠습니까?"

그 자리에 앉아 있던 사람은 모두 일어서서 두 번 절을 했다. 맹상군은 풍환이 차용 증서를 불살라 버렸다는 말을 듣고 화가 치밀어 사자를 보내 풍환을 불러들였다. 풍환이 들어오자 맹상군은 이렇게 말했다.

"나는 빈객이 삼천 명이나 되기 때문에 설 땅 사람들에게 돈을 빌려 준 것이오. 나는 봉읍이 작아 세금 수입이 적은데 백성 대부분은 때가 되어도 그 이자를 내지 않고 있소. 그래서 빈객의 식사에 소홀할까 봐 선생에게 그것을 책임지고 거둬들이도록 부탁했소. 그런데 선생은 돈을 받아서 곧바로 많은 소와 술을 마련하고 차용 증서를 불살라 버렸다고 들었소. 도대체 어찌 된 일이오?"

풍환이 대답했다.

"그렇게 했습니다. 술과 소를 많이 마련하지 않고는 돈 빌린 사람을 다 모이게 할 수 없고, 돈이 있는 자와 없는 자를 알 수 없었습니다. 여유 있는 자에게는 갚을 날짜를 정하게 하였습니다. 그러나 가난한 자는 차용증서를 십년 동안 가지고 있어도 이자만 더욱 쌓여 갈 뿐이라 성급하게 독촉하면 바로 달아날 테니 영원히 받을 수 없게 됩니다. 만일 성급하게 재촉하여 돌려받지 못한다면 위로는 군주가 이익에 눈멀어 백성을 사랑하지 않는 꼴이 되고, 아래로는 백성이 빚을 갚지 않으려 군주를 떠난다는 말을 듣게 될 것입니다. 이렇게 하는 것은 백성을 격려하고 군주의 이름을 드러내는 일이 아닙니다. 쓸모없는 차용 증서를 불살라 받을 수 없는 빚을 없애 설 땅의 백성이 군주를 가까이하고 군주의 이름을 칭송하게 하려고 한 일입니다. 당신은 의심나는 부분이 있습니까?"

맹상군은 손뼉을 치면서 칭찬하고 고마워했다.

가난하고 지위가 낮으면 벗이 적어진다

제나라 왕은 진나라와 초나라의 비방에 현혹되어 맹상군의 명성이 군주보다 높아서 제나라 정권을 제 마음대로 휘두른다고 여기고 마침내 맹상군을 벼슬에서 물러나게 했다. 여러 빈객은 맹상군이 벼슬에서 물러나는 것을 보자 모두 떠나갔다. 풍환이 말했다.

"저에게 진나라로 타고 들어갈 만한 수레 한 대만 빌려 주십시오. 그렇게 해 주시면 당신을 제나라에서 중용되게 하여 봉읍을 더욱더 넓혀 드리겠습니다."

맹상군은 수레와 예물을 갖추어 그를 진나라로 떠나보냈다. 풍환은 서쪽으로 가서 진나라 왕을 이렇게 설득했다.

"천하에 유세하는 선비로서 수레를 몰고 말을 달려 서쪽 진나라로 들어오는 사람치고 진나라를 강하게 하고 제나라를 약하게 만들려고 하지 않는 이가 없습니다. 또 수레를 몰고 말을 달려 동쪽 제나라로 들어가는 사람치고 제나라를 강하게 하고 진나라를 약하게 만들려고 하지 않는 이가 없습니다. 이 두 나라는 암수를 겨루는 나라이므로 형세가 양립하여 둘 다 수컷이 될 수는 없습니다. 수컷이 되는 나라가 천하를 얻게 될 것입니다."

진나라 왕은 무릎을 꿇어앉아 풍환에게 물었다.

"어떻게 하면 진나라가 암컷이 되지 않겠소?"

풍환이 물었다.

"대왕께서는 제나라가 맹상군을 벼슬에서 내친 일을 아십니까?"

진나라 왕이 대답했다.

"알고 있소."

그러자 풍환은 다음과 같이 말했다.

"제나라를 천하에서 비중 있는 나라로 만든 이는 맹상군입니다. 그런데 지금 제나라 왕은 다른 사람이 헐뜯는 말을 듣고 그를 내쳤습니다. 맹상군은 마음속으로 원망하며 반드시 제나라를 배반할 것입니다. 그가 제나라를 등지고 진나라로 들어오기만 한다면 제나라의 속사정을 진나라에게 다 털어놓을 테니 제나라 땅을 얻을 수 있습니다. 그러면 어찌 수컷이 되는 정도뿐이겠습니까? 대왕께서는 서둘러 사자를 시켜 예물을 실어 보내 아무도 모르게 맹상군을 맞아들이십시오. 때를 놓치지 마십시오. 만일 제나라가 잘못을 깨닫고 다시 맹상군을 기용하면 암수는 진나라와 제나라 중 어느 쪽이 될지 예측할 수 없습니다."

진나라 왕은 매우 기뻐하면서 수레 열 대, 황금 이천 냥을 보내서 맹상군을 맞이하게 했다.

한편 풍환은 진나라 왕과 헤어져 사자보다 한 발 앞서서 제나라에 이르러 제나라 왕에게 말했다.

"천하에 유세하는 선비로서 수레를 몰고 말을 달려 동쪽 제나라로 들어오는 사람치고 제나라를 강하게 하고 진나라를 약하게 하려고 하지 않는 이가 없습니다. 수레를 몰고 말을 달려 서쪽 진나라로 들어가는 사람치고 진나라를 강하게 하고 제나라를 약하게 하려고 하지 않는 이가 없습니다. 진나라와 제나라는 암수를 겨루는 나라로 진나라가 강해지면 제나라는 약해지게 마련입니다. 천하의 형세로 보건대 두 나라 모두 영웅이 될 수는 없습니다. 신이 가만히 들어 보니 진나라는 사자를 보내 수레 열 대에 황금 이천 냥을 싣고 맹상군을 맞이하려 한다고 합니다. 맹상군이 서쪽으로 안 가면 그만이지만 서쪽 진나라로 들어가 재상이 되면 세상 사람들의 마음이 그에게 쏠려 진나라는 수컷이 되고 제나라는 암컷이 되고 말 것입니다. 암컷이 되면 수도 임치는 물론이고 즉묵까지 위험해집니다. 대왕께서는 어째서 진나라 사자가 오기 전에 먼저 맹상군을 재상으로 복직시키고 봉읍을 넓혀 주어 사과하지 않습니까? 그렇게 하면 맹상군은 반드시 기뻐하며 받아들일 것입니다. 진나라가 제아무리 강한 나라일지라도 어찌 남의 나라 재상을 맞아 가겠다고 청하겠습니까? 이것이 진나라의 음모를 꺾어 그들이 강력한 힘을 지닌 우두머리가 되려는 책략을 끊어 버리는 길입니다."

제나라 왕이 말했다.

"알겠소."

제나라 왕이 곧바로 사자를 국경으로 보내 진나라 사자의 동정을 살피게 했더니, 때마침 진나라 사자가 국경으로 들어오고 있었다. 제나라 사자는 급히 돌아와 이 사실을 왕에게 알렸다. 제나라 왕은 맹상군을 불러 다시 재상 자리에 앉히고 옛 봉읍의 땅 말고도 일천 호를 늘려 주었다. 진나라 사자는 맹상군이 다시 제나라 재상이 되었다는 소식을 듣고 수레를 돌려 돌아갔다.

지난날 제나라 왕이 다른 나라의 비방으로 맹상군을 벼슬에서 쫓아내자 모든 빈객이 맹상군을 떠났다. 제나라 왕이 맹상군을 불러 다시 재상 자리에 앉히자 풍환이 빈객들을 맞아들이려고 했다. 빈객들이 이르기 전에 맹상군은 크게 한숨을 토하며 이렇게 탄식했다.

"나는 언제나 빈객을 좋아하여 그들을 대접하는 데 실수가 없도록 힘썼소. 빈객이 삼천여 명이나 있었음은 선생도 아는 바요. 그러나 빈객들은 내가 재상 자리에서 물러나는 것을 보자 하루아침에 나를 버리고 떠나가 나를 돌봐 주는 사람이 없었소. 이제 선생의 힘으로 다시 재상 자리에 오를 수 있었지만 다른 빈객들은 또 무슨 낯으로 나를 볼 수 있겠소. 만약 다시 나를 만나려고 하는 이가 있으면 반드시 그 얼굴에 침을 뱉어 크게 욕을 보이겠소."

풍환은 이 말을 듣자 말고삐를 매어 놓고 수레에서 내려와 절을 했다. 맹상군도 수레에서 내려와 마주 절하고 말했다.

"선생께서는 빈객들 대신 사과하는 것이오?"

풍환이 대답했다.

"빈객들 대신 사과하는 것이 아닙니다. 당신 말이 잘못되었기 때문입니다. 만물에는 반드시 그렇게 되는 결과가 있고, 일에는 당연히 바뀌지 않는 도리가 있습니다. 선생은 이런 원리를 아십니까?"

맹상군이 대답했다.

"어리석어 선생이 말하는 바를 잘 모르겠소."

풍환이 다음과 같이 말했다.

"살아 있는 것이 반드시 죽게 되는 것은 만물의 필연적인 결과입니다. 부유하고 귀하면 사람들이 많이 모여들고, 가난하고 지위가 낮으면 벗이 적어지는 것은 일의 당연한 이치입니다. 당신은 혹시 아침 일찍 시장으로 가는 사람들을 본 적이 없습니까? 새벽에는 어깨를 맞대면서 앞다투어 문으로 들어가지만 날이 저물어 시장을 지나는 사람들은 팔을 휘저으면서 시장은 돌아보지도 않습니다. 이는 그들이 아침을 좋아하고 날이 저무는 것을 싫어해서가 아닙니다. 날이 저물면 마음속으로 생각했던 물건이 시장 안에 없기 때문입니다. 당신이 지위를 잃자 빈객이 모두 떠나가 버렸다고 해서 선비들을 원망하여 일부러 빈객들이 오는 걸 막을 필요는 없습니다. 당신은 예전과 마찬가지로 빈객들을 대우하십시오."

맹상군은 두 번 절하고 말했다.

"삼가 말씀대로 하겠소. 선생의 말씀을 들은 이상 그 가르침을 받들어 따르겠소."

태사공은 말한다.

"나는 일찍이 설 땅에 들른 적이 있는데, 그곳 풍속은 마을에 난폭하고 사나운 젊은이가 아주 많아 [맹자의 고향인] 추나라나 [공자의 고향인] 노나라의 풍속과는 사뭇 달랐다. 그 까닭을 물으니 '맹상군이 천하의 협객들과 간사한 자들을 불러들여 설 땅으로 들어온 자가 육만여 가(家)나 되기 때문이오.'라고 했다. 세상에 전해지기를 맹상군은 빈객을 좋아하여 스스로 즐겼다고 했는데, 그 소문이 헛된 것만은 아니구나!"

10

염파·인상여 열전

廉頗藺相如列傳

전국 시대의 수많은 전쟁은 대부분 한나라, 위나라, 조나라를 중심으로 이루어졌다. 그런데 이 열전에 나오는 연여 싸움과 장평 싸움은 단순히 진나라와 조나라의 싸움이 아니고 여섯 나라의 안위와 복잡하게 얽혀 있다.

전국 시대 말 동쪽에 있던 여섯 나라는 나날이 국력이 쇠약해져 감에 따라 진나라와 연횡하려고 서로 다투었다. 이러한 국제 정세 속에서 염파, 인상여, 조사(趙奢), 이목(李牧) 등 네 사람은 조나라를 더욱 강성하게 만들려고 노력하며 충성을 다했다. 환관의 우두머리 무현(繆賢), 군사 허력(許歷), 조괄(趙括)의 어머니까지도 모두 충의의 마음을 표현했다. 사마천은 이들의 사적을 하나의 전기로 만들어 생동감 있게 기록했는데, 염파와 인상여를 그 중심에 두었으므로 이들의 이름을 따서 편명으로 삼았다. 인상여가 패기만만하게 화씨벽을 들고 진나라를 방문하여 진나라 왕과 신하들을 꾸짖는 장면과 자기 군주의 위엄을 지키기 위해 진나라 왕을 위협하는 모습은 모두 죽음을 각오한 용기에서 나온 것으로 이 편의 백미라고 할 수 있다. 또한 인상여가 염파와 서로 경쟁하는 사이면서도 사사로움에 얽매이지 않고 너그러운 마음을 보여 주어 결국은 자신에게 적대감을 품은 염파를 자기편으로 끌어들이는 아량에는 절로 고개가 숙여진다. 특히 이들의 정치적 영욕과 출세와 좌절은 한 나라의 세력의 강약, 성쇠의 변화를 반영하고 있어 독자들에게 깊은 감동을 준다.

지혜와 담력으로 화씨벽을 되찾은 인상여.

용기와 지혜로 화씨벽을 돌려보내다

염파(廉頗)는 조나라의 뛰어난 장수이다. 조나라 혜문왕 16년에 염파는 조나라 장군이 되어 제나라를 쳐 크게 깨뜨리고 양진(陽晉)을 얻었으며, 이 공로로 상경이 되었다. 그의 용맹함은 제후들에게 널리 알려졌다. 인상여(藺相如)는 조나라 사람으로 환관의 우두머리인 무현(繆賢)의 사인(舍人)이었다.

조나라는 혜문왕 때 초나라의 화씨벽(和氏璧)[1]을 손에 넣게 되었다. 진나라 소공(昭公)이 이 소식을 듣고 사신을 통해 조나라 왕에게 편지를 보내서 진나라 성 열다섯 개와 화씨벽을 바꾸자고 요청했다. 조나라 왕은 대장군 염파를 비롯해 여러 대신과 이 문제를 상의했다. 화씨벽을 주자니 진나라에게 속아 성을 받지 못할까 봐 우려되고, 화씨벽을 주지 않자니 진나라 군대가 쳐들어올까 걱정되어 좀처럼 결정을 내리지 못했다. 또 진나라에 가서 이 문제에 대한 답변을 할 만한 인물을 찾았지만 마땅한 사람이 없었다. 이때 환관의 우두머리 무현이 말했다.

"신의 사인 인상여를 사신으로 보낼 만합니다."

왕이 물었다.

"어떻게 그것을 알 수 있소?"

그는 이렇게 대답했다.

"신은 일찍이 왕께 죄를 짓고 남몰래 연나라로 달아나려는 계획을 세운 일이 있습니다. 그때 신의 사인 인상여가 말리며 이렇게 말했습니다. '당신께서는 연나라 왕을 어떻게 알게 되었습니까?' 그래서 신은 '왕을 모시고 국경 부근에서 연나라 왕과 만난 일이 있소. 그때 연나라 왕이 가만히 내 손을 잡

---

1   초나라의 변화(卞和)라는 사람이 발견한 보옥이다. 변화는 처음 이 옥을 발견하자 초나라 여왕(厲王)에게 바쳤는데, 옥을 감정하는 사람이 돌이라고 하자 왕은 변화의 왼발을 잘랐다. 뒤에 다시 무왕(武王)에게 바쳤지만 역시 감정 결과 돌로 밝혀졌으므로 무왕은 그의 오른발을 잘랐다. 문왕(文王)이 즉위하자 변화는 초산(楚山) 아래에서 사흘 밤낮을 통곡하였다. 문왕은 그 옥을 가져다가 다듬어 천하의 보옥 화씨벽을 얻었다. 『한비자』 「화씨(和氏)」 편에 상세하게 기록되어 있다.

으며 친구가 되고 싶다고 하였소. 이 일로 연나라 왕을 알게 되었소.'라고 하였습니다. 인상여는 신에게 '조나라는 강하고 연나라는 약합니다. 게다가 당신께서는 조나라 왕의 총애를 받고 있었기 때문에 연나라 왕께서 당신과 친구가 되어 사귀려고 한 것입니다. 지금 당신께서 연나라로 달아나면 연나라는 조나라를 두려워하여 반드시 당신을 머무르게 하지 않고 사로잡아 조나라로 돌려보낼 것입니다. 그러니 당신께서는 웃옷을 벗어 어깨를 드러내고 부질(斧鑕, 죄인을 죽이는 데 쓰는 도끼와 모탕)에 엎드려 처벌을 바라는 편이 낫습니다. 그렇게 하면 다행히 죄를 용서받을 수 있을지도 모릅니다.'라고 했습니다. 신이 인상여의 계책대로 했더니 왕께서 다행히 신을 용서해 주셨습니다. 그래서 신은 인상여를 용감하고 지혜로운 사람으로 생각하게 되었고, 사신으로 보낼 만하다고 말씀드리는 것입니다.”

그래서 왕은 인상여를 불러 만나 이렇게 물었다.

“진나라 왕이 자기 나라 성 열다섯 개와 과인의 화씨벽을 바꾸자고 요구하는데 화씨벽을 보내는 게 좋겠소? 보내지 않는 게 좋겠소?”

인상여가 대답했다.

“진나라는 강하고 조나라는 약하므로 받아들이지 않을 수 없습니다.”

왕이 물었다.

“그러나 우리 화씨벽만 빼앗고 우리에게 성을 내주지 않으면 어떻게 하오?”

인상여가 말했다.

“진나라가 성을 내주는 조건으로 화씨벽을 달라고 했는데, 조나라에서 이를 받아들이지 않으면 잘못은 조나라에 있게 됩니다. 그러나 조나라에서 화씨벽을 보내 주었는데도 진나라가 조나라에게 성을 주지 않으면 잘못은 진나라에 있게 됩니다. 이 두 가지 대책을 비교해 볼 때 차라리 요구를 받아들여 잘못의 책임을 진나라에게 덮어씌우는 편이 낫습니다.”

왕이 물었다.

"누가 사신으로 적당하겠소?"

인상여는 이렇게 대답했다.

"왕께서 적당한 인물이 없다면 신이 화씨벽을 받들고 사신으로 가고 싶습니다. 성이 조나라의 손에 들어오면 화씨벽을 진나라에 두고 오지만, 성이 조나라에 들어오지 않으면 화씨벽을 온전하게 가지고 조나라로 돌아오겠습니다."

마침내 조나라 왕은 인상여에게 화씨벽을 받들고 서쪽 진나라로 들어가도록 했다.

진나라 왕은 장대(章臺, 진나라 궁궐에 있는 누대)에 앉아 인상여를 만났다. 상여가 화씨벽을 진나라 왕에게 바치자 진나라 왕은 매우 기뻐하며 비빈과 곁에 있던 신하들에게 차례차례 돌려 가며 보여 주었고, 곁에 있던 신하는 모두 만세를 불렀다. 인상여는 진나라 왕이 조나라에게 성을 내줄 마음이 없음을 눈치채고 앞으로 나아가 이렇게 말했다.

"이 화씨벽에는 작은 흠이 하나 있는데 대왕께 그것을 가르쳐 드리겠습니다."

왕이 화씨벽을 인상여에게 건네주었다. 인상여는 화씨벽을 손에 넣자 뒤로 몇 걸음 물러나 기둥에 기대서더니 머리카락이 치솟아 관을 찌를 만큼 화를 내며 진나라 왕에게 다음과 같이 말했다.

"대왕께서는 화씨벽을 얻을 욕심으로 사신을 통해 조나라 왕에게 편지를 보냈습니다. 조나라에서는 신하를 모두 불러 이 문제를 상의했습니다. 그 자리에서 신하들은 한결같이 '진나라는 지나치게 욕심이 많아 자신의 강대함만을 믿고 허황된 말로 화씨벽을 차지하려는 것이다. 화씨벽을 주고 대신 받기로 한 성은 얻지 못할 것이다.'라고 하였습니다. 그래서 진나라에게 화씨벽을 주지 않기로 의견을 모았습니다. 신은 '일반 백성의 사귐에도 오히려 서로 속이지 않거늘, 하물며 큰 나라끼리 사귀는 데 그럴 수 있겠는가? 게다가 화씨벽 하나 때문에 강한 진나라의 비위를 거슬러서는 안 된다.'라고 생각했습니다. 그래서 조나라 왕은 닷새 동안 재계(齋戒)[2]한 뒤 신을 사신으로 삼아 화씨벽을 받들게 하고, 진나라 조정에 삼가 편지를 보냈습니다. 조나라 왕이 이렇게 하신 까닭은 큰 나라의 위엄을 존중하여 존경하는 마음을 다하려고 한 것입니다.

그런데 지금 신이 진나라에 이르니 왕께서는 신을 별궁에서 만나고 예절을 하찮게 여기며 아주 거만하십니다. 그리고 화씨벽을 받으시고는 비빈들에게 차례로 건네주면서 신을 희롱했습니다. 신은 왕께서 화씨벽을 받은 대가로 조나라에 성을 내줄 마음이 없음을 알았기 때문에 화씨벽을 다시 돌려받은 것입니다. 왕께서 만일 신을 협박하려고 하신다면 신의 머리는 지금 이 화씨벽과 함께 기둥에 부딪쳐 깨질 것입니다.”

인상여는 화씨벽을 가지고 기둥을 노려보며 그것을 기둥에 치려고 했다. 진나라 왕은 화씨벽이 깨질까 봐 잘못을 사과하고 노여움을 풀도록 했다. 그리고 관리를 불러 지도를 펼치게 한 다음 손가락으로 지도를 가리키며 여기서부터 저쪽까지 성 열다섯 개를 조나라에 주라고 했다. 인상여는 진나라 왕이 조나라에 성을 내주는 척하는 것일 뿐 실제로는 받을 수 없음을 알고는 진나라 왕에게 이렇게 말했다.

“화씨벽은 천하가 모두 인정하는 보물입니다. 조나라 왕께서는 진나라가 두려워서 감히 바치지 않을 수 없었습니다. 조나라 왕은 화씨벽을 보낼 때 닷새 동안 재계하셨습니다. 이제 왕께서도 마땅히 닷새 동안 재계하고 대궐 뜰에서 구빈(九賓)[3]의 예를 행하시면 바로 화씨벽을 바치겠습니다.”

진나라 왕은 끝내 화씨벽을 강제로 빼앗을 수 없음을 알고 드디어 닷새 동안 재계하기로 허락하고 상여를 광성전(廣成傳)이라는 영빈관에 머물도록 했다. 상여는 진나라 왕이 비록 재계한다 하더라도 약속을 저버리고 결코 성

2 고대 제사나 의식을 거행할 때 그 일을 주관하는 사람은 먼저 목욕을 하고 옷을 갈아입고, 여인과 잠자리를 같이하지 않고 혼자 기거하며, 술을 경계하고 냄새나는 것을 먹지 않음으로써 공경함과 정중함을 나타냈다.
3 손님을 맞이하는 아홉 명의 예관(禮官)이다. 천자가 귀빈을 가장 융성하게 대접하는 예절이라고 할 수 있다.

을 내주지 않을 것이라고 판단했다. 그래서 자기를 따라온 사람에게 허름한 옷을 입혀 화씨벽을 품속에 숨겨 지름길로 도망치도록 하여 조나라로 돌려 보냈다.

진나라 왕은 닷새 동안 재계한 뒤 대궐 뜰에서 구빈의 예를 행하고 조나라 사신 인상여를 만나기로 했다. 인상여는 들어가 진나라 왕에게 이렇게 말했다.

"진나라는 목공 이래 스무 명 남짓 되는 군주가 있었지만 지금까지 약속을 확실하게 지킨 분은 없습니다. 신은 진실로 왕에게 속아 조나라를 저버리게 될까 봐 사람을 시켜 화씨벽을 가지고 지름길로 조나라로 돌아가도록 했습니다. 진나라는 강하고 조나라는 약합니다. 그러므로 왕께서 사자 한 명을 조나라에 보내자 조나라는 지체 없이 신을 보내 화씨벽을 바치게 했습니다. 지금 강한 진나라가 먼저 성 열다섯 개를 조나라에 떼어 준다면 조나라가 어찌 감히 화씨벽을 내놓지 않고 왕에게 죄를 짓겠습니까? 신은 왕을 속인 죄로 죽어 마땅함을 알고 있으니 가마솥에 삶아 죽이는 형벌을 받기 원합니다. 다만 왕께서는 이 일을 신하들과 충분히 상의하십시오."

진나라 왕과 신하들은 서로 바라보면서 쓴웃음을 지었다. 곁에 있던 신하들 중에는 인상여를 끌어내 형벌로 다스리려는 자도 있었다. 그러자 진나라 왕이 말했다.

"지금 인상여를 죽이면 끝내 화씨벽을 얻을 수 없고, 진나라와 조나라의 우호 관계만 끊어질 것이다. 차라리 인상여를 극진히 대접하여 조나라로 돌려보내는 편이 낫다. 조나라 왕이 어찌 화씨벽 하나 때문에 진나라를 우롱하겠는가?"

그래서 마침내 인상여를 빈객으로 대우하여 대궐로 맞아들이고 예를 마친 뒤에 조나라로 돌아가도록 했다.

인상여가 돌아오자, 조나라 왕은 현명한 대부가 사신으로 갔기 때문에 제후에게 모욕을 당하지 않았다고 여겨 그를 상대부로 삼았다. 진나라가 조나라에게 성을 주지 않으므로 조나라도 결국 화씨벽을 진나라에게 내주지 않았다.

피를 뿌려서라도 군주의 위엄을 지킨다

그 뒤 진나라는 조나라를 쳐서 석성(石城)을 빼앗고, 그 이듬해에 다시 조나라를 쳐서 이만 명을 죽였다. 그런 다음 진나라 왕은 조나라 왕에게 사자를 보내 "왕과 우호 관계를 맺고 싶으니 서하(西河) 남쪽 민지(澠池)에서 만납시다."라고 말했다. 조나라 왕은 진나라가 두려워 가지 않으려고 했다. 염파와 인상여는 상의하여 이렇게 말했다.

"왕께서 가시지 않으면 조나라가 나약하고 비겁하다는 소리를 듣게 될 것입니다."

조나라 왕은 결국 인상여와 함께 가기로 했다. 염파는 국경까지 따라와 배웅하고 왕과 헤어지면서 이렇게 말했다.

"왕께서 가시는 거리를 헤아려 보면 서로 만나 회담하는 예를 마치고 돌아올 때까지 삼십 일 이상 걸리지 않을 것입니다. 만일 삼십 일이 지나도 돌아오시지 못하면 태자를 왕으로 삼아 진나라가 조나라를 차지하려는 망상을 끊도록 해 주십시오."

왕은 이 의견을 받아들이고 드디어 진나라 왕과 민지에서 만났다. 진나라 왕은 술자리가 흥겨워지자 이렇게 말했다.

"과인은 조나라 왕께서 음악에 뛰어나다는 말을 들었습니다. 거문고 연주를 부탁드리겠습니다."

조나라 왕이 거문고를 뜯었다. 진나라 어사(御史, 도서를 관리하고 나라의 큰일을 기록하던 사관)가 나와서 다음과 같이 적었다.

어느 해 어느 달 어느 날에 진나라 왕이 조나라 왕을 만나 술을 마시고 조나라 왕에게 거문고를 연주하도록 했다.

그러자 인상여가 앞으로 나와서 말했다.

"조나라 왕께서는 진나라 왕께서 진나라 음악을 잘하신다고 들었습니다. 분부(盆缻, 옹기로 만든 악기)를 진나라 왕께 올려 서로 즐길 수 있도록 해 주십시오."

진나라 왕이 화를 내며 받아들이지 않자, 인상여는 앞으로 나아가 분부를 바치며 무릎을 꿇고 진나라 왕에게 청했다. 진나라 왕이 여전히 분부를 치려고 하지 않으므로 상여는 이렇게 말했다.

"신 상여와 왕 사이는 다섯 걸음도 못 됩니다. 신은 목의 피를 왕께 뿌려서라도 요청할 것입니다."

이 말을 듣고 진나라 왕 주위에 있던 신하들이 인상여를 칼로 찌르려고 하였으나 인상여가 눈을 부릅뜨고 꾸짖자 모두 뒤로 물러섰다. 진나라 왕은 하는 수 없이 조나라 왕을 위해 분부를 한 번 두드렸다. 인상여는 뒤를 돌아다보고 조나라 기록관을 불러 다음과 같이 적도록 하였다.

어느 해 어느 달 어느 날에 진나라 왕이 조나라 왕을 위하여 분부를 두드렸다.

진나라 신하들이 말했다.

"조나라의 성 열다섯 개를 바쳐 진나라 왕의 장수를 축복해 주십시오."

인상여가 또 말했다.

"진나라 수도 함양을 바쳐서 조나라 왕의 장수를 축복해 주십시오."

진나라 왕은 술자리가 끝날 때까지 조나라를 이길 수 없었다. 조나라도 많은 군사를 배치시키고 진나라에 대비하였으므로 진나라가 함부로 움직일 수 없었다.

나라의 위급함을 먼저 생각한다

회견을 마치고 돌아온 조나라 왕이 인상여의 공로를 크게 치하하고 상경 (上卿)으로 삼아 인상여의 지위가 염파보다 높아졌다. 염파는 이렇게 말했다.

"나는 조나라 장군이 되어 성의 요새나 들에서 적과 싸워 큰 공을 세웠다. 그러나 인상여는 겨우 혀와 입만을 놀렸을 뿐인데 지위가 나보다 높다. 또 인상여는 본래 미천한 출신이니, 나는 부끄러워서 차마 그의 밑에 있을 수 없다."

그리고 이렇게 다짐했다.

"내가 상여를 만나면 반드시 모욕을 주리라."

인상여는 이 말을 듣고 염파와 마주치지 않으려 했다. 인상여는 조회가 있을 때마다 늘 병을 핑계 삼아 염파와 서열을 다투려 하지 않을 뿐만 아니라, 외출할 때도 멀리 염파가 보이면 수레를 끌어 숨어 버리기도 했다. 그래서 사인이 모두 이렇게 간하였다.

"저희가 친척을 떠나와서 나리를 섬기는 까닭은 오직 나리의 높은 뜻을 사모하기 때문입니다. 지금 나리께서는 염파와 같은 서열에 있습니다. 그러나 나리는 염파가 나리에 대해 나쁜 말을 퍼뜨리고 다니는데도 그가 두려워 피하시며 지나치게 겁을 내십니다. 이것은 평범한 사람들도 부끄러워하는 일인데, 하물며 장군이나 재상이라면 어떻겠습니까? 못난 저희는 이만 물러갈까합니다."

인상여는 그들을 완강하게 말리며 말했다.

"그대들은 염 장군과 진나라 왕 가운데 누가 더 무섭소?"

사인들이 대답했다.

"염 장군이 진나라 왕에 못 미칩니다."

상여가 말했다.

"저 진나라 왕의 위세에도 불구하고 나는 그를 궁정에서 꾸짖고 그 신하들을 부끄럽게 만들었소. 내가 아무리 어리석기로 염 장군을 겁내겠소? 내가 곰곰이 생각해 보건대 강한 진나라가 감히 조나라를 치지 못하는 까닭은 나와 염파 두 사람이 있기 때문이오. 만일 지금 호랑이 두 마리가 어울려서 싸우면 결국은 둘 다 살지 못할 것이오. 내가 염파를 피하는 까닭은 나라의 위급함을 먼저 생각하고 사사로운 원망을 뒤로하기 때문이오."

염파가 이 말을 듣고는 웃옷을 벗고 가시 채찍을 등에 짊어지고 빈객으로서 인상여의 문 앞에 이르러 사죄하며 말했다.

"비천한 저는 상경께서 이토록 너그러우신 줄 몰랐습니다."

이리하여 두 사람은 서로 화해하고 죽음을 같이하기로 약속한 벗이 되었다.

이해에 염파는 동쪽으로 제나라를 쳐서 부대 하나를 깨뜨렸다. 그로부터 이 년 뒤에 염파는 다시 제나라 기(幾)를 쳐서 손에 넣었고, 삼 년 뒤에는 위나라 방릉(防陵)과 안양(安陽)을 쳐서 손에 넣었다. 그리고 사 년 뒤에 인상여가 장군으로 제나라를 공격하여 평읍(平邑)까지 쳐들어갔다가 돌아왔다. 그 이듬해에 조사가 진나라 군대를 연여(閼與) 부근에서 깨뜨렸다.

세금이 공평하면 나라가 부유해진다

조사(趙奢)는 조나라 전답의 조세 징수를 맡은 관리이다. 그가 조세를 거둬들이는데 평원군의 집에서 조세를 내지 않으려고 하자, 법에 따라 평원군의 집에서 일을 보는 사람 아홉을 죽였다. 평원군이 화가 나서 조사를 죽이려고 하자, 조사는 그를 달래며 이렇게 말했다.

"당신은 조나라의 귀공자(왕족)입니다. 지금 당신 집에서 나라에 바치는 의무를 다하지 않는 것을 내팽개쳐 둔다면 국법이 손상될 것입니다. 국법이 손상되면 나라가 쇠약해질 테고 나라가 쇠약해지면 제후들이 병사를 일으켜 쳐들어올 것이며, 제후들이 병사를 일으켜 쳐들어오면 조나라는 멸망할 것입니다. 그렇게 되면 당신께서 어떻게 이와 같은 부를 누릴 수 있겠습니까? 당신 같은 귀한 분이 국법이 정한 대로 나라에 의무를 다하면 위아래가 공평해질 테고 위아래가 공평해지면 나라가 강해질 것이며, 나라가 강해지면 조나라는 튼튼해질 것입니다. 그리고 당신은 국왕의 일족이니 그 누가 공자를 하찮게 보겠습니까?"

평원군은 조사가 현명하다고 여겨 왕에게 추천했다. 왕이 그를 등용하여 나라의 세금을 관리하게 하자, 세금이 매우 공평하게 거둬들여지고 백성은 부유해지며 창고는 가득 차게 되었다.

쥐구멍 안의 싸움에서는 용감한 쥐가 이긴다

이때 진나라가 한나라를 치기 위해 연여에 주둔했다. 왕이 염파를 불러 물었다.

"[연여를] 구할 수 없겠소?"

염파가 대답했다.

"길이 멀고 험한 데다 지역이 좁아서 구하기 어렵습니다."

다시 악승(樂乘)을 불러 물었으나 악승도 염파와 똑같이 대답했다. 또 조사를 불러서 묻자 조사는 이렇게 대답했다.

"길은 멀고 험한 데다 지역이 좁으므로 그곳에서 싸운다는 것은 쥐 두 마리가 쥐구멍 속에서 싸우는 것과 같습니다. 그러므로 결국 용감한 장군이 이길 것입니다."

왕은 조사를 장군으로 삼아 연여를 구하도록 했다.

군대가 한단을 떠나서 삼십 리쯤 왔을 때, 조사는 군중(軍中)에 이런 명을 내렸다.

"군사(軍事)에 관해서 간하는 자가 있으면 사형에 처하겠다."

진나라 군대가 무안(武安) 서쪽에 진을 치고 북을 치고 함성을 지르며 훈련하는데 그 소리가 매우 커서 무안성 안의 기와가 모두 흔들리는 듯했다. 조나라의 척후병 한 사람이 빨리 무안을 구원하자고 하자 조사는 그 자리에서 바로 그의 목을 베어 버렸다. 그리고 보루의 벽을 튼튼하게 하고 이십팔 일이나 머물며 움직이지 않은 채 보루의 벽만을 더 늘려 쌓았다. 진나라의 첩자가 보루 안으로 들어왔지만 조사는 좋은 식사를 대접해서 돌려보냈다. 첩자가 돌아가 진나라 장수에게 겪은 일을 보고하자, 진나라 장수는 몹시 기뻐하며 말했다.

"수도로부터 삼십 리밖에 안 떨어진 곳에서 군대를 움직이지 않고 보루만 늘리고 있으니 연여는 조나라 땅이 아니다."

조사는 진나라 첩자를 돌려보낸 다음 곧바로 병사들을 갑옷을 벗고 가벼운 차림으로 행군시켜 일 박 이 일 만에 진나라 군대에 이르렀다. 그리고 연여에서 오십 리 떨어진 곳에 궁수들이 진을 치도록 했다. 조나라 군대는 드디어 보루를 완성하였다. 진나라 군대는 이 소식을 듣고 군사를 모두 동원하여 쳐들어왔다. 조나라 군사(軍士) 허력(許歷)이 군사에 관해서 간할 말이 있다고 하자 조사가 말했다.

"그를 들여보내시오."

허력은 이렇게 말했다.

"진나라 군사들은 우리 조나라 군사가 이곳까지 온 줄을 모르고 아주 용맹스러운 기세로 쳐들어올 것입니다. 장군께서는 반드시 병력을 모아 진지를 두텁게 하여 적을 기다려야 합니다. 그러지 않으면 틀림없이 싸움에서 질 것입니다."

조사가 말했다.

"그대 의견에 따르겠소."

허력이 말했다.

"신에게 부질형(鈇質刑)을 내려 주십시오."

조사가 말했다.

"뒷날 한단에서 명령을 기다리시오."

그러자 허력이 다시 간할 것이 있다며 청하여 말했다.

"먼저 북산(北山)의 정상을 차지하는 쪽이 이기고, 뒤늦게 오는 쪽이 질 것입니다."

조사는 그 의견을 받아들여 즉시 군사 일만 명을 그곳으로 출발시켰다. 진나라 군대는 뒤늦게 와서 산 정상을 다투었으나 올라가지 못했다. 조사는 군사를 풀어 진나라 군대를 쳐서 크게 깨뜨렸다. 진나라 군대는 포위를 풀고 달아났다. 조나라 군대는 드디어 연여의 포위를 풀고 돌아왔다.

조나라 혜문왕은 조사를 마복군(馬服君)에 봉하고 허력을 국위(國尉, 장군 다음의 군 관리)로 삼았다. 이리하여 조사는 염파, 인상여와 지위가 같아졌다.

조괄 어머니가 조괄을 추천하지 않은 이유

그로부터 사 년 뒤에 조나라 혜문왕이 죽고 그 아들 효성왕(孝成王)이 즉위했다. 혜문왕이 죽은 지 칠 년이 지났을 때 진나라와 조나라 군대가 장평에서 대치했다. 이때 조사는 이미 죽었고 인상여는 병이 위독했다. 그래서 조나라는 염파를 장군으로 삼아 진나라를 치도록 했다. 진나라 군대가 자주 조나라 군대를 깨뜨렸지만 조나라 군대는 보루의 벽만 튼튼히 할 뿐 나가 싸우지 않았다. 진나라 군대가 자주 싸움을 걸어와도 염파는 맞아 싸우지 않았다. 이때 조나라 왕은 진나라 첩자가 퍼뜨린 말을 듣고 믿게 되었는데 그 말은 이러했다.

"진나라가 두려워하는 것은 오직 마복군 조사의 아들 조괄(趙括)이 장군이 되는 일뿐이다."

그래서 조나라 왕은 염파 대신 조괄을 장군으로 삼으려 했다. 그러자 인상여가 말했다.

"왕께서는 명성만 믿고 조괄을 쓰시려 하는데, 이는 거문고의 괘(棵)를 아교로 붙여서 고정시키고 연주하는 것과 같습니다. 조괄은 그저 자기 아버지가 남긴 병법 책을 읽었을 뿐 사태 변화에 대처할 줄은 모릅니다."

그러나 조나라 왕은 듣지 않고 마침내 조괄을 장군으로 삼았다.

조괄은 스스로 어릴 적부터 병법을 배워 군사에 대해 말하자면 이 세상에서 자기를 당할 자가 없다고 했다. 일찍이 그는 아버지 조사와 함께 군사적인 일을 토론한 적이 있는데, 조사는 그를 당해 낼 수 없었다. 그러나 조사는 그가 잘한다고 하지 않았다. 조괄의 어머니가 조사에게 그 까닭을 묻자 조사는 이렇게 말했다.

"전쟁이란 목숨을 거는 거요. 그런데 괄은 전쟁을 너무 쉽게 말하오. 조나라가 괄을 장군으로 삼지 않으면 다행이지만, 만일 괄을 장군으로 삼는다면 틀림없이 조나라 군대는 파멸당할 것이오."

조괄이 떠나려고 할 때, 그 어머니는 왕에게 글을 올려 이렇게 말했다.

"제 아들을 장군으로 삼으면 안 됩니다."

왕이 물었다.

"무엇 때문이오?"

조괄의 어머니는 이렇게 대답했다.

"예전에 제가 조괄의 아버지를 모실 때, 그 무렵 제 아들의 아버지는 장군이었습니다. 그가 직접 먹여 살리는 이가 수십 명이고, 벗이 된 사람은 수백 명이나 되었습니다. 왕이나 종실에서 상으로 내려 준 물품은 모두 군대의 벼슬아치나 사대부에게 주고, 출전 명령을 받으면 그날부터 집안일을 돌보지 않았습니다. 그런데 지금 제 아들은 하루아침에 장군이 되어 동쪽을 향해 앉아서 부하들의 인사를 받게 되었지만 군대의 벼슬아치 가운데 누구 하나 제 아들을 존경하여 우러러보는 이가 없습니다. 왕께서 내려 주신 돈과 비단을 가지고 돌아와 자기 집에 감추어 두고 날마다 이익이 될 만한 땅이나 집을 둘러보았다가 그것들을 사들입니다. 왕께서는 어찌 그 아버지와 같으리라 생각하십니까? 아버지와 자식은 마음 씀씀이부터 다릅니다. 부디 왕께서는 제 아들을 보내지 마십시오."

왕이 말했다.

"어머니는 더 이상 말하지 마오. 나는 이미 결정했소."

그러자 괄의 어머니가 말했다.

"왕께서 굳이 그 아이를 보내시려거든 그 아이가 책임을 다하지 못하더라도 저를 그 아이의 죄에 연루시켜 벌을 받지 않게 해 주십시오."

왕은 그렇게 하기로 약속했다.

조괄은 염파를 대신하게 되자 군령을 모두 바꾸고 군대의 벼슬아치를 모조리 교체시켰다. 진나라 장군 백기가 이 소식을 듣고 기병을 보내 거짓으로 달아나는 척하면서 조나라 군대의 식량 운송로를 끊고 조나라 군대를 둘로 나누었다. 병졸들의 마음은 조괄에게서 떠나갔다. 사십여 일이 지나자 조나라 군사들은 굶어 죽어 갔다. 조괄이 정예부대를 앞세우고 직접 싸우러 나갔지만 진나라 군사가 조괄을 쏘아 죽였다. 조괄의 군대는 싸움에서 지고 결국 군사 수십만 명이 진나라에 항복했다. 진나라는 이들을 모두 땅에 묻어 죽였다. 조나라가 이 싸움을 전후로 잃은 군사는 사십오만 명이나 되었다. 이듬해에 진나라 군대는 드디어 한단을 포위하였고, 한단은 일 년 남짓 포위에서 벗어날 수 없었다. 조나라는 초나라와 위나라 제후들의 도움으로 겨우 한단의 포위망을 뚫었다. 조나라 왕은 조괄의 어머니가 앞서 한 말 때문에 그녀를 죽이지 않았다.

권세를 가진 자에게는 사람이 몰린다

한단의 포위가 풀린 지 오 년 뒤, 연나라는 "조나라 장정들은 장평 싸움에서 다 죽고 그 고아들은 아직 장정이 되지 못했다."라는 재상 율복의 계책을 받아들여 군사를 일으켜 조나라를 쳤다. 조나라는 염파를 장군으로 삼아 출전하여 연나라 군대를 호(鄗)에서 크게 깨뜨려 율복을 죽이고 연나라를 포위했다. 연나라에서 성 다섯 개를 떼어 주며 화친을 청하였으므로 이를 허락했다. 조나라 왕은 염파를 위문(尉文) 땅에 봉하여 신평군(信平君)으로 삼고 임시 상국(相國)으로 임명했다.

이보다 앞서 염파가 장평에서 파면되어 권세를 잃고 돌아왔을 때 예전부터 알고 지내던 빈객이 모두 떠나갔다. 그러나 다시 등용되어 장군이 되자 빈객이 또다시 모여드니 염파가 말했다.

"객들은 물러가시오."

그러자 한 빈객이 말했다.

"아! 당신은 어쩌면 그렇게도 판단이 더딥니까? 대체로 천하 사람들은 시장에서 이익을 좇는 것처럼 사귑니다. 당신에게 권세가 있으면 따르고 권세가 없어지면 떠나갑니다. 이것은 진실로 당연한 이치인데 무엇을 원망하십니까?"

그로부터 육 년 뒤에 조나라는 염파에게 위나라 번양(繁陽)을 치게 하여 함락시켰다.

조나라 효성왕이 죽고 아들 도양왕(悼襄王)이 즉위하자 염파 대신 악승을 장군으로 삼았다. 염파는 화가 나서 악승을 쳐 도망치게 했다. 염파는 위나라 대량으로 달아났다. 그 이듬해에 조나라는 이목(李牧)을 장군으로 삼아 연나라를 쳐서 무수(武遂)와 방성을 함락시켰다.

염파는 오랫동안 대량에 머물렀지만 위나라에서는 그를 믿지 않았다. 그동안 조나라는 진나라 군대에게 자주 시달려 다시 염파를 얻으려 했고, 염파도 다시 조나라에 등용되고 싶어 했다. 조나라 왕은 사자를 보내 아직 염파를 장군으로 쓸 만한지 그렇지 못한지를 살피게 했다. 이때 염파의 원수인 곽개(郭開)가 사자에게 많은 금을 주어 염파를 모함하도록 했다. 염파는 조나라 사자를 만나자 식사 때마다 쌀밥 한 말과 고기 열 근을 먹어 보이고, 갑옷을 입고 말에 올라타 아직도 쓸 만함을 보여 주었다. 그러나 조나라 사자는 돌아와 왕에게 이렇게 아뢰었다.

"염 장군은 비록 늙긴 했지만 아직 식사도 잘합니다. 그러나 신과 자리를 같이하는 동안에 몇 차례나 소변을 보았습니다."

조나라 왕은 염파가 늙고 쇠약해졌다고 여겨 부르지 않았다. 초나라는 염파가 위나라에 있다는 말을 듣고 몰래 사람을 보내 그를 맞아들였다. 염파는 한 차례 초나라 장군이 되었으나 공을 세우지는 못했다. 그는 이렇게 말했다.

"나는 조나라 군사로서 싸우고 싶다."

염파는 결국 수춘(壽春)에서 죽었다.

죽음을 알면 용기가 솟는다

이목(李牧)은 조나라 북쪽 변방을 지키는 뛰어난 장수로 일찍이 대군(代郡)과 안문군(鴈門郡)에 살면서 흉노에 대비하고 있었다. 이목은 필요에 따라 임의로 관리를 두고 저잣거리의 세금을 거두어 모두 막부(幕府, 장군이 머물며 지휘하는 곳)로 가져다가 병사들의 비용으로 썼다. 날마다 소를 몇 마리씩 잡아 병사들을 먹이고 활쏘기와 말타기를 익히도록 했다. 적의 침입을 알리는 봉화를 신중히 준비해 두고 많은 첩자를 풀어놓고 병사를 정성껏 대우했다. 그리고 이렇게 명령했다.

"만일 흉노가 들어와 도둑질을 하면 재빨리 가축들을 거두어 성안으로 들어와 지켜라. 감히 흉노를 사로잡는 자가 있으면 목을 베리라."

그래서 흉노가 쳐들어올 때마다 봉화를 올리지 않고 재빨리 가축들을 거두어 성안으로 들어오고는 싸우지 않았다. 이렇게 하여 몇 해가 지나도 상처를 입거나 잃는 것이 없었다. 그러나 흉노는 이목을 겁쟁이라고 하고, 조나라 변방을 지키는 병사들까지도 우리 장군은 비겁하다고 생각했다. 조나라 왕이 이목을 꾸짖었지만 이목은 예전과 마찬가지였다. 조나라 왕은 화가 나서 이목을 불러들이고 다른 사람을 대신 장군으로 삼았다.

이로부터 일 년 남짓한 동안에 흉노가 쳐들어올 때마다 조나라 군대는 나가서 싸웠지만 그때마다 불리하여 잃는 것이 많고, 변방을 지키는 백성은 농사를 짓거나 가축을 기를 수 없었다. 조나라가 다시 이목을 불렀지만 이목은 문을 걸어 닫고 나오지 않으며 병을 핑계로 완강하게 사양했다. 조나라 왕이 다시 강제로 그를 조나라 군대의 장군으로 임명하자 이목이 말했다.

"왕께서 굳이 신을 쓰신다면 신은 예전처럼 할 것입니다. 〔그래도 좋다면〕 감히 명령을 받들겠습니다."

왕은 그렇게 하도록 허락했다.

이목은 변방에 이르자 예전과 같은 명령을 내렸다. 흉노는 몇 년 동안 얻는 것이 없었고 끝내는 이목을 겁쟁이라고 했다. 변방을 지키던 병사들은 날마다 많은 상과 대접을 받았지만 한 번도 쓰이지 못했으므로 모두 한 번 싸우기를 원했다. 그래서 전차 삼백 대와 기마 일만 삼천 필을 골라 갖추었다. 공을 세워 백 금(百金)을 받은 용사 오만 명, 활을 잘 쏘는 사람 십만 명을 뽑아 싸우는 기술을 훈련시켰다. 한편 많은 가축을 놓아 먹이니 백성은 들에 가득 찼다. 적은 수의 흉노가 쳐들어오자 이기지 못하는 척 달아나 수천 명을 뒤에 버려 두었다. 선우(單于)가 이 소식을 듣고 대군을 이끌고 쳐들어왔다. 이목은 많은 기병으로 좌우의 날개를 펴서 공격하여 크게 깨뜨려 흉노족 기병 십여만 명을 죽였다. 또한 담람(襜襤)을 멸망시키고 동호(東胡)를 깨뜨리고 임호(林胡)를 항복시키자 선우는 달아났다. 그 뒤 십여 년 동안 흉노는 감히 조나라 국경 근처에는 가까이 오지 못했다.

조나라 도양왕 원년에 염파가 이미 위나라로 망명했으므로 조나라에서는 이목에게 연나라를 치게 하여 무수와 방성을 함락시켰다. 이 년 뒤에 방훤(龐煖)이 연나라 군대를 깨뜨리고 극신(劇辛)을 죽였다. 그로부터 칠 년 뒤에 진나라는 조나라를 깨뜨리고 조나라 장군 호첩(扈輒)을 무수성에서 죽이고, 조나라 병사 십만 명의 목을 베었다. 조나라는 이목을 대장군으로 삼아 진나라 군대를 의안(宜安)에서 쳐 크게 깨뜨리고, 진나라 장군 환의(桓齮)를 달아나게 했다. 조나라에서는 이목을 봉하여 무안군(武安君)으로 삼았다. 그로부터 삼 년 뒤에 진나라가 파오(番吾)를 공격해 오자 이목이 진나라 군대를 깨뜨리고 남쪽으로 한나라와 위나라 군사를 막았다.

조나라 왕 천(遷) 7년에 진나라가 왕전(王翦)에게 조나라를 치도록 하자, 조나라에서는 이목과 사마상(司馬尙)을 시켜 막게 했다. 진나라는 조나라 왕이 남달리 아끼던 신하 곽개에게 많은 금을 주어 이목과 사마상이 모반하려 한다고 이간질하게 했다. 이에 조나라 왕은 조총(趙蔥)과 제나라 장군 안취(顔聚)를 보내 이목과 바꾸려 했지만 이목이 왕명을 따르지 않았다. 그러므로 조나라에서는 사람을 보내 몰래 이목을 붙잡아 죽이고 사마상을 해임시켰다. 그 뒤 세 달이 지나 왕전이 갑자기 조나라를 쳐 크게 깨뜨리고 조총을 죽였으며, 조나라 왕 천과 그 장군 안취를 사로잡음으로써 마침내 조나라는 멸망하고 말았다.

태사공은 말한다.

"죽음을 알면 반드시 용기가 솟아나게 된다. 죽는 것 그 자체가 어려운 게 아니고 죽음에 대처하기가 어려운 것이다. 인상여가 화씨벽을 돌려받고 기둥을 노려볼 때라든지 진나라 왕 주위에 있던 신하들을 꾸짖을 때 그 형세는 기껏해야 죽음뿐이었다. 선비 중에 어떤 이는 겁을 집어먹고 감히 용기를 내지 못한다. 그러나 인상여가 한 번 용기를 내자 그 위세가 상대편 나라까지 떨쳤고, 물러나 고국으로 돌아와서는 염파에게 겸손히 양보하니 그 이름은 태산처럼 무거워졌다. 인상여는 지혜와 용기 두 가지를 모두 갖춘 인물이라고 말할 수 있다."

2부

첫 통일 제국
진나라의 짧은 흥망

11

여불위 열전

呂不韋列傳

여불위는 전기(傳奇) 색채가 풍부한 역사 인물이다. 그는 본래 한(韓)나라의 큰 상인으로 여러 제후국을 주유하면서 시대의 흐름을 정확히 꿰뚫어 보고 인재를 알아보는 혜안을 가지고 있었다. 그는 진나라의 상국이 되어 진나라 통일 사업에 큰 공을 세웠으며, 불후의 명작 『여씨춘추』를 짓기도 했다. 여불위가 세상 사람들에게 주목받는 이유는 그가 진시황의 친아버지일지도 모른다는 대목이 이 편에 나오기 때문이다. 즉 여불위가 어떤 첩에게 반하여 임신하게 했는데 그 사실을 숨기고 자초에게 바쳐 아이를 낳았으니, 그가 바로 진시황이라는 것이다. 또한 이 편에서 사마천은 여불위의 출세와 성공, 몰락 과정을 세밀한 필치로 묘사하면서 그의 죽음은 인간의 과욕이 빚어낸 필연적 결과임을 분명히 밝히고 있다.

반고가 여불위의 『여씨춘추』를 잡가류로 분류한 뒤부터 여불위는 잡가를 대표하는 사상가로 여겨져 왔다. 여불위가 여러 사람의 사상을 널리 받아들이고 특히 초기의 도가 사상을 근본으로 각 사상의 장점을 취사선택하여 황로 사상을 추존하였으므로 사마천이 더욱 그를 주목했다는 설도 일리가 있다. 따라서 여불위를 신도가(新道家)라고 부르는 것은 결코 틀린 말이 아니다.

아울러 사마천은 천지, 만물, 고금의 일에 관한 모든 것이 『여씨춘추』에 갖추어져 있다고 볼 정도로 여불위의 저술 작업을 높이 평가하였다.

장양왕의 등극을 도와 승상이 된 여불위.

진귀한 재물은 사 둘 만하다

여불위(呂不韋)는 양책(陽翟)의 큰 상인으로 여러 곳을 오가면서 물건을 싸게 사들여 비싸게 되팔아 집안에 천금의 재산을 모았다.

진나라 소왕(昭王) 40년에 태자가 죽자, 42년에 둘째 아들 안국군(安國君)[1]을 태자로 삼았다. 안국군에게는 아들 이십여 명이 있었다. 안국군은 남다르게 사랑하던 여인을 정부인으로 삼아 화양 부인(華陽夫人)이라 불렀다. 화양 부인에게는 아들이 없었다. 안국군의 둘째 아들은 이름이 자초(子楚)[2]인데, 그의 친어머니 하희(夏姬)는 안국군의 총애를 받지 못하였다. 자초는 진나라를 위해 조나라에 볼모로 보내졌으나 진나라가 조나라를 자주 공격하였기 때문에 조나라는 자초를 그다지 예우하지 않았다.

자초는 진나라 태자의 많은 서자 중 한 사람으로서 제후 나라의 볼모이므로 수레와 말과 재물이 넉넉하지 않고 생활이 어려워 실의에 빠져 있었다. 여불위가 한단에 물건을 사러 갔다가 그를 보고 불쌍하게 여겨 이렇게 말했다.

"이 진귀한 재물은 사 둘 만하다."

그리고 자초를 찾아가서 말했다.

"나는 당신의 가문을 크게 만들어 줄 수 있습니다."

그러자 자초는 웃으면서 말했다.

"먼저 당신 가문을 크게 만든 뒤에 내 가문을 크게 만들어 주시오."

여불위가 말했다.

"당신이 모르는 모양인데, 제 가문은 당신 가문에 기대어 커질 것입니다."

자초는 그 말뜻을 깨닫고 안으로 불러들여 마주앉아서 속마음을 털어놓았다. 여불위는 이렇게 말했다.

---

1   이름은 주(柱)이고, 뒤에 효문왕이 된다.
2   뒤에 장양왕이 되었다.

"진나라 왕은 이미 늙었습니다. 안국군이 태자가 되었는데 화양 부인을 총애하신다고 들었습니다. 그렇지만 화양 부인에게는 아들이 없으니, 누가 왕의 뒤를 이을지는 오직 화양 부인에게 달려 있습니다. 지금 당신 형제는 스무 명도 더 되고, 당신은 둘째 서열인 데다가 그다지 사랑을 받지 못하고 있습니다. 또한 오랫동안 제후의 나라에 볼모로 있습니다. 그러니 만일 왕이 세상을 떠나고 안국군이 왕위에 오르면 당신은 형이나 여러 형제와 아침저녁으로 태자 자리를 놓고 싸울 수도 없습니다."

그러자 자초가 물었다.

"옳습니다. 이를 어떻게 하면 좋겠습니까?"

여불위가 대답했다.

"당신은 가난하고 객지에 나와 있어 어버이를 공손히 섬기거나 빈객과 사귈 힘이 없습니다. 제가 비록 가진 것은 없지만 당신을 위해 일천 금을 갖고 서쪽으로 가서 안국군과 화양 부인을 섬겨 당신을 후사로 삼도록 하겠습니다."

자초는 머리를 숙이며 말했다.

"당신 계책대로 된다면 진나라를 그대와 함께 나누어 가지도록 하겠소."

여불위는 자초에게 오백 금을 주어 빈객과 사귀는 비용으로 쓰도록 하고, 또 오백 금으로는 진기한 물건과 노리개를 샀다. 여불위는 직접 그 물건을 들고 서쪽 진나라로 가서 화양 부인의 언니를 통해 화양 부인에게 모두 바치고 이렇게 말했다.

"자초는 어질고 지혜로우며 널리 천하 제후들의 빈객과 두루 사귀고 있습니다. 자초는 언제나 화양 부인을 하늘처럼 여기고 밤낮으로 태자와 부인을 흠모하여 눈물을 흘립니다."

화양 부인은 매우 기뻐하였다.

여불위는 곧이어 그 언니에게 이렇게 말해 부인을 설득하도록 했다.

"제가 듣건대 아름다운 얼굴로 남을 섬기는 자는 아름다운 얼굴이 스러지면 사랑도 시든다고 합니다. 지금 부인께서는 태자를 섬기며 총애를 받고 있지만 불행하게도 아들이 없습니다. 그러므로 일찌감치 여러 아들 가운데 현명하고 효성스러운 자와 인연을 맺어 그를 후사로 발탁하여 양자로 삼으셔야 합니다. 그래야 남편이 살아 있을 때는 존중받으며 귀한 자리에 있고, 남편이 죽은 뒤에도 양자가 왕이 되므로 끝까지 권력을 잃지 않을 것입니다. 이것이 바로 한마디 말로 장구한 이로움을 얻는 일입니다. 영화를 누릴 때 터전을 닦아 놓아야지 아름다운 얼굴이 스러지고 사랑이 식은 뒤에는 비록 한마디 말을 하려고 해도 어떻게 할 수 있겠습니까? 지금 자초는 현명하여 스스로 둘째 아들이기 때문에 후사가 될 수 없음을 알고 있으며, 그를 낳아 준 어머니도 사랑을 받지 못하므로 스스로 부인에게 의지할 것입니다. 부인께서 진심으로 이때에 그를 후사로 뽑아 맏아들로 삼는다면 일생 동안 진나라에서 존경받을 것입니다."

화양 부인은 그 말을 옳게 여겨 태자가 한가한 틈을 타서 조용히 말했다.

"조나라에 볼모로 가 있는 자초는 매우 현명하여 그곳을 오가는 사람이 모두 칭찬합니다."

그리고 눈물을 떨구며 말했다.

"소첩은 다행히 후궁 자리에 있지만 불행하게도 아들이 없습니다. 부디 자초를 후사로 세워서 소첩의 몸을 맡길 수 있도록 해 주십시오."

안국군은 그것을 허락하고 부인에게 옥부(玉符)를 새겨 주어 자초를 후사로 삼겠다고 약속했다. 안국군과 부인은 자초에게 많은 물품을 보내고, 여불위에게 그를 잘 보살피도록 부탁했다. 이 일로 자초는 제후국에 그 이름이 더욱 알려졌다.

한 글자도 더하거나 뺄 수 없다

여불위는 한단의 여러 첩 가운데 외모가 뛰어나고 춤을 잘 추는 여자를 얻어 함께 살았는데, 그녀가 아이를 가진 것을 알게 되었다. 자초는 여불위의 집에서 술을 마시다가 그녀를 보고 한눈에 반해 일어나 여불위의 장수를 축하하면서 그녀를 달라고 했다. 여불위는 화가 치밀었지만 이미 자기 집 재산을 다 기울여 자초를 위해 힘쓰고 있는 까닭은 진기한 재물을 낚으려는 것임을 떠올리고 마침내 그 여자를 바쳤다. 그녀는 자신이 아이를 가진 몸임을 숨기고 만삭이 되어 정(政)이라는 아들을 낳았다. 자초는 마침내 그 여자를 부인으로 세웠다.

진나라 소왕 50년에 진나라는 왕의(王齮)에게 한단을 포위하도록 했다. 사태가 급박해지자 조나라에서는 자초를 죽이려고 했다. 자초는 여불위와 모의하여 금 육백 근으로 지키던 관리를 매수하고 탈출하여 진나라 군대로 도망쳐 마침내 본국으로 돌아올 수 있었다. 조나라는 자초의 아내와 아들을 죽이려고 했지만 자초의 아내는 조나라 부호의 딸이므로 숨을 수 있었기에 어머니와 아들이 마침내 무사하였다. 진나라 소왕이 즉위한 지 오십육 년 만에 죽고 태자 안국군이 왕위에 올라 화양 부인을 왕후로 하고 자초를 태자로 삼았다. 그러자 조나라는 자초의 아내와 아들 정을 받들어 진나라로 돌려보냈다.

진나라 왕이 즉위한 지 일 년 만에 죽자 시호를 효문왕이라고 했다. 그리고 태자 자초가 왕이 되니 이 사람이 장양왕이다. 장양왕은 양어머니 화양 부인을 화양 태후라 하고, 생모 하희를 높여서 하 태후라 하였다. 장양왕 원년에 여불위를 승상으로 삼고 문신후에 봉하였으며, 하남 낙양의 십만 호를 식읍으로 주었다.

장양왕이 즉위한 지 삼 년 만에 죽자 태자 정이 왕위에 올랐다. 정은 여불위를 존중하여 상국으로 삼고 중부라고 불렀다. 진나라 왕은 나이가 어리므로 태후가 때때로 사람들의 눈을 피해 여불위와 사사로이 정을 통하였다. 여불위의 집에는 하인이 만 명이나 있었다.

이 무렵 위나라에는 신릉군, 초나라에는 춘신군, 조나라에는 평원군, 제나라에는 맹상군이 있었는데 이들은 한결같이 선비를 존중하여 빈객 모시는 일을 두고 다투었다. 여불위는 진나라가 강하면서도 그렇게 하지 못하는 것을 부끄럽게 여기고 선비들을 불러 정성껏 대하자 빈객이 삼천 명에 이르렀다. 이때 제후들의 나라에는 변사가 많았는데, 순경 같은 무리는 글을 지어 천하에 자신의 학설을 퍼뜨렸다. 이에 여불위는 자기 빈객들에게 각각 보고 들은 것을 쓰게 하여 「팔람(八覽)」, 「육론(六論)」, 「십이기(十二紀)」 등 이십여 만 언(言)으로 모아 이것이야말로 천지, 만물, 고금의 일을 다 갖추고 있다고 여겨 『여씨춘추』라고 불렀다. 이 책을 함양의 시장 문 앞에 펼쳐 놓고 거기에 천금을 걸어 제후국의 유사나 빈객 중 한 글자라도 더하거나 뺄 수 있는 이에게 그 돈을 주겠다고 했다.

거짓으로 얻은 명성은 물거품 같다

진시황이 차츰 장년이 되어 가도 태후는 음란한 행동을 그치지 않았다. 여불위는 그것이 발각되어 자기에게 재앙이 미칠까 두려워 음경이 큰 노애(嫪毐)라는 사람을 몰래 찾아 사인으로 삼고, 때때로 음탕한 음악을 연주하며 노애의 음경에 오동나무 수레바퀴를 달아서 걷게 하였다. 태후가 그 소문을 듣게 하여 그녀의 마음을 흔들어 놓으려고 한 것이다. 태후는 소문을 듣자 정말로 사람들 몰래 그를 얻고 싶어 하였다. 이에 여불위는 노애를 바치고, 사람을 시켜 그를 부죄(腐罪, 남자의 성기를 제거하는 형벌)에 처하도록 허위로 고발했다. 여불위는 또 태후에게 은밀히 이렇게 말했다.

"거짓으로 부형을 받게 하여 부릴 수 있게 되면 급사중(給事中, 궁궐에서 급사 일을 하는 관리)으로 삼으십시오."

태후는 부형을 맡은 관리에게 많은 뇌물을 주어 판결을 위조케 하고, 그의 수염과 눈썹을 뽑아 환관으로 만들어 마침내 태후의 시중을 들게 하였다. 태후는 사사로이 그와 정을 통하면서 몹시 사랑하였다. 그러다가 아이를 가지게 되자 태후는 다른 사람들이 이 사실을 알까 봐 두려워 거짓으로 점을 치고 이때의 재앙을 피하기 위해 궁궐을 옮겨 옹 땅에서 살아야 한다고 말하게 했다. 노애는 언제나 그녀를 따라다녔고 태후는 그에게 매우 많은 상을 내렸으며, 모든 일은 노애가 결정했다. 이로써 노애의 사인은 수천 명이 되고, 벼슬을 얻기 위해 노애의 사인이 된 자도 천여 명이 되었다.

시황제 7년에 장양왕의 어머니 하 태후가 세상을 떠났다. 효문왕의 왕후 화양 태후를 효문왕과 함께 수릉에 합장했고, 하 태후의 아들 장양왕은 지양(芷陽)에 묻혔으므로 하 태후는 두원(杜原)에 홀로 묻혔다. 이는 그의 이러한 유언에 따른 것이다.

"동쪽으로는 내 아들을 바라보고, 서쪽으로는 내 남편을 바라보고 싶다. 백 년 뒤 무덤 옆에는 마땅히 만 호의 읍이 생길 것이다."

진나라 시황 9년에 어떤 사람이 노애는 실제로 환관이 아니며 늘 태후와 사사로이 정을 통하여 아들 둘을 낳아 모두 숨겨 놓았고, 태후와 함께 이러한 모의를 했다고 고발했다.

"왕이 죽으면 우리 아들로 뒤를 잇게 하자."

시황제는 관리를 보내 사실을 상세히 밝히고, 상국 여불위도 이 일과 연관이 있음을 알게 되었다. 9월에 노애의 삼족을 멸하고 태후가 낳은 두 아들을 죽였으며, 마침내 태후를 옹 땅으로 내쫓았다. 노애의 사인들은 재산을 빼앗고 촉으로 내쫓았다. 시황은 상국 여불위도 죽이려고 하였으나 선왕을 섬긴 공로가 크고, 그의 빈객과 변사들 중에 그를 위하여 변호하는 자가 많아 차마 법대로 처벌할 수 없었다.

진시황 10년 10월에 상국 여불위를 관직에서 내쫓았다. 제나라 사람 모초가 시황을 설득하였으므로 시황은 태후를 옹 땅에서 불러들여 함양으로 돌아오게 하고, 문신후를 내보내 제후국인 하남으로 떠나게 했다.

그러나 일 년 남짓 지나도록 제후국의 빈객과 사신들이 길에 잇달아 문신후를 방문했다. 시황제는 그가 변란을 일으킬까 두려워 문신후에게 편지를 보냈다.

  그대가 진나라에 무슨 공로가 있기에 진나라가 그대를 하남에 봉하고 십만 호의 식읍을 내렸소? 그대가 진나라와 무슨 친족 관계가 있기에 중부라고 불리오? 그대는 가족과 함께 촉 땅으로 옮겨 살도록 하시오.

여불위는 스스로 옥죄어 옴을 느끼고 죽음을 당할까 봐 두려워 독주를 마시고 죽었다. 시황제는 노여워하던 여불위와 노애가 모두 죽자 촉 땅으로 내쫓았던 노애의 가신을 모두 돌아오게 했다.

진시황 19년에 태후가 죽자 시호를 제 태후(帝太后)라 하고, 장양왕과 함께 채양에 합장하였다.

태사공은 말한다.

"여불위는 노애와 더불어 존귀할 때 봉토를 받아 문신후로 불렸다. 어떤 사람이 노애를 고발하였을 때 노애도 그 소문을 들었다. 진시황이 측근의 신하들을 통해 확보한 증거를 아직 발표하지 않았을 때이다. 진시황이 옹 땅으로 가서 교사(郊祀)를 지내려 하자 노애는 재앙이 닥칠까 두려워 자기 무리와 음모를 꾸미고, 태후의 도장을 도용하여 군사를 일으켜 기년궁(蘄年宮)에서 반기를 들었다. 진시황은 관리를 보내 노애를 치고, 노애가 싸움에서 져 달아나자 끝까지 쫓아가 호치(好畤)에서 목을 베고 그의 일족을 모두 죽였다. 그리고 여불위도 이 일로 말미암아 배척당했다. 공자가 말한 '소문'³이라는 것은 아마 여불위 같은 사람을 두고 한 말이 아닐까?"

---

3   이 말은 『논어』 「안연」 편의 "소문(聞)이란 겉으로는 인덕을 좋아하는 듯하지만 실제 행동은 오히려 그렇지 못하고, 스스로 어진 사람이라고 여기며 살면서도 그에 대한 의혹이 없는 것이다. 이런 사람은 관리가 될 때도 거짓으로 명성을 취하고, 집에 있을 때도 거짓으로 명성을 취한다."라는 구절에서 나온다. 이 말은 마융(馬融)이 말한 바와 같이 말만 번지르르하게 하는 사람을 뜻한다.

12

자객 열전
刺客列傳

『사기』 130편 중에서 인물을 묘사한 것이 112편이고, 그중 57편이 비극적인 인물을 그린 것인데 이 편이 그에 속한다. 특정한 역사적 환경 속에 처한 유형이 비슷한 인물들의 활동을 사건 중심으로 서술하면서 사마천 특유의 집필 태도를 잘 드러낸 글이다. 『사기』에서 특정 부류의 인물을 묶어 편명으로 삼은 것으로는 이 편 말고도 「순리 열전」, 「유림 열전」, 「혹리 열전」, 「유협 열전」, 「영행 열전」, 「골계 열전」, 「일자 열전」, 「귀책 열전」, 「화식 열전」 등이 있다.

이 「자객 열전」은 「순리 열전」 뒤에 두어야 하지만 포악한 정치를 반대한다는 작자의 생각을 부각시킬 목적으로 진나라를 도운 여불위, 이사, 몽염 등의 열전이 있는 중간에 배열하였다.

이 편은 시간 순서에 따라 춘추 전국 시대에 활동한 다섯 자객의 활약상, 즉 노나라 조말(曹沫)이 제나라 환공을 위협하고, 오나라 전제(專諸)가 오나라 왕 요를 찌르고, 진(晉)나라 예양(豫讓)이 조나라 양자를 찌르려 하고, 지(軹)의 섭정(聶政)이 한나라 재상 협루(俠累)를 찌르고, 연나라 형가가 진나라 왕 정을 찌르려던 상황을 적고 있다.

춘추 전국 시대의 자객은 대부분 "선비는 자기를 알아주는 사람을 위해 죽는다."라는 보은 사상이 투철했다. 이 자객들은 개인이나 집단의 이익을 위해 목숨을 바쳤다. 오늘날 전제, 예양, 섭정 등의 행동은 취할 만한 것이 못 되지만 조말이 제나라 환공을 위협하고, 형가가 진나라 왕을 찌른 것은 결코 개인의 원한 때문이 아니라 약자로서 정의를 실천하려는 의협심의 발로이므로 그 무렵 긍정적인 평가를 받았다. 다섯 자객 가운데 연나라 태자 단에게 인정받은 형가가 가장 막강한 권력을 지닌 진시황에게 도전하였고, 폭력에 반대하는 정신도 가장 강하다. 그는 비록 자신의 소임을 다하지는 못했지만 의를 위해 자기 목숨을 초개처럼 버린 것으로 사람들의 마음을 움직이기에 충분했다. 이 점 때문에 사마천은 특히 형가를 비중 있게 다루면서 독자들의 눈앞에서 인물이 살아 움직이듯이 생동감 있게 그려 냈으니 형가 이외 네 명의 자객은 조연에 불과할 정도이다.

진시황을 죽이려는 형가와 피하는 진시황.

비수를 쥐고 잃었던 땅을 되찾다

조말(曹沫)은 노나라 사람인데, 용기와 담력으로 노나라 장공(莊公)을 섬겼다. 장공은 힘을 좋아했다. 조말은 노나라 장군이 되어 제나라와 싸웠지만 세 번이나 져서 달아났다. 노나라 장공은 겁을 먹고 마침내 수읍(遂邑) 땅을 제나라에 바쳐 화친을 맺으려고 했다. 그런 뒤에도 조말을 다시 원래대로 장군으로 삼았다.

제나라 환공은 노나라 장공과 가(柯)에 모여 화친의 맹약을 맺기로 허락했다. 환공이 장공과 단상에서 맹약을 맺고 있을 때 조말이 손에 비수를 쥐고 제나라 환공을 위협했다. 환공의 주위에 있던 사람들은 이 모습을 보고도 감히 움직일 수 없었다. 제나라 환공이 물었다.

"그대는 무슨 짓을 하려는 것이오?"

조말이 대답했다.

"제나라는 강하고 노나라는 약한데 큰 제나라가 노나라를 침범하는 것은 가혹합니다. 지금 노나라의 도성 담이 무너지면 제나라 땅으로 떨어질 만큼 깊숙이 파고 들어왔습니다. 군주께서 이 점을 헤아려 주십시오."

그러자 환공은 노나라로부터 빼앗은 땅을 모두 돌려주겠다고 약속했다. 환공의 말이 끝나자 조말은 비수를 내던지고 단상에서 내려와 북쪽을 향해 신하들의 자리에 앉았는데, 얼굴빛에 변함이 없고 말소리도 조금 전과 다름이 없었다. 환공이 화를 내며 그 약속을 어기려고 하니 관중이 이렇게 말했다.

"약속을 어기면 안 됩니다. 작은 이익을 탐하는 것으로 스스로 만족하신다면 제후들의 신뢰를 잃고 천하 각국의 지지를 잃게 됩니다. 그러니 약속대로 땅을 돌려주시는 편이 낫습니다."

그래서 환공은 마침내 노나라로부터 빼앗은 땅을 돌려주게 되었다. 조말은 세 차례 싸움에서 잃은 땅을 모두 노나라에 되찾아 주었다.

그로부터 백육십칠 년이 지났을 때 오나라에 전제의 사건이 일어났다.

내 몸은 바로 당신 몸이오

전제(專諸)는 오나라 당읍(堂邑) 사람이다. 오자서는 초나라에서 달아나 오나라로 갔을 때 전제의 능력을 알아보았다. 오자서는 오나라 왕 요(僚)를 만나 초나라를 치면 유리한 점을 설명했다. 오나라 공자 광(光)이 이렇게 말했다.

"저 오자서의 아버지와 형은 모두 초나라에서 죽음을 당하였습니다. 오자서가 초나라를 치자고 하는 것은 스스로 사사로운 원수를 갚으려는 것이지 결코 오나라를 위해서 하려는 일이 아닙니다."

오나라 왕은 이 말을 듣고 초나라를 치려던 생각을 거두었다. 오자서는 공자 광이 오나라 왕 요를 죽이려는 것을 눈치채고 다음과 같이 생각했다.

'저 광은 마음속으로 왕의 자리를 빼앗으려는 야심을 갖고 있으니 아직 나라 밖의 일을 말할 때가 아니다.'

그리고 전제를 공자 광에게 추천했다.

공자 광의 아버지는 오나라 왕 제번(諸樊)이다. 제번에게는 아우가 세 명 있었는데 바로 밑의 아우는 여제(餘祭)이고, 그다음은 이말(夷昧)이며, 막내아우는 계자찰(季子札)이다. 제번은 계자찰이 현명함을 알고는 자기 아들을 태자로 세우지 않고 세 아우에게 차례로 제왕 자리를 물려받게 하여 결국에는 계자찰에게 나라를 맡기려고 하였다. 제번이 죽은 뒤 제왕 자리는 여제에게 전해졌다. 여제가 죽자 제왕 자리는 이말에게 전해졌다. 이말이 죽자 제왕 자리는 당연히 계자찰에게 전해져야 하지만 계자찰이 제왕이 되고 싶지 않아 달아나 버려서 오나라 사람들은 이말의 아들 요를 세워 왕으로 삼았다. 공자 광은 이렇게 말했다.

"형제의 순서로 한다면 당연히 계자찰이 제왕 자리를 이어야 하지만 아들을 세워야 한다면 나야말로 진정한 후계자이다. 당연히 내가 왕이 되어야 한다."

그러므로 광은 일찍부터 은밀히 지혜로운 신하들을 길러 자신이 왕이 될 방법을 찾고 있었다.

광은 전제를 얻자 빈객으로 정성껏 대접하였다. 오나라 요왕 9년에 초나라 평왕(平王)이 죽었다. 그해 봄 요는 초나라가 국상인 것을 틈타 초나라를 치려고 자신의 두 아우 공자 갑여(蓋餘)와 촉용(屬庸)에게 군사를 이끌고 가서 초나라 잠(潛) 등을 포위하도록 했다. 그리고 연릉(延陵)의 계자찰을 진(晉)나라로 보내 제후들의 움직임을 살피도록 하였다. 그러나 초나라가 군대를 내보내 오나라 장군 갑여와 촉용의 뒷길을 막아 오나라 군대는 돌아갈 수 없게 되었다. 이에 공자 광은 전제에게 말했다.

"이때를 놓쳐서는 안 되오. 구하지 않으면 무엇을 얻겠소! 게다가 나는 정말로 왕의 뒤를 이을 사람이므로 마땅히 제왕 자리에 서야 하오. 계자찰이 오더라도 나를 폐하지 못할 것이오."

이에 전제가 말했다.

"요왕을 죽일 수 있습니다. 그의 어머니는 늙었고 아들은 나이가 어린 데다 두 아우는 군사를 거느리고 초나라를 치러 갔는데, 초나라가 그들이 돌아올 길을 끊어 버렸습니다. 지금 오나라는 밖으로 초나라에게 어려움을 당하고 있고 나라 안은 텅 비어 있으며 정직하고 용감하게 나서서 말할 신하가 없으니 이러한 상황에서는 우리를 어떻게 할 수 없습니다."

공자 광은 고개를 끄덕이며 말했다.

"내 몸은 바로 당신 몸이오."[1]

4월 병자일(요왕 12년 4월)에 광이 무장한 병사를 지하실에 숨겨 두고 술자리를 마련하여 요왕을 초청했다. 요왕은 사병들을 보내 궁궐에서 광의 집까지 진을 치도록 하였고, 문과 계단 양쪽 옆에는 모두 요왕의 친척들로 가득 차게 했다. 그들은 요왕을 에워싸고 모셨는데 한결같이 긴 칼을 차고 있었다. 술자리가 한창 무르익자, 공자 광은 발이 아픈 척하며 지하실로 들어가서 전

1　이 말은 전제가 일을 처리하면 자신이 그의 부모를 봉양하는 등 모든 일을 맡을 테니 걱정하지 말라는 뜻이다.

제에게 배 속에 비수를 감춘 구운 생선을 올리도록 하였다. 전제는 왕 앞에 이르자 생선의 배를 찢고 비수를 잡아 요왕을 찔러 그 자리에서 죽였다. 그러자 왕의 양쪽 옆에 있던 사람들이 전제를 죽였다. 이렇게 하여 왕을 모시고 온 신하들이 크게 소란을 피우자, 공자 광은 숨겨 두었던 병사들을 내보내 요왕의 무리를 쳐서 모두 죽이고 스스로 왕이 되었다. 그가 바로 합려(闔閭)이다. 합려는 전제의 아들을 봉하여 상경으로 삼았다.

그로부터 칠십여 년 뒤에 진나라에 예양의 사건이 일어났다.

충신은 지조를 위해 죽는다

예양(豫讓)은 진(晉)나라 사람이다. 그는 일찍이 범씨(范氏)와 중항씨(中行氏)를 섬긴 일이 있지만 이름이 알려지지는 않았다. 예양은 그들을 떠나 지백(智伯)을 섬겼다. 지백은 그를 매우 존경하고 남다르게 아꼈다. 지백이 조양자(趙襄子)를 치자 조양자는 한나라, 위나라와 함께 일을 도모하여 지백을 멸망시키고, 지백의 후손까지 죽여 땅을 셋으로 나누었다. 게다가 조양자는 지백에 대한 원망이 너무 큰 나머지 지백의 두개골에 옻칠을 해서 큰 술잔으로 썼다. 예양은 산속으로 달아나 탄식하며 말했다.

"아! 선비는 자기를 알아주는 사람을 위해서 죽고, 여자는 자기를 사랑하는 사람을 위해서 얼굴을 단장한다고 했다. 이제 지백이 나를 알아주었으니 내 기필코 원수를 갚은 뒤에 죽겠다. 이렇게 하여 지백에게 은혜를 갚는다면 내 영혼이 부끄럽지 않을 것이다."

그러고는 마침내 성과 이름을 바꾸고 죄수가 되어 조양자의 궁궐로 들어가 화장실의 벽을 바르는 일을 했다. 몸에 비수를 품고 있다가 기회를 보아 양자를 찔러 죽이려는 생각이었다.

양자가 화장실에 가는데 어쩐지 가슴이 몹시 두근거렸다. 그래서 화장실벽을 바르는 죄수를 잡아다 조사해 보니 그가 바로 예양이었다. 그의 품속에는 비수가 숨겨져 있었다. 예양은 이렇게 말했다.

"지백을 위해 원수를 갚으려 했소."

그러자 주위에 있던 자들이 그의 목을 베려고 하였다. 그때 양자가 말했다.

"그는 의로운 사람이다. 내가 조심하여 피하면 그만이다. 게다가 지백이 죽고 그 뒤를 이을 자식조차 없는데 그의 옛 신하로서 주인을 위해 원수를 갚으려 하였으니, 이 사람이야말로 천하의 현인이다."

그러고는 드디어 그를 풀어 주어 떠나가게 했다.

얼마 뒤 예양은 또 몸에 옻칠을 하여 문둥이로 꾸미고 숯가루를 먹어 목소리를 바꾸어서 자신의 모습을 아무도 알아볼 수 없게 하고는 시장을 돌아다니며 구걸을 했다. 그의 아내마저도 예양을 알아보지 못할 정도였다. 예양이 친구를 찾아가 만나 보니 그 친구만은 예양을 알아보고 이렇게 말했다.

"자네는 예양이 아닌가?"

예양이 말했다.

"날세."

그 친구는 울면서 말했다.

"자네의 재능으로 예물을 바치고 양자의 신하가 되어 섬긴다면 양자는 틀림없이 자네를 가까이하고 아낄 걸세. 그 사람이 자네를 가까이하고 아끼게 된 뒤에 하고 싶은 일을 하면 오히려 쉽지 않겠나? 그런데 자기 몸을 축내고 모습을 추하게 하여 양자에게 원수를 갚으려고 하니 어찌 어렵지 않겠는가!"

그러자 예양이 말했다.

"예물을 바치고 남의 신하가 되어 섬기면서 그 사람을 죽이려고 하는 것은 두마음을 품고 자기 주인을 섬기는 것일세. 지금 내가 하는 일은 매우 어렵네! 그러나 이렇게 하는 까닭은 천하 후세에 남의 신하가 되어 두마음을 품고 주인을 섬기는 자들이 부끄러움을 느끼도록 하려는 것일세."

예양은 이렇게 말하고 떠나갔다.

얼마 뒤 양자가 외출할 때, 예양은 양자가 지나가려는 다리 밑에 숨어 있었다. 양자가 다리에 이르렀을 때 갑자기 말이 놀라니 그가 말했다.

"이는 틀림없이 예양 때문이다."

그리고 사람을 시켜 찾도록 하니 정말로 예양이었다. 양자는 예양을 꾸짖었다.

"그대는 일찍이 범씨와 중항씨를 섬기지 않았는가? 지백이 그들을 모두 멸망시켰지만, 그대는 그들을 위해 원수를 갚기는커녕 도리어 지백에게 예물을 바쳐 그의 신하가 되었네. 이제 지백도 죽었는데 그대는 유독 무슨 까닭으로 지백을 위해 이토록 끈질기게 원수를 갚으려고 하는가?"

예양이 말했다.

"저는 범씨와 중항씨를 섬긴 일이 있습니다. 범씨와 중항씨는 모두 저를 보통 사람으로 대접하였으므로 저도 보통 사람으로서 그들에게 보답하였을 뿐입니다. 그러나 지백은 저를 한 나라의 걸출한 선비로 대우하였으므로 저도 한 나라의 걸출한 선비로 그에게 보답하려는 것입니다."

그러자 양자는 탄식하고 울면서 말했다.

"아, 예자(豫子)여! 그대가 지백을 위해 충성과 절개를 다했다는 이름은 벌써 이루어졌고, 과인이 그대를 용서하는 일도 이미 충분했네. 이제 그대는 각오해야 할 터, 내가 더 이상 그대를 놓아 주지 않을 것임을!"

그러고는 병사들에게 그를 포위시켰다. 예양이 말했다.

"신이 듣건대 '현명한 군주는 다른 사람의 아름다운 이름을 가리지 않고, 충성스러운 신하는 이름과 지조를 위하여 죽을 의무가 있다.'라고 합니다. 전날 군왕께서 신을 너그럽게 용서한 일로 천하 사람들 가운데 당신의 어짊을 칭찬하지 않는 이가 없었습니다. 오늘 일로 신은 죽어 마땅하나 모쪼록 당신의 옷을 얻어 그것을 칼로 베어 원수를 갚으려는 뜻을 이루도록 해 주신다면 죽어도 한이 없겠습니다. 이것은 신이 감히 바랄 수 없는 일이지만 신의 마음속에 있는 말을 털어놓은 것뿐입니다!"

이 말을 들은 양자는 그의 의로운 기상에 크게 감탄하고 사람을 시켜 자기 옷을 예양에게 가져다 주도록 하였다. 예양은 칼을 뽑아들고 세 번을 뛰어올라 그 옷을 내리치면서 말했다.

"이것으로 나는 지백에게 은혜를 갚을 수 있게 되었구나!"

그러고는 칼에 엎어져 스스로 목숨을 끊었다. 예양이 죽던 날, 조나라의 뜻 있는 선비들은 이 소식을 전해 듣고 모두 그를 위해 눈물을 흘렸다.

그로부터 사십여 년 뒤에 지 땅에서 섭정의 사건이 일어났다.

선비는 자신을 알아주는 이를 위해 죽는다

섭정(聶政)은 지(軹) 땅의 심정(深井) 마을 사람이다. 그는 사람을 죽이고 원수를 피해 어머니와 누이와 함께 제나라로 달아나서 가축 잡는 일을 하며 살았다.

오랜 세월이 흐른 뒤 복양(濮陽) 사람 엄중자(嚴仲子)가 한(韓)나라 애후(哀侯)를 섬겼는데, 그는 한나라 재상 협루(俠累)와 사이가 무척 나빴다. 엄중자는 죽음을 당할까 봐 두려워 달아나 여러 곳을 돌아다니며 자기 대신 협루에게 원수를 갚아 줄 사람을 찾았다. 제나라에 이르자 어떤 사람이 섭정이라는 용감한 사나이가 원수를 피해 백정들 사이에 숨어 살고 있다고 말해 주었다.

엄중자는 그 집으로 찾아가 사귀기를 청하고 자주 오간 뒤에 술자리를 마련하여 섭정의 어머니에게 직접 술잔을 올렸다. 술자리가 한창 무르익을 무렵, 엄중자는 황금 이천 냥을 받쳐 들고 나아가 섭정의 어머니께 장수를 축원하였다. 섭정은 너무 많은 예물에 놀라고 괴이히 여기며 극구 사양하였다. 엄중자가 억지로라도 주려고 하자 섭정은 사양하며 말했다.

"제게는 다행히 늙은 어머니가 계십니다. 집이 비록 가난하고 타향살이를 하느라 개나 돼지 잡는 일을 하고 있지만 아침저녁으로 맛있고 부드러운 음식을 얻어 어머니를 봉양할 수 있습니다. 어머니를 봉양할 음식은 직접 마련할 수 있으니 당신이 주는 것을 받을 수 없습니다."

엄중자는 사람들을 물리친 뒤 섭정에게 말했다.

"내게는 원수가 있는데 그 원수를 갚아 줄 사람을 찾아 제후들의 나라를 두루 돌아다녔습니다. 제나라에 와서 당신의 의기가 몹시 높다는 말을 듣고 황금 이천 냥을 드려 어머니의 음식 비용에나 쓰시게 하여 서로 더욱 친하게 사귀자는 뜻이었지 어찌 감히 달리 바라는 게 있겠습니까!"

그러자 섭정이 말했다.

"제가 뜻을 굽히고 몸을 욕되게 하여 시장 바닥에서 백정 노릇을 하는 까닭은 늙으신 어머니를 봉양하기 위해서입니다. 어머니께서 세상에 살아 계신 동안에는 제 몸을 다른 사람에게 감히 바칠 수 없습니다."

엄중자가 아무리 권해도 섭정은 끝내 받지 않았다. 그래도 엄중자는 끝까지 빈객과 주인의 예를 다하고 떠나갔다.

그로부터 오랜 시간이 흐른 뒤에 섭정의 어머니가 죽었다. 섭정은 장례를 마치고 상복을 벗은 뒤 말했다.

"아! 나는 시장 바닥에서 칼을 들고 짐승을 잡는 백정일 뿐인데, 엄중자는 제후의 대신이요 재상 신분으로 천 리 길도 멀다 않고 수레를 몰고 찾아와 나와 사귀었다. 그런데 그에 대한 내 대우는 너무나 조촐하였고, 지금까지 그에게 이렇다 할 만한 큰 공도 세우지 못했다. 엄중자는 황금 이천 냥을 주며 돌아가신 어머니의 장수를 축원해 주었다. 내 비록 그 돈을 받지는 않았지만 그가 이렇게까지 한 것은 나를 특별히 깊이 알아주었기 때문이다. 그처럼 어진 사람이 격분하여 원수를 쏘아보면서 나 같은 시골뜨기를 가까이하고 믿어 주었으니, 내 어찌 가만히 있을쏘냐! 또 전날 그가 나를 필요로 하였으나 나는 늙은 어머니가 계시다는 핑계로 응하지 않았다. 어머니께서 이제 오래 살다가 세상을 떠나셨으니, 나는 앞으로 나를 알아주는 사람을 위해 일하리라."

그래서 마침내 서쪽 복양으로 가서 엄중자를 만나 말했다.

"전날 당신께 제 몸을 바치지 않은 까닭은 어머니께서 살아 계시기 때문이었습니다. 이제 불행히도 어머니께서 타고난 수명을 누리고 돌아가셨습니다. 중자께서 원수를 갚으려는 이가 누구입니까? 제게 그 일을 맡겨 주십시오."

그러자 엄중자는 자세하게 말했다.

"내 원수는 한나라 재상 협루요. 협루는 한나라 군주의 숙부이기도 하고, 일족이 번성하여 그 수가 많으며 머무는 곳의 경비가 매우 삼엄하오. 나는 사람을 시켜 그를 찔러 죽이려 하였지만 끝내 성공하지 못했소. 지금 당신이 다행히 이 일을 마다하지 않으니, 당신에게 도움이 될 만한 수레와 말과 장사들을 보태 주겠소."

그러자 섭정이 말했다.

"한나라와 위(衛)나라는 서로 그다지 멀리 떨어져 있지 않습니다. 지금 그 나라 재상을 죽이려고 하는데, 그가 또 그 나라 왕의 친족이라면 이러한 형세에서는 많은 사람을 써서는 안 됩니다. 사람이 많으면 생각을 달리하는 이가 생길 수 있고, 생각을 달리하는 이가 생기면 말이 새어 나갈 것이며, 말이 새어 나가면 한나라 전체가 당신을 원수로 여길 텐데 어찌 위험하지 않겠습니까?"

그래서 수레와 말과 장사들을 모두 사양하였다. 섭정은 엄중자와 헤어져 홀로 떠나갔다.

섭정은 칼을 차고 한나라에 이르렀다. 한나라 재상 협루는 마침 관청 당상에 앉아 있었는데, 무기를 들고 호위하는 자가 아주 많았다. 섭정이 곧장 들어가 계단을 뛰어올라 협루를 찔러 죽이니 주위에 있던 부하들은 크게 혼란스러웠다. 섭정이 고함을 지르며 쳐죽인 사람만 수십 명이나 되었다. 그런 뒤에 그는 스스로 자신의 얼굴 가죽을 벗기고 눈을 도려내고 배를 갈라 창자를 끄집어내고 죽었다.

한나라에서는 섭정의 시체를 거두어 시장 바닥에 드러내 놓고, 그가 어디 사는 누구인지 물었으나 아는 사람이 없었다. 그래서 한나라는 공개적으로 현상금을 내걸고 자객의 이름을 알아내기 위해 재상 협루를 죽인 자가 누구인지 말해 주는 사람에게 천 금을 주겠다고 하였다. 그러나 오랜 시간이 지나도 그를 아는 사람이 나타나지 않았다.

한편 섭정의 누나 섭영(聶榮)은 어떤 사람이 한나라 재상을 찔러 죽였는데 그 범인이 어디 사는 누구인지 모르며, 그 시체를 드러내 놓고 상금으로 천 금을 걸었다는 소문을 듣고 소리 내어 울면서 말했다.

"그는 내 동생일 것이다. 아! 엄중자가 내 동생을 알아주었구나!"

그녀는 곧바로 일어나 한나라 시장으로 갔다. 죽은 자는 정말 섭정이었다. 그녀는 시체 위에 엎드려 소리 내어 울고 몹시 슬퍼하며 말했다.

"이 사람은 지 땅의 심정에 살던 섭정입니다."

시장을 오가던 사람은 모두 이렇게 말하였다.

"이자는 우리 나라의 재상을 죽였기 때문에 왕께서 그 이름과 성을 알려고 천 금을 걸었소. 부인은 이 말을 듣지 못했소? 어찌 일부러 와서 이자를 안다고 하시오?"

그러자 섭영이 대답했다.

"그 말은 들었습니다. 섭정이 오욕을 무릅쓰고 시장 바닥에 몸을 던진 것은 늙은 어머니가 살아 계시고, 제가 시집을 가지 않았기 때문이었습니다. 어머니께서 천수를 누리다 돌아가시고 저도 이젠 시집을 갔습니다. 일찍이 엄중자는 제 동생의 사람됨을 살펴 알고는 곤궁하고 천한 지위에 있는 그와 사귀었으니 그 은택이 매우 두텁습니다. 어찌겠습니까! 선비는 본래 자기를 알아주는 사람을 위해 죽는다고 합니다. 섭정은 제가 살아 있기 때문에 자신의 모습을 훼손시켜 이 일에 연루되지 않게 하려고 한 것입니다. 어찌 제게 닥칠 죽음이 두려워 동생의 장한 이름을 없앨 수 있겠습니까?"

한나라의 시장 사람들은 섭영의 말에 매우 놀랐다. 그녀는 이윽고 하늘을 우러러 큰 소리로 세 번 외치더니 몹시 슬퍼하다가 마침내 섭정 곁에서 숨을 거두었다.

진(晉), 초, 제, 위(衛)나라에서 이 소문을 듣고 모두 이렇게 말했다.

"섭정만 위대한 게 아니라 그 누이도 장한 여인이다. 섭정의 누이가 참고 견디는 성격이 아니라서 시신이 버려지고 해골이 드러나는 고통을 두려워 않고 천 리 험한 길을 달려와 이름을 나란히 하여 남매가 함께 한나라 시장 바닥에서 죽음을 맞을 줄 섭정이 미리 알았더라면 감히 엄중자에게 자신을 바치지는 않았으리라. 엄중자도 인물을 알아보는 안목이 있어 용감한 선비를 얻었다고 할 수 있다!"

그로부터 이백이십여 년 뒤에 진(秦)나라에 형가의 사건이 있었다.

인물은 범상치 않은 행보를 보인다

형가(荊軻)는 위(衛)나라 사람이다. 그 조상은 제나라 사람인데 뒤에 형가가 위나라로 옮겨가자 위나라 사람들은 그를 경경(慶卿)이라고 부르고, 연나라로 옮겨가자 연나라 사람들은 그를 형경(荊卿)[2]이라고 불렀다.

형경은 책읽기와 격투기와 검술을 좋아했다. 그는 그 재능으로 위(衛)나라 원군(元君)에게 유세하였으나 위나라 원군은 그를 쓰지 않았다. 그 뒤 진(秦)나라가 위(魏)나라를 쳐서 동군(東郡)을 두고 위(衛)나라 원군의 일족을 야왕(野王)현으로 옮겨 살게 하였다.

형가는 일찍이 떠돌아다닐 때 유차(榆次)를 지나면서 갑섭(蓋聶)과 검술을 이야기하게 되었는데, 갑섭이 성을 내며 그를 노려보았다. 형가가 나가 버리

2 　경(卿)은 남자에 대한 겸손한 호칭이다. 형가는 제나라 사람으로 본래 성이 경(慶)이며, 제나라의 대성(大姓) 경씨(慶氏)의 후손이다. 연나라 사람들이 경(慶)을 형(荊)으로 부른 것은 방음(方音)이다. 경과 형은 본래 같은 음이었다.

자, 어떤 사람이 형경을 다시 부르라고 하였다. 갑섭이 말했다.

"전에 나는 그와 함께 검술을 논하다가 그의 생각이 탐탁지 않아서 노려본 적이 있소. 속는 셈 치고 한번 가 보시면 그는 반드시 떠났을 거요. 감히 머물러 있지 못할 것이오."

그래서 사람을 시켜 그의 주인집에 가 보게 하였는데, 형경은 이미 수레를 몰아 유차를 떠난 뒤였다. 그 사람이 돌아와 사실대로 얘기하자 갑섭은 이렇게 말했다.

"당연히 떠났을 것이오. 내가 예전에 눈을 부릅떠 화를 냈으니까."

형가가 한단에서 돌아다닐 때 노구천(魯句踐)이란 자가 형가와 장기를 두었는데, 장기판의 승부수를 놓고 다투게 되었다. 노구천이 성을 내고 꾸짖자 형가는 아무 말 없이 달아나 결국 두 번 다시 만나지 않았다.

그 뒤 형가는 연나라로 가서, 연나라의 개 잡는 백정과 축(筑)을 잘 타는 고점리(高漸離)라는 이와 친하게 지냈다. 술을 좋아하는 형가는 날마다 개 백정과 고점리와 어울려 연나라 시장 바닥에서 술을 마셨다. 술이 얼큰하게 취하면 고점리가 축을 타고 형가는 그 소리에 맞추어 시장 가운데서 노래를 부르며 서로 즐겼다. 그러다가 서로 울기도 하였는데 마치 옆에 아무도 없는 것처럼 자유분방했다. 형가는 비록 술꾼들과 사귀어 놀기는 했지만 그 사람됨이 신중하고 침착하며 글읽기를 좋아했다. 그는 제후국을 떠돌면서 한결같이 그곳의 현인, 호걸, 나이 많고 덕을 갖춘 사람들과 사귀었다. 그가 연나라로 가자 연나라의 숨어 사는 선비 전광(田光) 선생도 그를 잘 대접했다. 전광은 형가가 보통 사람이 아님을 알아보았기 때문이다.

굶주린 호랑이가 다니는 길목에 고기를 던져 놓는다

얼마 뒤, 때마침 연나라 태자 단이 진나라에 볼모로 잡혀 갔다가 달아나 연나라로 돌아왔다. 연나라 태자 단은 일찍이 조나라에도 볼모로 갔는데, 진나라 왕 정은 조나라에서 태어나 어릴 때 단과 사이좋게 지냈다. 정이 진나라 왕이 되었을 때 단이 진나라에 볼모로 가게 되었는데, 진나라 왕이 연나라 태자 단을 예우하지 않아서 단은 이를 원망하여 도망쳐 돌아왔다. 단은 연나라로 돌아와 진나라 왕에게 원수를 갚아 줄 사람을 찾았으나 나라가 작아서 힘이 미치지 못하였다. 그 뒤 진나라는 날마다 산동 지역으로 병사를 내어 제나라, 초나라, 삼진을 쳐 제후국의 땅을 조금씩 먹어 들어오더니 급기야는 연나라에까지 이르려고 했다. 연나라 왕과 신하들은 모두 화가 미칠까 봐 두려워하였다. 태자 단이 이를 우려하여 태부(太傅) 국무(鞠武)에게 물으니, 국무가 이렇게 대답했다.

"진나라 땅은 천하에 골고루 나뉘어 있어 한나라, 위나라, 조나라를 위협하고 있습니다. 북쪽에는 감천산(甘泉山)과 곡구(谷口) 같은 험한 요새가 있고, 남쪽에는 경하(涇河)와 위하(渭河) 같은 기름진 땅이 있으며, 파(巴)와 한중처럼 풍요로운 땅까지 독점하고 있습니다. 오른쪽에는 농(隴)과 촉(蜀) 같은 험한 산악 지대가 있고, 왼쪽에는 관(關)과 효(殽) 같은 험준한 산이 있습니다. 백성이 많고 병사들은 패기가 넘치며 무기와 장비도 넉넉합니다. 진나라가 쳐들어올 뜻만 있다면 장성(長城) 남쪽과 역수(易水) 북쪽에는 안정된 곳이 없게 될 것입니다. 어찌 업신여김을 당했다는 원한 때문에 진나라 왕을 화나게 하려고 하십니까?"

그러자 단이 말했다.

"그러면 어떻게 하는 것이 좋겠소?"

국무가 대답했다.

"제가 깊이 생각해 본 뒤에 말씀드리겠습니다."

얼마 동안 시간이 흐른 뒤, 진나라 장수 번오기(樊於期)가 진나라 왕에게 죄를 짓고 연나라로 망명해 오자 태자는 그를 받아 주었다. 그러자 국무가 이렇게 간언하였다.

"안 됩니다. 저 포악한 진나라 왕이 연나라에 원한을 쌓고 있다는 사실만으로도 소름이 끼칠 만큼 두려운데, 하물며 번 장군이 연나라에 있다는 소문을 듣는다면 어떻게 되겠습니까? 이는 굶주린 호랑이가 다니는 길목에 고기를 던져 놓는 것과 같은 일입니다. 반드시 그 재앙을 피할 수 없습니다. 비록 관중과 안영이 살아 있다고 해도 그 대책을 세울 수 없을 것입니다. 부디 태자께서는 하루빨리 번 장군을 흉노 땅으로 보내어 진나라가 트집잡을 일을 없애십시오. 서쪽으로 삼진과 맹약을 맺고 남쪽으로는 제나라, 초나라와 연합하며 북쪽으로 흉노의 선우와 화친을 맺으십시오. 그런 뒤에야 비로소 진나라에 대한 대책을 세울 수 있을 것입니다."

그러자 태자는 이렇게 말했다.

"태부의 계책은 시간이 너무 많이 걸립니다. 내 마음은 근심으로 어지러워 잠시도 머뭇거릴 수 없습니다. 뿐만 아니라 저 번 장군은 이 세상에 몸 둘 곳이 없어 내게 그 몸을 의탁했는데, 설령 강하고 포악한 진나라의 협박을 받을지언정 가여운 친구를 저버리고 그를 흉노에게 보낼 수는 없습니다. 그러한 일은 내 운명이 다했을 때나 가능합니다. 태부께서는 다시 생각해 보십시오."

국무가 말했다.

"대체로 위태로운 일을 하면서 안전함을 찾고 재앙을 만들면서 복을 구하려고 한다면 계책은 얕아지고 원망만 깊어질 뿐입니다. 새로 사귄 친구 한 명과 사귐을 계속 이어 가기 위해서 나라의 커다란 피해를 돌아보지 않는다면 이는 원한을 쌓고 재앙을 만드는 일입니다. 진나라가 연나라를 치기란 가벼운 기러기 깃털 하나를 화로의 숯불 위에 놓아 태우는 것처럼 아주 손쉽습니다. 그러니 독수리나 매처럼 탐욕스럽고 사나운 진나라가 원망에 가득 차서 포악스럽게 노여워한다면 그 맹렬함을 어찌 다 말할 수 있겠습니까? 연나라에 전광 선생이라는 분이 계신데 지혜가 깊고 용감하며 침착하니 더불어 상의할 만합니다."

그러자 태자가 말했다.

"태부의 소개로 전광 선생과 사귀고 싶습니다. 그렇게 해 줄 수 있습니까?"

국무가 대답했다.

"삼가 말씀대로 하겠습니다."

국무는 곧장 나가서 전광 선생을 만나 보고 말했다.

"태자께서 선생을 뵙고 나랏일을 의논하고 싶어하십니다."

전광이 대답했다.

"삼가 말씀대로 하겠습니다."

비밀이 새어 나가지 않아야 성공한다

전광은 마침내 태자를 만나러 갔다. 태자는 앞으로 나아가 전광을 맞이하고 뒤로 물러서면서 길을 안내하고 무릎을 꿇어 전광이 앉을 자리의 먼지를 털었다. 전광이 자리에 앉으니 주위에는 아무도 없었다. 태자는 앉았던 자리에서 내려와[3] 의견을 말해 달라고 부탁하며 말했다.

"연나라와 진나라는 함께 설 수 없으니 선생께서 이 점을 고려해 주시기 바랍니다."

그러자 전광이 말했다.

"신이 듣건대 준마는 기운이 왕성할 때에는 하루에 천 리를 달리지만 늙고 쇠약해지면 노둔한 말이 앞지른다고 합니다. 지금 태자께서는 신이 젊고 왕성하던 때의 일만 들으시고 신의 정력이 없어진 줄은 모르십니다. 비록 그렇지만 신은 감히 나랏일을 돌보지 않을 수 없습니다. 다행히 신과 친한 형경이라는 이가 쓸 만합니다."

---

3 옛사람들의 예의범절에 따르면 원래 앉는 자리에서 떠나 가르침을 청함으로써 매우 존경하는 마음을 나타냈다.

태자가 말하였다.

"선생을 통해 형경과 교분을 맺을 수 있겠습니까?"

"삼가 말씀대로 하겠습니다."

전광은 곧바로 일어나 빠른 걸음으로 나갔다. 태자는 문까지 배웅하며 이렇게 경계하는 말을 했다.

"제가 말한 것이나 선생이 말한 것은 나라의 큰일입니다. 선생께서는 새어 나가지 않도록 해 주십시오."

전광은 고개를 숙이고 웃으며 말했다.

"알겠습니다."

전광은 굽은 몸으로 형경을 찾아가 만나 이렇게 말했다.

"내가 당신과 친하다는 것은 연나라에서 모르는 사람이 없습니다. 지금 태자께서는 내 혈기가 왕성하던 때의 일만 들었을 뿐 내 몸이 약해진 줄을 모르시고 황송하게도 내게 이렇게 하교하셨습니다. '연나라와 진나라는 함께 설 수 없으니 선생께서 이 점을 고려해 주시기 바랍니다.' 나는 이 일을 나와 상관없는 일로 여기지 않고 당신을 태자께 추천했으니, 당신이 궁궐로 가서 태자를 뵙기 바랍니다."

형경이 말했다.

"삼가 말씀대로 가르침을 받겠습니다."

전광이 말했다.

"내가 듣건대 나이 들고 덕 있는 사람은 행동하면서 다른 사람에게 의심을 품게 하지 않는다고 하였습니다. 그런데 지금 태자께서는 내게 '우리가 말한 것은 나라의 큰일이니 선생께서는 새어 나가지 않도록 해 주십시오.'라고 하였습니다. 이는 태자가 나를 의심한 것입니다. 대체로 일을 행할 때 남에게 의심을 사는 것은 절개 있고 의협심 있는 사람의 행동이 아닙니다."

전광은 스스로 목숨을 끊어 형경을 격려하려는 생각으로 이렇게 말했다.

"부디 빨리 태자를 찾아가 전광은 이미 죽었다고 말하여 일이 새 나갈 염려가 없음을 분명히 해 주십시오."

그리고 전광은 스스로 목을 찔러 죽었다.

형가는 곧바로 태자를 찾아가 전광의 죽음을 알리고 그의 말을 전하였다. 태자는 두 번 절하고 무릎을 꿇은 채 눈물을 흘렸다. 그러고는 잠시 뒤에 입을 열었다.

"내가 전광 선생께 말하지 말라고 경계시킨 까닭은 나라의 큰일을 성공시키고자 하였기 때문입니다. 지금 전광 선생이 죽음으로 이 일이 새어 나가지 않음을 밝혔는데, 그것이 어찌 내 마음이었겠습니까?"

형가가 자리에 앉자, 태자는 자리에서 내려와 머리를 숙이고 말하였다.

"전광 선생은 내가 어질지 못한 것을 모르고 그대 앞으로 나아가 감히 말할 수 있는 기회를 주었습니다. 이것은 하늘이 연나라를 가엾게 여겨 외로운 나를 버리지 않았다는 증거입니다. 지금 진나라는 이익을 탐하는 마음이 있으며 그 욕망은 끝이 없습니다. 천하의 땅을 다 빼앗고 천하의 왕을 모두 신하로 삼지 않고서는 만족하지 않을 것입니다. 지금 진나라는 한나라 왕을 사로잡고 그 땅을 전부 거두어들였습니다. 또한 군사를 일으켜 남쪽으로는 초나라를 치고, 북쪽으로는 조나라에까지 들이닥쳤습니다. 왕전은 대군 수십만 명을 거느리고 장과 업을 쳤고, 이신(李信)은 태원과 운중으로 출격하였습니다. 조나라는 진나라의 침입을 막아 내지 못하고 반드시 진나라로 들어가 신하가 될 것입니다. 조나라가 진나라의 신하로 들어가게 되면 그 재앙은 바로 연나라에 미칠 것입니다. 연나라는 작고 약해서 전쟁에 자주 시달려 왔습니다. 이제는 온 나라의 힘을 모아도 진나라를 당해 낼 수 없습니다. 제후들은 진나라에 복종하였기 때문에 감히 우리와 합종하려는 이가 없습니다.

만약 이 세상에서 가장 용감한 사람을 얻어 진나라에 사신으로 보내 큰 이익을 미끼로 던져 유혹해서 진나라 왕이 이익을 탐하도록 만든다면, 그 형세는 틀림없이 우리가 원하는 것을 이룰 수 있다는 어리석은 생각을 제 나름대로 해 보았습니다. 만일 조말이 제나라 환공에게 한 것과 같이 진나라 왕을 위협하여 제후들에게서 빼앗은 땅을 모두 되돌려주게 한다면 가장 좋을 것입니다. 그러나 그렇게 할 수 없다면 기회를 봐서 그를 찔러 죽이는 수밖에 없습니다. 진나라의 대장들은 나라 밖에서 군사를 제멋대로 통솔하고 있으므로 안에서 변란이 일어나면 군주와 신하가 서로 의심하게 될 것입니다. 그 틈을 타서 제후들이 합종할 수 있다면 반드시 진나라를 깨뜨릴 수 있을 것입니다. 이것이 저의 가장 큰 바람입니다. 그렇지만 이 일을 맡길 만한 사람을 찾지 못했습니다. 형경께서는 이 점을 유념해 주시기 바랍니다."

한참 뒤에 형가는 이렇게 말했다.

"이것은 나라의 큰일입니다. 신은 재능도 지혜도 없어 그러한 일을 맡기에는 부족한 듯싶습니다."

태자가 앞으로 가서 머리를 조아리며 이 일을 맡아 달라고 강력하게 부탁한 뒤에야 형가는 겨우 허락했다. 그래서 형가를 높여 상경으로 삼고 상등 관사에 머물게 하였다. 태자는 날마다 그곳으로 가서 태뢰의 음식을 대접하고 진기한 물건들을 주며, 수레와 말과 아름다운 여인을 보내 형가가 원하는 것을 마음껏 하도록 하여 그 비위를 맞추어 주었다.

오랜 시간이 지나도 형가는 진나라로 떠나려고 하지 않았다. 진나라 장수 왕전은 조나라를 깨뜨리고 조나라 왕을 사로잡았으며 그 땅을 모두 빼앗았다. 진나라 군대는 또 북쪽의 〔아직 복종시키지 못한 조나라〕 땅[4]을 공략하고 연나라 남쪽 국경까지 이르렀다. 태자 단은 두려워 형가에게 청하여 말했다.

"진나라 군대가 머지않아 역수를 건너오면 비록 선생을 오래 모시고 싶어도 어찌 그럴 수 있겠습니까?"

형가가 말했다.

"태자의 말씀이 없더라도 신이 뵙고 말씀드리려고 하였습니다. 지금 진나라로 가 봐야 믿을 만한 것이 없으면 진나라 왕에게 가까이 갈 수 없습니다.

---

4   그 무렵 조나라 공자 가(嘉)는 대(代) 땅에서 스스로 왕이 되어 진나라 병사에게 계속 저항했다고 한다.

진나라 왕은 저 번 장군을 황금 일천 근과 일만 호의 식읍을 내걸어 찾고 있습니다. 만일 번 장군의 머리와 연나라의 기름진 땅 독항(督亢)의 지도를 얻어 진나라 왕에게 바친다면 진나라 왕은 반드시 기뻐하며 신을 만날 것입니다. 그때 신이 태자께 은혜를 갚을 수 있을 것입니다."

그러자 태자는 말했다.

"번 장군은 곤궁한 끝에 내게 와서 몸을 맡겼습니다. 나는 내 사사로운 욕심 때문에 연장자의 마음을 상하게 하는 짓은 차마 할 수 없습니다. 선생께서는 다른 방법을 생각해 보십시오."

형가는 태자가 차마 번 장군의 목을 베지 못할 줄을 알고 몰래 번 장군을 만나 이렇게 말했다.

"진나라는 장군을 참으로 잔혹하게 대했습니다. 부모와 종족을 모두 죽이거나 노비로 만들었습니다. 이제 장군의 목에 황금 일천 근과 일만 호의 식읍을 내걸어 찾고 있다고 합니다. 앞으로 이 일을 어찌하시렵니까?"

이에 번오기는 하늘을 우러러 탄식하고 눈물을 흘리며 말했다.

"나는 이 일을 생각할 때마다 골수에 사무치도록 괴롭습니다. 아무리 생각해도 어찌해야 할지 모르겠습니다."

형가가 말했다.

"지금 단 한마디로 연나라의 근심을 없애고 장군의 원수를 갚을 수 있는 방법이 있다면 어떻게 하시겠습니까?"

번오기가 형가에게 다가가서 말했다.

"어떻게 하는 것입니까?"

그러자 형가가 말했다.

"장군의 목을 얻어 진나라 왕에게 바치기를 원합니다. 그렇게 하면 진나라 왕은 반드시 기뻐하여 저를 만나 줄 것입니다. 그때 제가 왼손으로는 그의 소매를 잡고 오른손으로는 그의 가슴을 찌르겠습니다. 그렇게 되면 장군의 원수를 갚고 연나라가 업신여김을 당한 것도 씻을 수 있습니다. 장군께서는 그렇게 하실 수 있겠습니까?"

번오기가 한쪽 어깨를 드러내고 한 손으로 팔을 움켜쥔 채 앞으로 다가서며 말하였다.

"이것이야말로 제가 밤낮으로 이를 갈고 가슴을 치며 고대하던 일입니다. 이제 당신의 가르침을 듣게 되었습니다."

그러고는 스스로 목을 찔러 죽었다.

태자는 이 소식을 듣고 달려가 시체에 엎드려 통곡하며 매우 슬피 울었지만 이미 어쩔 수 없는 일이었다. 그래서 번오기의 목을 상자에 넣어 봉하였다.

그 무렵 태자는 이 세상에서 가장 날카로운 비수를 찾던 가운데 조나라 사람 서 부인(徐夫人)의 비수를 황금 백 근이나 주고 미리 사 두었다. 장인을 시켜 칼날에 독약을 묻혀 사람을 찔러 보니 피 한 방울만 흘려도 그 자리에서 모두 죽었다. 그래서 짐을 챙겨 형가를 진나라로 보내기로 했다.

자객은 한번 떠나면 돌아오지 않는다

연나라에 진무양(秦舞陽)이라는 용감한 사람이 있었다. 그는 열세 살 때 사람을 죽여 감히 그를 쳐다보는 이가 없었다. 그래서 태자는 진무양을 형가의 조수로 삼았다.

한편 형가는 함께 갈 사람을 기다리고 있는데, 그 사람은 먼 곳에 살았으므로 아직 도착하지 않았다. 그러는 동안 형가의 행장이 다 꾸려졌다. 형가가 한참 동안 출발하지 않자, 태자는 그가 시간을 끈다고 여기며 혹시 마음이 바뀌어 후회하는 것이 아닌가 의심했다. 그래서 거듭 요청하며 이렇게 말했다.

"날짜가 벌써 다하였습니다. 형경께서는 무슨 다른 뜻이 있습니까? 저는 진무양을 먼저 보냈으면 합니다."

형가는 성을 내며 태자를 꾸짖었다.

"태자께서는 어찌 무양을 보낸다고 하십니까! 한번 가면 다시는 돌아오지 못할 길입니다. 비수 한 자루를 가지고 무슨 일이 벌어질지 예측할 수 없는 진나라로 들어가는 것입니다. 제가 아직 머무르고 있는 것은 제 길벗을 기다려 함께 떠나기 위함입니다. 지금 태자께서 꾸물댄다고 하시니 하직하고 떠나겠습니다."

마침내 형가는 출발했다.

태자와 이 일을 알고 있는 빈객들이 모두 흰색 옷과 모자를 쓰고 형가를 배웅하였다. 역수 가에 이르러 도로신에게 제사를 지내고 여행길에 올랐다. 고점리가 축을 타고 형가는 여기에 맞춰 노래를 불렀다. 변치(變徵)⁵의 소리를 내자, 사람들이 모두 눈물을 떨구며 울었다. 형가는 앞으로 나아가며 이렇게 노래했다.

> 바람 소리 소슬하고
> 역수는 차갑구나!
> 장사가 한번 떠나면
> 다시는 돌아오지 못하리.

다시 우성(羽聲)⁶으로 노래하니 그 소리가 강개하여 듣는 사람들이 모두 눈을 부릅떴고, 머리카락이 관을 찌를 듯 치솟았다. 이렇게 형가는 수레를 타고 떠났는데 끝까지 뒤를 돌아보지 않았다.

드디어 진나라에 이른 형가는 천 금이나 되는 예물을 진나라 왕이 남달리 아끼는 신하인 중서자(中庶子, 왕족의 호적을 관리함) 몽가(蒙嘉)에게 주었다.

---

5 슬픈 소리이다. 고대의 기본 음(音)은 궁(宮), 상(商), 각(角), 치(徵), 우(羽)의 다섯 음으로 이루어졌고 변궁(變宮)과 변치(變徵) 두 음이 더 있었다. 변치는 각과 치 사이에 있어 오늘날의 F조(調)에 해당한다.

6 오늘날의 A조에 해당하는데 강개하며 격앙된 소리를 낸다.

몽가는 형가를 위해 진나라 왕에게 먼저 이렇게 말했다.

"연나라 왕은 참으로 대왕의 위엄을 두려워하여 감히 군사를 일으켜 우리 군대에 맞서지 않고 있습니다. 그는 나라를 들어 진나라의 신하가 되어서 각 제후들의 행렬에 참여하여 진나라의 군이나 현처럼 공물을 바쳐 선왕의 종묘를 받들어 지킬 수 있기만을 바라고 있습니다. 그러나 두려워서 감히 직접 와서 말하지 못하고 삼가 번오기의 목을 베고, 또 연나라 독항의 지도를 바치려고 상자에 넣어 봉해서 갖고 왔습니다. 연나라 왕이 궁정에서 증정 의식을 거행하고 사자를 보내 대왕께 저간의 사정을 말씀드리도록 하였습니다. 대왕께서는 그에게 명령을 내려 주십시오."

진나라 왕은 이 말을 듣고 매우 기뻐하여 조정에 나갈 때 입는 예복을 갖추고 구빈(九賓)의 예를 베풀어 연나라 사자를 함양궁(咸陽宮)에서 만나기로 하였다. 형가가 번오기의 머리가 든 상자를 들었고, 진무양이 독항의 지도가 든 상자를 들고 차례로 나아갔다. 그런데 계단 앞에 이르자 진무양이 얼굴빛이 바뀌면서 벌벌 떠니 신하들은 이를 괴이히 여겼다. 형가는 진무양을 돌아보고 웃으며 앞으로 나아가 사과하며 말했다.

"북방 오랑캐 땅의 천한 사람인지라 천자를 뵌 적이 없어서 떨며 두려워하는 것입니다. 부디 대왕께서는 이 사람의 무례를 용서하시고 대왕 앞에서 사신의 임무를 마치도록 해 주십시오."

그러자 진나라 왕이 형가에게 말하였다.

"진무양이 가지고 있는 지도를 가져오시오."

형가는 지도를 받아 진나라 왕에게 바쳤다. 진나라 왕이 지도를 펼쳤는데, 지도가 다 펼쳐지자 비수가 드러났다. 그러자 형가는 왼손으로 진나라 왕의 소매를 붙잡고 오른손으로는 비수를 쥐고 진나라 왕을 찌르려 했다. 그러나 비수가 몸에 닿기 전에 진나라 왕이 놀라 몸을 당겨 일어서면서 소매가 떨어졌다. 진나라 왕은 칼을 뽑으려 했지만 칼이 길어 뽑지 못하고 칼집만 잡았다. 너무 황급한 데다 꽉 꽂혀 있어서 곧바로 빠지지 않았다. 형가가 진나라 왕을 쫓아가자 진나라 왕은 기둥을 돌며 달아났다. 신하들은 모두 놀랐으나 뜻밖에 일어난 일이라 어찌할 바를 몰랐다. 그리고 진나라 법에 따르면 전(殿) 위에서 왕을 모시는 신하들은 한 자 한 치의 무기도 몸에 지닐 수 없었다. 낭중(郎中)들이 무기를 가지고 뜰 아래에 늘어서 있으나 왕이 부르기 전에는 전 위로 올라갈 수 없었다. 진나라 왕은 다급한 나머지 아래에 있는 병사들을 부를 겨를이 없었다. 그래서 형가가 진나라 왕을 쫓아다닐 수 있었던 것이다. 대신들은 사태가 급박해지자 형가를 칠 무기가 없으므로 맨손으로 내리쳤다. 이때 시의(侍醫) 하무저(夏無且)는 가지고 있던 약주머니를 형가에게 던졌다. 진나라 왕이 기둥을 돌며 달아날 뿐 당황하여 어찌할 바를 모르고 있을 때, 주위에 있던 신하들이 이렇게 말했다.

"왕께서는 칼을 등에 지십시오!"

진나라 왕은 칼을 등에 지고서야 칼을 뽑아 형가를 내리쳐 그의 왼쪽 다리를 베었다. 형가는 쓰러진 채 비수를 진나라 왕에게 던졌지만 맞히지 못하고 구리 기둥을 맞혔다. 그러자 진나라 왕은 다시 형가를 쳐서 여덟 군데나 상처를 입혔다. 형가는 스스로 일을 이룰 수 없음을 알고 기둥에 기대어 웃으며 두 다리를 벌리고 앉아 이렇게 꾸짖었다.

"일을 이루지 못한 까닭은 진나라 왕을 사로잡아 위협하여 반드시 약속을 받아 내 태자에게 보답하려 하였기 때문이다."

이때 주위 신하들이 몰려와서 형가를 죽였으나 진나라 왕은 꽤 오랫동안 불쾌해하였다. 그런 뒤에 공을 논하여 신하들에게 상을 주고, 또 죄를 지은 자에게는 벌을 주었는데 각각 차등을 두었다. 하무저에게는 황금 이백 일(溢)을 내리며 말했다.

"무저는 나를 사랑하여 형가에게 약주머니를 던졌다."

이 일로 진나라 왕은 매우 성이 나 더욱더 많은 군사를 조나라로 보내 왕전의 군대에 조서를 내려 연나라를 치게 하였다. 열 달 만에 계성(薊城)이 함락되니, 연나라 왕 희(喜)와 태자 단 등은 모두 정예 병사를 이끌고 동쪽으로 달아나 요동을 지켰다. 진나라 장군 이신이 연나라 왕을 급히 쫓아가자, 대왕 (代王) 가(嘉)는 연나라 왕 희에게 다음과 같은 편지를 보냈다.

진나라가 연나라 왕을 거세게 쫓는 까닭은 태자 단 때문입니다. 지금 왕께서 단을 죽여 진나라 왕에게 바친다면 진나라 왕은 반드시 노여움을 풀 것입니다. 그렇게 되면 연나라의 사직은 다행히 제사를 계속 받들 수 있을 것입니다.

그 뒤 이신이 단을 쫓아가자 단은 연수(衍水) 가운데에 있는 섬에 몸을 숨겼다. 연나라 왕은 사자를 보내 태자 단의 목을 베어 진나라에 바치려고 했다. 진나라는 다시 병사를 보내 연나라를 쳤다. 오 년 뒤에 진나라는 마침내 연나라를 멸망시키고 연나라 왕 희를 사로잡았다.

그 이듬해에 진나라는 천하를 통일하고 황제라고 불렀다. 진나라가 태자 단의 식객과 형가의 객인들을 쫓으므로 모두 숨었다. 고점리는 성과 이름을 바꾸고 남의 머슴이 되어 몸을 숨기고 송자(宋子)라는 곳에서 일하였다. 그는 오랫동안 그런 생활을 하니 괴로웠다. 하루는 주인집 마루에서 손님이 축을 타는 소리를 듣고는 주변을 서성거리며 떠날 줄 모르고 매번 이렇게 중얼거렸다.

"저건 잘 쳤고, 저건 못 쳤군."

하인이 그 주인에게 말했다.

"저 머슴은 소리를 들으면 잘 치고 못 치는 것을 제대로 평가합니다."

그러자 집주인은 고점리를 불러 축을 타 보도록 하였다. 그 자리에 있던 사람들은 칭찬하며 술을 주었다. 고점리는 오랫동안 숨어 두려움과 가난 속에서 살아 보아야 끝이 없겠다고 생각했다. 그래서 자리에서 물러나 보따리에서 축과 좋은 옷을 꺼내 차림새를 고치고 다시 사람들 앞에 나타났다. 손님은 모두 놀라 자리에서 내려와 서로 대등한 예를 나누고 고점리를 상객으로 모셨다. 그가 다시 축을 타며 노래를 부르니 손님은 모두 눈물을 흘리며 돌아갔다. 송자 고을에서는 돌아 가며 그를 손님으로 맞이했다. 그 소문이 진시황에게까지 전해졌다. 진시황이 그를 불러 만날 때 어떤 사람이 그를 알아보았다.

"이 사람이 고점리입니다."

진시황은 고점리가 축을 뛰어나게 잘 타는 솜씨를 아까워하여 용서하는 대신 눈을 멀게 했다. 그러고 나서 고점리에게 축을 타게 하였는데 그 소리를 칭찬하지 않은 적이 없었다. 진시황은 그를 점점 가까이하였다. 고점리는 축속에 납덩어리를 감추어 넣어 두었다가 진시황 곁으로 가까이 갔을 때 축을 들어 진시황을 향해 내리쳤지만 맞지 않았다. 진시황은 결국 고점리를 죽였다. 이 일로 해서 진시황은 죽을 때까지 제후국에서 온 사람들을 가까이하지 않았다.

노구천은 형가가 진나라 왕을 찌르려 했다는 소식을 듣고 이렇게 혼잣말을 했다.

"아! 애석하게도 그는 칼로 찌르는 기술을 배우지 않았구나! 나는 왜 그토록 사람을 알아보지 못했을까! 전날 내가 그를 꾸짖었을 때 그는 아마 나를 같은 부류로 생각지 않았겠구나."

태사공은 말한다.

"세상에 전해지는 형가에 관한 이야기 중 태자 단의 운명을 일컬어 '하늘에서 곡식이 내리고 말 머리에 뿔이 돋아났다.'라고 하는데, 이는 지나치게 과장된 것이다. 또 형가가 진나라 왕에게 상처를 입혔다고 하는 것도 잘못된 말이다. 본래 공손계공(公孫季功)과 동중서(董仲舒)는 하무저와 교분이 있어

---

7   태자 단이 진(秦)나라를 떠나려고 할 때 진왕(秦王)이 "까마귀 머리가 흰색으로 변하고, 하늘에서 곡식이 떨어져 내리며, 말 머리에서 긴 뿔이 돋아나니, 너를 돌아가게 하는 것이다."라고 했다. 이런 세 가지 상서로운 조짐 덕분에 단은 무사히 귀국하게 되었다.

이 일을 자세히 알고 있었다. 두 사람은 나에게 이 「자객 열전」과 똑같이 말하였다. 조말부터 형가에 이르기까지 다섯 사람은 이처럼 의기가 이루어지기도 하고 이루어지지 않기도 하였다. 그러나 그들의 목적이 매우 분명하고 자신들의 뜻을 바꾸지도 않았으니, 그들의 이름이 후세에 전해지는 것이 어찌 망령된 일이겠는가!"

13

이사 열전

李斯列傳

이사는 한비자와 함께 순자(荀子)의 문하생으로 있었으며 진나라로 가 여불위의 사인이 되어 관직에 진출했다. 훗날 진시황을 도와 제국의 완성과 시스템 구축에 기여했으며 그 유명한 분서의 장본인이기도 하다. 기승전결의 구조로 되어 있는 이 편에서는 이사라는 역사적 인물의 사적에 관한 고찰을 통해 진나라가 흥하고 망한 한 단면을 볼 수 있다. 따라서 공문서도 들어 있고, 그 무렵 편지글과 상주문에서 보이는 독특한 어투도 새롭다.

이사는 비극적인 인물이다. 그는 진나라에 큰 공을 세웠을지언정 자신은 오형(五刑)을 받아 죽었고, 집안사람들까지 목숨을 보존하지 못했다. 그렇지만 그의 모습은 동정을 받을 수 없다. 그의 개인적인 비극보다 역사적 비극이 더 참혹했기 때문이다. 사마천은 이사가 진나라가 여섯 나라를 통일하고 진나라 제도를 만드는 데 중요한 역할을 했음은 인정하면서도, 그와 조고의 음모를 비롯하여 이세황제를 도와 가혹한 정책을 펼치고 역사의 흐름을 바꾸어 놓은 것을 적어 꾸짖음으로써 부정적 평가도 곁들였다.

아울러 사마천은 호해(胡亥)의 어리석고 무능함과 조고(趙高)의 음험한 속셈을 상세하게 묘사함으로써 이사의 교묘한 이중성을 드러내는가 하면, 진나라 통치 계층의 추악한 정권 쟁탈전을 부각시켰다.

사마천은 이 편에서 이사가 네 차례 탄식한 일을 자세하게 묘사하여 이사의 선택적 갈등 상황을 쉽게 알 수 있도록 했다. 즉 이사는 화장실에서 사는 쥐와 창고 속에서 사는 쥐의 다른 환경을 보고 탄식했고, 승상이라는 귀한 신분이 되었을 때 탄식했으며, 진시황이 남긴 조서를 고칠 때 탄식했고, 오형을 받을 때 탄식했다. 이 네 차례의 탄식을 통해 이사는 자신이 비주류에서 주류의 세계로 들어와 이룬 업적 못지않게 끊임없는 권모술수로 출세를 향해 도전했음을 알 수 있다.

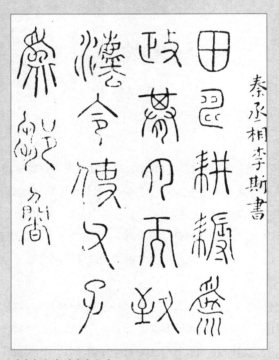

진나라 승상 이사의 글씨.

사람이 잘나고 못남은 자기 위치에 달려 있다

이사(李斯)는 초나라 상채(上蔡) 사람이다. 그는 젊을 때 군에서 지위가 낮은 관리로 있었는데, 관청 변소의 쥐들이 더러운 것을 먹다가 사람이나 개가 가까이 가면 자주 놀라서 무서워하는 꼴을 보았다. 그러나 이사가 창고 안으로 들어가니 거기에 있는 쥐들은 쌓아 놓은 곡식을 먹으며 큰 집에 살아서 사람이나 개를 안중에도 두지 않았다. 그래서 이사는 탄식하며 말했다.

"사람이 어질다거나 못났다고 하는 것은 비유하자면 이런 쥐와 같아서 자신이 처해 있는 환경에 달렸을 뿐이구나."

그러고는 순경(荀卿, 순자)에게로 가 천하를 다스리는 제왕의 기술을 배웠다. 그는 공부를 끝마치자 초나라 왕은 섬길 만한 인물이 못 되고, 여섯 나라는 모두 약소하여 섬겨서 공을 세울 만한 나라가 될 수 없다고 판단하여 서쪽 진나라로 들어가기로 했다. 그는 순경에게 이렇게 작별 인사를 하였다.

"저는 때를 얻으면 꾸물대지 말라는 말을 들었습니다. 지금은 만승의 제후들이 바야흐로 서로 세력을 다투고 있는 때여서 유세가들이 정치를 도맡고 있습니다. 또 진나라 왕은 천하를 집어삼키고 제(帝)라고 일컬으며 다스리려 합니다. 이는 지위나 관직이 없는 선비가 능력을 펼칠 때이며 유세가의 시대가 온 것입니다. 비천한 자리에 있으면서 아무런 계획도 세우지 않는 것은 짐승이 고기를 보고도 사람들이 자기를 쳐다본다 하여 억지로 참고 지나가는 것과 같습니다. 그러므로 가장 큰 부끄러움은 낮은 자리에 있는 것이며, 가장 큰 슬픔은 경제적으로 궁핍한 것입니다. 오랜 세월 낮은 자리와 곤궁한 처지에 있으면서 세상의 부귀를 비난하고 영리를 미워하며 스스로 아무것도 하지 않는 데 의탁하는 것은 선비의 마음이 아닐 듯합니다. 그래서 저는 서쪽 진나라 왕에게 유세하려고 합니다."

이사가 진나라에 이르렀을 때 마침 장양왕이 죽었으므로 곧 진나라 승상 문신후 여불위를 찾아가 그의 사인이 되었다. 여불위는 이사를 현명한 인물로 생각하여 왕의 시위관으로 임명했다. 이사는 진나라 왕에게 유세할 기회를 얻어 이렇게 설득했다.

"다른 사람에게 의지하는 사람은 기회를 놓치지만 큰 공을 이루는 사람은 남의 약점을 파고들어 밀고 나갑니다. 옛날에 진나라 목공이 우두머리가 되고서도 동쪽에 있는 여섯 나라를 끝까지 함락시키지 못한 것은 무엇 때문입니까? 그것은 제후 수가 너무 많은 데다 주나라 왕실의 은덕이 여전히 쇠퇴하지 않았기 때문에 오패가 차례로 일어나 번갈아 가며 주나라 왕실을 더욱 존중했기 때문입니다. 그러나 진나라 효공 이래 주나라 왕실이 쇠약해져서 제후들이 힘을 합쳐 관동은 여섯 나라(한(韓), 조(趙), 위(魏), 제(齊), 초(楚), 연(燕))로 줄어들었습니다. 진나라가 상승세를 타고 제후들을 눌러 온 지 벌써 여섯 대(효공, 혜문왕, 무왕, 소왕, 효문왕, 장양왕)나 되었습니다. 지금은 제후들이 진나라에 복종하여 마치 진나라의 군이나 현 같습니다. 무릇 진나라의 강대함에 대왕의 현명함이라면 취사부가 솥단지 위에 앉은 먼지를 훔치듯 손쉽게 제후를 멸망시키고, 황제로서 대업을 이루어 천하를 통일하기에 충분합니다. 이것은 만년에 한 번 있는 기회입니다. 지금 게으름을 피우고 서둘러 이루지 않으면 제후들이 다시 강대해져서 서로 모여 합종하기로 약속할 테고, 그렇게 되면 황제(黃帝) 같은 현명한 왕이 있을지라도 천하를 손에 넣을 수 없을 것입니다."

진나라 왕은 이사를 장사(長史, 궁궐의 모든 일을 총괄하는 관리의 우두머리)로 삼고, 그의 계책을 듣고 은밀히 모사들에게 황금과 주옥을 가지고 가서 제후들에게 유세하도록 하였다. 제후국의 명망 있는 사람들 중 뇌물로 움직일 수 있는 자에게는 많은 선물을 보내 결탁하고, 말을 듣지 않는 자는 예리한 칼로 찔러 죽였으며, 또 군주와 신하 사이를 이간시키는 계략을 썼다. 진나라 왕은 훌륭한 장수를 보내 이사의 뒤를 수행하게 하였다. 진나라 왕은 이사를 객경으로 삼았다.

등용했으면 내치지 말라

때마침 한(韓)나라의 정국(鄭國)[1]이라는 사람이 와서 진나라를 교란시키기 위해 논밭에 물을 대는 운하를 만들려고 했다. 이 음모가 발각되자 진나라 왕족과 대신은 모두 진나라 왕에게 이렇게 말했다.

"제후의 나라에서 와서 진나라를 섬기는 자들은 대체로 자기 나라의 군주를 위하여 유세하여 진나라 군주와 신하 사이를 이간시킬 뿐입니다. 청컨대 빈객을 모두 내쫓으십시오."

이사도 논의의 대상이 되어 내쫓을 인물의 명단에 들어 있었다. 그래서 이사는 글을 올려 다음과 같이 말했다.

신이 듣건대 관리들이 빈객을 내쫓을 것을 논의하고 있다는데 가만히 생각해 보면 잘못된 일입니다. 옛날 목공은 인재를 구하여 서쪽으로는 융에서 유여를 데려왔고, 동쪽으로는 완에서 백리해를 얻었으며, 송에서 건숙(蹇叔)[2]을 맞이하였고, 진(晉)나라에서 비표(丕豹)[3]와 공손지(公孫支)를 오게 했습니다.[4] 이 다섯 사람은 진나라에서 태어나지 않았지만, 목공은 이들을 중용하여 스무 나라를 병합하고 드디어 서융에서 우두머리가 되었습니다.

효공이 상앙의 변법을 채용하여 풍속을 바꾸자 백성이 번영하고 나라가 부강해졌으며, 백성은 나라의 부역에 쓰이기를 즐거워하고 제후들은 복종하였으며, 초나라와 위나라의 군사를 깨뜨려 넓힌 땅이 천 리가 넘습니

---

1 정국은 진나라의 침략을 미리 막기 위해 진나라로 들어와 운하 건설을 강력히 건의했다. 운하 건설로 대규모의 인력과 비용을 소모시켜 동쪽 정벌을 포기하게 하려는 목적이었다. 정국의 이러한 계략은 결국 탄로났지만 운하의 이로움을 역설하여 사면되었고, 진나라는 이 공사를 10여 년 동안 계속하였다. 이때 건설된 운하는 서쪽의 경수(涇水)에서 동쪽의 낙수(洛水)에 이르기까지 300리나 되었고, 그 이름을 정국거(鄭國渠)라고 불렀다.
2 백리해의 친구이며, 그의 추천으로 진나라 목공의 상대부가 되었다.
3 진(晉)나라 대부 비정(丕鄭)의 아들이다. 비정이 진(晉)나라 혜공(惠公)에게 피살되자, 진(秦)나라로 망명 와 목공의 대장(大將)이 되어 진(晉)나라의 성 여덟 개를 함락시키고 혜공을 사로잡았다.
4 보다 자세한 내용은 『사기』「진 본기」에 있다.

다. 그래서 지금까지 잘 다스려지고 강성합니다.

혜왕은 장의의 계책을 받아들여 삼천의 땅을 차지하고, 서쪽으로 파와 촉을 손에 넣었으며, 북쪽으로는 상군(上郡)을 차지하고, 남쪽으로는 〔장군 위장이〕 한중을 공략하고 구이(九夷)[5]를 포섭하여 언과 영을 제압하고, 동쪽으로 성고의 험준한 땅을 발판으로 기름진 땅을 빼앗아 마침내 여섯 나라의 합종 맹약을 깨뜨려 이들이 서쪽을 바라보며 진나라를 섬기도록 하였으니 그 공로가 오늘에까지 미치고 있습니다.

소왕은 범저를 얻어서 양후를 폐하고 화양군을 내쫓아 진나라 왕실을 강화하고 대신들의 세력이 커지는 것을 막았으며, 제후의 땅을 잠식하여 진나라가 제업을 이루도록 했습니다. 이 네 군주는 모두 빈객들의 공적으로 성공하였습니다.

이러한 사실을 보면 빈객이 어찌 진나라를 저버린다고 하겠습니까? 만일 이 네 군주가 일찍이 빈객을 물리쳐 받아들이지 않고 선비를 멀리하여 등용하지 않았다면 진나라는 부유하고 이로운 실익이 없고 강대하다는 명성도 얻지 못했을 것입니다.

지금 폐하께서는 곤륜산의 이름난 옥을 손에 넣고, 수씨(隨氏)의 진주와 화씨(和氏)의 구슬을 가졌으며, 명월주를 차고 명검 태아(太阿)[6]를 지니고, 섬리(纖離)의 준마를 타며, 취봉(翠鳳)의 기(旗)를 세우고 영타(靈鼉)[7]의 북을 가지고 있습니다. 이러한 수많은 보물은 하나도 진나라에서 나지 않는데 폐하께서 그것들을 좋아하시는 까닭은 무엇입니까? 반드시 진나라에서 나는 것이라야 한다면 야광주로 조정을 꾸밀 수 없고, 코뿔소 뿔이나 상아로 만든 물건을 가지고 즐길 수 없을 것입니다. 정나라와 위(衛)나라의 미인은 후궁에 들어올 수 없고, 결제라는 준마가 바깥 마구간을 채울 수 없으

---

5 초나라 땅에서 살던 여러 소수 민족을 가리킨다. 일반적으로 '이(夷)'는 고대 중국의 동쪽에 있던 부족들을 가리킬 때 썼다.
6 월(越)나라의 이름 있는 장인 구야자(歐冶子)와 오나라의 장인 간장(干將)이 힘을 합쳐 만들었다는 보검(寶劍) 이름이다.
7 악어와 비슷한 모양을 그려 넣은 북으로, 악어가죽으로 만들었으며 매우 큰 소리를 낸다.

며, 강남의 금과 주석은 쓸 수 없고, 서측의 단청(안료)으로 채색할 수도 없을 것입니다. 후궁을 장식하고 희첩을 꾸며서 마음을 기쁘게 하고 눈과 귀를 즐겁게 하는 것이 반드시 진나라에서 난 것이라야 된다면 완주(宛珠)의 비녀, 부기(傅璣)의 귀걸이, 아호(阿縞)[8]의 옷, 금수(錦繡)의 장식도 폐하 앞에 나타나지 못하며, 세상의 풍속에 따라 우아하고 아름답게 차린 조나라의 여인은 폐하 곁에 설 수 없을 것입니다. 물동이를 치고 부(缶)를 두드리며 쟁(箏)을 퉁기고 넓적다리를 치면서 목청을 돋우어 노래를 불러 귀를 즐겁게 하는 것이 참다운 진나라의 음악입니다. 정(鄭), 위(衛), 상간(桑間), 소(昭), 우(虞), 무(武), 상(象)[9]은 다른 나라의 음악입니다. 지금 물동이를 치며 부를 두들기는 것을 버리고 정나라와 위나라의 [어지러운 세상] 음악을 연주하며, 쟁을 퉁기는 것을 물리치고 소와 우의 음악을 받아들였는데 이것은 무엇 때문입니까? 그것은 당장 마음을 즐겁게 하고 보기에도 좋기 때문입니다.

그런데 지금 사람을 뽑아 쓰는 데에서는 그렇지 않습니다. 그 인물의 사람됨이 옳은지 그른지를 따지지 않고 굽은지 곧은지를 말하지 않으며, 진나라 사람이 아니면 물리치고 빈객이면 내쫓으려 합니다. 그런즉 여색이나 음악이나 주옥은 소중히 여기되 사람은 가벼이 여기는 것입니다. 이것은 천하에 군림하며 제후들을 제압할 수 있는 방법이 아닙니다.

신이 듣건대 "땅이 넓으면 곡식이 많이 나고, 나라가 크면 인구가 많으며, 군대가 강하면 병사도 용감하다."라고 합니다. 태산(太山)은 흙 한 줌도 양보하지 않으므로 그렇게 높아질 수 있었고, 하해(河海)는 작은 물줄기 하나도 가리지 않으므로 그렇게 깊어질 수 있었습니다. 왕은 어떠한 백성이라도 물리치지 않아야 자신의 덕을 천하에 밝힐 수 있는 것입니다. 그러므로 땅에는 사방의 구분이 없고 백성에게는 다른 나라의 차별이 없으며, 사계

---

8 아(阿)란 가볍고 가는 실로 짠 직물이고, 호(縞)는 흰 비단을 말한다.
9 정(鄭)과 위(衛)는 정나라와 위나라의 민간 악곡이고, 상간(桑間)은 망할 나라의 음탕한 곡조의 음악을 말하며, 소(昭)와 우(虞)는 우순(虞舜) 시대의 악곡이고, 무(武)와 상(象)은 주나라 무왕의 음악이다.

절이 조화되어 아름답고, 귀신은 복을 내립니다. 이것이 오제(五帝)와 삼왕(三王)에게 적이 없었던 까닭입니다.

그런데 지금 진나라는 백성을 버려 적국을 이롭게 하고 빈객을 물리쳐 제후를 도와 공적을 세우게 하고, 천하의 선비를 물러나 감히 서쪽으로 향하지 못하게 하며 발을 묶어 진나라로 들어오지 못하게 하고 있습니다. 이는 이른바 '도적에게 군사를 빌려 주고 도둑에게 식량을 보내는 것'과 같습니다. 대체로 진나라에서 나지 않은 물건 가운데 보배로운 것이 많으며, 진나라에서 태어나지 않은 인재 가운데 충성스러운 인물이 많습니다. 지금 빈객을 내쫓아 적국을 이롭게 하고 나라 밖으로 제후들에게 원한을 사면 나라가 위태롭지 않기를 바라도 그렇게 될 수밖에 없습니다.

진나라 왕은 곧장 빈객을 내쫓으라는 명령을 거두고, 이사의 관직을 회복시켜 그의 계책을 받아들였다. 이사의 벼슬은 정위(廷尉)에 이르렀다. 그로부터 이십여 년 뒤에 진나라는 마침내 천하를 통일하고 군주를 높여 황제라 하였으니, 이사는 승상이 되었다. 이사는 군과 현의 성벽을 허물고 무기를 녹여 다시는 쓰지 않는다는 뜻을 보여 주었다. 진나라는 땅을 한 자도 남에게 봉해 주는 일이 없었고 황제의 자제를 세워 왕으로 삼는 일도 없었으며 공신을 제후로 삼지 않았다. 이는 뒷날 내란의 근심거리를 없애기 위함이었다.

옛것으로 지금을 비평하지 말라

진시황 34년에 함양궁(咸陽宮)에서 주연을 베풀었을 때, 박사 복야(僕射)[10] 주청신(周靑臣) 등이 진시황의 권위와 덕망을 칭송했다.

---

10   박사를 지도하고 심사하는 관직인데, 박사는 서적을 관리하고 황제에게 자문하는 직책이다.

제나라 출신 순우월(淳于越)이 앞으로 나아가 황제에게 이렇게 간언했다.

"신이 듣건대 '은나라와 주나라 왕조가 천여 년 동안 다스릴 수 있었던 것은 자제와 공신들을 봉하여 왕실을 돕는 지주로 삼았기 때문이다.'라고 합니다. 지금 폐하께서는 천하를 소유하고 계시지만 폐하의 자제들은 평범한 사람에 지나지 않습니다. 만일 제나라의 전상(田常)[11]이나 진(晉)나라의 육경(六卿)[12]의 환란 같은 걱정거리가 느닷없이 생기면 곁에서 돕는 신하가 없으니 어떻게 나라를 구하겠습니까? 어떤 일이든 옛것을 본받지 않고 오랜 시일 이어졌다는 말은 듣지 못했습니다. 그런데 지금 주청신 등은 앞에서 아첨하며 폐하께서 잘못된 행동을 거듭하도록 하고 있으니 충신이 아닙니다."

진시황은 이 건의를 내려 보내 승상에게 검토하도록 했다. 승상 이사는 순우월의 견해가 황당하다며, 그의 주장을 물리치고 곧 다음과 같은 글을 올렸다.

옛날에는 천하가 흩어지고 어지러워도 아무도 이를 통일할 수 없었습니다. 그래서 제후들이 나란히 일어났고, 말하는 것마다 옛것을 끌어내어 지금의 것을 해롭게 하고, 헛된 말을 꾸며서 실제를 어지럽혔습니다. 사람들은 저마다 자기가 배운 것을 옳다고 여기고 조정에서 세운 제도를 비난하였습니다. 지금 폐하께서는 천하를 통일하고 흑백을 가려 천하에 오직 황제 한 분만이 있도록 정했습니다. 그런데 사사로이 학문하는 자들은 서로 모여 이미 만들어진 법과 제도를 허망한 것이라고 합니다. 조칙이 내려졌다는 말을 들으면 각자 자기가 배운 학설에 근거하여 그것을 비판하고, 집으로 들어가서는 마음속으로 헐뜯고 밖으로 나와서는 길거리에서 논의합니다. 그들은 군주를 비방하는 것을 명예로 여기고, 다른 주장을 내세우는 것을 고상한 것으로 여겨 그들을 따르는 사람들을 이끌어 비방을 일삼고 있습니

---

11 춘추 시대 제나라 대부로서 제나라 간공(簡公)을 죽이고 평왕(平王)을 세웠다.
12 범씨(范氏), 중항씨(中行氏), 지씨(智氏), 한씨(韓氏), 위씨(魏氏), 조씨(趙氏)를 말한다.

다. 이러한 행동을 금지하지 않으면 위로는 군주의 권위가 떨어지고 아래로는 당파가 이루어질 테니 금하는 것이 유리합니다. 청컨대 모든 문학과 『시경』, 『서경』, 제자백가의 책을 가지고 있는 자는 이것을 없애도록 하고 이 금지령을 내린 지 삼십 일이 지나도 없애지 않는 자는 이마에 먹물을 들이는 형벌을 가하여 성단(城旦, 사 년 동안 새벽부터 일어나 성 쌓는 일을 하는 죄수)으로 삼으십시오. 의약, 점복(占卜), 농사, 원예에 관한 책은 없애지 않아도 됩니다. 만일 배우고 싶은 자는 관리를 스승으로 삼으면 됩니다.

진시황은 그 제안을 옳다고 여겨 『시경』, 『서경』, 제자백가의 책을 몰수하고 모든 백성을 어리석게 만들어 천하에 그 누구도 옛것을 끌어들여 지금 세상을 비판하지 못하게 했다. 법률과 제도를 밝히고 율령을 만드는 일은 모두 시황제 때에 처음 생겼다. 문자를 통일하고 천하의 이곳저곳에 이궁(離宮, 황제가 각 지역을 순시할 때 머무는 곳)과 별장을 두루 지었다. 그 이듬해에는 세상을 돌아보고 사방의 오랑캐족을 나라 밖으로 쫓아냈는데, 이 모든 일은 이사의 힘으로 가능했다.

이사의 맏아들 이유(李由)는 삼천군(三川郡) 태수가 되었다. 아들은 모두 진나라 공주에게 장가들었고, 딸은 모두 진나라의 여러 공자에게 시집갔다. 이유가 휴가를 얻어 함양으로 돌아왔을 때 이사가 집에서 술자리를 열었다. 온갖 관직에 있는 우두머리가 모두 나와 장수를 기원하였으므로 그의 대문 앞과 뜰에는 수레와 말이 수천 대나 되었다. 이사는 길게 한숨을 쉬며 말했다.

"아아! 나는 순자가 '사물이 지나치게 강성해지는 것을 경계해야 한다.'라고 한 말을 들었다. 나는 상채에서 태어난 평민이며 시골 마을의 백성일 뿐인데, 주상께서는 내가 아둔하고 재능이 없는 줄도 모르고 뽑아서 오늘날 이 지위까지 오르게 하셨다. 지금 다른 사람의 신하된 자로서 나보다 윗자리에 있는 이가 없고 부귀도 극에 달했다고 할 만하다. 만물은 극에 이르면 쇠하거늘 내 앞날이 어떻게 될지 알 수 없구나."

이사가 몽염보다 못한 다섯 가지

진시황 37년 10월에 황제는 세상을 두루 돌아보러 나가 회계산으로 해서 해안을 따라 북쪽으로 낭야(琅邪)에 이르렀다. 승상 이사와 중거부령(中車府 令, 황제의 수레를 관리하는 직책) 조고(趙高)가 부새령(符璽令, 황제의 옥새를 관리 하는 직책)의 일을 겸하면서 따라갔다. 진시황에게는 아들이 스무 명 남짓 있 었는데 맏아들 부소가 솔직하게 간언하는 날이 많으므로 상군(上郡)의 군대 를 감독하도록 하여 밖으로 내보냈는데, 몽염이 그 군대의 장군으로 있었다. 막내아들 호해는 황제에게 남달리 사랑을 받고 있었는데, 그가 따라가고 싶 어하자 진시황이 허락했다. 나머지 아들은 아무도 따라가지 못했다.

그해 7월 진시황이 사구(沙丘)에 이르렀을 때 병이 위독하여 조고에게 다 음과 같은 편지를 적어 부소에게 보내도록 했다.

> 군대는 몽염에게 맡기고 함양으로 와서 내 유해를 맞이하여 장례를 지 내라.

밀봉한 편지가 사자에게 전해지기 전에 진시황이 세상을 떠났다. 편지와 옥새는 모두 조고가 가지고 있었다. 진시황의 막내아들, 승상 이사, 조고 및 진시황이 아끼던 환관 대여섯 명만이 진시황이 죽은 사실을 알 뿐 다른 신하 들은 몰랐다. 이사는 황제가 밖으로 돌아다니는 중에 죽었고 아직 태자가 정 식으로 세워지지 않았기 때문에 이 일을 비밀에 부쳤다. 황제의 유해를 온량 거(轀輬車)[13] 속에 안치하고 관리들이 정치적인 일을 아뢰고 식사를 올리는 것 을 전과 다름없이 했으며, 환관이 온량거 안에서 웬만한 일을 결재했다.

조고는 부소에게 내린 옥새가 찍힌 편지를 쥐고 호해에게 이렇게 말했다.

---

13   사람이 누울 수 있도록 만든 규모가 큰 수레로, 수레 양쪽에 창문을 만들어 온도를 조절하였다.

"황상께서 숨을 거두셨지만 조서를 내려 여러 아들을 책봉하여 왕으로 삼지 않으시고 맏아들에게만 글을 내렸으니, 맏아들이 오면 곧바로 즉위하여 황제가 될 것입니다. 그러면 공자께서는 한 치의 땅도 가질 수 없습니다. 이 일을 어찌 하시겠습니까?"

호해가 말했다.

"그것은 당연한 일입니다. 현명한 군주는 신하를 잘 파악하고 현명한 아버지는 자식을 잘 안다고 들었습니다. 아버지께서는 돌아가실 때까지 여러 아들을 왕으로 책봉하지 않았습니다. 자식으로서 무슨 말을 할 수 있겠습니까?"

조고가 말했다.

"그렇지 않습니다. 이제 천하의 대권을 잡느냐 마느냐 하는 것은 공자와 저와 승상에게 달려 있으니 깊이 생각해 보시기 바랍니다. 남을 신하로 삼는 것과 남의 신하가 되는 것, 또는 남을 지배하는 것과 남에게 지배당하는 것을 어찌 같다고 할 수 있겠습니까?"

호해가 말했다.

"형을 물러나게 하고 아우를 오르게 하는 것은 정의롭지 못한 일입니다. 아버지의 조서를 받들지 않고 죽음을 두려워하는 것은 효성스럽지 못한 일입니다. 자신의 재능이 보잘것없는데 억지로 남의 공로에 의지하는 것은 할 수 없는 일입니다. 이 세 가지는 덕을 거스르는 일이므로 세상 사람들은 복종하지 않을 테고 몸은 위태로우며 사직의 제사를 받들지 못할 것입니다."

조고가 말했다.

"제가 듣건대 '탕왕과 무왕은 각각 자기의 군주를 죽였지만 세상 사람들은 그들을 의롭다고 할 뿐 충성스럽지 못하다고 말하지 않았다. 위(衛)나라의 군주는 자기 아버지를 죽이고 왕위에 올랐지만[14] 백성은 그의 덕을 받들었고

---

14 「위 강숙 세가」에 따르면 위(衛)나라의 무공(武公)이 자기 형을 죽이고 왕위를 빼앗았다는 기록이 보인다. 따라서 이 말은 조고의 착오로 볼 수 있다.

공자도 이 일을 『춘추』에 적으면서 효성스럽지 못한 일이라고 하지 않았다.'라고 했습니다. 대체로 큰일을 행할 때는 작은 일을 돌아보지 않으며 큰 덕이 있는 사람은 일을 사양하지 않습니다. 고을마다 각기 제 나름대로 좋은 점이 있으며, 백관들의 공은 다 같지 않습니다. 그래서 작은 일을 돌아보다가 큰일을 잊어버리면 뒤에 반드시 재앙이 닥치고, 의심하며 주저하면 나중에 반드시 후회하게 됩니다. 결단을 내려 과감하게 행동하면 귀신도 피하고 뒷날 성공하게 됩니다. 공자께서는 이 일을 단행하시기 바랍니다."

호해는 크게 탄식하면서 말했다.

"아버지의 죽음도 아직 알리지 않고 상례도 마치지 않았는데, 어떻게 이 일에 승상의 동의를 얻을 수 있겠소?"

조고가 말했다.

"때가 때인 만큼 생각할 여유가 없습니다. 식량을 짊어지고 말을 달려도 때에 늦을까 염려됩니다."

호해는 이미 조고의 말을 그럴듯하게 여기고 있었다. 조고가 말했다.

"승상과 상의하지 않고서는 이 일은 성공할 수 없을 것입니다. 신이 공자를 위하여 승상과 의논하겠습니다."

조고는 승상 이사에게 이렇게 말했다.

"주상께서 돌아가실 때 맏아들 부소에게 편지를 내려 함양에서 유해를 맞으라 하고 맏아들을 후사로 삼도록 했습니다. 그 편지는 아직 보내지 않았고, 지금 주상이 돌아가신 것을 아는 사람은 없습니다. 맏아들에게 내린 편지와 옥새는 모두 호해가 가지고 있습니다. 태자를 정하는 일은 당신과 제 입에 달려 있습니다. 이 일을 어떻게 하시겠습니까?"

이사가 말했다.

"어째서 나라를 망칠 말을 하시오? 이것은 신하로서 논의해서는 안 될 일이오."

조고가 말했다.

"당신이 스스로 능력을 헤아려 볼 때 몽염과 비교하면 누가 낫습니까? 공이 높은 면에서는 몽염과 비교하면 누가 낫습니까? 원대하게 일을 꾀하여 실수하지 않는 점에서는 몽염과 비교하면 누가 낫습니까? 천하 사람들에게 원한을 사지 않은 점에서는 몽염과 비교하면 누가 낫습니까? 맏아들 부소와 오랫동안 사귀어 신임을 받는 면에서는 몽염과 비교하면 누가 낫습니까?"

이사는 되물었다.

"이 다섯 가지 점에서 나는 모두 몽염만 못하오. 그런데 당신은 어째서 이다지도 심하게 따지시오?"

조고가 말했다.

"저는 본래 하찮은 일을 하는 환관에 지나지 않습니다만, 다행히도 형법의 담당 관리로서 진나라 궁궐에 들어와 일을 맡은 지 이십여 년이나 되었습니다. 그동안 진나라에서 파면된 승상이나 공신들 가운데 봉토를 두 대에 걸쳐 이어받은 사람을 보지 못했습니다. 그들은 결국 모두 목이 베여 죽었습니다. 승상께서는 스무 명 남짓 되는 시황제의 아들을 모두 알고 있습니다. 맏아들 부소는 강직하고 용맹스러우며 남을 믿고 선비들을 떨쳐 일어나게 하는 분입니다. 만일 그가 즉위하면 반드시 몽염을 기용하여 승상으로 삼을 것입니다. 그러면 승상께서는 결국 통후(通侯)[15]의 인수를 내놓고 고향으로 돌아가게 될 것이 분명합니다. 저는 칙명을 받들어 호해를 가르치고 몇 년 동안 법을 배우게 하여 그가 잘못을 저지르게 한 적이 없었습니다. 그는 인자하고 독실하고 따사로운 성품으로 재물을 가벼이 여기고 인재를 소중히 여기며 마음속으로는 분별이 있지만 말을 겸손하게 하며 예의를 다하여 선비들을 존경합니다. 진나라의 여러 공자 가운데 그만한 사람이 없습니다. 군주의 뒤를 이을 만한 참 인물입니다. 승상은 잘 생각해서 결정하십시오."

---

15 통후란 진나라와 한나라 때 작위가 20급에 해당하는 관직에 있는 사람을 가리키는데, 나중에는 열후(列侯)로 통칭되었다.

이사가 말했다.

"당신은 제자리로 돌아가시오. 나는 군주의 조칙을 받들어 하늘의 명에 따를 뿐이오. 어찌 우리가 결정할 수 있는 일이겠소?"

조고가 말했다.

"편안한 것을 위험으로 돌릴 수도 있고 위험한 것을 편안한 것으로 돌릴 수도 있습니다. 편안하고 위험한 것을 결정하지 못한다면 어찌 승상을 성인의 지혜를 가진 분으로 존중하겠습니까?"

이사가 말했다.

"나는 상채라는 시골의 평민이었으나 다행히 황제께서 발탁하여 승상이 되고 열후로 봉해졌으며 자손도 모두 높은 지위와 많은 봉록을 받게 되었소. 이는 나라의 존망과 안위를 나에게 맡기려고 한 것인데 어떻게 그 뜻을 저버릴 수 있겠소? 충신은 죽음을 피하려 요행을 바라지 않으며, 효자는 부모를 섬기는 데 부지런히 힘쓰고 위험한 일을 하지 않으며, 다른 사람의 신하가 된 자는 저마다 자기 직책을 지킬 따름이오. 당신은 더 이상 말하지 마시오. 나에게 죄를 짓도록 할 셈이오?"

조고가 말했다.

"제가 듣건대 성인은 변하여 정해진 태도가 없으며, 변화에 따르고 시대에 호응하며, 끝을 보고 근본을 알며, 지향하는 바를 보고 귀착되는 바를 안다고 합니다. 사물이란 본래 이런 것입니다. 어찌 변하지 않는 고정된 법칙이 있겠습니까? 이제 천하의 대권은 호해에게 달려 있으며, 저는 그의 마음을 잘 알고 있습니다. 대체로 밖에서 안을 제어하는 것을 혹(惑)이라 하고, 아래에서 위를 제어하는 것을 적(賊)이라 합니다. 가을에 서리가 내리면 잎과 꽃이 떨어지고, 얼음이 녹아 물이 흐르게 되면 만물이 일어납니다. 이것은 필연의 법칙입니다. 당신은 어째서 판단이 더디십니까?"

이사가 말했다.

"내가 듣건대 '진(晉)'에서는 태자 신생(申生)을 폐했다가 헌공, 혜공, 문공

세 대에 걸쳐 나라가 평안하지 못했고, 제나라 환공의 형제들은 왕위를 다투다가 공자 규(糾)가 피살되었으며, 은나라 주왕은 친척을 죽이고 간언하는 사람의 말을 듣지 않아서 나라가 잿더미가 되고 끝내 종묘 사직을 위태롭게 했다.'라고 하오. 이 세 사람은 하늘의 뜻을 거슬러 종묘에 제사지낼 수 없게 되었소. 사람으로서 어찌 그렇게 모반을 꾀할 수 있단 말이오?"

그러자 조고가 말했다.

"위와 아래가 마음을 합치면 길이 누릴 수 있으며, 안과 밖이 하나가 되면 일의 겉과 속이 없어집니다. 승상께서 제 말을 받아들이면 봉후의 지위를 유지하고 자자손손 고(孤)라고 일컬으며, 반드시 왕자교(王子喬)와 적송자(赤松子)처럼 장수하고 공자와 묵자 같은 지혜를 얻게 될 것입니다. 그러나 지금 이것을 버리고 따르지 않으면 재앙이 자손에게까지 미치고 두려운 결과를 불러올 것입니다. 처세를 잘하는 자는 화를 돌려 복으로 만드는데, 승상께서는 어떻게 처신하시렵니까?"

이사는 하늘을 우러러 한탄하고 눈물을 흘리면서 긴 한숨을 내쉬었다.

"아! 나 홀로 어지러운 세상을 만나 죽을 수도 없으니 어디에 내 목숨을 맡기랴?"

이사는 결국 조고의 의견을 따르기로 했다. 조고는 바로 호해에게 말했다.

"제가 태자의 밝은 뜻을 받들어 승상에게 알렸더니 승상 이사는 감히 명령을 받들지 않을 수 없었습니다."

세 사람은 공모하여 진시황의 조서를 받은 것처럼 꾸미고, 승상은 시황의 아들 호해를 세워 태자로 삼았다. 또 맏아들 부소에게 내린 편지를 이렇게 고쳤다.

짐이 천하를 순행하며 이름 있는 신들에게 제사 지내고 기도드려 수명을 연장하려 한다. 지금 너는 장군 몽염과 함께 군사 수십만 명을 이끌고 국경 지방에 주둔한 지 십여 년이 지났으나 앞으로 나가지 못하고 병졸을 많이 잃었을 뿐 한 치의 공로도 세운 바 없다. 그럼에도 자주 글을 올려 직언하여 비방하고, 지금의 직분을 그만두고 돌아와 태자의 지위에 되돌아갈 수 없음을 원망하고 있다. 너는 아들로서 불효하여 칼을 내리니 스스로 목숨을 끊어라. 장군 몽염은 부소와 함께 밖에 있으면서 부소를 바로잡지 못했으며, 마땅히 부소가 꾀하는 바를 알았을 터이다. 신하로서 충성하지 못하였기에 스스로 목숨을 끊도록 명하며, 군사는 비장(裨將) 왕리(王離)에게 맡기도록 하라.

이 편지를 황제의 옥새로 봉하고 호해의 식객을 시켜 받들고 가서 상군에 있는 부소에게 전하게 했다. 사자가 도착하여, 편지를 펼쳐 본 부소는 울면서 안으로 들어가 스스로 목숨을 끊으려고 했다. 몽염이 부소를 말리며 말했다.

"폐하께서는 궁궐 밖에 계시며 아직 태자를 세우지 않았습니다. 저에게 대군 삼십만 명을 이끌고 변경을 지키게 하고, 공자를 시켜 군을 감시하도록 했습니다. 이것은 천하의 중대한 임무입니다. 지금 사자 한 명이 왔다고 스스로 목숨을 끊으려 하시면 어찌 이 편지가 거짓이 아님을 알겠습니까? 청컨대 다시 한 번 용서를 빌어 보십시오. 다시 용서를 구한 뒤에 목숨을 끊어도 늦지 않습니다."

사자가 여러 차례 스스로 목숨을 끊도록 재촉하자 사람됨이 어진 부소는 몽염에게 이렇게 말했다.

"아버지가 자식에게 죽음을 내렸는데 어떻게 다시 용서를 청할 수 있겠소?"

그러고는 스스로 목숨을 끊었다. 몽염이 스스로 죽으려 하지 않자 사자는 그를 옥리에게 넘겨 양주(陽周)의 옥에 가두었다.

사자가 돌아와 아뢰니, 호해와 이사와 조고는 매우 기뻐하며 함양으로 돌아와 진시황의 죽음을 널리 알렸다. 태자는 이세황제로 즉위하였다. 조고는 낭중령(郎中令, 궁문을 맡은 관리)이 되어 언제나 궁중에서 이세황제를 모시고 정권을 마음대로 휘둘렀다.

이세황제는 한가한 틈에 조고를 불러 이렇게 상의했다.

"사람이 태어나 세상을 살아가는 것은 비유하자면 준마 여섯 필이 끄는 수레가 달려가는 것을 문틈으로 보는 것처럼 짧은 시간이오. 이제 황제로서 천하에 군림하게 되었으니 귀로 듣고 싶고 눈으로 보고 싶은 것을 모두 즐기고, 종묘를 편안히 하고 많은 백성을 즐겁게 하여 천하를 길이 소유하고, 타고난 내 수명을 누리고 싶은데 어떤 방법이 있겠소?"

조고는 이렇게 대답했다.

"그것은 현명한 군주만이 할 수 있는 것으로 어둡고 어리석은 군주는 할 수 없는 일입니다. 감히 부월(斧鉞)의 형벌을 무릅쓰고 말씀드릴 테니 폐하께서는 조금만 헤아려 주십시오. 저 사구에서 꾀한 일을 여러 공자와 대신들이 의심하고 있습니다. 여러 공자는 모두 폐하의 형제들이며, 대신들은 선제께서 등용했던 사람들입니다. 폐하께서 즉위하자 그자들은 이를 못마땅하게 여겨 마음으로 복종하지 않고 있으니 반란을 일으킬까 우려됩니다. 게다가 몽염이 아직 살아 있고, 그 아우 몽의(蒙毅)는 군대를 이끌고 나라 밖에 나가 있습니다. 신은 두려움에 싸여 전전긍긍하고 있습니다. 그러니 폐하께서 어찌 지금 말씀하신 그러한 즐거움을 누릴 수 있겠습니까?"

이세황제가 물었다.

"그럼 어떻게 하면 좋겠소?"

조고가 대답했다.

"법을 준엄하게 하고 형벌을 가혹하게 하며, 죄 있는 자는 연좌제를 실시하여 죄를 지으면 그 일족을 모조리 죽이고, 선제 때의 대신들을 물러나게 하고 폐하의 형제들을 멀리하며, 가난한 자를 부유하게 하고 천한 자를 높여 주십시오. 선제의 옛 신하를 모두 제거하고 폐하께서 믿을 수 있는 자를 새로 두어 가까이 하십시오. 이렇게 하신다면 숨어 있던 덕이 폐하에게로 모이고 해로운 것이 없어지며, 간사한 음모는 막히고 신하들은 폐하의 은택을 입고 두터운 덕을 입지 않은 자가 없을 것이며, 폐하께서는 베개를 높이 베고 마음껏 즐길 수 있을 것입니다. 이보다 더 좋은 계책은 없습니다."

이세황제는 조고의 말을 옳다고 여겨 법률을 다시 제정하고, 신하와 공자들 중에 죄를 짓는 자가 있으면 조고에게 맡겨 조사하도록 했다. 이렇게 해서 대신 몽의 등을 물러나게 하고, 공자 열두 명을 함양의 시장 바닥에서 죽이고, 공주 열 명을 두(杜)에서 기둥에 묶어 놓고 창으로 찔러 죽였으며, 그들의 재산은 모두 거둬들였는데 여기에 연루된 자는 이루 헤아릴 수 없을 만큼 많았다.

공자 고(高)는 달아나려다가 온 가족이 모두 죽음을 당할까 두려워 글을 올려 이렇게 말했다.

선제께서 건강하셨을 때 신이 궁중에 들어가면 먹을 것을 내려 주시고 나갈 때는 수레를 태워 주셨으며, 어부(御府, 황제의 옷을 관장하던 곳)의 옷을 내려 주시고 황제의 마구간의 좋은 말도 내리셨습니다. 신은 마땅히 선제를 따라 죽어야 하지만 그렇게 하지 못했으니 아들로서 효도하지 못했고, 신하로서 충성하지 못했기 때문에 이 세상에 살아갈 명분이 없습니다. 그러므로 선제를 따라 죽으려 하니, 원컨대 여산(酈山) 기슭에 묻어 주십시오. 폐하께서 신을 가엾게 여겨 주시면 다행이겠습니다.

이런 글이 올라오자 호해는 매우 기뻐서 조고를 불러 편지를 보여 주며 말했다.

"이래도 사태가 급박하다고 할 수 있소?"

조고가 말했다.

"신하 된 자가 죽게 될까 근심이 되어 다른 생각을 할 겨를이 없는데 어찌 모반을 꾀할 수 있겠습니까?"

호해는 그 글을 허가하고 십만 전을 내려 매장해 주었다.

제 몸조차 이롭게 못하면서 어찌 천하를 다스리랴

법령에 따라 죽이고 벌하는 일이 날로 더욱더 가혹해지자 여러 신하가 스스로 위험을 느껴 모반하려는 자가 많아졌다. 또 황제를 위하여 아방궁을 짓고 직도(直道)와 치도(馳道)[16]를 만드느라 세금이 더 무거워지고 변방 부역에 징발이 그치지 않았다. 그래서 초나라 수비병 진승(陳勝)과 오광(吳廣) 등이 반란을 일으켜 산동에서 일어나니 호걸과 날랜 사람들이 다 일어나 스스로 제후가 되고 왕이 되어 배반했다. 그 반란군은 홍문(鴻門)까지 진격했다가 물러날 정도로 거셌다.

이사는 여러 번 이세황제가 한가한 틈을 타 간언하려 했지만 이세황제는 허락하지 않고 도리어 이사를 문책하며 말했다.

"나에게는 나름대로 생각이 있소. 나는 한비로부터 들은 말이 있는데 '요임금이 천하를 차지했을 때 당(堂)의 높이는 석 자이고 서까래는 자르지 않은 통나무 그대로였으며 지붕을 덮은 참억새풀은 처마에 늘어져도 자르지 않았다. 나그네가 머무는 집도 이보다 검소할 수는 없다. 겨울에는 사슴 가죽으로 지은 옷을 입고 여름에는 칡으로 만든 베옷을 입으며, 거친 현미밥에 명아주잎과 콩잎으로 끓인 국을 질그릇에 담아 먹고 마셨다. 문지기가 입고 먹는 것도 이보다 검소할 수 없다. 우임금은 용문산(龍門山)을 뚫어 대하(大夏)까지 통하게 하고 구하(九河)[17]를 열어 통하게 하고 구곡(九曲)에 둑을 둘러 쌓아 막혔던 물길을 터 바다로 흘러 들어가게 했다. 우임금은 이러한 일을 하느라 넓적다리의 잔털이 다 닳아 없어지고 종아리의 털까지 없어졌다. 손과

---

16 직도는 진시황 35년 몽염에게 명하여 운양에서 구원군까지 직선으로 뚫은 길로 1800리에 달한다. 치도는 넓디넓은 도로라는 뜻으로 너비가 30장(丈)이며 지면보다 높게 닦아 길 양쪽에 소나무를 심었다. 전국의 각 요충지에 도달할 수 있었으며, 동쪽으로는 연나라와 제나라까지 미치고 남쪽으로는 오나라와 초나라까지 닿았다. 오늘날에도 풀 한 포기 자라지 않은 형태로 남아 있다.

17 일설에는 도해하(徒駭河), 태사하(太史河), 마협하(馬頰河), 복부하(覆釜河), 호소하(胡蘇河), 간하(簡河), 결하(絜河), 구반하(鉤盤河), 격진하(鬲津河)라고 하는데 여기서는 황하의 모든 지류를 가리킨다.

발에는 못이 박이고 얼굴은 새까맣게 그을렸다. 그러나 결국 객사하여 회계산에 묻혔다. 노예의 수고로움도 이보다 심하지는 않았을 것이다. 그러면 천하를 다스리는 일이 귀중하다는 것은 자기 몸을 괴롭히고 정신을 피로하게 하고, 몸은 나그네가 머무는 집 같은 곳에 두고, 입은 문지기와 같은 음식을 먹고, 손은 노예와 같은 일을 하는 것이란 말인가? 이것은 어리석은 자가 힘쓰는 일이지 현명한 사람이 힘쓸 일이 아니다. 어진 사람이 천하를 소유하게 되면 오로지 천하를 자기에게 맞도록 할 뿐이다. 이것이 천하를 다스리는 것을 중하게 여기는 까닭이다. 이른바 어진 사람은 반드시 천하를 평안하게 하여 모든 사람을 다스릴 수 있다. 지금 제 몸조차 이롭게 하지 못하면서 어찌 천하를 다스릴 수 있겠는가?'라고 했소. 그래서 짐은 내 뜻대로 욕심을 넓혀서 길이 천하를 가지고 재해가 없기를 바라오. 그러려면 어떻게 해야 하오?"

이사의 아들 유는 삼천군 태수이나 오광 등 도적 무리가 삼천군 서쪽을 침략하며 지나가도 이를 막지 못하였다. 진나라 장수 장한(章邯)이 오광 등의 도적 무리를 쳐부숴 쫓아 버리자, 삼천군의 일을 조사하는 사자가 잇달아 오가면서 이사를 문책했다.

"당신은 삼공의 지위에 있으면서 도적들이 이처럼 날뛰게 하니 어찌된 일이오?"

이사는 두렵지만 벼슬과 봉록을 소중히 여겨 어찌할 바를 모르다가, 결국 이세황제의 비위를 맞추어 용서를 빌고자 다음과 같은 글을 올렸다.

대체로 현명한 군주는 반드시 온갖 수단을 다하여 신하의 잘못을 꾸짖고 벌주는 방법을 시행하려고 합니다. 책임을 꾸짖으면 신하들은 능력을 다하여 자기 군주를 따르지 않을 수 없습니다. 신하와 군주의 직분이 정해지고 위와 아래의 의리가 분명해지면, 천하의 어진 사람도 어질지 않은 사람도 있는 힘을 다해 맡은 일을 하여 군주를 따르지 않는 자가 없습니다. 그러므로 군주는 홀로 천하를 통제하고 남에게 제어되는 일이 없습니다.

더없는 즐거움을 다 맛볼 수 있어야 이런 분이 현명한 군주이신데, 이러한 도리를 살피지 않을 수 있겠습니까?

그래서 신불해(申不害, 법가 계열에 속함)는 "천하를 차지하고도 자기 뜻대로 행동하지 못한다면 이것은 천하를 질곡(桎梏, 차꼬와 수갑)으로 삼는 것이다."라고 말했습니다. 이것은 다른 뜻이 아니라 신하를 잘 꾸짖지 못하면서 도리어 천하의 백성을 위해 자기 몸을 괴롭혀 요임금과 순임금처럼 그렇게 하면, 그것이 바로 질곡이라는 말입니다. 대체로 신불해나 한비자의 훌륭한 법술을 배워 신하를 꾸짖는 방법을 실행하여 천하를 자기 마음대로 부리지 못하고, 부질없이 애써서 제 몸을 괴롭히고 정신을 수고롭게 하여 몸소 백성에게 봉사하는 것은 백성이 할 일이지 천하를 다스리는 군주가 할 일이 아닙니다. 이래서야 어찌 존귀하다 할 수 있겠습니까? 남이 나를 따르게 하면 나는 존귀해지고 남은 비천해지지만, 내가 남을 따르면 내가 비천해지고 남이 존귀해집니다. 그러므로 남을 따르는 자는 비천하고 남을 따르게 하는 자는 존중받는 것입니다. 예로부터 지금까지 그렇지 않은 경우는 없었습니다. 옛날에 현명한 사람을 존중한 까닭은 그 사람이 존귀했기 때문이고, 못난 사람을 미워한 까닭은 그 사람이 미천했기 때문입니다. 그런데 요임금과 우임금은 몸소 천하의 백성을 따랐습니다. 이런 까닭으로 그들을 존귀하다고 한다면 현명한 사람들을 존중하는 명분이 없어질 것입니다. 이것은 매우 잘못이라고 말할 수 있습니다. 이런 것을 질곡이라고 하는 것이 당연하지 않습니까? 이것은 신하를 제대로 처벌하지 못한데서 오는 잘못입니다.

한비자는 "자애로운 어머니에게는 집안을 망치는 자식이 있지만 엄격한 가정에는 거스르는 종이 없다."라고 말했습니다. 무엇 때문에 이런 말을 했겠습니까? 잘못을 하면 반드시 벌을 주기 때문입니다. 옛날 상군의 법에 따르면 길가에 재를 버리면 벌을 내렸습니다. 대체로 재를 버리는 것은 가벼운 죄이지만 형벌은 무거웠습니다. 오직 현명한 군주만이 가벼운 죄를 엄하게 다스릴 수 있습니다. 가벼운 죄도 엄하게 처벌하는데 하물며 큰 죄를 지었을 경우는 말할 것도 없습니다. 그래서 백성은 감히 법을 어기지 못하는 것입니다. 그러므로 한비자도 "하찮은 베 조각이나 비단 조각은 도둑이 아닌 일반 사람들도 가져가지만 좋은 황금 이천 냥은 도척도 훔쳐가지 않는다."라고 말했습니다. 보통 사람들이 하찮은 이익을 중시하는 마음이 깊고 도척의 욕심이 얕아서 그런 것도 아니고, 도척의 행위가 이천 냥이나 되는 귀중한 황금을 가벼이 여겨서 그런 것도 아닙니다. 그것을 가져가면 반드시 처벌을 받기 때문에 도척도 이천 냥이나 되는 황금을 집어가지 않는다는 말입니다. 반드시 처벌을 받지 않는다면 일반 사람들도 하찮은 것이라도 훔치게 됩니다. 그래서 성벽 높이가 다섯 길밖에 안 되더라도 누계(樓季)[18]가 가벼이 넘지 못하고, 태산은 높이가 팔백 척이나 되지만 절름발이 양치기도 그 정상에서 양을 치는 것입니다. 누계도 다섯 길 높이를 어렵게 여기는데 어떻게 절름발이 양치기가 백 인(仞) 높이를 쉽다고 할까요? 그것은 곧게 높아진 것과 완만하게 높아진 것의 형세가 다르기 때문입니다.

현명한 군주, 성스러운 왕이 오래도록 존귀한 지위에 있으면서 길이 큰 권세를 잡고 천하의 이익을 독점할 수 있었던 까닭은 무슨 특별한 방법이 있어서가 아니라 독자적으로 결단을 내리고 죄상을 세밀히 살펴 반드시 엄한 형벌을 내림으로써 천하 사람들이 감히 죄를 짓지 못했기 때문입니다. 그런데 지금 죄를 짓지 못하게 하는 근본 원인에는 힘쓰지 않고, 자애로운 어머니가 아들을 망치는 근원을 일삼는다면 성인의 이치를 살피지 못하는 것입니다. 성인의 이치를 실천하지 못하면 자기를 버려서 천하를 위해 고생하는 것인데 어찌 본받으시겠습니까? 이것을 어찌 슬퍼하지 않을 수 있겠습니까?

또한 검소하고 절약하며 어질고 의로운 사람이 조정에 서게 되면 방자

---

18 위(魏)나라 문후(文侯)의 동생으로 날뛰는 말을 제지하고 뒤집힌 수레를 바로 세울 수 있을 만큼 힘센 장사였다고 한다.

한 쾌락이 그치고, 간언이나 이치에 맞는 말을 하는 신하가 군주 곁에서 입을 열면 방만한 의견이 물러가며, 열사가 절개를 위하여 죽는 행위가 세상에 드러나면 음탕한 쾌락이 없어집니다. 그러므로 지혜로운 군주는 이 세 부류의 사람을 멀리하고, 군주로서 신하들을 다스리는 방법을 써서 따르는 신하들을 제어하고 법률을 철저히 제정해야 합니다. 이렇게 하면 자신이 존중되고 권세는 무거워집니다.

대체로 현명한 군주는 반드시 세속을 거스르고 풍속을 고쳐서 싫어하는 것을 없애고 하고자 하는 바를 세웁니다. 이렇게 해서 살아서는 존중을 받으며 큰 권세를 누리고, 죽어서는 현명했다는 시호를 받게 됩니다. 그러므로 현명한 군주는 홀로 결정하기 때문에 권력이 신하에게 있지 않습니다. 이렇게 한 뒤에야 인의의 주장을 없애고, 이론을 따지는 자의 입을 막으며, 열사의 행동을 눌러서 귀를 막고 눈을 가리고도 마음속으로 혼자 보고 들을 수 있습니다. 그래서 밖으로는 인의가 있는 사람과 열사의 행동에 마음을 기울이지 않을 수 있고, 안으로는 간언하며 다투는 변설에도 마음을 빼앗기지 않을 수 있습니다. 군주는 초연하게 혼자서 하고 싶은 대로 행동해도 감히 거스르는 자가 없게 됩니다. 이렇게 된 뒤라야 신불해와 한비자의 학술을 밝히고 상군의 법을 실천했다고 할 수 있습니다. 법을 실천하고 학술에 밝고서도 천하가 어지러워졌다는 말은 듣지 못했습니다. "왕도(王道)는 간략하여 행하기 쉽지만 현명한 군주만이 이것을 시행할 수 있다."라고 합니다. 이렇게 하면 신하들에게 꾸짖고 벌을 내릴 수 있으며, 신하들에게는 간사한 마음이 없어집니다. 신하들에게 간사한 마음이 없어지면 천하는 평안해지고, 천하가 평안해지면 군주는 존엄해지며, 군주가 존엄해지면 반드시 처벌이 실행됩니다. 처벌이 실행되면 구하는 바를 얻을 수 있으며, 구하는 바를 얻을 수 있으면 나라가 부유해지고, 나라가 부유해지면 즐거움도 넉넉해질 것입니다. 그러므로 꾸짖고 처벌하는 법술이 이루어지면 어떠한 욕망이라도 얻지 못하는 것이 없으며, 신하들과 백성은 죄와 허물을 벗어나기에 겨를이 없을 테니 어떻게 감히 모반을 꾀할 수 있겠습니까? 이와 같이 하면 제왕의 길이 갖추어지고, 군주와 신하의 도를 밝혔다고 할 수 있을 것입니다. 신불해와 한비자가 다시 태어난다 해도 이보다 더할 수는 없을 것입니다.

이 글을 올리자 이세황제는 기뻐했다. 이리하여 처벌을 더욱더 엄격히 하고, 백성으로부터 많은 세금을 걷는 자를 현명한 관리라고 했다. 이세황제가 말했다.

"이와 같이 하는 것이 처벌을 잘하는 것이라고 할 수 있다."

그 뒤 길에 다니는 사람 중 절반은 형벌을 받은 자이고, 형벌을 받아 죽은 자가 날마다 시장 바닥에 쌓여 갔다. 그리고 사람을 많이 죽인 관리를 충신이라고 했다. 이세황제는 말했다.

"이와 같이 하는 것이 처벌을 잘하는 것이라고 할 수 있다."

처음 조고가 낭중령으로 있을 때, 그는 사람을 죽이고 사사로운 원한을 푼 일이 많았다. 조고는 대신들이 조정으로 들어가 정사에 대하여 얘기하다가 자기를 헐뜯을까 두려워서 이세황제를 이렇게 설득했다.

"천자가 존귀한 까닭은 신하들은 소리만 들을 뿐 얼굴을 볼 수 없기 때문입니다. 그래서 천자는 스스로 짐(朕)[19]이라고 일컬었습니다. 또 폐하께서는 아직 나이가 어려서 반드시 모든 일에 두루 능통할 수는 없습니다. 지금 조정에 앉아 신하에 대한 견책이나 사람을 쓰는 문제에서 옳지 못한 점이 있다면 대신들에게 단점을 보이는 것입니다. 이는 폐하의 신성하고 영명하심을 천하에 보이는 것이 아닙니다. 그러니 폐하께서는 궁중 깊숙한 곳에서 팔짱을 끼고 계시면서 신과 법률에 밝은 시중(侍中)과 더불어 일을 기다렸다가 안건이

---

19 이 말은 본래 조짐(兆朕), 즉 아직 사물이 제 모습을 나타내기 전의 상태를 가리켰다. 진(秦)나라 이전에는 주로 1인칭 대명사로 쓰이다가 시황제 때부터 천자의 자칭으로 사용되었다.

생기면 그것을 상의해서 처리하십시오. 이렇게 하면 대신들은 감히 의심스러운 일을 말하지 못하며, 온 천하가 훌륭한 군주라고 칭찬할 것입니다."

이세황제는 이 계책을 받아들여 조정으로 나아가 대신들을 만나지 않고 궁궐 깊숙한 곳에 머물렀다. 조고는 이세황제를 모시고 정치적인 일을 제 마음대로 처리했다. 이리하여 모든 일은 조고의 손에서 결정되었다.

조고는 이사가 이 일에 관하여 말하려고 한다는 것을 듣고 승상 이사를 만나 이렇게 말했다.

"함곡관 동쪽에는 도적떼가 많이 일어나고 있습니다. 그런데 지금 군주께서는 급히 부역을 징발하여 아방궁을 짓고 개나 말 같은 쓸모없는 것을 모으고 계십니다. 제가 간언하려 해도 지위가 낮으니 이런 일은 참으로 승상께서 하실 일인데, 어째서 간언하지 않습니까?"

이사가 말했다.

"물론 그렇습니다. 나는 그것을 말씀드리고 싶어 한 지 오래되었습니다. 그러나 요즘 군주께서는 조정에 나오시지 않고 궁궐 깊숙한 곳에 계시니 드리고 싶은 말씀이 있어도 전할 수 없고, 뵙고자 해도 만날 틈이 없습니다."

조고가 말했다.

"만일 승상께서 참으로 간언하고 싶다면 승상을 위해 군주가 한가한 틈을 엿보아 알려 드리겠습니다."

조고는 이세황제가 한창 연회를 벌여 미녀들을 앞에 놓고 있을 때를 기다렸다가 사람을 보내 승상 이사에게 말했다.

"군주께서 지금 한가하시니 말씀을 올릴 수 있습니다."

승상은 궁문에 이르러 뵙기를 청했다. 이런 일이 세 번이나 되풀이되자 이세황제가 화를 내며 말했다.

"나는 언제나 한가한 날이 많은데 승상은 그런 때에는 오지 않고, 내가 연회를 열어 즐기고 있으면 와서 안건을 말하려 하오. 승상은 감히 나를 어리다고 얕잡아 보는 것이오. 아니면 나를 어리석다고 깔보는 것이오."

조고는 이 틈을 타서 말했다.

"이렇게 하면 위태로워집니다. 저 사구에서의 음모에 승상도 참여했습니다. 지금 폐하께서는 황제가 되셨지만 승상의 지위는 더 존귀해진 것이 없습니다. 그는 땅을 떼어 받아 왕이 되기를 바랄 것입니다. 또 폐하께서 묻지 않으시기에 구태여 말씀드리지 않았습니다만, 승상의 맏아들 이유는 삼천군 태수로 있는데 초나라의 도둑 진승 등은 모두 승상의 고향에서 가까운 고을 사람들입니다. 그래서 초나라 도둑들이 공공연히 돌아다니며 삼천군을 지나도 이유는 성만 지킬 뿐 나가 치려고 하지 않았습니다. 신은 그들 사이에 편지가 오간다고 들었습니다만 아직 확실한 증거를 잡지 못했기에 감히 말씀드리지 않았습니다. 또 궁중 밖에서 승상의 권세는 폐하보다도 무겁습니다."

이세황제도 그렇다고 생각했다. 이세황제는 승상을 심문하려 했으나, 그 사실이 확실하지 않은 것을 염려하여 사람을 시켜 삼천군 태수가 도둑과 내통한 상황을 조사하도록 하였다. 이사도 이런 움직임을 들었다.

그때 이세황제는 감천궁에서 곡저(轂抵)라는 유희와 연극을 구경하고 있어 이사는 뵐 수가 없으므로 글을 올려 조고의 단점을 말했다.

신이 듣건대 "신하의 권력이 그 군주의 권력과 비슷해지면 위태롭지 않은 나라가 없으며, 첩의 세력이 남편의 세력과 비슷하면 위태롭지 않은 집안이 없다."라고 합니다. 지금 대신 중에는 폐하만큼 다른 사람들에게 마음대로 이익을 주기도 하고 해를 주기도 하여 폐하의 권력과 별 차이가 없는 자가 있으니, 이것은 매우 온당치 못한 일입니다. 옛날에 사성(司城) 벼슬에 있던 자한(子罕)은 송나라 재상이 되자 자신이 형벌을 집행하며 위엄 있게 행세하더니 일 년 만에 자신의 군주를 위협하였습니다. 전상은 제나라 간공의 신하가 되어 작위와 서열로는 나라 안에서 따를 자가 없었고, 그 개인 집의 재력이 제나라 공실(公室)과 비슷해지자 은혜를 펴고 덕을 베풀어 아래로는 백성의 마음을 얻고 위로는 신하들의 마음을 얻어 은밀히 제나라의 국권을 빼앗으려고 재여(宰予)를 뜰에서 죽이고 간공을 조정에서 죽여 드디어 제나라를 손에 넣었습니다. 이 일은 천하 사람이 다 알고 있습니다.

지금 조고가 사악한 뜻을 품고 위험한 반역을 행한 것은 자한이 송나라 재상으로 있을 때와 같고, 그 개인 집의 재력은 전씨가 제나라에 있을 때와 같습니다. 전상과 자한의 반역 수법을 병행하여 폐하의 위엄과 신망을 위협하려는 뜻은 한기(韓玘)가 한(韓)나라 왕 안(安)의 재상으로 있을 때와 비슷합니다. 폐하께서 지금 그에 대한 대책을 세우지 않는다면 그가 변을 일으킬까 두렵습니다.

이세황제가 대답했다.

"무슨 소리요? 조고는 본래 천한 환관이었소. 그러나 그는 제 몸이 편안하다고 해서 제멋대로 하지 않았고, 제 몸이 위태롭다고 해서 마음을 바꾸지 않았으며, 행실을 깨끗이 하고 선행을 닦아 지금의 지위에 이르렀소. 충성으로 승진하고 신의로 제자리를 지키니 짐은 참으로 그를 현명하다고 생각하오. 그런데 그대가 조고를 의심하다니 무슨 까닭이오? 게다가 짐은 어린 나이에 아버지를 잃어서 아는 것이 적고 백성을 다스리는 데도 서투르며 그대마저 늙어서 천하의 일과 동떨어지지나 않을까 염려되오. 그러니 짐이 조고에게 모든 일을 맡기지 않으면 누구에게 맡겨야 한단 말이오. 조고는 사람됨이 청렴하고 부지런하며 아래로는 백성의 마음을 알고 위로는 내 뜻에 맞으니 그대는 그를 의심하지 마시오."

이사는 다시 글을 올렸다.

그렇지 않습니다. 조고라는 자는 본래 미천한 출신으로 도리를 알지 못하며, 탐욕스러운 마음은 끝이 없고 이익을 추구하여 그칠 줄 모르며, 위세는 군주의 다음가며 욕심을 끝없이 부립니다. 그래서 신은 위험한 인물이라고 말씀드린 것입니다.

이세황제는 전부터 조고를 신임하고 있으므로, 이사가 조고를 죽이지나 않을까 걱정이 되어 조고에게 이 일을 조용히 말해 주었다. 그러자 조고는 이렇게 말했다.

"승상의 두통거리는 오직 이 조고뿐입니다. 신만 죽으면 승상은 곧 전상과 같이 행동할 것입니다."

이에 이세황제가 말했다.

"이사를 낭중령 조고에게 넘겨 조사하도록 하라."

조고가 이사를 심문했다. 이사는 붙잡혀 묶인 채 감옥에 갇혀 하늘을 우러러보며 탄식했다.

"아, 슬프구나! 도리를 모르는 군주를 위하여 무슨 계책을 세울 수 있겠는가? 옛날 하나라 걸왕은 관용봉(關龍逄)을 죽이고, 은나라 주왕은 왕자 비간(比干)을 죽이고, 오나라 왕 부차는 오자서를 죽였다. 이 세 신하가 어찌 총명하지 않았을까마는 죽음을 면치 못한 것은 충성을 다한 군주가 도리를 몰랐기 때문이다. 지금 내 지혜는 세 사람만 못하고 이세황제의 무도함은 걸왕, 주왕, 부차보다도 더하니 내가 충성하였기 때문에 죽는 것은 당연하다. 장차 이세황제의 다스림이 어찌 어지럽지 않으랴!

지난날 그는 자기 형제를 죽이고 스스로 섰으며, 충신을 죽이고 미천한 사람을 존중하며, 아방궁을 짓느라 천하 백성에게 무거운 세금을 거두어들였다. 내가 간언하지 않은 게 아니라 간언을 받아들이지 않았던 것이다. 대체로 옛날 훌륭한 왕들은 음식에 절제가 있었고, 수레나 물건에도 정해진 수가 있었으며, 궁실을 짓는 데도 한도가 있었다. 명령을 내려 어떤 일을 하는 경우에도 비용만 들고 백성에게 보탬이 되지 못하는 것은 금하여 오랫동안 평안하게 다스릴 수 있었다. 그런데 지금 형제에게 도리에 어긋난 일을 하고도 그 허물을 반성할 줄 모르고, 충신을 죽이고도 다가올 재앙을 생각하지 않으며, 궁궐을 크게 짓느라 천하 백성에게 무거운 세금을 물리며 비용을 아끼지 않는다. 이 세 가지 나쁜 일이 실행되니 천하의 백성은 복종하려 하지 않는다.

지금 반역자가 벌써 천하의 절반을 차지했는데도 이세황제는 아직 깨닫지 못하며 조고를 보좌로 삼고 있으니, 나는 반드시 도적이 함양에 들어오고 고라니와 사슴이 조정에서 노는 꼴을 보게 되겠구나."

이세황제는 조고를 시켜 승상 이사의 죄상을 밝혀 벌을 내리도록 하였다. 조고는 이사가 아들 이유와 함께 모반을 꾀한 죄상을 추궁하고, 그 일족과 빈객을 모두 체포했다. 조고가 이사를 심문하면서 천 번이 넘는 채찍질로 고문하므로 이사는 고통을 이기지 못하여 스스로 없는 죄를 자백하였다. 이사가 자살하지 않은 까닭은 자신이 변설에 능하고 공로가 있으며 실제로 모반할 마음이 없었고, 글을 올려 진정하면 다행히 이세황제가 깨닫고 용서해 주리라고 생각했기 때문이다. 그래서 이사는 옥중에서 글을 올렸다.

신이 승상이 되어 백성을 다스린 지 삼십 년이나 되었는데, 그때는 진나라 땅이 좁았습니다. 선왕 때에는 진나라 땅이 사방 천 리를 넘지 않고 병력은 수십만에 불과했습니다. 신은 변변치 못한 재능을 다하여 삼가 법령을 받들고, 남몰래 모신(謀臣)을 보내 보물을 가지고 제후들을 설득하게 했습니다. 또 조용히 군비를 갖추고 정치와 교육을 정비하였으며, 투사에게 벼슬을 주고 공신을 존중하여 그들의 작위와 봉록을 높였습니다. 이렇게 한 결과 한나라를 위협하고 위나라를 약화시켰으며, 연나라와 조나라를 깨뜨리고 제나라와 초나라를 평정하였으며, 마침내 여섯 나라를 겸병하여 그 왕들을 사로잡고 진나라 왕을 세워서 천자로 만들었습니다. 이것이 신의 첫 번째 죄입니다. 땅이 넓지 않은 것은 아니었으나 다시 북쪽으로는 호(胡)와 맥(貉)을 쫓아 버리고, 남쪽으로는 백월을 평정하여 진나라의 강대함을 과시했습니다. 이것이 신의 두 번째 죄입니다. 대신을 존중하여 그 작위를 높여 군주와 신하 사이의 친밀함을 굳게 했습니다. 이것이 신의 세 번째 죄입니다. 사직을 세우고 종묘를 구축하여 주상의 현명함을 밝혔습니다. 이것이 신의 네 번째 죄입니다. 눈금을 고쳐 도량형을 통일하고 문물제도를 천하에 보급하여 진나라의 명성을 드높였습니다. 이것이 신의 다섯 번째 죄입니다. 수레가 달릴 수 있는 길을 닦고 관광 시설을 만들어 군주의 득의한 모습을 보였습니다. 이것이 신의 여섯 번째 죄입니다. 형벌을 늦추고 부세를 가볍게 하여 주상께서 백성의 마음을 얻도록 하였으며, 천하의 모든 백성이 주상을 받들어 죽어도 그 은혜를 잊지 않게 하였습니다. 이것이 신의 일곱 번째 죄입니다. 이사는 신하로서 죄를 지었으니 이미 오래전에 죽어 마땅합니다. 폐하께서 다행히 신의 능력을 다하게 하시어 오늘에 이를 수 있었으니, 부디 폐하께서는 이를 살펴 주시기 바랍니다.

이 글이 올라오자, 조고는 관리에게 버리도록 하고 아뢰지 않았다. 그러고는 이렇게 말했다.

"죄수가 어떻게 군주에게 글을 올릴 수 있는가?"

조고는 열 명 남짓 되는 자기 식객을 시켜 거짓으로 어사(御史, 조정의 서적과 관리들을 감찰하는 관리), 알자(謁者, 궁궐에서 접견이나 상주하는 일을 맡은 관리), 시중으로 꾸며 번갈아 가서 이사를 심문하게 했다. 이사가 번복하여 사실대로 대답하면 사람을 시켜 다시 매질을 했다. 나중에 이세황제가 사람을 시켜 이사를 심문하자, 이사는 전과 같이 하리라고 생각하여 끝내 번복하여 말하지 않고 죄를 시인했다. 판결이 아뢰어지자 이세황제는 기뻐서 말했다.

"조고가 아니었다면 승상에게 속을 뻔했소."

이어서 이세황제는 사람을 보내 삼천군 태수 이유를 조사하도록 했지만, 사자가 도착했을 때는 반란군 항량(項梁)이 이미 그를 죽인 뒤였다. 사자가 돌아왔을 때 마침 승상은 옥리에게 넘겨졌고, 조고는 이사와 이유의 모반에 관한 진술서를 마음대로 꾸몄다.

이세황제 2년 7월에 이사에게 오형(五刑)을 갖추어 그 죄를 논하고 함양의 시장 바닥에서 허리를 자르도록 하였다. 이사는 옥에서 나와 함께 잡힌 둘째 아들을 돌아보며 말했다.

"내 너와 함께 다시 한 번 누런 개를 끌고 상채 동쪽 문으로 나가 토끼 사냥을 하려고 했는데, 이제는 그렇게 할 수 없겠구나."

드디어 아버지와 아들은 소리 내어 울고 삼족이 모두 죽음을 당했다.

사슴을 말이라고 하다

이사가 죽고 이세황제가 조고를 중승상(中丞相)[20]으로 삼자, 크든 작든 모든 일은 조고가 결정했다. 조고는 자신의 권력이 무거운 줄을 알고 이세황제에게 사슴을 바치면서 말이라고 했다. 이세황제가 좌우에 있는 이들에게 물었다.

"이것은 사슴이지?"

좌우에 있던 이들은 한결같이 이렇게 대답했다.

"말입니다."

이세황제는 놀라서 스스로 정신이 이상하다고 생각하여 태복(太卜, 점을 치는 관리)을 불러 점을 치게 했다. 그러자 태복은 이렇게 말했다.

"폐하께서는 봄가을로 교사(郊祀, 제왕이 교외에서 천지에 올리는 제사)를 지낼 때 종묘 귀신을 모시면서 재계가 석연치 못해서 이 지경에 이르렀습니다. 덕을 많이 쌓아 재계를 충분히 하셔야 합니다."

그래서 이세황제는 상림원으로 들어가 재계하는 척하고 실제로는 날마다 새를 잡고 짐승을 사냥하면서 놀았다. 마침 지나가던 사람이 상림원으로 들어오자 이세황제가 활을 쏘아 그를 죽였다. 조고는 함양의 영(令)으로 있는 사위 염락(閻樂)을 시켜 이렇게 탄핵했다.

---

20 일설에 의하면 조고가 중성의 환관이었기 때문에 붙은 칭호라고도 하고, 궁궐 안에서 정치를 보았기 때문에 붙여졌다고도 한다.

"누군지는 알 수 없지만 사람을 죽여 상림원으로 옮겨 놓은 자가 있다."

그리고 조고는 이세황제에게 간언했다.

"천자가 아무런 까닭 없이 죄 없는 사람을 죽이는 것은 하늘이 금하는 바입니다. 귀신도 폐하의 제사를 받지 않을 것이며, 하늘은 재앙을 내릴 것입니다. 따라서 궁궐에서 멀리 떨어진 곳으로 가서 재앙을 물리치는 기도를 드려야 마땅합니다."

이세황제는 궁궐을 떠나 망이궁(望夷宮)에 머물렀다. 망이궁에 있은 지 사흘 만에 조고가 위사(衛士)들에게 거짓 조서를 내려 흰옷을 입고 무기를 들고 궁궐로 향하게 하고, 자신은 한 발 앞서 궁궐로 들어가 이세황제에게 이렇게 말했다.

"산동의 도적떼가 크게 쳐들어왔습니다."

이세황제가 망루에 올라 이것을 바라보고 두려워하니, 조고는 이 틈을 타이세황제를 위협하여 스스로 목숨을 끊도록 했다. 조고는 황제의 옥새를 꺼내어 찼지만 곁에 있던 신하 가운데 따르는 자가 없고, 궁전에 오르자 궁전이 세 번이나 무너지려고 하였다. 조고는 자신이 황제가 되는 것을 하늘이 허락하지 않고 신하들도 받아들이지 않음을 알고 시황제의 손자 자영(子嬰)을 불러 옥새를 주었다.

자영은 즉위했지만 조고를 두려워하여 병을 핑계로 정치적인 일을 돌보지 않고 환관 한담(韓談) 및 그의 아들과 조고를 죽이려고 모의했다. 조고가 주상을 뵙고 문병하려 할 때, 한담에게 조고를 찔러 죽이도록 하고 그의 삼족을 멸망시켰다.

자영이 즉위한 지 세 달 만에 패공(沛公, 유방)의 군대가 무관(武關)으로 들어와 함양에 이르렀다. 진나라 신하와 관리는 모두 자영을 배반하고 맞서 싸우지 않았다. 자영은 처자식과 함께 옥새가 달린 끈을 자신의 목에 걸고 지도(軹道) 부근에서 항복했다. 패공은 자영을 관리에게 넘겼으나 초나라 항왕(項王, 항우)이 와서 목을 베었다. 진나라는 마침내 천하를 잃었다.

태사공은 말한다.

"이사는 여염집에서 태어나 제후들에게 유세하다가 진나라로 들어가서 진나라 왕을 섬겼다. 열국 사이에 틈이 생긴 기회를 타서 시황제를 도와 마침내 진나라의 제업을 이루게 했다. 이사는 삼공의 지위에 올랐으므로 높은 자리에 등용되었다고 할 수 있다. 그러나 이사는 육경의 근본 뜻을 잘 알면서도 공명정대하게 정치를 하여 군주의 결점을 메워 주려 힘쓰지 않고, 높은 작위와 봉록을 누리는 지위에 있으면서도 군주에게 아첨하고 좇으며 구차하게 비위를 맞추기만 했다. 조직을 엄하게 하고 형벌을 가혹하게 하였으며, 조고의 간사한 의견을 따라 적자를 폐하고 첩의 자식을 제위에 오르게 했다. 제후들이 이미 뒤돌아선 뒤에야 비로소 군주에게 충고하려 했으니 때가 너무 늦었구나! 세상 사람은 모두 이사가 충성을 다했는데도 오형을 받고 죽었다고 생각하지만 그 근본을 살펴보면 세속의 말과는 다르다. 그러지 않았더라면 이사의 공은 주공이나 소공과 어깨를 겨룰 만하였을 것이다."

14

진섭 세가

陳涉世家

『사기』의 「진초지제월표(秦楚之際月表)」의 서문에도 나와 있듯이 사마천은 진(秦)나라와 초(楚)나라 사이에 등장한 진섭, 진나라를 멸망시킨 항우, 그리고 최후의 승자 유방에 이르는 오 년 사이의 시간이 진·한 전환기에 있어 가장 급박한 상황이라고 보았다. 그는 이 편을 지은 이유에 대해 "걸왕과 주왕이 왕도를 잃자 탕왕과 무왕이 일어났고, 주나라가 도를 잃자 『춘추』가 지어졌고, 진(秦)나라가 정도(政道)를 잃자 진섭이 세상에 나타났다. …… 이러한 천하의 일은 진섭에서 비롯되었다."(「태사공 자서」)라고 밝히면서 진섭을 높이 평가하였다.

이 편은 풍류 인물 진섭이란 머슴이 일개 고용살이에서 왕의 지위에까지 오르는 과정을 그리고 있다. 진나라에 반기를 들어 나라를 세우는 전 과정을 처음부터 기술하면서 신분을 초월한 하극상의 당위성을 긍정하고 민심의 중요성을 함께 시사하고 있다. 물론 그 전제는 군주가 먼저 도를 잃어야만 그 이후가 가능한 것이라는 논점이다. 이는 아래 백성들의 가치관과 그들의 역량을 긍정하는 사마천의 역사관과 일치한 것으로, 한 문제 때의 정치가이자 문인인 가의가 「과진론(過秦論)」에서 진섭을 긍정적으로 평가한 것과 동일한 맥락이다. 즉 사마천은 진섭을 통해 거대 제국 진나라가 멸망에 이르렀다는 점을 부각시키고자 하였다. 이는 진섭이 맨 처음 생사의 기로에서 기의하여 결국 왕조의 교체를 이루어 냈다는 데서 그 의미를 찾아볼 수 있다. 결국 거대 제국 진나라의 몰락도 덕을 잃은 가혹한 형벌과 법치라는 굴레 때문이라고 암시하는 것이리라.

요컨대, 「과진론」에 '계간이기(揭竿而起)'란 말이 있듯이, 장대를 높이 들어 일어난 진섭의 기개가 엿보이는 이 편은 열전이 아닌 세가에 수록되어 사마천의 파격적 인물관을 다시금 확인하게 한다. 사마천은 진섭이 불과 여섯 달 만에 왕의 자리에서 죽었고 후사조차 남기지 못했음에도, 항우를 본기에 넣은 것처럼, 역사 해석에 있어 단순한 명분론을 거부한 것이다.

머슴살이했으나 분연히 일어나 왕이 된 진섭.

왕후장상이 어찌 씨가 있겠느냐

진승(陳勝)은 양성(陽城) 사람이며 자는 섭(涉)이다. 오광(吳廣)은 양하(陽夏) 사람이며 자는 숙(叔)이다. 진섭(陳涉)이 젊었을 때 일찍이 다른 사람들과 함께 밭갈이하는 머슴살이를 한 적이 있었는데, 밭갈이를 멈추고 밭두렁에서 쉬며 한참 동안 한탄하다가 말했다.

"만일 부귀하게 된다면 서로 잊지 말기로 하지."

머슴들은 비웃으면서 대답하여 말했다.

"너는 고용 당해 밭갈이를 하는데 무슨 부귀란 말인가?"

진승은 크게 한탄하며 말했다.

"아! 제비와 참새가 어찌 큰 기러기와 고니의 뜻을 알리오!"

[진나라] 이세황제 원년 7월에 [조정에서는] 여문(閭門, 마을 어귀의 문으로 빈부의 차이를 상징하는 문) 왼쪽에 거주하는 곤궁한 자들을 뽑아 어양(漁陽)에 수자리를 살도록 하였는데, 구백 명이 대택향(大澤鄕)에 머물렀다. 진승과 오광은 이 행렬에 편제되어 둔장(屯長)을 맡았는데, 때마침 하늘에서 큰비가 내려 길이 막혔으므로 도착할 기한을 이미 넘기게 되었다. 기한을 어기면 법에 따라 모두 목 베임을 당해야만 했다.

진승과 오광은 서로 상의하며 말했다.

"지금 달아나도 죽고 의거를 일으켜도 죽는다. 똑같이 죽을 바에는 나라를 위해 죽는 것이 좋지 않겠는가?"

진승이 말했다.

"천하의 사람들이 진나라에 고통 받은 지 오래되었다. 내가 듣건대 이세황제는 막내아들이므로 제위를 이어받아서는 안 되며, 제위를 이어받아야 하는 자는 맏아들 부소다. [그런데] 부소가 여러 번 간언했다는 이유만으로 황상(皇上, 진시황)은 그로 하여금 병사를 거느리고 바깥으로 나가도록 했다. 지금 어떤 사람이 들으니 그는 죄가 없다고 하자 이세가 그를 죽였다고 한다.

백성들이 대부분 듣기에 모두 부소가 어질고 재능이 있다고 하지만 그가 벌써 죽었는지도 모르는 일이다. 항연(項燕, 항우의 할아버지)이 초(楚)나라의 장군이 되어 여러 번 공을 세웠으며 병사들을 아꼈으므로 초나라 사람들은 모두 그를 가엾게 생각한다. 어떤 사람들은 그가 죽었다고 하고, 어떤 사람들은 그가 도망쳤다고도 한다. 지금 정녕 우리들이 스스로 공자 부소와 항연이라고 거짓으로 일컬으며 천하를 위하여 나선다면 호응하는 사람들이 많이 있을 것이다."

오광은 그럴 것이라고 생각했다. 이에 점을 치러 갔는데, 점쟁이는 그들의 속내를 간파하고 말했다.

"당신들의 거사는 모두 성공하고 공도 세우게 될 것입니다. 그러나 당신들은 귀신에게 점을 쳐야만 하겠군요!"

진승과 오광은 기뻐하며 귀신에게 점칠 일을 염두에 두고 말했다.

"이것은 우리들로 하여금 먼저 [귀신인 척해서] 사람들에게 세를 얻으라는 뜻이다."

이에 비단에 붉은 글씨로 '진승왕(陳勝王)'이란 글자를 써서 다른 사람이 그물로 잡아 온 물고기의 배 속에 [미리] 넣었다. 병졸들은 이 물고기를 사서 삶아 먹은 후 물고기 배 속의 글씨를 보게 되었으므로 정말로 괴이하게 생각했다. [진승은] 또 오광으로 하여금 몰래 주둔하고 있는 곁의 숲 속의 사당에 가서 밤에 불을 피워 놓고는 여우 소리를 내면서 불러 말하게 했다.

"위대한 초나라는 흥성하고, 진승은 왕이 된다."

병졸들은 밤중이라 모두 놀라고 두려워했다. 다음 날 아침 병졸들은 종종 이에 대해 이야기하면서 모두 진승을 가리키며 주목하기 시작했다.

오광은 평소에 사람들을 잘 아껴 주었으므로 사졸들 대부분은 이 사람이 시키는 대로 했다. 장위(將尉, 사졸을 인솔하는 현위(縣尉))가 술에 취하자 오광은 일부러 달아나려 한다고 여러 차례 말하면서 장위를 노여워하게 만들었으며, 그(오광)로 하여금 모욕을 느끼게 하여 많은 사람들을 노여워하게 했다. 장위는 과연 오광을 채찍질했다. 장위가 검을 빼어 들려고 하자 오광은 일어나서 검을 빼앗고 장위를 죽였다. 진승도 그를 도와 둘이서 장위 두 명을 죽였다. 그러고는 부하들을 불러 모아 호소했다.

"너희들은 비를 만나 모두 기한을 어겼다. 기한을 어기면 마땅히 목을 베어야 한다. 만약 너희들이 목 베임을 당하지 않더라도 변경을 지키다 죽는 사람이 본래 열 가운데 예닐곱은 된다. 하물며 장사(壯士)는 죽지 않을 뿐인데, 만약 죽으려 하면 바로 커다란 명성을 남겨야 하는 것이다. 왕후장상(王侯將相)이 어찌 씨가 있겠느냐?"

무리들은 모두 말했다.

"삼가 명을 받겠습니다."

그러고는 공자 부소와 항연을 거짓으로 일컬으며 의거를 일으켜 백성들의 바람을 좇았다. 이들은 오른팔을 드러내며 '위대한 초나라'라고 일컬었다. 그들은 단을 만들고 맹서를 하였는데, 장위의 머리를 제물로 썼다. 진승은 스스로 장군이 되었으며, 오광은 도위(都尉)가 되었다. 그들은 대택향을 공격하였으며, 병사를 거두어들여 기성(蘄城)을 공격했다. 기성이 함락되자, 부리(符離) 사람 갈영(葛嬰)으로 하여금 병사들을 이끌고 기성 동쪽 지역을 공격하게 했다. 그들은 질(銍), 찬(酇), 고(苦), 자(柘), 초(譙) 성을 공격하여 모두 손아귀에 넣었다. 행군하는 가운데에도 병사들을 모집했다. 진현(陳縣)에 도달하였을 때에는 이미 수레가 육칠백 대, 기병(騎兵)이 일천여 명, 병사가 수만 명이나 되었다. 진현을 공격하였을 때 진현의 수령(守令)은 모두 자리에 있지 않았으며, 단지 수승(守丞, 군수의 속관으로 부군수)만이 초문(譙門, 위에서 적의 동정을 살피는 누각의 성문)에서 진승의 군대와 전투를 벌였으나, 이기지 못하고 수승은 전사하였으므로 곧 그들은 진현으로 쳐들어가 점령할 수 있었다. 며칠 후, [진승은] 명을 내려 향관삼로(鄕官三老)와 호걸을 불러들이라고 하고는 모두 함께 회의를 개최했다.

삼로와 호걸들은 모두 말했다.

"장군께서는 몸에 갑옷을 걸치시고 손에는 날카로운 무기를 잡고서 도리를 알지 못하는 군주를 토벌하고 사나운 진나라를 제거하고 다시 초나라의 사직을 세웠으니 그 공은 마땅히 왕이 되어야 합니다."

진섭은 이에 왕이 되었으며, 국호를 장초(張楚, 초나라를 넓힌다는 뜻)라 했다.

진섭에 호응하여 혹리에 항거하다

이때 모든 군현은 진나라 관리 때문에 고통스러워했으므로 그런 장리(長, 吏)[1]들을 모두 잡아들여 형벌을 가했으며, 그들을 죽여 진섭에게 호응했다. 이에 오숙(吳叔, 오광)을 가왕(假王, 임시로 내세운 왕)으로 임명하였으며, 감독과 여러 장수를 거느리고 서쪽으로 형양(滎陽)을 공격했다. 진현(陳懸) 사람 무신(武臣),[2] 장이(張耳), 진여(陳餘)[3]로 하여금 조(趙)나라 땅을 공격하도록 하였으며, 여음(汝陰) 사람 등종(鄧宗)으로 하여금 구강군(九江郡)을 공격하도록 했다. 이때에 초나라 병사 수천 명이 모여들었는데 그 수를 헤아릴 수가 없었다.

갈영은 동성(東城)에 이르러 양강(襄彊)을 세워 초나라 왕으로 삼았다. 갈영은 나중에 진섭이 벌써 왕이 되었다는 것을 듣고는 그것 때문에 양강을 죽

---

1 『한서(漢書)』에 의거하면, 현의 높은 관리를 가리켜 장리(長吏)라고 불렀는데, 『삼국지(三國志)』에서는 령(令)과 장(長)을 포괄적으로 가리키고 있다. 사실상 현령은 관할 호구 수가 일만 호 이상일 경우에 쓰이고 현장은 일만 호 이하일 경우에 썼다. 현령은 천 석을 받았으며, 현장은 삼백 혹은 사백 석을 받았다.
2 원래 진승의 부하 장령으로 조나라 한단을 공격하여 점령하였고 장이와 진여를 설득하여 조나라의 왕이 되었다가 자신의 부장에게 피살되었다.
3 장이와 진여 두 사람은 전국 시대 말기의 유생으로, 서로 친밀한 정을 나눈 사이이다. 장이는 대량(大梁) 사람으로 젊을 때 위(魏)나라 공자 무기(毋忌)의 빈객이 된 적이 있다. 장이는 일찍이 죄를 짓고 달아나 외황(外黃)이라는 곳에서 떠돌이 생활을 하였다. 진여도 대량 사람으로 유가의 학문을 좋아하여 둘이 가까워졌다. 진나라 말기에 두 사람은 대의를 명분으로 일어난 진섭 밑에 들어가 조나라의 장상(將相)을 새로 세웠다. 그러나 진(秦)나라와 한(漢)나라의 복잡한 정치적, 군사적 대립 속에서 두 사람은 친구에서 원수라는 비극적인 관계에 놓이게 된다. 장이는 한나라로 가고, 진여는 조나라와 초나라를 도왔다. 처음에 진여는 제나라 왕의 병사를 빌려서 장이를 깨뜨려 조나라에서 대왕(代王)이 되었다. 그러나 뒤에 장이가 한나라에 투항하여 조나라를 멸망시키고 진여를 죽여 그 공로를 인정받아 조나라 왕으로 봉해졌다. 이 두 사람에 대해서는 「장이·진여 열전」에 자세히 나와 있다.

이고는 돌아와서 〔진왕(陳王, 진섭)에게〕 보고했다. 진현에 이르자 진왕은 곧바로 갈영을 주살했다. 진왕은 위(魏)나라 사람 주불(周市)로 하여금 북쪽으로 위(魏)나라 땅을 공격하게 했다. 오광은 형양을 포위했다. 이유(李由, 이사의 장남)는 삼천(三川) 군수(郡守)가 되어 형양을 지켰으므로, 오숙은 함락시킬 수 없었다. 이에 진왕은 나라 안의 호걸들을 불러 모아 그들과 계책을 논의하였으며, 상채(上蔡) 사람 방군(房君, 채사의 봉호임) 채사(蔡賜)를 상주국(上柱國, 승상 급의 조나라 관직명)으로 삼았다.

주문(周文, 주장(周章)이라고도 함)은 진현의 어진 사람으로 일찍이 항연의 군대에서 하늘을 관찰하는 직책을 맡았다가, 춘신군(春申君)을 받든 적이 있었으며, 스스로 군대 일에 익숙하다고 말하였으므로 진왕은 그에게 장군의 인수를 주어 서쪽으로 진(秦)나라를 공격하게 했다. 행군하는 도중 병사들을 거두면서 함곡관에 이르렀는데, 그때 수레가 천 승, 병사가 수십만이 되었으며 희(戱) 땅에 이르러 군대를 주둔시켰다. 진 왕조는 소부(少府) 장한(章邯)으로 하여금 역산(酈山)의 죄수들과 노비들의 자식들을 사면하고 이들을 모두 출동시켜 초나라 대군을 공격하여 그들을 모두 물리쳤다. 주문은 패배하자, 함곡관을 나와서 조양(曹陽)에서 두세 달 동안 머물렀다. 장한이 뒤쫓아가 그들을 크게 무찌르자, 다시 또 도망쳐 민지(澠池)에서 열흘 남짓 주둔했다. 장한은 그들을 공격하여 크게 무찔렀다. 주문은 스스로 목숨을 끊었고 군대는 마침내 더는 싸움을 벌이지 않았다.

무신(武臣)은 한단에 이르자 스스로 자리에 올라 조왕(趙王)이 되었고, 진여를 대장군으로 삼고, 장이와 소소(召騷)를 좌우 승상으로 삼았다. 진왕은 노여워하여 무신 등의 가족들을 붙잡아 옥에 가두고는, 그들을 주살시키려고 했다.

상주국(채사)이 말했다.

"진(秦)나라가 아직 망하지 않았는데 조왕과 장상(將相)의 가족들을 죽인다면 이것은 또 하나의 진(秦)나라를 적으로 만들어 내는 것과 같으니 이 틈에 그를 왕으로 세우는 것이 더 낫습니다."

진왕은 즉시 사신을 조나라로 보내 축하하였으며, 가두었던 무신 등의 가족을 궁중으로 옮기게 하였다. 그러고는 장이의 아들 장오(張敖)를 성도군(成都君)에 봉하였으며, 조나라 병사들이 신속하게 함곡관으로 나아가도록 했다. 조왕과 장상들은 서로 계책을 논의하여 말했다.

　　"대왕께서 조나라 땅에서 왕 노릇 하는 것은 초나라(장초)의 본뜻이 아닙니다. 초나라는 진나라를 멸한 후 반드시 조나라를 칠 것입니다. 기이한 계책으로는 서쪽으로 군대를 출동시키지 말고 북쪽으로 사자를 보내 연(燕) 땅을 공략하여 우리의 땅을 넓히는 것이 낫습니다. 조나라는 남쪽으로 황하를 기반으로 하고 있고, 북쪽으로는 연나라와 대나라가 있어 초나라가 비록 진(秦)나라를 이기더라도 감히 조나라를 제압할 수 없습니다. 초나라가 진나라를 이기지 못하면 반드시 조나라를 중시할 것입니다. 조나라는 진나라의 피폐함을 틈타 천하에서 뜻을 얻을 수 있습니다."

　　조왕은 옳다고 생각하였으므로 서쪽으로 군대를 내보내지 않고 이전의 상곡(上谷)의 졸사(卒史) 한광(韓廣)으로 하여금 병사들을 거느리고 북으로 가 연나라를 공격하도록 했다.

　　연나라의 옛 귀족과 호걸들이 한광에게 일러 말했다.

　　"초나라가 이미 왕을 세웠고 조나라도 이미 왕을 세웠소. 연 땅이 비록 작지만 또한 만 대의 수레를 내는 나라이므로 원컨대 장군께서는 연왕에 오르십시오."

　　한광이 말했다.

　　"내 어머니께서 조나라에 계시기 때문에 불가능합니다."

　　연나라 사람들이 말했다.

　　"조나라는 바야흐로 서쪽으로는 진나라를 근심하고 있고, 남쪽으로는 초나라를 근심하고 있으므로, 그들의 세력으로 우리들을 막을 수 없습니다. 게다가 초나라의 강성함으로 감히 조왕과 장상(將相)의 가족들을 해치지 못하였는데, 조나라가 어찌 감히 장군의 가족만을 해할 수 있겠습니까!"

한광은 옳다고 생각했으므로 스스로 연나라 왕이 되었다. 몇 개월이 지나자 조나라는 연왕의 모친과 가족들을 연나라로 돌려보냈다.

이 당시에는 여러 장수들이 땅을 공격하여 점령하려는 자가 이루 헤아릴 수 없었다. 주불은 북쪽으로 공격하여 적현(狄縣)에 이르렀다. 적현 사람 전담(田儋)은 적현의 현령을 죽이고 스스로 제나라 왕이 되자 제나라의 국력에 기대어 모반하여 주불을 공격했다. 주불의 군사들은 싸움에 져 뿔뿔이 흩어져 위(魏)나라로 돌아왔으며, 위(魏)나라 왕은 나중에 이전의 영릉군(寧陵君)인 구(咎)를 위왕으로 세우려고 했다. 당시 구는 진왕이 있는 곳에 있었으므로 위나라로 갈 수가 없었다. 위나라 지역이 평정되고 나서 사람들은 서로 주불을 위나라 왕으로 삼으려 하였으나 주불은 받아들이지 않았다.[4] 사자(使者)가 〔영릉군이 있는 곳을〕 다섯 번이나 왕래했다. 진왕은 마침내 영릉군 구를 세워 위왕으로 삼아 그를 돌아가게 했다. 주불은 드디어 승상이 되었다.

장군 전장(田臧) 등이 서로 계책을 모의하여 말했다.

"주장(周章)의 군대는 벌써 무너졌으며, 진(秦)나라의 병사들은 하루면 도착하게 되는데, 우리들은 형양성을 포위했지만 함락시키지 못하였으니 진나라 군대가 도착하면 반드시 크게 패할 것입니다. 적은 병사만을 남겨서 형양성을 충분히 지키도록 하고 모든 정예 병사들은 진나라 군대에게 대응하는 것이 더 낫습니다. 지금 가왕(오광)은 오만하고, 군대의 권한을 알지 못하므로 그와 더불어 상의하지 않고 그를 죽이지 않는다면 일이 실패할까 두렵습니다."

이로 인해서 그들은 함께 진왕의 명령을 위조하여 오숙을 주살하고, 그의 머리를 진왕에게 바쳤다. 진왕은 사신으로 하여금 전장에게 초나라 영윤의 인(印)을 내려 주었으며 그를 상장군에 임명했다. 전장은 이귀(李歸) 등의 여

---

4   그가 명분으로 내세운 것은 이 말이었다. "천하가 어지러우면 충성스러운 신하가 나타나게 마련입니다. 지금 천하가 함께 진(秦)나라에 반기를 들고 있으니 도의상 반드시 위나라 왕의 후예를 왕으로 세우는 것이 옳습니다."(「위표·팽월 열전(魏豹彭越列傳)」)

러 장수들에게 형양성을 지키게 하였으며, 몸소 정예 정병들을 이끌고 서쪽으로 오창(敖倉)에서 진나라 군대에 맞서 싸웠다. 서로 싸우다가 전장은 죽고 그의 군대는 무너졌다. 장한은 군대를 나아가게 하여 형양성 아래에서 이귀 등을 공격하여 그들을 무찔러 이귀 등은 전사했다.

양성(陽城) 사람 등열(鄧說)은 군대를 담(郯) 땅에 주둔시켰는데, 장한의 다른 부대가 그들을 공격하여 쳐부수자 등열의 군대는 흩어져 진현으로 달아났다. 질현(銍縣) 사람 오서(伍徐)는 군대를 허(許) 땅에 주둔시켰는데, 장한은 그들을 공격하여 쳐부수었고 오서의 군대는 모두 흩어져 진현으로 달아났다. 진왕은 등열을 주살했다.

진왕이 처음 왕의 자리에 올랐을 때 능(陵) 사람 진가(秦嘉), 질현 사람 동설(董緤), 부리(符離) 사람 주계석(朱鷄石), 취려(取慮) 사람 정포(鄭布), 서(徐) 사람 정질(丁疾) 등이 모두 저마다 병사를 일으켰으며, 군대를 거느리고 담현에서 동해(東海) 군수 경(慶)을 포위했다. 진왕은 이 소식을 듣고 무평군(武平君) 반(畔)을 장수로 삼아 담현성 아래의 군대를 감독하게 했다. 진가(秦嘉)는 명을 받지 않고 스스로 대사마(大司馬, 군사의 최고위직으로서 삼공보다 위에 위치함)가 되었으며, 무평군에 소속하는 것을 싫어했다.

그는 군리(軍吏)들에게 말했다.

"무평군은 나이가 어려 군대 일을 알지 못하니 그의 말을 듣지 마라!"

이로 인해서 진왕의 명령을 거짓으로 꾸며 무평군 반을 죽였다.

장한은 이미 오서를 쳐부수고 진현을 공격하였는데, 상주국 방군 채사는 전사했다. 장한은 또 군대를 나아가게 하여 진현 서쪽의 장하(張賀)의 군대를 공격했다. 진왕은 나와서 군대를 독려하였는데 결과적으로 군대는 무너졌고 장하는 전사했다.

납월(臘月)에 진왕은 여음(汝陰)에 갔다가 다시 하성보(下城父)에 이르렀는데, 진왕의 마부 장고(莊賈)가 [진왕을] 살해한 후 진나라에게 투항했다. 탕(碭) 땅에서 진승을 장사 지내고, 시호(諡號)를 '은왕(隱王)'이라 했다.

진왕의 옛 측근 장수였던 여신(呂臣)이 창두군(蒼頭軍, 머리에 푸른 두건을 쓴 군인)을 만들어 신양(新陽)에서 난을 일으켜 진현을 공격해 함락시켜 장고를 죽이고, 다시 진현을 초나라 수도로 삼았다.

처음에 진왕이 진현에 도착하자 질현 사람 송류(宋留)로 하여금 군대를 거느리고 남양(南陽)을 평정하고 무관(武關)으로 들어가도록 했다. 송류가 이미 남양을 공격하여 점거했지만, 진왕이 죽었다는 소식이 들려오자, 남양은 다시 진(秦)나라 것이 되었다. 송류는 무관으로 들어갈 수가 없었으므로 곧 동쪽 신채(新蔡)로 돌아가다가 진나라 군대와 마주치니 송류는 군대를 거느리고 진나라에 항복했다. 진나라 군은 송류를 함양까지 압송하였으며, 송류에게 거열형(車裂刑)을 내려 본보기로 삼았다.

진가 등은 진왕의 군대가 무너져 달아났다는 소식을 듣고는 곧 경구(景驅)를 세워 초나라 왕으로 삼았으며, 군대를 이끌고 방여(方與)로 가서 정도(定陶) 아래에서 진(秦)나라 군대를 치려고 했다. 공손경(公孫慶)으로 하여금 제나라 왕에게 보내 서로 힘을 합쳐 함께 진격하고자 했다.

제나라 왕이 말했다.

"듣건대 진왕(陳王)은 싸움에 패하여 그가 살았는지 죽었는지도 알지 못하는데 초나라는 어찌하여 나에게 청하지 않고 왕을 세웠느냐?"

공손경이 말했다.

"제나라는 초나라에게 허락받지 않고 왕을 세웠는데, 초나라가 무엇 때문에 제나라에 청하여 왕을 세운단 말입니까? 더구나 초나라가 먼저 군사를 일으켰으니 마땅히 천하에서 호령해야 합니다."

전담은 공손경을 주살했다.

진(秦)나라의 좌우교위(左右校尉)[5]는 다시 진현을 공격하여 손아귀에 넣었다. 여 장군(呂將軍, 여신)은 달아났다가 군대를 거두어 다시 [세를] 결집했다.

---

5   장군 다음가는 직위로 간사한 행동을 바로잡거나 병마를 책임지는 무관이다.

파양(鄱陽)의 도적 당양군(當陽君) 경포(黥布)의 군대가 [여신과] 서로 연합하여 다시 진나라의 좌우교위를 공격하여 청파(青波)에서 그들을 쳐부수고는, 다시 진현을 초나라의 수도로 삼았다. 때마침 항량은 초나라 회왕(懷王)의 손자 심(心)을 세워 초왕으로 삼았다.

출세한 친구에게는 옛일을 함부로 드러내어 말하지 말라

진섭이 왕 노릇 한 것은 모두 여섯 달 동안이었다. 이윽고 왕이 되자 진현에서 왕 노릇 한 것이다. 그의 친구 중에 일찍이 함께 고용살이한 자가 이 소식을 듣고는 진현으로 가서 궁궐 문을 두드리며 말했다.

"나는 진섭을 만나려고 한다."

궁궐 문을 지키는 관리가 그를 새끼줄로 묶으려고 하였다. 그가 스스로 여러 번 해명하자 풀어 주기는 했으나 그의 청을 들어주어 알리지는 않았다. 진왕이 궁문을 나섰을 때 그는 길을 막고 큰 소리로 진섭을 불렀다. 진왕은 자신을 부르는 소리를 듣자 그를 불러 만났으며 함께 수레를 타고 돌아갔다. 궁궐 문에 들어서서 궁전에 드리운 휘장을 보며 손님은 말했다.

"대단히 화려하구나! 진섭이 왕이 되니 궁전이 높고 깊구나!"

초나라 사람들은 '다(多, 많다는 의미)'를 '화(夥, 많다는 의미)'라고 불렀으므로 천하에 이러한 말이 전해졌으니, '화섭위왕(夥涉爲王)'이라는 말은 진섭으로 말미암아 시작된 것이다. 그 객은 들어가고 나가는 것이 더욱더 방자하고 거리낌이 없었으며, 멋대로 진왕과의 옛날의 정을 떠들어 댔다.

어떤 사람이 진왕을 설득하여 말했다.

"객이 우매하고 무식하며, 멋대로 망언을 일삼으니 왕의 위엄을 깎아내리게 됩니다."

[이 말을 듣고] 진왕은 객의 목을 베었다. 그러자 진왕의 옛사람들은 모

두 스스로 떠났으며 이로부터 진왕을 가까이 하려는 사람은 없었다. 진왕은 [처음으로] 주방(朱房)을 중정관(中正官, 인사를 관장하는 관리)으로 삼았고, 호무(胡武)를 사과관(司過官, 신하들의 과실을 감찰함)으로 삼아 여러 신하들을 주로 감시하게 했다. 여러 장수들이 땅을 공략하고 돌아와 복명(復命)할 때 주방과 호무의 명령에 따르지 않는 사람은 붙잡아 그들의 죄를 묻고는, 가혹하게 감찰함으로써 진왕에 대한 충성심을 드러냈다. 이 두 사람과 좋지 않은 사이이거나 아래에서 집행하는 관리들에게 자료를 주지 않으면 모두 이 두 사람들이 그들을 다스렸다. 진왕은 이 두 사람을 신임하였다. 여러 장수들은 이런 이유 때문에 진왕에게 가까이 다가설 수가 없었으니, 이것이 진왕이 실패한 이유다.

진왕이 벌써 죽었을지라도 그가 봉하고 파견한 왕후장상들이 결국 진나라를 망하게 했으니 이는 진섭이 처음으로 일을 일으켜 모반한 데에서 말미암은 것이다. 고조(高祖, 유방) 때는 탕현(碭縣)에 진섭을 위해 무덤을 지키려고 서른 가구를 배치하여 지금까지도 여전히 그때가 되면 가축을 잡아 그를 제사 지낸다.

진(秦)나라 멸망의 원인은 인의를 베풀지 않은 데 있다.

저 선생(褚先生)**6**은 말한다.

"땅의 형세가 험준한 것은 방비를 공고히 할 수 있는 까닭이며, 무기와 형벌과 법률은 국가를 통치하기 위한 까닭이지만 오히려 믿고 의지할 만한 것은 아니다. 무릇 선왕(先王)은 인의(仁義)로써 나라를 다스리는 근본으로 삼았으며, 견고한 요새와 법률의 조문을 하찮은 것으로 삼았으니 어찌 그렇지 아니한가? 내가 듣기에 가생(賈生, 가의)이 평하는 말은 이렇다."

---

6   전한 때의 사학가 저소손(褚少孫)을 말한다. 그가 『사기』의 누락된 부분을 보충한 것은 사실이나, 그가 보충한 부분과 후세 사람들이 위탁한 부분 사이에 정확한 구분이 없어 논쟁이 계속되고 있다.

진(秦)나라 효공은 효산(殽山)과 함곡관의 견고함에 의지하고 옹주의 땅을 차지하여, 임금과 신하들은 굳게 지켜 주나라를 살펴보고 있었다. 천하를 모두 차지하고, 온 하늘 아래를 모두 갖추었으며 사해를 차지할 뜻이 있었으며 팔황을 병탄할 마음이 있었다. 이때에 상군(商君, 상앙)이 그를 보필하여 안으로는 법도를 세우고 경작과 직조에 힘썼으며 싸움에 임할 장비를 닦았다. 밖으로는 연형책(連衡策)으로 제후들과 싸웠다. 이에 진나라 사람들은 손을 맞잡고 서하 밖을 차지하게 되었다.

진나라 효공은 이미 죽었어도 혜문왕(惠文王, 효공의 아들), 무왕(武王, 혜문왕의 아들), 소왕(昭王, 소양공)이 옛날의 업적을 계승하고 남긴 계책을 따르고, 남쪽으로는 한중을 취하였고 서쪽으로는 파촉을 취하였으며 동쪽으로는 기름진 땅을 할양 받았고, 형세가 험준한 요새의 군현을 거두어들였다. 제후들은 두려워하여 맹약하고 진나라를 약화시키려고 도모하였다. 그들은 진귀한 기물과 소중한 보물 및 비옥한 토지를 아까워하지 않고 천하에 어진 선비들을 초청하는 데 썼다. 그들은 합종을 맺어 서로 하나가 되었다. 이때 제나라에는 맹상군이 있었고, 조나라에는 평원군이 있었으며, 초나라에는 춘신군이 있었고, 위나라에는 신릉군이 있었다. 이 네 명의 공자는 모두 밝은 지혜와 충성스러운 믿음이 있고 관대한 마음씨와 사람을 사랑하며, 어진 사람을 존중했고 선비를 중시했다. 각국은 합종을 맺고 연횡을 파괴하여 진나라에 대항하기 위해, 한(韓)나라, 위(魏)나라, 연(燕)나라, 조(趙)나라, 송(宋)나라, 위(衛)나라, 중산(中山)나라의 군대를 모두 모이게 했다. 이에 육국(六國)의 모사로는 영월(甯越, 조나라 사람), 서상(徐尙, 미상), 소진(蘇秦), 두혁(杜赫, 주나라 사람)과 같은 무리들이 이 계책을 논의하였으며 제명(齊明, 동주의 신하), 주최(周取, 주나라의 공자), 진진(陳軫, 하나라 사람), 소활(邵滑, 초나라 사람), 누완(樓緩, 위나라 재상), 적경(翟景, 미상), 소려(蘇厲, 소진의 동생), 악의(樂毅, 연 소왕의 경)와 같은 무리가 그 뜻에 통하였으며 오기(吳起, 위나라 병법가), 손빈(孫臏, 제나라 군사(軍師)), 대타(帶他, 미상), 아량(兒良, 전국 시대 호걸), 왕료(王廖, 전국 시대 호걸), 전기(田忌, 제나라 장수), 염파(廉頗, 조나라 장수), 조사(趙奢, 조나라 장수)와 같은 무리들이 그 군대를 만들었다. 일찍이 [진나라의] 열 배가 되는 땅과 백만의 군대를 거느리고 함곡관을 바라보며 진나라로 공격해 들어갔다. 진나라는 문을 열고 적군을 유인하였으나 아홉 나라 군대들은 달아나면서 감히 앞으로 나아가지 못했다. 진나라는 없어진 화살과 남긴 화살촉도 쓰지 않고 천하의 제후들은 정말 이미 곤궁해진 것이다. 이에 합종은 해산되고 맹약은 깨졌으며, 다투어서 땅을 할양하여 진나라에 뇌물로 바쳤다. 진나라는 충분한 힘으로 그 피폐화된 제후국들을 제압하여, 흩어져서 도망치는 패잔병을 끝까지 쫓아갔는데 엎어져 있는 시체가 백만을 이루었고 흐르는 피는 방패를 뜨게 할 정도였다. 진나라는 유리한 지세와 편리한 시기를 이용하여 온 천하를 마음대로 분할하였으며 산천을 갈기갈기 찢어 놓아 강대국들은 귀순하게 되었으며, 약소국들은 조회하며 신하로 일컬었다.

이어서 효문왕과 장양왕 대에 이르러 이들이 향유한 날은 짧았으나 나라에 이렇다 할 만한 일은 없었다.

진시황에 이르러 육 대째 내려오는 혁혁한 공적을 천하에 떨쳤으며, 이주(二周)를 손아귀에 넣고 제후들을 멸망시키고 지존의 자리에 올라 육합을 제압했다. 손에는 형장(刑杖)을 쥐어 천하에 채찍을 가하였으니 위세는 사해에 떨쳐졌다. 남쪽으로는 백월 땅을 빼앗아 계림군과 상군을 두었는데, 백월의 군주는 머리를 숙이고 새끼를 목에 매고 자신들의 운명을 진나라의 낮은 벼슬아치에게 맡겼다. [진나라는] 몽염으로 하여금 북쪽으로 보내 장성을 지어 변방을 지키게 하여 흉노를 칠백여 리 밖으로 물러나게 하였다. 오랑캐들은 감히 기르던 말을 남쪽으로 내려 보내지 못하였으며, 병사들도 감히 활을 겨누어 복수하지 못했다. 이때 진시황은 선왕이 다스리는 원칙을 없애 버리고 제자백가(諸子百家)의 책들을 불태움으로써 백성들을 어리석게 만들었다. [육국의] 이름난 성벽들을 부수고, 호걸들을 죽였으며 천하의 무기들을 함양으로 거두어들이고, 칼과 창, 활과 화살을 녹여 동상 열두 개를 만들어 천하의 백성들을 무력화했다. 그러고 나서 화산(華山)에 기대어 성을 쌓고 황하에 의지하여 연못을 만들었으며, 억만 장(丈)이나 되는 성벽을 쌓고 측량하기 어려운 계곡을 따라 굳건한 벽을 구축했다. 훌륭한 장수와 강한 군사들이 요충지를 지켰으며, 믿을 만한 신하와 정예의 병사들이 날카로운 무기를 가지고 누가 누군지 검문했다. 천하가 이미 평정되고 나니 시황은 마음속으로 스스로 생각하기에 관중(關中)은 공고해졌고 철벽같은 성벽이 천리나 되니, 자자손손 제왕의 업적이 만세 동안 계승될 업적이라고 여겼다.

진시황은 이미 죽었으나 남아 있는 위세는 풍속이 다른 먼 변방에까지 이르렀다. 그러나 진섭은 깨진 항아리의 주둥이로 창을 만들고 새끼줄로 문지도리를 맬 정도의 가난뱅이에다가 고용살이하는 노예로서 변경의 수자리로 떠나는 무리였다. 재능은 보통 사람에도 못미쳤고, 중니(仲尼, 공자)와 묵적(墨翟, 묵자)과 같은 현명함도 없었고, 또한 도주(陶朱, 범려)와 의돈(猗頓)과 같은 부유함도 없었다. 그러나 문득 수자리 행렬의 사이로 투신하여 많은 자들을 굽어보면서 피곤하고 산만한 병졸들을 거느렸으며, 몇 백 명의 대오를 데리고 방향을 돌려 진나라를 공격했다. 나무를 베어 병기를 삼았고 대나무 장대를 들어 깃발로 삼았는데, 천하 사람들이 구름처럼 모여들고 메아리가 울려 퍼지듯 호응하며, 식량을 몸에 지니고 그림자가 따르는 것처럼 추종하니, 효산 동쪽의 호걸들도 함께 병사를 일으켜 진나라의 족속들을 멸망시켰다.

또한 천하는 작아지거나 약해지지 않았으며, 옹주의 땅과 효산과 함곡관의 견고함은 여전하였다. 진섭의 지위는 제나라, 초나라, 연나라, 조나라, 한나라, 위나라, 송나라, 위나라, 중산나라의 군주보다 존귀하지 않았다. 호미나 곰방메는 굽은 창이나 긴 창보다 예리하지도 않았고, 수자리 살러 간 무리들도 이 아홉 나라 군대보다 강하지 않았다. 깊고 원대한 계책과 행군과 용병의 기술은 지난 시대의 모사에 미치지 못한다. 그러나 성공과 실패는 다르고 변하며 공적은 서로 반대가 된다. 일찍이 시험 삼아 효산과 함곡관 동쪽(제후들)과 진섭의 장단을 헤아리거나 권력과 능력을 비교해 보면 같은 해에 논의할 바가 아니다. 그러나 진(秦)나라는 별 볼일 없는 땅에 의지하여 수레 만 대를 낼 수 있는 나라의 권세에 이르렀고 팔주(八州)를 제압하고, 제후들을 같은 행렬로 조공하게 하였으니, 이런 것은 백 년 남짓한 시간이 되었다. 그런 다음에 육합을 한 집으로 삼았으며 효산과 함곡관을 궁궐의 담장으로 삼았다. 그러나 [진섭] 한 사내가 난을 일으키자 일곱 나라의 종묘는 무너져 내렸으며, [진나라 이세] 자신은 다른 사람의 손에 죽게 되어 천하 사람들의 비웃음거리가 되었으니 무엇 때문인가? 인의(仁義)를 베풀지 않은 데 있으니, 천하를 공격하여 취하는 것과 그것을 지키는 형세는 서로 다른 것이다.

3부

항우와 유방의
초한 쟁패

15

항우 본기
項羽本紀

항우는 진나라를 멸망시킨 인물로서 초나라와 한나라 전쟁의 중심에 서 있었다. 진나라 말기, 전국의 백성들이 모반을 일으키던 혼란기에 항우는 타고난 담력과 재능으로 매우 빠르게 두각을 나타냈다. 강한 결단력의 소유자인 그는 진나라를 멸망시킨 이후, 약점을 드러내기 시작한다. 그는 기질이 강퍅하고 무력만을 신봉하였으며 공을 세운 제후들에게 봉토를 분배함에 있어서도 공평하지 못하고 자신의 일가친척만 가까이하여 날이 갈수록 홀로 고립되었다. 이 때문에 한나라 유방에게서 거둔 수많은 승리를 뒤로한 채 결국 마지막 운명을 건 홍구(鴻溝)에서의 전투에서 참패해 사면초가 신세가 되어 짧은 삶을 마감한다. 이 비극적 죽음의 과정을 그려 나가면서 사마천은 항우에 대해 아주 깊은 동정심을 보이면서도 그의 잘못에 대해서는 냉정하고 분명한 어조로 비판하고 있다.

이 편에서 주목할 점은 사마천이 항우의 일생을 제왕들의 전기인 본기에 편입한 이유이다. 이는 항우가 진나라를 멸망시킨 공적을 높이 평가한 데다 더 나아가서는 진나라와 초나라 사이의 기간에 항우가 실질적인 통치권을 행사했던 데 기인한다. 당시에 명목상 황제인 의제(義帝)가 있기는 했지만, 항우는 스스로 서초 패왕이 되어 제후왕을 임명하는 등 사실상 제왕의 위치였다.

「항우 본기」는 『사기』 130편 중에서도 가장 뛰어난 편명 중 하나이며, 문학사에서도 전기 문학의 수작으로 평가된다. 그 가운데에서도 특히 항우 자신의 입지를 확고히 구축한 거록 전투, 삶과 죽음의 길목을 사이에 두고 긴박하게 진행되는 홍문연, 그리고 해하 전투에서 나타난 항우의 심리적 갈등 묘사 등은 명장면으로 인구에 회자되고 있다.

항우와 우 미인.

야심가 항우의 비범한 포부와 호방한 기질

항적(項籍)은 하상(下相) 사람으로 자는 우(羽)이다. 처음 군대를 일으켰을 때 나이는 스물네 살이었다. 그의 막내 작은아버지는 항량이다. 항량의 아버지는 초나라의 장수 항연이고 진나라의 장수 왕전에 의해 죽임을 당한 자이다.[1] 항씨는 대대로 초나라 장수였는데, 항(項) 땅에 봉해졌으므로 그것을 성으로 삼았다.

항적은 어렸을 때 글을 배웠으나 끝까지 마치지 않았고, 검술을 배웠으나 또다시 이루지 못했다. 항량이 화를 내자 항적이 말했다.

"글은 이름과 성을 적을 수 있으면 족할 따름입니다. 검은 한 사람을 대적하는 것이므로 배울 만하지 않으니 저는 만 명을 대적할 것을 배우겠습니다."

이에 항량이 항적에게 병법을 가르치니 항적은 대단히 기뻐했다. 그러나 역시 대략 그 뜻을 알자 또다시 끝까지 배우려 하지 않았다.

항량은 일찍이 역양에서 붙잡힌 적이 있었는데, 기현(蘄縣)의 옥연(獄掾, 감옥의 아전, 옥리) 조구(曹咎)로 하여금 역양의 옥연 사마흔에게 편지를 보내도록 청함으로써 일을 해결할 수 있었다.

항량은 사람을 죽이고 항적과 함께 도망쳐 오중(吳中)에서 원수를 피했다. 오중의 어진 선비와 대부가 모두 걸출하여도 항량의 밑이었다. 오중에 대규모 요역과 상사가 있을 때마다 늘 항량이 주도해 일을 처리했는데, 암암리에 병법에 따라 빈객과 젊은이들을 배치하고 관리하니 이로써 그 능력을 알게 되었다. 진시황이 회계를 유람하고 절강을 건널 때, 항량과 항적이 멀리서 함께 〔그 행차를〕 바라보았다. 항적이 말했다.

"저 자리를 빼앗아 대신할 수 있습니다."

---

1 진시황 23년, 진나라 장수 왕전이 이끄는 60만 병력은 초나라 군대를 쳐부수고 초나라 왕을 사로잡았다. 이때 항연은 회남에 군대를 주둔시켰다. 이듬해 왕전이 다시 초나라를 치자 항연은 스스로 목숨을 끊었다.

항량이 그 입을 막고 말했다.

"함부로 말하지 마라. 삼족이 멸한다."

이때 항량은 항적을 특출한 인물이라고 여겼다. 항적은 키가 여덟 척이 넘고 힘은 정(鼎)[2]을 들어 올릴 수 있었으며, 재주와 기량이 다른 사람을 능가해 오중의 젊은이라 하더라도 이미 항적을 두려워하였다.

가문과 명망을 등에 업고 등장한 항우

진나라 이세황제 원년 7월, 진섭 등이 대택에서 군대를 일으켰다. 원년 9월, 회계 군수 은통(殷通)이 항량에게 말했다.

"강서 지역이 모두 모반했으니, 하늘이 진나라를 멸망시키려는 때이오. 내가 듣건대 먼저 착수하면 남을 제압할 수 있고, 나중에 하면 남에게 제압당한다고 하오. 나는 군대를 일으켜 그대와 환초(桓楚)에게 우리를 통솔하도록 하려고 하오."

이때에 환초는 도망가 택중(澤中)에 있었다. 항량은 말했다.

"환초는 도망쳤는데 사람 가운데 그가 있는 곳을 아는 자가 없고 오직 항적만이 알 뿐입니다."

항량은 즉시 나와서 항적에게 검을 지니고 처소 밖에서 기다리라고 분부했다. 항량이 다시 들어가 군수와 더불어 앉아서 말했다.

"청컨대 항적을 불러 그에게 환초를 부르라는 명을 받도록 하십시오."

군수가 말했다.

"좋소."

항량이 항적을 불러들였다. 잠시 후 항량이 항적에게 눈짓하며 말했다.

---

2   다리가 세 개이고 귀가 두 개인 큰 솥을 말하며 과거에 힘을 과시할 때 종종 들어 상대편을 위협했다.

"행동해도 된다."

이에 항적은 마침내 검을 뽑아 군수의 머리를 베었다. 항량이 군수의 머리를 들고 그의 인수를 허리에 찼다. 군수의 부하들이 크게 놀라면서 소란을 피우자 항적이 쳐 죽인 사람은 몇십 명이나 되었다. 그러자 관청 안의 모든 사람이 놀라 땅에 머리를 대며 감히 일어나지 못했다. 항량은 즉시 옛날에 알던 위세 있는 관리들을 불러 큰일을 일으킨 까닭을 깨닫도록 일러 주고 마침내 오중의 군대를 모두 불러 모았다. 사람들을 보내 관할 현의 병사들을 거두어 정예 병사 팔천 명을 얻었다. 항량은 오중의 호걸들을 교위(校尉, 장군 다음의 직책), 후(候, 정찰 담당 직책), 사마(司馬, 군법 담당 직책)로 배치했다. 한 사람이 등용되지 못하자 직접 항량에게 말했다. 항량이 말했다.

"이전에 어떤 상사가 있을 때 그대에게 일을 주관하라고 했는데, 이를 잘 처리하지 못했으므로 지금 그대를 임용하지 않았다."

사람들이 이에 모두 복종했다. 이에 항량은 회계 군수가 되었고, 항적은 부장이 되어 예하 현들을 공략했다.

광릉(廣陵) 사람 소평(召平, 진섭의 부하)이 진왕(陳王, 진섭)을 위해 광릉을 공격했으나 함락하지 못했다. [소평은] 진왕이 패해 달아나고, 진나라 병사가 장차 공격해 올 것이라는 소문을 듣고는 곧바로 장강을 건너 진왕의 명이라고 거짓으로 말한 후 항량을 초왕의 상주국(上柱國, 승상에 해당하는 초나라의 관직)으로 제수하며 말했다.

"강동은 이미 평정되었으니 급히 병력을 이끌고 서쪽으로 가서 진나라를 공격하라."

항량은 즉시 팔천 명을 거느리고 강을 건너 서쪽으로 갔다. 진영(陳嬰)이 이미 동양(東陽)을 함락했다는 이야기를 듣고 사신을 보내 힘을 합쳐 다 같이 서쪽으로 가려 했다. 진영은 옛날 동양의 영사(令史, 현령의 비서)였는데, 현에서 평소 신심 있고 신중하여 '장자(長者, 덕 있는 자)'라고 불렸다. 동양의 젊은이들이 그 현령을 죽이고 수천 명을 모은 후 우두머리를 두려 했으나 적당히 천거할 사람이 없자 곧 진영에게 요청했다. 진영은 할 수 없다고 사양했으나 결국 억지로 진영을 세워 우두머리로 삼으니 현에서 따르는 자가 이만 명이나 되었다. 젊은이들은 진영을 왕으로 세우려고 특별히 봉기한 창두군(蒼頭軍)[3]이라고 했다. 이때 진영의 어머니가 진영에게 말했다.

"내가 너의 집안의 며느리가 되고 난 후 일찍이 너의 조상 중에 귀한 사람이 있었다고는 들어 보지 못했다. 지금 갑자기 큰 명성을 얻은 것은 상서롭지 못하다. 남의 밑에 있는 것이 더 낫다. 이는 일이 성공하면 후(侯)에 봉해지지만 일이 실패해도 도망가기가 쉬우니, 세상이 주목하는 사람이 아니기 때문이다."

이 말에 따라 진영은 왕이 되지 않기로 결심하고는 군관들에게 말했다.

"항씨는 대대로 장군의 가문이며 초나라에서도 명성이 있소. 지금 큰일을 일으키려 하니 그 사람이 아니라면 불가할 것이오. 우리가 명문 귀족에 기대면 반드시 진나라를 멸망시킬 수 있소."

이에 무리들은 그 말에 좇아 군대를 항량에게 귀속시켰다. 항량이 회수를 건너자 경포(黥布)[4]와 포 장군(蒲將軍)[5] 또한 군대를 이끌고 (항량에게) 귀속했다. 모두 육칠만 명이 하비(下邳)에 주둔했다.

이때 진가(秦嘉)가 이미 경구(景駒)를 초왕으로 세우고, 팽성 동쪽에 주둔해서 항량을 막으려고 했다. 항량이 군관들에게 말했다.

"진왕이 먼저 봉기했으나 전투에서 그가 불리한 데다 있는 곳도 알지 못한다. 지금 진가가 진왕을 배반하고 경구를 세웠으니 대역무도하다."

그러고는 군대를 나아가게 해 진가를 쳤다. 진가의 군대가 패해 달아나자 그들을 추격해 호릉(胡陵)에 이르렀다. 진가가 군대를 돌려 하루 동안 싸웠다.

---

3 전국 시대 위나라의 용맹한 군사만을 뽑아 만든 부대 이름으로, 그 부대원의 표시로 머리에 푸른 두건을 둘렀다고 해서 붙여진 이름이다.

4 회남왕(淮南王) 경포를 말한다. 「경포 열전」 참조.

5 포 장군은 그 성만 기록되어 있고 이름은 알 수 없는데, 「항우 본기」의 기록으로 본다면 포 장군과 경포는 관계가 비교적 밀접했고 일찌감치 항우의 심복이었다고 짐작할 수 있다.

진가가 죽자 그의 군대가 항복했다. 경구는 달아나 양(梁) 땅에서 죽었다. 항량은 이미 진가의 군대를 손아귀에 넣은 후 호릉에 주둔하고 나서 장차 군대를 이끌고 서쪽으로 가려고 했다. 장한의 군대가 율현(栗縣)에 도착하니 항량은 별장 주계석(朱雞石)과 여번군(餘樊君)에게 함께 전투에 참여하도록 했다. 여번군이 죽고 주계석의 군대는 패해 호릉으로 달아났다. 항량은 즉시 군대를 이끌고 설현(薛縣)에 들어가 주계석을 죽였다. 항량은 그전에 항우를 시켜 따로 양성(襄城)을 치게 했는데, 양성은 수비가 견고해 함락되지 않았다. 얼마 후 〔양성을〕 함락시키고, 〔항우는〕 모두 산 채로 땅에 묻은 후 돌아와 항량에게 아뢰었다. 항량은 진왕이 확실히 죽었다는 소식을 듣자 여러 별장을 불러 설현에 모아 일을 계획했다. 이때 유방도 패현에서 군사를 일으켜 그곳에 갔다.

거소(居鄛) 사람 범증(范增)은 나이 일흔 살로 평소 집에서 머물며 기묘한 계책을 〔내기를〕 좋아했는데 항량에게 가서 유세하여 말했다.

"진승이 패한 것은 진실로 마땅합니다. 진나라가 여섯 나라를 멸망시켰으나 초나라는 전혀 죄가 없었습니다. 회왕이 진나라에 들어가 객사해 돌아오지 못하자 초나라 사람들이 그를 가엾게 여겨 지금에 이르렀습니다. 그리하여 초남공(楚南公, 초나라의 음양가)은 '초나라가 세 집만 남았더라도 진을 멸망시킬 나라는 분명 초나라이다.'라고 했습니다. 지금 진승이 가장 먼저 봉기했으나 초나라의 후손을 세우지 않고 스스로 즉위했으니 그 세력이 오래가지 못한 것입니다. 지금 당신이 강동에서 군대를 일으키자 초나라 사람들이 벌 떼같이 와서 모두 다투어 당신에게 의탁한 것은 당신이 대대로 초나라 장수이므로 다시 초나라 후손을 왕으로 세울 수 있다고 여겨서입니다."

이에 항량은 그 말이 옳다고 여기고 다른 사람의 양을 치던 초나라 회왕의 손자 웅심(熊心)을 백성들 사이에서 찾아 즉위시켜 초나라 회왕(懷王)이라 했으니 백성들이 바라던 것을 따른 것이다. 진영은 초나라 상주국이 되어 다섯 현을 봉해 받고, 회왕과 함께 우이(盱台)에 도읍했다. 항량은 스스로 무신군(武信君)이라 불렀다.

〔항량은〕몇 개월 지나 군대를 이끌고 항보현(亢父縣)을 쳐서 제나라의 전영(田榮)과 사마 용저(龍且)의 군대와 함께 동아(東阿)를 구원하러 가서는 거기서 진나라 군대를 크게 쳐부쉈다. 전영은 곧바로 군대를 이끌고 돌아가 그 왕인 전가(田假)를 쫓아냈다. 전가는 초나라로 달아났고, 전가의 상국이었던 전각(田角)은 조나라로 달아났으며, 전각의 동생 전간(田間)은 이전에 제나라 장수였으나 조나라에 머물며 감히 돌아가지 못했다. 전영은 전담의 아들 전불(田市)을 제왕으로 세웠다. 항량은 동아성(東阿城) 아래에 있는 군대를 쳐부수고 난 후, 마침내 진나라 군대를 추격했다. 그러고는 여러 번 사자를 보내 제나라 군대를 재촉해 모두 함께 서쪽으로 가고자 했다. 전영이 말했다.

"초나라가 전가를 죽이고, 조나라가 전각과 전간을 죽이면 출병하겠다."

그러자 항량이 말했다.

"전가는 동맹국의 왕으로 곤궁해 나를 따라왔으니 차마 그를 죽이지 못하겠다."

조나라 역시 전각과 전간을 살해해 제나라와 흥정하지는 않았다. 제나라는 결국 군대를 보내 초나라를 도우려 하지 않았다. 항량은 유방과 항우로 하여금 별도로 성양(城陽)을 치게 해 많은 사람을 죽였다. 서쪽으로 가서 진나라 군대를 복양(濮陽) 동쪽에서 무찌르자 진나라는 병사를 거두어 복양으로 들어갔다. 유방과 항우는 즉시 정도를 공격했다. 정도가 함락되지 않자 떠나서 서쪽으로 갔으며, 공략한 땅이 옹구에 이르러 진나라 군대를 크게 쳐부수고 이유(李由, 이사의 아들)의 목을 베었다. 그러고는 군대를 돌려 외황(外黃)을 공격했으나 외황은 함락되지 않았다.

항량은 동아에서 군대를 일으켜 서쪽으로 정도에 이르러 기다렸다가 다시 진나라 군대를 쳐부수고, 항우의 무리가 이유를 베자 더욱 진나라를 경시하며 교만한 낯빛을 보였다. 송의(宋義)가 항량에게 이렇게 간언하며 말했다.

"싸움에서 이겼다고 해서 장수가 교만하고 병졸이 게으르면 패하는 법입니다. 지금 병사들이 다소 게으른데 진나라 병사는 날로 늘어나고 있으니 신은 그대를 위해 이 점이 두렵습니다."

그러나 항량은 그 말을 듣지 않고는 송의를 제나라 사신으로 가게 했다. 송의는 길에서 제나라 사신 고릉군(高陵君) 현(顯)을 만나자 이렇게 말했다.

"그대는 무신군을 만나실 것입니까?"

〔현이〕 답했다.

"그렇소."

〔송의가〕 말했다.

"제가 단언하건대 무신군의 군사는 반드시 패할 것입니다. 그대가 천천히 간다면 죽음을 면할 것이지만 서둘러 간다면 화를 당할 것입니다."

과연 진나라가 군대를 전부 일으켜 장한의 군대에 더해 주고 초나라 군대를 공격하여 정도에서 크게 무찌르자 항량은 죽고 말았다.

유방과 항우는 외황을 떠나 진류(陳留)를 공격했으나, 진류에서 견고하게 지켰으므로 함락할 수 없었다. 유방과 항우가 서로 모의해 말했다.

"지금 항량의 군대가 무너져 병졸들이 두려워합니다."

이에 여신(呂臣)의 군대와 함께 군대를 모두 이끌고 동쪽으로 갔다. 여신은 팽성 동쪽에 주둔하고, 항우는 팽성 서쪽에 주둔했으며, 유방은 탕현(碭縣)에 주둔했다.

장한은 항량의 군대를 무찌른 후 이제 초나라 군사는 근심할 만하지 않다고 생각했다. 이에 황하를 건너 조나라를 공격해 그들을 크게 쳐부쉈다. 이때 조나라는 조헐(趙歇)이 왕이고 진여(陳餘)가 장수였으며 장이(張耳)가 상(相)이었는데 모두 거록성(鉅鹿城)으로 도망쳐 들어갔다. 장한은 왕리와 섭간(涉閒)을 시켜 거록을 포위하게 하고 장한은 그 남쪽에 주둔한 후 용도를 만들어 군량을 운반했으며, 진여는 장수가 되어 병졸 수만 명을 통솔해 거록 북쪽에 주둔하니, 이들을 이른바 '하북(河北)의 군대'라고 한다.

초나라 병사가 정도에서 공격당하자, 회왕은 두려워하면서 우이를 좇아 팽성으로 가서 항우와 여신의 군대를 합쳐 몸소 통솔했다. 여신을 사도로 삼고 그 아버지 여청(呂靑)을 영윤(令尹)으로 삼았다. 패공(沛公, 유방)을 탕군(碭郡)의 장(長)으로 삼고 무안후(武安侯)로 봉해 탕군의 군대를 거느리게 했다.

이전에 송의가 만났던 제나라의 사자 고릉군 현이 초나라 군대에 있었는데 초나라 왕을 만나서 말했다.

"송의는 무신군의 군대가 반드시 패할 것이라고 말했는데 며칠이 지나자 마침내 군대가 패했습니다. 군대가 미처 싸우지도 않았는데 패배의 조짐을 알았으니 이는 병법을 안다고 할 만합니다."

초왕이 송의를 불러 함께 일을 계획하면서 크게 기뻐하고는 송의를 상장군으로 삼았다. 항우는 노공(魯公)에 봉해져 차장(次將)이 되고 범증은 말장(末將)이 되어 조나라를 구원하러 가게 했다. 이에 여러 별장들이 모두 송의의 휘하에 속하게 되었으며 송의를 경자관군(卿子冠軍)[6]이라 불렀다. 〔송의의 군대가〕 행군하다 안양에 이르러 사십육 일 동안을 머물면서 나아가지 않았다. 항우가 말했다.

"제가 들으니 진나라 군대가 조왕을 거록에서 포위하고 있다 하니, 서둘러 군대를 이끌고 강을 건너 초나라가 바깥을 치고 조나라가 안에서 호응한다면 반드시 진나라 군대를 무너뜨릴 수 있습니다."

송의가 말했다.

"그렇지 않소이다. 소를 물어뜯는 등에는 이(蝨)를 이길 수 없소. 지금 진나라가 조나라를 공격하는데, 싸움에서 이긴다면 병졸들이 피폐해질 것이니 우리는 그 틈을 타야 하오. 〔진나라가〕 승리하지 못할 경우 우리가 군대를 이끌고 북을 치며 행군해 서쪽을 친다면, 반드시 진나라를 뒤집어 버릴 수 있소. 그러므로 먼저 조나라가 싸우도록 하는 게 낫소. 견고한 갑옷을 입고 무기를 잡는 것은 내가 그대보다 못하지만 앉아서 계책을 운용하는 것은 그대

---

6 '경자'는 남자에 대한 미칭이며, '관군'은 군대의 으뜸이라는 뜻이다.

가 나보다 못할 것이오."

그러고 나서 군영에 이렇게 명을 내렸다.

"사납기가 호랑이 같거나 제멋대로 하기가 양 같거나 탐욕스럽기가 승냥이 같으며 고집이 세어 부릴 수 없는 자는 모두 베어 버려라."

또한 그 아들 송양(宋襄)을 제나라에 보내어 상이 되게 했는데 직접 무염(無鹽)까지 전송하고 주연을 성대하게 베풀었다. 날씨는 차갑고 비가 많이 내려 병졸들이 춥고 굶주렸다. 항우가 말했다.

"죽을힘을 다해 진나라를 공격해야 하는데 오랫동안 머물며 나아가지 않았다. 지금 흉년이 들어 백성들은 가난하고 병졸들은 토란과 콩을 먹으며 군영에는 보이는 군량이 없는데도 〔송의는〕 연회를 성대하게 벌였다. 군대를 이끌고 강을 건너 조나라에 빌붙어 먹는 주제에 조나라와 힘을 합쳐 진나라를 공격하기는커녕 '그들의 지친 틈을 이용할 것이다.'라고 말하고 있다. 진나라의 강대함으로 새로 세워진 조나라를 공격한다면, 그 기세로 반드시 조나라를 뒤엎을 것이다. 조나라가 점령당하면 진나라는 강성해질 터인데, 무슨 지친 틈을 이용하겠다는 것인가? 더욱이 우리 군대는 막 격파되었기에 왕께서는 앉아서도 불안해하면서 온 나라 병사를 쓸어 오로지 장군에게 속하게 했으니 국가의 안정과 위태로움은 오로지 이 거사[7]에 달려 있다고 할 수 있다. 지금 병졸을 구휼하지 않고서 그 사사로움을 따르니 이는 사직을 보존하려는 신하가 아니다."

항우는 새벽에 상장군 송의를 찾아가 그 막사에서 송의의 머리를 베고 나와서는 군영에 명을 내렸다.

"송의는 제나라와 함께 초나라를 모반할 일을 꾸민 끝에 초왕께서 은밀히 나에게 그를 죽이라고 명하셨다."

이때 여러 장수들은 모두 두려워 복종하고 감히 저항하지 못했다. 모두

---

7   조나라와 힘을 합쳐 진나라를 치는 것을 말한다.

말했다.

"가장 먼저 초나라를 세운 사람은 장군의 가문입니다. 지금 장군께서 난신을 처단했습니다."

이에 서로 뜻을 모아 항우를 세워 상장군을 대신하게 했다. 또 사람을 보내 송의의 아들을 뒤쫓게 해 제나라까지 가서 그를 죽였다. 그러고는 환초를 보내 회왕에게 보고하게 했다. 이에 회왕은 항우를 상장군으로 삼고 경포와 포 장군을 모두 항우의 예하에 속하게 했다.

항우가 경자관군(송의)을 죽이고 나자 위세가 초나라를 진동했으며 명성은 제후들에게까지 들렸다. 이에 경포와 포 장군을 보내 병사 이만 명을 이끌고 장하(漳河)를 건너 거록을 구원하게 했다. 싸움을 벌였으나 성과가 적자 진여가 다시 병사를 요청했다. 항우는 이에 군대를 모두 이끌고 장하를 건넌 후 배를 모두 가라앉히고 솥과 시루를 깨뜨렸으며 막사를 불사르고 군량을 사흘 분만 지니게 해서 병졸들에게 죽음을 무릅쓰고 살아 돌아올 마음이 없음을 보였다. 〔항우는〕 도착하자마자 왕리를 포위하고 진나라의 군사와 전투를 벌였다. 아홉 번 싸운 끝에 그 용도를 끊어 크게 무찌른 후, 소각(蘇角)을 죽이고 왕리를 포로로 잡았다. 섭간은 초나라에 항복하지 않고 스스로 불에 타 죽었다. 이때 초나라 병사는 제후의 군사 중 으뜸이었다. 제후의 병사로 거록을 구하러 온 자가 열 곳이 넘었으나 감히 군대를 내보내지 못했다. 초나라가 진나라를 칠 때 여러 장수들은 모두 성벽 보루에 서서 보고 있었다. 초나라 군사는 한 사람이 열 사람을 맞서지 않는 자가 없었고, 초나라 병사의 함성이 하늘을 진동해 제후의 군사들은 모두 두려워하지 않는 자가 없었다. 진나라 군대를 쳐부수고 나서 항우가 제후군 장수들을 불러 진영 문에 들어오게 하자 무릎으로 걸으며 앞으로 나오지 않는 자가 없었고 감히 항우를 쳐다보지도 못했다. 이로부터 항우는 비로소 제후군의 상장군이 되었고 제후들은 모두 휘하에 배속되었다.

장한은 극원(棘原)에 주둔하고 항우는 장하 남쪽에 주둔해 서로 대치한 채 싸우지 않았다. 진나라 군대가 여러 번 물러나자, 이세는 사람을 보내 장한을 나무랐다. 장한은 두려워하면서 장사 사마흔을 보내 [조정의] 지시를 요청했다. 그런데 [사마흔이] 함양에 도착해 사마문(司馬門, 황궁 바깥문으로, 사마가 경호병들을 지휘, 감독하므로 붙은 이름)에 사흘간 머물렀는데도 조고는 만나 주지 않았으니, 이는 믿지 않는 마음이 있었던 것이다. 장사 사마흔은 두려워서 자기 부대로 돌아가면서 감히 왔던 길로 가지 못했는데, 조고가 과연 사람을 보내 그를 뒤쫓게 했지만 잡지 못했다. 사마흔은 군중에 도착해 보고하면서 말했다.

"조고가 궁중에서 전권을 장악해 아래 있는 자들은 할 수 있는 것이 없습니다. 지금 전쟁에서 이기면 조고는 반드시 우리 공로를 시샘할 것이며, 전쟁에서 이기지 못하면 죽음을 면하지 못할 것입니다. 장군께서는 곰곰이 생각하시기 바랍니다."

진여 또한 장한에게 편지를 보내 이렇게 말했다.

"백기는 진나라 장수가 되어 남으로는 언영(鄢郢, 도읍)을 정벌하고, 북으로는 마복(馬服, 조나라 장수 조괄(趙括))의 군대를 땅에 묻었으며, 성을 공격하고 땅을 빼앗은 것이 이루 셀 수 없는데도 끝내 죽임을 당했습니다. 몽염은 진나라 장수로 북으로 융인(戎人)을 쫓아내고 유중 땅 수천 리를 개척했으나 끝내 양주(陽周)에서 참살당했습니다. 이는 무엇 때문이겠습니까? 공이 많아 진나라가 모두 봉해 줄 수 없었기에 법을 핑계로 삼아 그들을 죽인 것입니다. 지금 장군은 진나라 장수가 된 지 삼 년이 되었는데 [그 사이에] 잃은 병력이 십만 명에 이르고 제후들의 봉기는 점점 늘어나고 있습니다. 조고는 평소 아첨을 일삼은 지 오래되었는데, 지금 일이 위급한 데다 이세가 그를 죽일까 두려워하기 때문에 아마도 법을 핑계로 삼아 장군을 죽여 [자신에게 올] 책망을 막고, 사람을 보내 장군을 대신하도록 해 그 화를 벗어나고자 할 것입니다. 장군께서는 밖에서 머문 지 오래되어 조정과 틈이 커졌으므로 공이 있다 해도 죽임을 당할 것이요, 공이 없다 해도 죽임을 당할 것입니다. 더구나 하늘이 진나라를 멸망시키고자 하는 것은 어리석은 자나 지혜로운 자나 할 것 없이 모두가 아는 일입니다. 지금 장군께서 안으로는 직언을 아뢸 수 없고, 밖으로는 망해 가는 나라의 장수가 되어 외로이 홀로 서서 오래 버티려 하시니 어찌 슬프지 않겠습니까! 장군께서는 어이하여 군대를 돌려 제후들과 연합해 함께 진나라를 치기로 맹세하고 그 땅을 나누어 가진 뒤 왕이 되려 하지 않으십니까? 이것과 몸이 부질(鈇質, 도끼로 허리를 베는 기구)에 엎드리고 아내와 자식이 처형당하는 것 중 어느 게 낫겠습니까?"

장한은 머뭇거리다가 몰래 군후(軍候) 시성(始成)을 항우에게 사신으로 보내 맹약을 맺으려 했다. 그러나 맹약이 이루어지기 전에 항우는 포 장군을 시켜 밤낮으로 병사를 이끌고 삼호(三戶)를 건너 장하 남쪽에 주둔한 후 진나라와 싸워 다시 무찌르게 했다. 항우가 병사들을 모두 이끌고 오수(汙水) 가에서 진나라 군대를 크게 쳐부쉈다.

장한이 다시 사람을 항우에게 보내 맹약을 맺고자 했다. 항우가 군관을 불러 의논하며 말했다.

"군량이 모자라니 맹약에 응하려 한다."

군관들이 모두 말했다.

"좋습니다."

항우는 곧 원수(洹水)의 남쪽 은허(殷墟)에서 [장한과] 함께 만나기로 했다. 협상이 끝나자 장한은 항우를 보면서 눈물을 흘리며 조고에 대해 말했다. 항우는 이에 장한을 옹왕(雍王)으로 세우고 초나라 진영에 두었다. 장사 사마흔을 상장군으로 삼아 진나라 군대를 거느리고 앞에서 행군하게 했다.

[항우의 군대가] 신안(新安)에 도착했다. 예전에 제후국의 장병들이 요역과 변경 수비를 하러 진나라 땅을 지나갈 때, 진나라의 장병들은 그들을 아주 가혹하게 대우했다. 이제 진나라 군대가 제후들에게 항복하자 제후국의 관병들은 승리를 틈타 그들을 노예처럼 부려먹고 진나라 장병들을 경멸하고 모욕했다. 이에 진나라의 병사들이 몰래 말했다.

"장 장군 등이 우리를 속여 제후들에게 투항하게 했는데, 지금 관내로 들어가 진나라를 쳐부술 수 있으면 매우 좋지만, 그러지 못하면 제후군은 우리를 포로로 해서 동쪽으로 물러나고 진나라에서는 분명 우리 부모와 처자식을 모조리 죽일 것이다."

제후군 장수가 은밀히 그 계획을 듣고서 항우에게 보고했다. 항우는 즉시 경포와 포 장군을 불러서 의논해 말했다.

"진나라 병사들은 여전히 그 수가 많은 데다 진심으로 복종하지 않고 있소. 이들이 관중에 이르러서도 우리의 말을 듣지 않으면 일이 분명 위태롭게 될 것이므로 차라리 그들을 쳐 죽이고서 단지 장한, 장사 사마흔, 도위 동예만을 데리고 진나라에 들어가는 것이 낫겠소."

이에 초나라 군사는 밤에 기습해 진나라 병졸 이십여만 명을 신안성 남쪽에 산 채로 묻었다.

죽음도 피하지 않는데 잔술을 사양하랴

〔항우는〕 진나라 땅을 공략해 평정하려고 했다. 그러나 함곡관에 관문을 지키는 병사가 있어서 들어갈 수가 없었다. 유방이 이미 함양을 무너뜨렸다는 소식을 듣자, 항우는 매우 화가 나서 경포 등을 시켜 함곡관을 치게 했다. 드디어 항우가 〔관중에〕 들어가 희수(戲水) 서쪽에 도착했다. 이때 유방은 패상에 주둔해 항우와 서로 만나지 못하고 있었다. 유방의 좌사마(左司馬) 조무상(曹無傷)이 사람을 보내어 항우에게 진언해 말했다.

"유방이 관중에서 왕 노릇 하려고 자영을 상(相)으로 삼아 귀한 보물을 송두리째 차지하려 합니다."

항우가 매우 화가 나 말했다.

"아침에 병사들을 잘 먹여 유방의 군대를 무너뜨리리라."

이때 항우의 병사는 사십만 명이었으며 신풍(新豊)의 홍문(鴻門)[8]에 있었고, 유방의 병사는 십만 명이며 패상에 있었다. 범증이 항우를 설득했다.

"유방은 산동에 있을 때 재물을 탐하고 미녀들을 좋아했습니다. 지금 관내에 들어가서는 재물을 취하지 않고 여자들을 총애하지 않으니 이는 그 뜻이 작은 데 있지 않은 것입니다. 제가 사람을 시켜 그 기운을 살펴보매 모두 용과 범의 기운으로 다섯 가지 채색을 이루었으니 이것은 천자의 기운입니다. 서둘러 쳐서 기회를 놓치지 마십시오."

초나라의 좌윤(左尹) 항백(項伯)은 항우의 큰아버지로, 평소에 유후(留侯) 장량(張良)과 사이가 좋았다. 장량이 이때 유방을 따랐으므로, 항백은 밤중에 유방의 진영으로 급히 말을 달려 몰래 장량을 만나 일을 다 알리고 장량에게 함께 가자고 하면서 말했다.

"[패공을] 따라 함께 죽지 마오."

장량이 말했다.

"저는 한(韓)나라 왕을 위해 패공을 호송하고 있는데, 패공의 일이 다급하다고 해서 도망가는 것은 의롭지 않으니, 이 사실을 말하지 않을 수 없습니다."

장량은 즉시 들어가 유방에게 이 사실을 모두 알렸다. 이에 유방이 매우 놀라며 말했다.

"어찌해야 하는가?"

장량이 말했다.

"누가 대왕을 위해 이 계책을 세웠습니까?"

유방이 말했다.

"어느 이름 없는 서생이 나를 설득해 말하기를, '함곡관을 막고 제후들을 안으로 들이지 않으면 진나라 땅에서 완전히 왕 노릇을 할 수 있을 것입니다.'

---

8   지금의 섬서성 임동현의 신풍이란 곳에 있는 언덕 이름이다. 지금은 항왕의 군영이 있던 자리라는 의미로 항왕영(項王營)이라고 한다.

라고 했소. 때문에 그것을 따랐소."

장량이 물었다.

"대왕의 병졸이 항우와 맞서기에 충분하다고 생각하십니까?"

유방이 잠자코 있다가 말했다.

"물론 그렇지 않으니, 장차 이를 어찌해야 하오?"

장량이 말했다.

"가서서 항백에게 당신께서 감히 항우를 배반하지 않을 것이라고 말하십시오."

유방이 말했다.

"그대는 어떻게 항백과 교분이 있는가?"

장량이 말했다.

"진나라에 있을 때 저와 함께 노닐었는데, 항백이 사람을 죽였을 때 제가 그를 살려 주었습니다. 지금 일이 다급한데, 그 일 때문에 다행히 와서 제게 알려 주었습니다."

유방이 말했다.

"두 사람 중 누가 나이가 적고 많은가?"

장량이 대답했다.

"항백이 신보다 많습니다."

유방이 말했다.

"그대가 나를 위해 그를 불러들이면, 내가 그를 형으로 섬기겠소."

장량이 나가서 항백에게 요청했다. 항백은 즉시 들어와 유방을 만났다. 유방은 술잔을 들어 장수를 기원하고 사돈을 맺기로 약조하면서 말했다.

"저는 관내에 들어와 털끝만큼도 감히 보물을 가까이 하지 않았고, 관리와 백성들을 호적에 올리고 궁중 창고를 봉인하고 장군을 기다렸습니다. 장수를 파견해 관을 지키게 한 까닭은 도적의 출몰과 예기치 않은 일을 대비해서입니다. 밤낮으로 [항우] 장군이 오기만을 바랐는데, 어찌 감히 모반하겠습니까? 당신께서 제가 감히 은혜를 배반하지 않을 것이라고 모두 말씀해 주십시오."

그러자 항백이 그렇게 하겠다고 했다. 그가 유방에게 말했다.

"내일 아침 일찍 직접 항우 장군에게 사죄하러 와야만 합니다."

유방이 말했다.

"알겠습니다."

이에 항백은 다시 밤에 떠나 군영에 도착해서는 유방의 말을 모두 항우에게 보고했다. 그러고는 이어서 말했다.

"유방이 먼저 관중을 무찌르지 않았다면 공께서 어찌 감히 여기에 들어올 수 있었겠습니까? 지금 그에게 크나큰 공이 있는데 그를 치신다면 의롭지 않으니, 차라리 이 일로 그를 잘 대우하는 것이 낫습니다."

항우가 그러겠다고 약속했다.

다음 날 아침 유방은 기병 백여 명을 거느리고 항우를 만나러 와서는 홍문에 이르러 사죄하며 말했다.

"저는 장군과 함께 죽을힘으로 진나라를 공격했으니, 장군은 하북에서 싸우고 저는 하남에서 싸웠습니다. 그런데 뜻밖에도 제가 먼저 함곡관에 들어가 진나라를 무찌르고, 다시 이곳에서 장군을 뵐 수 있었습니다. 지금 소인배들의 말로 인하여 장군과 신 사이에 틈이 벌어졌습니다."

항우가 말했다.

"이것은 그대의 좌사마 조무상이 말한 것이오. 그러지 않았다면 내가 무엇 때문에 이러겠소?"

그날 항우는 유방을 머물게 하고는 함께 술을 마셨다. 항우와 항백은 동쪽을 향해 앉고 아보(亞父)는 남쪽을 향해 앉았다. 아보는 바로 범증을 말한다. 유방은 북쪽을 향해 앉고 장량은 서쪽을 향해서 〔항우를〕 모시고 앉았다. 범증이 항우에게 여러 차례 눈짓하며 차고 있던 허리의 옥고리(옥결)를 들어 유방을 죽이라고 암시한 것만 세 번에 이르렀지만 항우는 잠자코 응하지 않았다. 범증이 일어나 나가서 항장(項莊, 항우의 사촌 아우)을 불러 말했다.

"우리 군왕은 사람 됨됨이가 모질지 않으니, 그대는 들어가 앞에서 장수를 기원하고, 그것이 끝나면 칼춤을 청한 후 기회를 틈타 앉은자리에서 유방을 쳐 죽여라. 그렇지 않으면 너희들은 모두 장차 그의 포로가 될 것이다."

항장은 즉시 들어가 장수를 빌었다. 장수를 기원하는 일이 끝나자 말했다.

"두 분이 함께 주연을 여셨는데, 군영에 즐거움이 될 만한 것이 없으니 칼춤을 청하옵니다."

항우가 말했다.

"좋다."

항장이 칼을 뽑아 일어나 춤을 추자 항백 역시 칼을 뽑아 들고 일어나 춤을 추며 항상 몸으로 유방을 막으니 항장이 공격할 수 없었다. 이에 장량은 진영 문으로 나가서 번쾌(樊噲)[9]를 만났다. 번쾌가 말했다.

"지금 상황이 어떠합니까?"

장량이 말했다.

"매우 다급합니다. 지금 항장이 칼을 뽑아 들고 춤추는데, 그 생각이 온통 주군께 놓여 있소."

번쾌가 말했다.

"급박한 상황이니 청컨대 신이 들어가 주군과 목숨을 같이하겠습니다."

번쾌는 즉시 칼을 차고 방패를 들고 진영 문으로 들어갔다. 창을 엇갈리게 들고 있던 호위병들이 막으며 들여보내려 하지 않았다. 번쾌가 그들의 방패를 비껴 치자 호위병들이 땅에 엎어졌다. 마침내 번쾌는 안으로 들어가 장막을 들추고 서쪽을 향해 서서는 눈을 부릅뜨고 항우를 바라보았다. 이때 머리카락은 위로 솟고 눈초리는 찢어질 대로 찢어져 있었다. 항우가 칼을 만지며 무릎을 세우고는 말했다.

---

9   본래 개 잡는 백정 신분이었으나 유방과 더불어 군대를 일으켜 공을 세워 좌승상까지 올랐다.

"너는 무엇을 하는 자인가?"

장량이 말했다.

"패공의 참승(參乘) 번쾌라는 자입니다."

항우가 말했다.

"장사이니 그에게 술을 내리겠다."

그러고는 한 말이나 되는 술을 주었다. 번쾌는 고맙다고 인사하고는 선 채로 마셔 버렸다.

항우가 말했다.

"그에게 돼지 어깻죽지를 주어라."

사람들이 즉시 익지 않은 돼지 어깻죽지 하나를 주었다. 번쾌는 방패를 땅에 엎어놓고 그 위에 돼지 어깻죽지를 올려놓고는 칼을 뽑아 썰어서 먹었다. 항우가 말했다.

"장사여, 더 마실 수 있겠는가?"

번쾌가 말했다.

"신은 죽음 또한 피하지 않는데, 잔술을 어찌 사양하겠습니까! 진나라 왕은 호랑이와 승냥이의 마음이 있어 사람을 죽이는 데 있어 다 죽이지 못할 것 같아 걱정하고, 형벌을 내리는 데 있어 무겁지 않을 것 같아 두려워했으므로 천하가 모두 그를 배반했습니다. 회왕께서 여러 장수와 맹약해 '먼저 진나라를 쳐부수고 함양에 들어가는 자가 왕이 되리라.'라고 하셨습니다. 지금 저희 주군께서는 먼저 진나라를 쳐부수고 함양에 들어갔지만 감히 터럭만큼도 가까이하지 않으셨고 궁실을 밀봉해 잠가 버리고는 돌아와 패상에서 주둔하며 장군께서 오시기를 기다렸습니다. 그러고 나서 일부러 장수를 보내 관을 지키도록 한 것은 도적들의 출몰과 예기치 않은 일을 대비한 것입니다. 애써 고생한 공로가 이처럼 높은데 제후로 봉하는 상은 내리지 않으면서 하찮은 사람의 말을 듣고 공 있는 사람을 죽이려 합니다. 이는 멸망한 진나라를 이어가는 것일 뿐이니, 제가 생각하기에 장군께서 취해서는 안 된다고 봅니다."

항우는 미처 답변도 하지 못하고 말했다.

"앉게."

번쾌는 장량을 따라 앉았다. 앉은 지 얼마 후에 유방이 일어나 화장실을 가는 틈에 번쾌를 불러냈다.

유방이 나가고 나자 항우는 도위 진평(陳平)에게 유방을 불러 오게 했다. 유방이 말했다.

"방금 나오느라 간다는 인사도 하지 않았으니 어떻게 하면 되겠소?"

번쾌가 말했다.

"큰일을 할 때에는 사소한 예의는 돌보지 않으며, 큰 예의를 행할 때에는 사소한 허물을 마다하지 않는 법입니다. 지금 저들은 칼과 도마가 되고 우리는 물고기가 되었는데 무슨 인사를 하십니까?"

이에 마침내 떠나면서 장량에게 남아서 사죄하게 했다. 장량이 물었다.

"주군께서는 무엇을 가져 오셨습니까?"

유방이 말했다.

"흰 옥 한 쌍을 가져와서 항우에게 바치고, 옥두(玉斗, 옥으로 만든 술 푸는 국자 한 쌍)는 범증에게 주려 했는데, 마침 그들이 화가 나 있어서 감히 바치지 못했소. 그대가 나를 위해 바쳐 주시오."

장량이 말했다.

"삼가 그리하겠습니다."

이때 항우의 군대는 홍문 아래에 있었고 유방의 군대는 패상에 있어 서로 사십 리 정도 떨어져 있었다. 유방은 자신의 거기병(車騎兵)을 두고 몸만 빠져나와 홀로 말을 타고 번쾌, 하후영(夏侯嬰, 등공(滕公)), 근강(靳彊), 기신(紀信) 등 네 사람과 함께 칼과 방패를 잡고 걸어서 여산을 내려와 지양의 샛길로 갔다. 유방이 장량에게 말했다.

"이 길을 따라 우리 군영에 도착하는 데는 이십 리에 지나지 않소. 내가 군영에 도착할 무렵이 되면 그대는 곧장 되돌아가시오."

유방이 떠나서 샛길로 군영에 이를 무렵이 되자 장량은 들어가 사죄하면서 말했다.

"저희 주군께서 술잔(주량)을 이기지 못할 정도라 미처 하직 인사를 드릴 수 없었습니다. 삼가 저 장량에게 흰 옥 한 쌍을 받들어 장군께 두 번 절하면서 바치게 하고, 옥두 한 쌍은 범 장군께 두 번 절하면서 바치게 했습니다."

항우가 말했다.

"유방은 지금 어디에 있는가?"

장량이 대답했다.

"대왕께서 과오를 질책하려는 뜻이 있다는 것을 듣고 몸만 빠져나가 홀로 떠났는데 이미 군영에 도착했다고 합니다."

항우는 옥을 받아 자리 옆에 두었다. 범증은 옥두를 받고는 그것을 땅에 던지고 칼을 뽑아 쳐서 부숴 버리고는 말했다.

"아! 소인배와는 함께 〔천하를〕 도모할 만하지 않다. 항우의 천하를 빼앗을 자는 분명 유방일 테니 우리는 그의 포로가 될 것이다."

유방은 진영에 도착하자마자 즉시 조무상을 베어 버렸다.

며칠 있다가 항우는 군대를 이끌고 서쪽으로 가서 함양을 쳐부수고 진나라의 항복한 왕 자영을 죽이고 진나라 궁실을 불태웠는데 석 달 동안 타고도 꺼지지 않았다. 항우가 그곳의 재화와 보물 및 여자들을 거두어 동쪽으로 돌아왔다. 어떤 사람이 항우를 설득해 말했다.

"관중은 산과 강으로 막혀 있는 데다 사방이 요새이며 땅은 기름졌으니 도읍으로 해 패왕이 될 만합니다."

항우는 이미 진나라 궁실이 모두 불에 타 부서졌음을 보았고, 또 마음에 그리움이 있어 동쪽으로 돌아가려 하면서 말했다.

"부유하고 귀해졌는데도 고향에 돌아가지 않는 것은 비단옷을 입고 밤에 가는 것과 같으니 누가 그것을 알아주겠는가!"

그러자 세객이 말했다.

"사람들이 초나라 사람은 원숭이가 사람 모자를 쓴 것일 뿐이라고 했는데, 과연 그렇구나."

항우가 그 말을 듣고는 세객을 삶아 죽였다.

항우가 사람을 보내어 회왕에게 명을 전했다. 회왕이 말했다.

"약속대로 하리라."

이에 회왕을 높여 의제(義帝)라 했다. 항우는 스스로 왕이 되려고 먼저 여러 장상들을 왕으로 삼았다. 그러고는 말했다.

"천하에 막 난이 발생했을 때 제후의 후예들을 잠시 즉위시켜 진나라를 정벌하려 했소. 그렇게 몸에는 견고한 갑옷을 입고 날카로운 무기를 잡고 먼저 거사를 일으켜 들에서 이슬을 맞으며 잔 지 삼 년 만에 진나라를 멸망시키고 천하를 평정한 것은 모두 그대들과 나의 힘이었소. 의제께서는 공은 세우지 못했으니 그 땅을 나누어서 왕으로 삼는 것이 당연하오."

여러 장수들이 모두 말했다.

"옳습니다."

이에 천하를 나누어 여러 장수들을 후와 왕으로 세웠다. 항우와 범증은 유방이 천하를 차지할까 의심했다. 그러나 이미 전쟁을 그만두기로 약조했고 그것을 어기는 게 싫었으며 제후들이 배반할까 염려되어 몰래 계획해 말했다.

"파와 촉은 길이 험하고 진나라의 유배자들이 옮겨 가서 모두 촉에 살고 있습니다."

그러고는 말했다.

"파와 촉 역시 관중 땅이다."

이에 유방을 한왕(漢王)으로 세우고 파, 촉, 한중에서 왕 노릇 하며 남정에 도읍하게 했다. 그리고 관중을 셋으로 나눠 진나라의 항복한 장수들을 왕으로 세워서 한왕을 막게 했다. 항우는 장한을 옹왕으로 세워 함양 서쪽 지역의 왕으로 봉하고 폐구(廢丘)에 도읍하게 했다. 장사 사마흔은 원래 역양의 옥관으로 일찍이 항량에게 은덕을 베푼 일이 있었다. 또 도위 동예는 장한에게 초나라에 투항하라고 권유한 공이 있었다. 그러므로 사마흔을 새왕으로 세워 함양 동쪽에서 황하에 이르는 지역의 왕으로 봉하고 역양에 도읍하게 했으며, 동예를 적왕으로 세우고 상군 지역의 왕으로 봉해 고노(高奴)에 도읍하게 했다. 위왕 표(豹)를 옮겨 서위왕(西魏王)으로 삼고 하동 지역의 왕으로 봉해 평양에 도읍하게 했다. 하구(瑕丘) 사람 신양(申陽)은 장이가 총애하던 신하로 앞장서서 하남을 함락하고 초나라 병사를 황하 강변에서 맞아들였으므로 신양을 하남왕(河南王)으로 세우고 낙양에 도읍하게 했다. 한왕(韓王) 성(成)은 옛 도읍 그대로 양적(陽翟)에 도읍하게 했다. 조나라 장수 사마앙(司馬卬)은 하내를 평정하고 여러 번 공을 세웠으므로 은왕(殷王)으로 세워 하내 땅에 봉하고 조가(朝歌)에 도읍하게 했다. 조왕 헐은 옮겨서 대왕으로 삼았다. 조나라 상(相) 장이는 현명하고 또 관중에 들어올 때 따라왔으므로 상산왕(常山王)으로 세워 조 땅에 왕으로 봉하고 양국(襄國)에 도읍하게 했다. 당양군(當陽君) 경포는 초나라 장수로서 항상 군영에서 으뜸이었으므로 구강왕(九江王)으로 세우고 육현(六縣)에 도읍하게 했다. 파군(鄱君) 오예(吳芮)는 백월을 이끌고 제후를 도왔으며 관중에 따라 들어왔으므로 형산왕(衡山王)으로 세우고 주(邾)에 도읍하게 했다. 의제의 주국(柱國) 공오(共敖)는 군대를 이끌고 남군을 쳐 공이 많았으므로 임강왕(臨江王)으로 세우고 강릉(江陵)에 도읍하게 했다. 연왕(燕王) 한광(韓廣)은 옮겨서 요동왕(遼東王)으로 삼았다. 연나라 장수 장도(臧荼)는 초나라를 좇아 조나라를 구원했으며 관중으로 따라 들어왔으므로 연왕으로 세우고 계(薊)에 도읍하게 했다. 제왕 전불을 옮겨 교동왕(膠東王)으로 삼았다. 제나라 장수 전도(田都)는 함께 조나라를 구원하고 관중으로 따라 들어왔으므로 제왕으로 세우고 임치(臨菑)에 도읍하게 했다. 옛날에 진나라에 멸망당한 제왕 전건의 손자 전안(田安)은 항우가 황하를 건너 조나라를 구원할 때 제북(濟北)의 여러성을 함락한 후 병사를 이끌고 항우에게 투항했으므로 제북왕(濟北王)으로 세워 박양(博陽)에 도읍하게 했다. 전영은 여러 번 항량을 배반했으며, 또 군대를 이끌고 초나라를 따라 진나라를 치려

하지 않았기 때문에 왕으로 봉하지 않았다. 성안군(成安君) 진여는 장수의 인장을 버리고 관중으로 따라 들어오지는 않았지만, 평소 현명하다는 말을 들었고 또 조나라에서도 공이 있었으므로 그가 남피(南皮)에 있다는 소식을 듣고 주변 세 현을 봉했다. 파군(오예)의 장수 매현(梅鋗)은 공이 많았기 때문에 식읍 십만 호의 제후에 봉했다. 항우는 스스로 자리에 올라 서초 패왕(西楚覇王)이라 하고 아홉 군을 거느렸으며 팽성에 도읍했다.

초나라와 한나라의 건곤일척 승부

한나라 [고조] 원년

4월, 제후들이 [항우의] 지휘 아래 철군해 각자 봉국으로 갔다. 항우는 함곡관을 나와 봉국으로 가서는 사람을 보내 의제를 옮기게 하며 말했다.

"옛날부터 제왕은 땅이 사방 천 리로 반드시 상류(지대가 높아 내려다보이는 땅)에 머물렀습니다."

그러고는 사자를 보내 의제를 장사군(長沙郡) 침현(郴縣)으로 옮기게 했다. 의제의 행차를 재촉하니 그 신하들이 차츰 그를 배반했다. 이에 몰래 형산왕과 임강왕을 시켜 장강 가에서 의제를 죽이게 했다. 한왕(韓王) 성은 전쟁에서 세운 공적이 없었으므로 항우는 그가 봉국으로 가지 못하게 하고 팽성으로 데리고 가서 폐위하고 후로 삼았다가 얼마 뒤에 그를 죽였다. 장도는 자기 봉국으로 가서 한광을 요동으로 쫓아 버리려 했다. 한광이 그 말을 따르지 않자 장도는 그를 무종(無終)에서 쳐 죽이고 그 땅을 합쳐 자신의 봉토로 삼았다.

항우가 제왕 전불을 교동왕으로 옮긴 후 제나라 장수 전도를 제왕으로 세웠다는 소식을 듣고 전영은 매우 화가 나서 제왕을 교동으로 보내지 않고 제나라 땅을 점령한 후 모반을 일으켜 전도를 맞아 싸웠다. 이에 전도는 초나라로 달아났다. 제왕 전불은 항우를 두려워한 끝에 몰래 교동으로 도망쳐 봉국으로 가려 했다. 전영이 화가 나 그를 추격해 즉묵(卽墨)으로 가서 쳐 죽였다. 전영이 스스로 제왕의 자리에 올라서는 서쪽으로 가서 제북왕 전안을 공격해 죽이고 제나라 땅 세 곳을 합쳐 봉지로 삼았다. 또한 전영은 팽월(彭越)에게 장군의 인장을 준 후 그에게 양나라 땅에서 모반을 일으키도록 했다. 진여는 몰래 장동(張同)과 하열(夏說)을 보내 제왕 전영을 설득했다.

"항우가 천하의 우두머리가 된 것은 공평하지 않습니다. 본래의 왕은 모조리 내쫓아 몹쓸 땅에다 왕으로 삼고, 자기 신하들과 장수들을 좋은 땅의 왕으로 삼았습니다. 또한 원래 군주를 내쫓아서 조왕은 북쪽으로 보내 대나라에 머물게 했는데 저는 그럴 수 없다고 생각합니다. 대왕께서는 이미 군대를 일으켰는데, 의롭지 않은 것은 좇지 않는다고 들었습니다. 대왕께서 제게 군대를 빌려 주어 상산을 공격해 조왕의 원래 땅을 회복하도록 해 주시고, 저희 나라(조나라)를 방패막이로 삼기를 원합니다."

이에 제왕 전영은 병사를 조나라로 보냈다. 진여는 세 현의 군대를 모두 모은 후 제나라와 힘을 합쳐 상산을 공격해 크게 쳐부쉈다. 장이는 달아나 한(漢)나라로 귀의했다. 진여는 예전 조왕 헐을 대나라에서 맞이해 조나라로 돌아왔다. 이 일로 인해 조왕은 진여를 대왕으로 세웠다.

이때 유방은 군대를 돌려 삼진을 평정했다. 항우는 유방이 이미 관중을 모두 합친 후 동쪽으로 진군하고 있으며, 제나라와 조나라가 그를 배반했다는 소식을 듣고 매우 화가 났다. 곧바로 옛 오현 현령 정창(鄭昌)을 한왕(韓王)으로 삼아서 한나라 병사를 저지했다. 그리고 소공(蕭公) 각(角) 등을 시켜 팽월을 공격하게 했는데, 팽월이 소공 각 등을 패배시켰다. 유방은 장량에게 한(韓)나라를 돌아보게 한 후 항우에게 편지를 보내 말했다.

"나는 직책을 잃어 지금 관중을 얻고자 하니, 약조대로 해 준다면 즉시 멈추어 감히 동쪽으로 나아가지 않을 것이오."

이때 다시 제나라와 조나라가 모반하고는 편지를 항우에게 보내 말했다.

"제나라가 조나라와 함께 초나라를 멸망시키려 하오."

이 때문에 초나라는 서쪽을 치려던 뜻을 버리고 북쪽으로 가서 제나라를 쳤다. 항우는 구강왕 경포에게 군대를 모으게 했다. 경포는 병을 핑계로 나오지 않고, 휘하 장수를 시켜 수천 명을 거느리고 출동하게 했다. 항우는 이 때문에 경포를 원망하게 되었다.

한나라 2년

겨울, 항우가 마침내 북쪽으로 가서 성양에 도착했고 전영 역시 병사를 거느리고 와서 서로 전투를 벌였다. 전영이 이기지 못하고 평원(平原)으로 달아났으나, 평원 백성들이 그를 죽였다. 마침내 [항우는] 북으로 가서 제나라 성곽과 집을 불사르고, 전영의 항복한 병졸들을 모두 생매장했으며, 노약자들과 여자들을 포로로 잡았다. 제나라의 북해(北海)에 이르기까지 공략해 들어가니 [제나라의] 대부분이 파괴되고 부서졌다. 이에 제나라 사람들이 다시 모여 모반을 일으켰다. 전영의 동생 전횡(田橫)이 [흩어져 없어졌던] 제나라 병졸을 거둔 끝에 몇만 명을 얻어서 성양에서 모반을 일으켰다. 항우가 이 때문에 머물면서 연달아 싸움을 했으나 무너뜨리지 못했다.

봄, 유방이 다섯 제후의 병사 총 오륙만 명을 거느리고 동쪽으로 가서 초나라를 쳤다. 항우는 이 소식을 듣고는 즉시 여러 장수들을 시켜 제나라를 치게 한 후 자신은 정예 병사 삼만 명을 이끌고 남쪽으로 나와 노현(魯縣)에서 호릉으로 나아갔다.

4월, 한나라 군대는 이미 팽성에 들어가 그곳의 재화, 보물, 미녀를 거두고는 날마다 성대한 주연을 베풀었다. 이에 항우는 서쪽 소현(蕭縣)에서부터 새벽에 한나라 군대를 공격하면서 동쪽으로 나아가 팽성에 도착했는데, 정오 무렵 한나라 군대를 크게 쳐부쉈다. 한나라 군사는 모두 달아나면서 서로 줄지어 쫓아가다 곡수(穀水)와 사수에 들어갔는데 이때 빠져 죽은 자가 십여만 명에 이르렀다. 한나라 병졸들이 모두 남쪽을 향해 산으로 달아나자 초나라 군대가 다시 뒤쫓아 영벽(靈壁)의 동쪽 수수(睢水) 가까지 도착했다. 한나라 군대는 퇴각하다 초나라 군대에 밀려서 많이 죽었는데, 한나라 병졸 십여만 명이 모두 수수에 빠져 죽자 이 때문에 수수 강물이 흐르지 못할 정도였다. 〔초나라 군대가〕 유방을 세 겹으로 포위했다. 때마침 큰 바람이 서북쪽에서부터 일어나 나무를 부러뜨리고 집을 날려 버리며 모래와 돌이 흩날리더니 갑자기 낮이 칠흑처럼 어두워지고 컴컴해져 초나라 군대에 혼란이 몰아닥쳤다. 초나라 군대가 크게 어지러워진 끝에 무너져 흩어지니, 유방은 그 틈을 타서 기병 몇십 기와 함께 도망칠 수 있었다.

패현을 거쳐 가다가 〔유방은〕 가족들을 한데 모아 서쪽으로 가려고 했다. 초나라 군대 또한 사람을 보내 패현까지 뒤쫓아 가서 유방의 가족들을 사로잡게 했다. 가족들이 모두 도망쳐서 유방과는 서로 만나지 못했다. 유방은 길에서 혜제(惠帝)와 노원공주(魯元公主)를 만나 수레에 태우고 갔다. 초나라 기병이 유방을 쫓아오니 유방은 다급한 끝에 혜제와 노원공주를 수레 아래로 밀어 떨어뜨렸으나 하후영이 항상 내려가 그들을 수레에 태웠다. 이렇게 한 것이 세 번이나 되었다.

〔하후영이〕 말했다.

"비록 위급한 상황이고 말을 빨리 몰 수 없긴 하지만, 어찌 자제분들을 버리십니까?"

그 와중에 마침내 추격에서 벗어날 수 있었다. 〔유방은〕 아버지(태공(太公))와 아내(여후(呂后))를 찾았으나 서로 만나지 못했다. 심이기(審食其)가 태공과 여후를 모시고 샛길로 가면서 유방을 찾다가 도리어 초나라 군대를 만났다. 초나라 군대가 그들을 데리고 돌아와 항우에게 고하자 항우는 그들을 늘 군영에 두었다.

이때 여후의 오빠 여택(呂澤, 주 여후(周呂侯))이 한나라를 위해 군사들을 거느리고 하읍(下邑)에 머물러 있었는데, 유방이 샛길로 도망쳐 와서 그를 따라가 조금씩 한나라 병사들을 거두어들였다. 형양에 이르러서야 패배한 군대가 모두 다 모였고, 소하(蕭何)[10]도 관중의 노인들과 스무 살이 안 된 자들을 징발해 모두 형양으로 보내니 다시 위세를 크게 떨쳤다. 초나라 군대가 팽성에서 일어나 승세를 타고 패주하는 한나라 군대를 쫓다가 그들과 형양 남쪽의 경읍(京邑)과 색읍(索邑) 사이에서 싸웠다. 한나라 군대가 초나라 군대를 패배시키자 초나라 군대는 이 때문에 형양을 거쳐 서쪽으로 나아갈 수가 없었다.

항우가 팽성을 구원하러 갔다가 유방을 뒤쫓아 형양에 이르니, 전횡 또한 제나라 땅을 거둬들이고 전영의 아들 전광(田廣)을 제왕으로 세웠다. 그런데 유방이 팽성 전투에서 패하자 제후들은 다시 초나라에 붙어 한나라를 배반했다. 한나라는 형양에 주둔하고는 황하로 이어지는 용도를 쌓은 후 오창(敖倉)의 곡식을 빼앗았다.

한나라 3년

항우가 여러 번 한나라 군대의 용도를 침략해 빼앗자, 유방은 먹을 것이 부족해질까 두려워한 끝에 [항우에게] 강화를 요청하고 형양 서쪽을 떼어내 한나라 영토로 삼게 하려고 했다.

항우가 그 말을 따르려고 했다. 이때 역양후(歷陽侯) 범증이 말했다.

"현재 한나라는 대적하기 쉬운데 지금 버려두고 취하지 않으면 나중에 반드시 후회할 겁니다."

이에 항우는 범증과 함께 서둘러 형양을 포위했다. 유방은 이를 근심하다가 진평의 계책을 써서 범증과 항우를 이간질했다. 항우의 사자가 오자 태뢰(太牢, 소, 양, 돼지의 고기)로 준비한 연회석을 마련해 그에게 내놓으려다가 사자를 보고는 거짓으로 놀란 체하며 말했다.

"나는 범증의 사자라고 생각했는데 항우의 사자였구나!"

---

10 『정관정요(貞觀政要)』에 따르면, 소하의 공은 이러하다. "한나라의 소하는 비록 전쟁터에서 공을 세우지 않았지만, 전시에는 후방에서 지령을 내리고, 전후에는 한나라 고조를 천자로 추대했기 때문에 그 공이 첫째가 될 수 있었던 것입니다."

그러고 나서는 성대한 음식을 도로 가지고 가서 형편없는 음식을 항우의 사자에게 먹게 했다. 사자가 돌아와 항우에게 보고하자, 항우는 범증과 유방이 사사로운 관계가 아닐까 의심해 그 권력을 차츰 빼앗았다. 이에 범증이 크게 화를 내며 말했다.

"이제 천하의 일이 대체로 정해졌으니, 주군 스스로 처리할 수 있게 되었습니다. 이제 해골이나 다를 바 없는 저를 고향으로 돌아가게 해 주십시오."

항우가 그러라고 했다. 그러나 길을 나서 미처 팽성에 도착하기도 전에 등에 종기가 나 죽었다.

한나라 장수 기신이 유방을 설득해 말했다.

"일이 다급해졌으니 〔제가〕 왕을 위해 거짓으로 모습을 꾸며 초나라를 속일 테니 왕께서는 그 틈을 타서 빠져나가십시오."

이에 유방은 밤에 여인 이천 명에게 갑옷을 입혀 형양의 동쪽 문으로 내보내니 초나라 군대가 사방에서 그들을 공격했다. 기신은 황색 지붕에 왼쪽을 소꼬리로 만든 장식물로 두른 수레를 타고 말했다.

"성 안에 양식이 떨어져 한왕(漢王)이 항복한다."

이에 초나라 군사들이 모두 만세를 불렀다. 유방은 이 틈을 타서 기병 몇십 기와 함께 성의 서쪽 문으로 나와 성고로 달아났다. 항우가 기신을 보고 물었다.

"한왕은 어디 있느냐?"

기신이 말했다.

"한왕께선 이미 떠나셨습니다."

이에 항우는 기신을 불에 태워 죽였다.

유방은 어사대부 주가(周苛), 종공(樅公), 위표(魏豹, 서위왕)[11]에게 형양을 지

---

11 위표는 위나라 왕인 형 위구가 장한의 공격으로 죽자 초나라로 달아났다. 항우는 장한을 항복시킨 후 위표를 위나라 왕에 봉하였는데, 위표는 배신하고 유방에게 귀의한다. 그러나 팽성에서 한나라가 초나라에 패하자 위표는 한나라에 반기를 든다. 유방은 한신(韓信)을 보내 위표를 사로잡고 위표에게 형양을 지키도록 명하였는데, 초나라가 형양을 포위하여 위급해지자 주가에 의해 죽임을 당한다. 「고조 본기」 및 「위표·팽월 열전」에 상세히 나온다.

키게 했다. 그런데 주가와 종공이 상의해 말했다.

"나라를 배반한 왕(위표)과는 함께 성을 지키기가 어렵소."

그러고는 함께 위표를 죽였다. 초나라 군대가 형양성을 함락시키고 주가를 사로잡았다. 항우가 주가에게 말했다.

"나의 장수가 되면 그대를 상장군으로 삼고 삼만 호를 봉해 주겠다."

주가가 욕하며 말했다.

"그대가 빨리 한나라에 항복하지 않으면, 한나라 군사들이 이제 그대를 사로잡을 것이다. 그대는 결코 한왕의 적수가 되지 못한다."

항우가 노여워 주가를 삶아 죽이고 종공도 죽였다.

유방은 형양을 벗어난 후 남쪽으로 가서 완현(宛縣)과 섭현(葉縣)으로 달아났다. 거기서 구강왕 경포를 얻어 행군하면서 병사들을 모으다가 다시 성고로 들어가 지켰다.

한나라 4년

항우가 진군해 성고를 포위했다. 유방은 하후영만 데리고 성고의 북쪽 문으로 나와서는 황하를 건넌 후 수무(脩武)로 달아나서 장이와 한신(韓信, 회음후(淮陰侯))의 군대에 몸을 맡겼다. 여러 장수들도 조금씩 성고를 나와 유방의 뒤를 따랐다. 초나라 군사가 마침내 성고를 빼앗고 서쪽으로 진군하려고 했다. 한나라는 군대를 보내 공(鞏)에서 초나라를 저지하며 그들이 서쪽으로 올 수 없게 했다.

이때 팽월이 황하를 건너 초나라 군대를 동아에서 공격해 초나라 장군 설공(薛公)을 죽였다. 이에 항우는 몸소 동쪽으로 나아가 팽월을 쳤다. 유방은 한신의 군대를 얻은 후 황하를 건너 남쪽으로 나아가려 했다. 이때 정충(鄭忠)이 유방을 설득하자 진격을 멈추고 하내에 방벽을 쌓는 동시에 유가(劉賈)를 시켜 군대를 거느리고 팽월을 도와 초나라 군대의 물자를 불태우게 했다. 항우가 동쪽으로 가서 공격해 그들을 쳐부수자 팽월은 달아났다. 유방은 군대를 이끌고 황하를 건너 다시 성고를 빼앗고 광무(廣武)에 주둔해 오창의 양식을 차지했다. 항우는 동해 지역을 평정하고 나서 서쪽으로 진군해 한나라 군대에 맞서서 광무에서 진을 치고는 서로 몇 달간 대치했다.

이때 팽월이 여러 차례 양나라 땅에서 모반해 초나라 군대의 식량을 끊어 버리자 항우가 이를 두려워했다. 그는 높은 도마를 만들어 태공을 그 위에 올려놓고 유방에게 일렀다.

"지금 서둘러 항복하지 않으면 나는 그대 아비(태공)를 삶아 죽이겠다."

그러자 유방이 말했다.

"나와 항우 그대는 모두 신하 된 자로서 회왕에게 명을 받아 '형제가 되기로 약속한다.'라고 했소. 따라서 나의 아버지가 곧 그대 아버지인데 아버지를 반드시 삶겠다면 내게도 고깃국 한 그릇을 나누어 주기 바라오."

그러자 항우가 화가 나 태공을 죽이려 했다. 항백이 말했다.

"천하의 일은 아직 알 수 없으며, 또 천하를 위하는 자는 집안을 돌보지 않는 법이니, 비록 그를 죽여도 이익이 없고 단지 화근만 더할 뿐입니다."

그러자 항우가 그의 말을 따랐다.

초나라와 한나라가 오랫동안 서로 대치하며 승부를 내지 못하자 장정들은 행군과 전투로 고달팠고 노약자들은 물길로 물자를 운반하는 일에 지쳤다. 항우가 유방에게 말했다.

"천하가 여러 해나 흉흉한 것은 한갓 우리 두 사람 때문이니, 그대에게 도전해 자웅을 겨룸으로써 천하의 백성들과 아버지와 아들을 헛되이 고달프게 하지 말기를 원하오."

그러자 유방이 웃으며 거절하며 말했다.

"나는 차라리 지혜를 다툴지언정 힘을 겨룰 수는 없소."

항우가 장사를 시켜 나가서 싸움을 돋우게 했다. 한나라에 말을 타면서 활을 잘 쏘는 누번(樓煩)이라는 자가 있었다. 초나라가 싸움을 세 번 걸어왔는데, 그때마다 누번이 활을 쏘아 [초나라 장사를] 죽여 버렸다. 이에 항우가 매우 노여워하며 직접 갑옷을 입고 창을 집어 들고는 싸움을 돋우었다. 누번이 그를 쏘려고 하자, 항우가 눈을 부릅뜨고 그를 꾸짖으니 누번은 눈을 들어 감히 바라보지 못하고 손에 든 활도 쏘지 못하고는 마침내 달아나 진지로 들어가서는 다시 나오지 못했다. 유방이 사람을 보내 살짝 누번에게 물어보게 하니 바로 항우였다. 이에 유방은 크게 놀랐다. 결국 항우는 유방에게 접근해 광무산을 사이에 두고 말을 했다. 유방이 그의 죄목을 열거하자 항우는 화를 내며 한번 겨뤄 보자고 요구했다. 유방이 따르지 않자 항우는 숨겨 두었던 쇠뇌를 쏘아 유방을 맞혔다. 유방은 부상을 입고 달아나 성고로 들어갔다.

항우는 한신이 이미 하북을 함락하고 제나라와 조나라를 무찔렀으며, 이제 초나라를 공격할 것이라는 말을 듣고 곧바로 용저를 시켜 한신을 공격하게 했다. 한신이 용저와 싸우는데, 한나라 군대의 기병장 관영(灌嬰)이 그를 공격해 초나라 군대를 크게 쳐부수고 용저를 죽였다. 한신은 이 일을 빌미로 스스로 제나라 왕에 올랐다. 항우는 용저의 군대가 무너졌다는 소식을 듣고 두려워한 끝에 우이 사람 무섭(武涉)을 보내 한신을 설득하게 했으나 한신은 그 말을 듣지 않았다. 이때 팽월이 다시 모반해 양나라 땅을 함락하고 초나라 군대의 양식을 끊어 버렸다. 이에 항우는 해춘후(海春侯) 대사마 조구에게 말했다.

"삼가 성고를 지키시오. 한나라가 싸움을 걸어와도 그들과 더불어 싸우지 말고 신중하며, 한나라 군대가 동쪽으로 오지 못하게만 하시오. 나는 보름 만에 반드시 양나라 땅을 평정하고 나서 다시 장군을 따르겠소."

그러고는 즉시 동쪽으로 행군해 진류와 외황을 공격했다. 그러나 외황은 쉽게 함락되지 않았다. 며칠 있다가 항복했으나 항우는 화가 나서 열다섯 살 이상의 남자들을 전부 성의 동쪽으로 보내 그들을 생매장하려고 했다. 외황 현령의 열세 살 된 아들을 둔 가신이 가서 항우에게 권했다.

"팽월이 억지로 외황을 협박해서 외황 사람들은 두려워하면서도 우선 항복하고 대왕을 기다렸습니다. 그런데 대왕께서 오셔서는 모두를 생매장하려

하시니 백성들이 어찌 귀의하는 마음이 생기겠습니까? 이곳에서 동쪽 양나라 땅 십여 개 성이 모두 두려워서 귀의하지 않을 것입니다."

항우는 그 말이 옳다고 여겨 생매장하려 했던 외황 사람들을 용서해 주었다. 동쪽으로 수양(睢陽)에 이르기까지 그 소식을 듣고는 모두 다투듯 항우에게 항복했다.

한나라 군대가 여러 번 싸움을 걸어왔지만 초나라 군대는 과연 나오지 않았다. 사람들을 시켜서 그들을 욕한 지 닷새가 되자 조구가 노해 병사들을 시켜 사수(汜水)를 건너게 했다. 병졸들이 반쯤 건너고 있는데 한나라 군대가 그들을 쳐서 크게 쳐부수고는 초나라의 재물을 모조리 차지했다. 대사마 조구, 장사 동예, 새왕 사마흔이 모두 스스로 사수 가에서 스스로 목을 찔러 죽었다. 대사마 조구는 본래 기현에서 옥연을 지냈고, 장사 사마흔도 본래 역양의 옥리였는데, 두 사람은 일찍이 항량에게 은덕을 베푼 적이 있었다. 이 때문에 항우가 그들을 신임했던 것이다. 항우는 수양에 있다가 해춘후의 군대가 패배했다는 소식을 듣고 군대를 이끌고 되돌아왔다. 한나라 군대는 형양의 동쪽에서 종리매(鍾離眛)를 포위하고 있다가 항우가 도착하자 두려워하면서 모두 험준한 곳으로 달아나 버렸다.

이때 한나라 병사는 식량이 풍족했으나, 항우의 군대는 지치고 식량도 떨어져 있었다. 한나라가 육가(陸賈)를 보내 항우를 설득해 태공을 보내 줄 것을 청했으나 항우가 응하지 않았다. 유방이 다시 후공(侯公)을 보내 가서 항우를 설득하게 하니, 이에 항우가 한나라와 협상해 천하를 반으로 가른 후 홍구(鴻溝) 서쪽을 한나라로 하고, 홍구 동쪽은 초나라로 하기로 했다. 항우는 태공을 풀어 주기로 허락하고는 즉시 유방의 부모와 처자식을 돌려보냈다. 이에 군사들이 모두 만세를 외쳤다. 유방이 후공을 평국군(平國君)으로 봉하자 [후공은] 숨어서 다시는 만나지 않으려고 했다. 유방이 말했다.

"이 천하의 변사가 머무는 곳은 나라가 기울 것이니, 그 이름을 평국군이라 했다."

항우는 협약을 끝내자 군대를 거느리고 동쪽으로 돌아갔다.

유방이 서쪽으로 돌아가려고 하니 장량과 진평이 설득해 말했다.

"한나라는 지금 거의 천하의 절반을 차지했고 제후들도 모두 귀의했습니다. 이에 반해 초나라 군사들은 지치고 식량도 떨어졌으니, 이는 하늘이 초나라를 망하게 하려는 것입니다. 따라서 이 기회를 틈타〔그 나라를〕빼앗는 것이 낫습니다. 지금 놓아주고 공격하지 않으면 이는 이른바 '호랑이를 길러 스스로 화를 남기는 꼴'입니다."

이에 유방이 그 말에 따랐다.

한나라 5년

유방은 항우를 추격해 양하(陽夏) 남쪽에 이르러 머무르면서 진을 친 후, 한신과 팽월을 만나서 초나라 군대를 함께 공격하기로 약속했다. 그러나 고릉(固陵)에 이르렀는데도 한신과 팽월의 군대가 오지 않았다. 이 틈을 타서 초나라 군대가 한나라 군대를 공격해 크게 쳐부쉈다. 유방은 다시 진지로 들어가 참호를 깊게 파고 굳게 지켰다. 유방이 장량에게 물었다.

"제후들이 약속을 지키지 않았으니 어떻게 해야 하는가?"

장량이 대답했다.

"초나라 군대가 바야흐로 무너지려 하는데, 한신과 팽월은 아직 봉지를 나누어 받지 못했습니다. 그러므로 그들이 오지 않는 것은 당연합니다. 주군께서 그들과 함께 천하를 나눌 수만 있다면 지금이라도 당장 그들을 오게 할 수 있습니다. 만일 그렇게 할 수 없다면 일은 알 수 없습니다. 주군께서 진현 동쪽에서부터 바닷가에 이르는 땅을 모두 한신에게 주고, 수양 이북에서 곡성(穀城)에 이르는 땅을 모두 팽월에게 주어 그들이 스스로 힘을 내 싸우게 한다면 초나라는 쉽게 패할 것입니다."

유방이 말했다.

"좋소."

이에 사신을 보내 한신과 팽월에게 알렸다.

"힘을 합쳐 초나라 군대를 칩시다. 초나라가 무너지면 진현 동쪽에서 바닷가에 이르는 땅을 제왕에게 줄 것이며, 수양 이북에서 곡성에 이르는 땅을 팽 상국에게 주겠소."

사신이 도착하자 한신과 팽월은 모두 고하여 말했다.

"청컨대 지금 군대를 진격하십시오."

한신은 곧 제나라에서 출병하고, 유가(劉賈)의 군대도 수춘(壽春)에서 나란히 출병해 성보를 도륙하고 해하(垓下)에 이르렀다. 대사마 주은(周殷)은 초나라를 배반하고 서현(舒縣)의 군사를 이끌고 육현을 쳐부수고, 구강의 병사를 동원해서 유가와 팽월을 좇아 모두 해하에 모여 항우를 향해 나아갔다.

항우는 해하에 진지를 구축하고는 주둔했는데, 군사는 적고 군량은 다 떨어진 데다 한나라 군대와 제후들의 군대가 여러 겹으로 포위했다. 밤에 한나라 군대가 사방에서 모두 초나라 노래를 부르니 항우가 크게 놀라서 말했다.

"한나라 군대가 이미 초나라를 얻었단 말인가? 어찌 초나라 사람이 이다지도 많은가?"

항우는 밤에 일어나 막사 안에서 술을 마셨다. 항우에게는 이름이 우(虞)라고 하는 미인이 있었는데, 총애하여 늘 데리고 다녔다. 그리고 추(騅, 오추마)라는 이름의 준마가 있었는데 늘 타고 다녔다. 이에 항우는 비분강개하여 직접 시를 지어 노래로 읊었다.

"힘은 산을 뽑을 수 있고 기개는 세상을 덮을 만한데, 때가 불리하여 추가 나아가지 않는구나. 추가 나가지 않으니 어찌해야 하는가, 우여, 우여, 그대를 어찌해야 하는가!"

여러 번 노래 부르니 우 미인도 따라 불렀다. 항우가 울어 몇 줄기 눈물이 흘러내리니 좌우에 있던 사람들도 모두 울며 고개를 들어 쳐다보지도 못했다.

항우가 말에 올라타니, 부하 장사 중에 말에 올라 따르는 자가 팔백여 명이었다. 그날 밤 포위를 뚫고 남쪽으로 나가 말을 급히 몰았다. 날이 밝자 한나라 군대는 비로소 이 사실을 알고 기병장 관영에게 오천 기병을 이끌고 그를 쫓게 했다. 항우가 회수를 건너니 그를 따라온 기병이 백여 명뿐이었다. 항우가 음릉(陰陵)에 이르러 길을 잃은 탓에 한 농부에게 물으니 농부가 속여서 말했다.

"왼쪽입니다."

이에 왼쪽 길로 가다가 큰 늪에 빠지게 되었다. 이 때문에 한나라 군대가 그를 바짝 뒤쫓아 왔다. 항우가 다시 군대를 이끌고서 동쪽으로 가서 동성(東城)에 이르렀는데, 겨우 기병 스물여덟 명만이 남아 있었다. 추격하는 한나라 군대의 기병은 수천 명이었다. 마침내 항우가 벗어날 수가 없음을 깨닫고는 기병들에게 말했다.

"군대를 일으킨 이래 지금까지 여덟 해 동안 직접 칠십여 차례나 싸우면서 맞선 자는 쳐부수고 공격한 자는 굴복시켜 이제껏 패배한 적이 없었기에 드디어 천하의 패권을 차지했다. 그러나 지금 결국 이곳에서 곤경에 처했으니 이는 하늘이 나를 망하게 하려는 것이지 내가 싸움을 잘하지 못한 탓이 아니다. 오늘 죽기를 굳게 결단하고 그대들을 위해 통쾌하게 싸워 기필코 세 차례 승리하고, 그대들을 위해 포위를 뚫으면서 적장을 베어 죽이고 적군의 깃발을 뽑아 버림으로써 그대들에게 하늘이 나를 망하게 하는 것이지 싸움을 잘못한 죄가 아니라는 것을 알리고자 한다."

그러고는 기병들을 넷으로 나누어 사방으로 향하게 했다. 한나라 군대가 그를 겹겹이 포위했다. 항우가 그의 기병에게 말했다.

"내가 그대들을 위해 저 장수를 베리라."

그러고는 사방의 기병들에게 말을 급히 달려 내려가도록 하고 산 동쪽 세 곳에서 나누어졌다가 만나기로 약조했다. 항우가 크게 소리치며 아래로 말을 달려가니, 한나라 군대가 모두 바람에 불려 흔들리듯 무너져 마침내 한나라 장수 한 명을 베었다. 이때 양희(적천후(赤泉侯))가 기병장으로 항우를 추격하고 있었는데, 항우가 눈을 부릅뜨고 꾸짖으니 양희 자신과 말이 모두 놀라 몇 리 밖으로 달아나 버렸다. 항우는 산의 동쪽 세 곳에서 그의 기병들과 만났다. 한나라 군대는 항우가 있는 곳을 알지 못해 군대를 셋으로 나누어 다시 포위했다. 항우가 즉시 말을 달려 다시 한나라 도위 한 명을 베고 백여 명을 죽인 후에 다시 기병들을 모으니 그의 기병은 단지 두 명이 죽었을 뿐이었다. 이에 그의 기병들에게 물었다.

"어떠한가?"

기병들이 모두 엎드려 말했다.

"대왕의 말씀과 꼭 같습니다."

이때 항우는 동쪽으로 가서 오강(烏江)을 건너려고 했다. 오강의 정장(亭長)이 배를 강 언덕에 대고 기다리다가 항우에게 말했다.

"강동(江東)은 비록 좁지만 땅이 사방 천 리이며 백성들 수가 몇십만이니 왕 노릇 하기에 충분합니다. 대왕께서는 서둘러 강을 건너십시오. 지금 오직 저에게만 배가 있어 한나라 군대가 도착해도 건널 수 없습니다."

그러자 항우가 웃으며 말했다.

"하늘이 나를 망하게 하는데 내가 무엇 때문에 강을 건너겠는가! 나 항적이 강동의 젊은이 팔천 명과 함께 강을 건너 서쪽으로 갔는데, 지금 한 사람도 돌아오지 못했거늘 설사 강동의 부모와 형제들이 나를 불쌍히 여겨 왕으로 삼아 준다 해도 내가 무슨 면목으로 그들을 보겠는가? 설령 그들이 말하지 않는다 해도 나 자신이 마음에 부끄러움이 있지 않겠는가?"

그러고 나서 정장에게 말했다.

"나는 그대가 장자(長者)임을 알겠다. 내가 이 말을 탄 지 다섯 해째인데, 맞설 만한 적이 없으며 하루에도 천 리를 달려 차마 이 말을 죽일 수 없으니 그대에게 주노라."

그러고는 기병들에게 모두 말에서 내려 걷게 하고 자신은 짧은 무기만을 들고 싸움을 벌였다. 항우 혼자서 죽인 한나라 군대가 수백 명이었다. 항우의 몸 또한 십여 군데 부상을 입었다. 항우는 한나라의 기사마(騎司馬, 기병대장에 해당하는 직책) 여마동(呂馬童)을 돌아보며 말했다.

"너는 내 옛 부하가 아니었더냐?"

여마동이 왕예(王翳)에게 항우를 가리키며 말했다.

"이 사람이 항왕입니다."

그러자 항우가 말했다.

"내가 듣건대 한나라가 내 머리를 천금과 일만 호의 읍으로 사려고 한다고 하니 내 그대를 위해 덕을 베풀겠다."

이에 스스로 목을 찔러 죽었다. 왕예가 그 머리를 취하고, 나머지 기병들이 서로 짓밟으며 항우의 몸뚱이를 차지하려 싸우다가 서로 죽인 자가 수십 명이었다. 마지막에는 낭중기(郎中騎) 양희, 기사마 여마동, 낭중(郎中) 여승(呂勝)과 양무(楊武)가 각각 사지를 한 쪽씩 차지했다. 다섯 사람이 차지한 몸을 모두 맞춰 보니 과연 틀림없었다. 나중에 항우의 땅을 다섯으로 나누어 여마동을 중수후(中水侯)로, 왕예를 두연후(杜衍侯)로, 양희를 적천후로, 양무를 오방후(吳防侯)로, 여승을 열양후(涅陽侯)로 봉했다.

항우가 세상을 떠나자 초나라 땅이 모두 한나라에 항복했는데, 유독 노나라 땅만은 항복하지 않았다. 이에 유방은 천하의 병사들을 이끌고 그곳을 도륙하려고 했다. 그러나 노나라 땅 사람들은 항우를 위해 예의를 지키고 군주를 위해 목숨을 바쳐 절개를 지키려는 것이었다. 이에 항우의 머리를 가지고 노나라 땅의 어른들에게 보여 주니 노나라 땅의 부형과 자제들이 비로소 항복했다. 처음에 초나라 회왕이 항적을 노공(魯公)으로 봉했고, 지금 그가 죽자 노나라 땅이 가장 마지막으로 항복했으므로 노공의 예로써 항우를 곡성에 안장했다. 유방이 항우를 위해 장례식에 참여하고 울면서 떠나갔다.

유방은 항씨 일족들을 모두 죽이지 않았다. 항백을 사양후(射陽侯)로 봉했다. 도후(桃侯), 평고후(平皐侯), 현무후(玄武侯)는 모두 항씨였으나 유씨 성을 내려 주었다.

태사공은 말한다.

"나는 주생(周生, 사마천과 알고 지낸 유학자)이 '순임금의 눈은 아마도 눈동자가 둘일 것이다.'라고 했다고 들었는데, 또 항우 또한 눈동자가 둘이라고 들었다. [그렇다고 해서] 항우가 어찌 순임금의 후손이겠는가? 어떻게 그렇게 갑자기 일어났겠는가! 진나라가 정치의 도를 잃자, 진섭이 가장 먼저 난을 일으키고 호걸들이 벌 떼처럼 일어나 서로 다툰 것이 그 수를 다 셀 수 없을 정도였다. 그러나 항우는 세력이 조금도 없었으면서도 시세를 타고 밭두둑 사이에서 일어나 마침내 삼 년 만에 다섯 제후를 거느리고 진나라를 멸망시킨 후 천하를 나누어 찢어서 왕과 제후를 봉하니, 모든 정치적 명령이 항우에게서 나와 스스로 '패왕'이라고 불렀다. 왕위는 비록 끝까지 지키지 못했으나 가까운 옛날 이래 일찍이 이런 일이 있었던 적은 없다. 항우는 관중을 버리고 초나라를 그리워한 끝에 의제를 쫓아내고 스스로 왕이 되었다. 그는 왕후들이 자신을 배반한 것을 원망했지만 그렇게 보기는 어렵다. 스스로 공로를 자랑하고 사사로운 지혜만을 앞세웠으며 옛것을 본받지 않고 패왕의 공업이라 하면서 힘으로 천하를 정복하고 다스리려다 오 년 만에 결국 나라를 망하게 했다. 게다가 몸이 동성에서 죽으면서도 여전히 깨닫지 못해서 스스로를 꾸짖지 않았으니 잘못된 것이다. 그러고서 '하늘이 나를 망하게 하는 것이지 병사를 잘 쓰지 못한 죄가 아니다.'라고 끌어댔으니 어찌 황당하지 않은가?"

16

고조 본기
高祖本紀

한나라 고조 유방은 항우가 이끄는 초나라와 싸워 이기고 한나라를 세운 사람이다. 그는 평민 출신의 건달로서 젊었을 때 정장(亭長)을 지냈으며 모반에 참여해 천거를 받아 패공이 되었다. 또 진나라를 멸망시키고는 한왕(漢王)이 되었고 항우를 이기고 나서 황제의 지위에 올랐다.

별 기반도 없는 그가 천하를 통일할 수 있게 된 데는 세 가지 장점이 발휘되었다. 첫째, 다른 사람의 마음을 잘 헤아린다는 점, 둘째, 능력 있고 어진 사람을 적재적소에 쓴다는 점, 셋째, 마음을 비우고 간언을 잘 받아들인다는 점이다. 물론 이런 호평은 8년간이나 치른 항우와의 오랜 전투에서 최후의 승자가 된 데 따른 것이라는 해석도 가능하지만, 유방은 왕족 출신의 항우가 단 한 번의 패배를 견뎌 내지 못하고 서른한 살의 나이로 죽은 것과는 철저히 대비되는 입지전적인 인물임에 틀림없다.

그러기에 사마천은 이 글에서 예리한 역사적 통찰력으로 유방의 실질적 면모에 초점을 두어 묘사하고 있다. 지나친 애주가요 호색가이며 속 좁고 질투심도 많은 이중적 성격에 대해 사마천의 묘사는 매우 직설적이다. 여기에 더하여 유방 성격의 복잡한 면을 잘 그려 내고 있는데, 유방이 겉으로는 너그럽고 어질었으나 속으로는 마음에 꺼리는 바가 많았고, 겉으로는 솔직한 듯했으나 속으로는 벽을 많이 쌓은 사람이었다는 것이 이 편에 스며 있는 사마천의 시각이다.

이 편에는 단적으로 말해서 「진시황 본기」나 「항우 본기」와 같은 호탕함은 전혀 없다. 오랜 유랑 생활을 하다 보니 유방은 선봉에 서서 상대를 제압하는 남성적 기질이나 강한 육체적 힘은 부족하다. 시황제에게는 서쪽 오랑캐 지역과 근접한 출신 지역의 비문화적 야성미가 있었고, 항우에게는 사내답고 호걸다운 풍모가 있었다는 점과 대비된다.

이 편은 「항우 본기」와 자매편이라고 할 수 있으며 「여 태후 본기」와도 이어진다. 또한 「유후 세가」, 「회음후 열전」, 「번·역·등·관 열전」, 「역생·육가 열전」, 「유경·숙손통 열전」과 함께 읽어야 진면목이 소상하게 드러난다.

신하들의 공적을 논하는 한 고조 유방.

타고난 관상과 대장부 기질

고조(高祖) 유방(劉邦)은 패현 풍읍 중양리(中陽里) 사람으로 성은 유(劉)이고, 자는 계(季)이다. 아버지는 태공, 어머니는 유온(劉媼)이라고 한다. 예전에 유온이 큰 연못 옆에서 쉬고 있다가 꿈에서 신과 만나 정을 통했다. 이때 천둥과 번개가 치며 어두컴컴해졌는데 태공이 가서 보니 교룡이 유온의 몸 위에 있는 게 보였다. 〔유온이〕 얼마 있다 임신을 해 마침내 유방을 낳았다.

유방은 코는 높고 얼굴은 용을 닮았으며 수염이 멋지고 왼쪽 넓적다리에는 검은 점 일흔둘이 있었다. 사람됨이 어질어서 다른 사람을 사랑하고 베풀기를 좋아했으며 성격이 활달했다. 늘 큰 뜻을 품고 일반 사람들의 생산 작업에는 종사하려 하지 않았다. 어른이 되어 시험을 보고 관리가 되어, 사수(泗水) 정장(요역이나 세금 및 민간의 분쟁 처리를 하는 책임자)으로 일했는데 관아의 관리들 중 그가 업신여기지 않은 자가 없었다. 술과 여색을 좋아했다. 늘 왕온(王媼)과 무부(武負)를 따라다니면서 외상으로 술을 마셨으며, 취하면 아무 데나 드러누웠다. 그럴 때 무부와 왕온은 그 몸 위에 늘 용이 나타나는 것을 보고 기이해했다. 게다가 유방이 술을 마시며 머물 때마다 술이 몇 배씩이나 더 팔렸다. 이렇듯 기이함을 보자 한 해가 끝나면 두 주점에서는 항상 외상 장부를 찢어 외상값을 없애 주었다.

일찍이 유방이 함양에서 부역을 살다가 〔그곳을〕 두루 살펴볼 기회가 있었다. 그때 진나라 황제(시황제) 행차를 보고서는 길게 탄식하며 말했다.

"아! 대장부란 마땅히 이래야 하는데."

선보(單父) 사람 여공(呂公)은 패현 현령과 사이가 좋았는데, 원수를 피해 현령의 식객이 되어 패현에 머물렀다. 패현의 호걸들과 관리들은 현령에게 귀빈이 있다는 소식을 듣고 모두 축하하러 왔다. 이때 소하가 주리(主吏)로서 진상품을 관리했는데 여러 대부들에게 말했다.

"올리는 것이 천 냥에 이르지 않는 사람은 당 아래 앉으시오."

유방은 정장으로서 평소 관리들을 경시했으므로 거짓으로 명함에 써서 말했다.

"하례금 일만 냥."

실제로는 한 냥도 지참하지 않았다. 명함이 안으로 들어오자 여공은 크게 놀라며 일어나 문으로 가서 유방을 맞이했다. 여공은 평소에 관상 보기를 좋아했는데, 유방의 생김새를 보고는 그를 매우 높이 사서 이끌어 윗자리에 앉게 했다. 소하가 말했다.

"유계(劉季)는 본래 큰소리만 치지 끝마치는 일은 드뭅니다."

그러나 유방은 다른 손님들을 무시하고 결국 윗자리에 앉으면서 사양하는 기색이 전혀 없었다. 술자리가 끝날 무렵, 여공은 눈짓을 해서 기어코 유방을 붙잡아 놓았다. 그리하여 유방은 술자리가 다하도록 끝까지 남게 되었다. 여공이 말했다.

"나는 젊어서부터 관상 보기를 좋아해 많은 사람의 관상을 보았지만 그대 같은 관상은 없었소. 그대는 스스로 아끼시길 바라오. 나한테 딸이 있으니 당신의 청소나 하는 첩으로 삼아 주시오."

술자리가 끝나자 여온(呂媼)이 여공에게 화를 내며 말했다.

"당신은 예부터 언제나 훌륭한 우리 딸을 귀인에게 주겠다고 하셨지요. 패현 현령이 당신과 사이가 좋아 딸을 요구했는데도 주지 않더니, 어떻게 함부로 유계에게 주기를 허락하십니까?"

여공은 말했다.

"이것은 아녀자가 알 바가 아니오."

마침내 유방에게 딸을 주었다. 여공의 딸이 바로 여후(呂后)로 효혜제(孝惠帝)와 노원공주(魯元公主)를 낳았다.

유방이 정장이었을 때 일찍이 휴가를 내고 시골집에 돌아온 적이 있었다. 여후는 두 아이와 함께 밭에서 김을 매고 있었는데, 한 노인이 지나가다 마실 물을 청하자 여후가 먹을 것도 주었다. 노인은 여후의 관상을 보고 말했다.

"부인은 천하의 귀인이 되실 것입니다."

여후는 두 아이의 관상을 보게 했다. 노인이 혜제를 보고 말했다.

"부인이 귀하게 되는 까닭은 이 사내아이 때문입니다."

노원공주의 관상을 보고 역시 귀인이라고 했다. 노인이 떠나가고 난 뒤 유방이 마침 사랑채에서 나왔다. 여후는 길손이 자기와 아이들 관상을 보고 모두 크게 귀해질 거라고 말했다고 이야기했다. 유방이 [그의 행방을] 묻자 여후가 말했다.

"멀리 가지 못했을 것입니다."

그러자 유방은 쫓아가 노인에게 물었다. 노인은 말했다.

"조금 전의 부인과 아이들이 모두 당신의 상을 닮았습니다. 당신의 상은 말할 수 없을 만큼 귀합니다."

유방은 곧 감사하며 말했다.

"정녕 노인장의 말씀대로 된다면, 감히 은덕을 잊지 않겠습니다."

그러나 유방이 귀하게 되었을 때 끝내 노인의 행방은 알지 못했다.

유방이 정장(亭長, 향 단위 아래의 작은 관리로 도적을 체포하는 일 등을 관여함)이었을 때 대나무 껍질로 모자를 만들고는 구도(求盜, 도적 잡는 부하)를 설현으로 보내어 다스리게 하면서 항상 그것을 머리에 썼으며 귀하게 되어서도 늘 그 모자를 썼다. 이른바 '유씨관(劉氏冠)'이 바로 이것이다.

유방은 정장으로서 현을 위해 죄수들을 여산으로 호송했는데, 죄수들이 도중에 하나씩 달아났다. 여산에 도착할 때쯤이면 전부 도망쳐 버릴 거라고 유방은 생각했다. 그리하여 풍읍 서쪽 못 한가운데 이르러 행렬을 멈추게 한 후 함께 술을 마시고는, 이윽고 밤이 되자 죄수들을 모두 풀어 주며 말했다.

"너희들은 모두 떠나라. 나 또한 여기서 떠날 것이다."

무리들 중에서 따르기를 원하는 장사가 열 명이 넘었다. 유방은 술을 더 마신 후, 한밤에 늪지의 좁은 길을 가며 한 사람을 시켜 앞서가도록 했다. 앞서 가던 사람이 돌아와 고했다.

"앞에 큰 뱀이 길을 막고 있으니 되돌아가는 게 좋겠습니다."

그러자 유방이 술에 취해 말했다.

"장사가 길을 가는데 무엇이 두려운가!"

그러고는 앞으로 가더니 칼을 뽑아 뱀을 베어 죽였다. 뱀이 두 동강 나면서 길이 열렸다. 다시 몇 리 길을 걷다가 술에 취해 누워 버렸다. 뒷사람이 오다가 뱀이 죽은 곳에 도착하니 한 노파가 한밤중에 통곡하고 있었다. 누군가 왜 울고 있느냐고 묻자 노파가 대답했다.

"어떤 사람이 내 아들을 죽였기 때문에 통곡하는 것이오."

그 사람이 말했다.

"노파의 아드님이 무엇 때문에 죽게 되었나요?"

노파가 말했다.

"내 아들은 백제(白帝, 오제의 하나로 오행 가운데 금덕(金德)에 속함)의 아들인데, 뱀으로 변해 길을 막았다가 방금 적제(赤帝, 오제의 하나로 오행 가운데 화덕(火德)에 속함)의 아들에게 베어졌기 때문에 통곡하는 것입니다."

사람들이 노파가 진실하지 않다고 여겨 그녀를 매질하려 하자 갑자기 사라져 버렸다. 뒤따르던 사람들이 도착할 무렵 유방은 깨어 있었다. 사람들이 유방에게 그 일을 말해 주자 유방은 내심 혼자 기뻐하며 스스로 비범하다고 여겼다. 따르던 여러 사람들이 날로 고조를 경외하게 되었다.

진시황제는 항상 말하곤 했다.

"동남쪽에 천자의 기운이 있구나."

이에 동쪽으로 순행해 그 기운을 누르려고 생각했다. 유방은 즉시 자신이 아닐까 의문이 들어 도망쳐서 망산(芒山)과 탕산(碭山) 사이의 연못가 암석 사이에 은둔했다. 여후는 사람들을 데리고 유방을 찾을 때마다 번번이 그를 찾

---

1   한나라는 진나라를 인정하지 않고 주나라를 바로 이었다고 생각했다. 적색을 숭상하던 주나라가 백색을 숭상하던
     은나라를 무너뜨렸기 때문에 주나라의 적색 숭상을 이어받으려 한 것이다.

아닐 수 있었다. 하루는 유방이 그것을 기이하게 여기고는 물어 보았다. 여후가 말했다.

"당신이 머무르는 곳 위에는 언제나 구름의 기운이 있기 때문에 그것을 따라가면 항상 당신을 찾을 수 있습니다."

유방은 내심 기뻐했다. 패현의 젊은이들 중에는 이 소식을 듣고 그를 따르는 자가 많았다.

민심을 등에 업고 함양으로 들어가다

진나라 이세황제 원년

가을, 진섭의 무리가 기현(蘄縣)에서 봉기하더니 진현에 이르러 왕 노릇 하며 국호를 '장초(張楚)'라고 했다. 여러 군현에서 그 장리(長吏, 지방 장관)를 죽이고 진섭에게 호응했다. 패현 현령은 두려워하면서 패현 백성과 더불어 진섭에게 호응하려 했다. 그러나 옥연과 주리인 소하와 조참(曹參)이 현령에게 말했다.

"당신이 진나라 관리인데 지금 나라를 배반하려고 하니 아마 패현의 젊은이들을 거느리려 해도〔그들은 당신 말을〕 따르지 않을 것입니다. 그러나 당신이〔이곳 사람 중에서〕 도망쳐 패현 밖에 있는 자들을 불러들인다면 수백 명을 얻을 것입니다. 그들로써 사람들을 위협함으로 인해 감히 따르지 않을 수 없을 것입니다."

그러자 현령은 번쾌를 보내 유방을 불러오게 했다. 이때 유방을 따르는 무리가 이미 수천 명이었다. 번쾌가 유방을 따라 돌아왔다. 그러나 패현 현령은 그들이 변고를 일으킬까 해서 후회하면서 성문을 걸어 닫고 굳게 지키고 소하와 조참을 죽이려 했다. 소하와 조참은 두려워하면서 성벽을 넘어 유방에게 몸을 맡겼다. 유방은 곧바로 비단에 글을 써서 성 위로 쏘아 보내 패현의 나이 든 어른들에게 전했다.

"천하가 진나라 때문에 고통당한 지 오래되었습니다. 지금 나이든 어른들께서 패현 현령을 위해 [성을] 지키고 있으나, 제후들이 모두 들고 일어났으니 조만간 패현을 도륙할 것입니다. 패현 사람들이 지금 함께 현령을 죽이고 젊은이들 중에서 내세울 만한 자를 골라 받들어 제후들에게 호응한다면 가족과 집을 보전할 수 있을 것입니다. 그렇지 않고 아버지와 아들이 함께 죽는다면 의미가 없게 됩니다."

그러자 나이든 어른들이 젊은이들을 이끌고 함께 패현 현령을 죽인 후 성문을 열고 유방을 맞이해 현령으로 삼고자 했다. 유방은 말했다.

"천하가 바야흐로 어지러워 제후들이 모두 들고 일어났는데 지금 무능한 장수를 두면 싸움 한 번에도 무참히 패할 것입니다. 제가 감히 저 자신을 아껴서가 아니라, 능력이 부족해 부모 형제와 젊은이들을 보전할 수 없을까 두렵습니다. 이것은 큰일이니 다시 적합한 사람을 뽑기 바랍니다."

소하, 조참 등은 모두 문관이었는데 자신만을 아껴서, 일이 이루어지지 않으면 나중에 진나라가 그들의 가문을 없애 버릴까 두려워해서 모두 유방에게 자리를 양보하려 했다. 나이 든 어른들이 모두 말했다.

"평소 들은 대로라면 유계 당신에게 진귀하고 기이한 일이 많이 있었다 하니 당신은 분명 귀하게 될 것이오. 또한 거북점과 시초점[2]을 쳐 보니 유계 당신만큼 길한 사람은 없었소."

유방은 누차 사양했지만 무리 가운데 감히 나서는 이가 없었으므로 유방을 패공(沛公, 패현의 우두머리라는 뜻)으로 세웠다. 유방은 패현의 관청에서 황제(黃帝)를 기리고, 치우에게 제사 지내고는 짐승을 죽여 피를 북에 바르고

---

2   시초는 갈대류에 속하는 풀로 쉰 가닥 중에서 한 가닥은 따로 뽑아 놓고 나머지 마흔아홉 가닥만으로 점을 친다. 한 나라 때에는 특히 점술이 성행했는데, 점치는 사람들은 태복(太卜)이라는 직책을 맡아 제왕의 곁에서 국가의 운명을 좌우할 정도였다. 심지어 무제는 며느리를 맞이할 때도 이들을 불러 점치기도 했다. 여기서 거북점이나 시초점을 친 것은 이러한 시대적 흐름의 산물이었다.

깃발은 모두 붉은색으로 했다. 예전에 죽음을 당한 뱀이 백제의 아들이고 죽인 자가 적제의 아들이었기 때문에 붉은색을 숭상하게 된 것이다. 이에 소하, 조참, 번쾌 등과 같은 뛰어난 젊은 관리들이 패현의 젊은이 이삼천 명을 모아 호릉과 방여(方與)를 공격하고 돌아와 풍읍을 지켰다.

진나라 이세 2년

진섭의 장수 주장이 군대를 거느리고 서쪽으로 희수까지 갔다가 돌아왔다. 연나라, 조나라, 제나라, 위나라는 모두 독립해 왕이 되었다. 항씨들(항량과 항우)이 오나라 땅에서 봉기했다. 진나라 사천 군감(泗川郡監) 평(平)이 군대를 거느리고 와서 풍읍을 포위했는데, 이틀 후 유방이 출전해서 그들을 쳐부쉈다. 유방은 옹치(雍齒)에게 풍읍을 지키라고 명하고는 군대를 이끌고 설현으로 갔다. 사천 군수(泗川郡守) 장(壯)은 설현 싸움에서 진 후 달아나 척현(戚縣)에 이르렀으나, 유방의 좌사마(조무상)가 사천 군수 장을 붙잡아 죽여 버렸다. 이에 유방은 항보로 군대를 돌렸는데, 방여에 이르기까지 싸움이 없었다. 진왕(진섭)은 위나라 사람 주불(周市, 진섭의 부장)에게 땅을 공략하도록 했다. 주불은 옹치에게 사람을 보내 이렇게 말했다.

"풍읍은 본래 양나라(위나라)가 천도한 곳이었소. 지금 위나라가 평정한 땅이 이미 수십 성에 달하오. 옹치 그대가 위나라에 항복하면 위나라는 그대를 후로 삼아 풍읍을 지키게 할 것이오. 그러나 투항하지 않으면 장차 풍읍을 도륙할 것이오."

그때까지 옹치는 유방에게 속하고 싶지 않았는데, 위나라가 권유하니 즉시 [유방을] 배반하고 위나라를 위해 풍읍을 지켰다. 유방이 군대를 거느리고 풍읍을 공격했으나 빼앗을 수 없었다.

유방이 병이 들어 패현으로 돌아갔다. 유방은 옹치와 풍읍의 젊은이들이 그를 배반한 것이 원망스러워, 동양현(東陽縣) 사람 영군(寧君)과 진가가 경구를 대리 왕으로 세우고서 유현(留縣)에 있다는 말을 듣고, 가서 경구를 따르며 병사를 빌려서 풍읍을 공격하려 했다.

이때 진나라 장수 장한은 진섭을 추격했다. 그의 별장 사마니(司馬尼)가 병사를 이끌고 북쪽으로 초나라 땅을 평정하고 상현(相縣)을 도륙한 뒤 탕현에 도착했다. 동양현에 있던 영군과 유방은 병사들을 이끌고 서쪽으로 나아가 소현 서쪽에서 싸웠으나 형세가 이롭지 않았다. 이에 돌아와 유현에서 병사들을 한데 모아 군대를 이끌고 탕현을 쳐 사흘 만에 비로소 빼앗았다. 그러고는 탕현의 병사들을 한데 모아 오륙천 명을 얻었다. 이에 하읍을 공격해 함락하고는 풍읍으로 군대를 돌렸다. 〔유방은〕 항량이 설현에 있다는 소식을 듣고 기병 백여 명을 데리고 그를 만나러 갔다. 항량은 유방에게 병사 오천 명과 오대부(스무 등급의 작위 중에서 아홉 번째 등급에 해당함)의 장수 열 명을 더해 주었다. 유방은 돌아와 군대를 데리고 풍읍을 공격했다.

항량을 따른 지 한 달여 만에 항우는 이미 양성을 빼앗아 돌아왔다. 항량은 별장들을 남김없이 소집해 설현에 머물게 했다. 진나라 왕이 분명히 죽었다는 말을 듣고, 초나라의 후예인 회왕의 손자 웅심을 세워 초왕으로 삼고 우이를 다스렸다.[3] 이때 항량은 무신군으로 불렸다. 몇 달 있다가 북쪽으로 항보를 공략하고 동아를 구원해 진나라 군대를 쳐부쉈다. 제나라 군대가 돌아가자 초나라 단독으로 북쪽으로 추격했고, 유방과 항우로 하여금 따로 성양을 공격하게 해 그들을 도륙했다. 그리고 복양 동쪽에 주둔하며 진나라 군대와 싸워 그들을 쳐부쉈다.

진나라 군대가 다시 떨쳐 일어나 복양을 수비하고 물로 성을 감돌게 했다. 초나라 군대는 이곳을 떠나 정도를 공격했으나 정도는 함락되지 않았다. 이에 유방과 항우는 서쪽으로 가서 땅을 점령했으며 옹구 아래에 도착해 진나라 군대와 전투를 벌여 크게 쳐부수고 이유의 목을 베었다. 다시 군대를 돌려 외황을 쳤지만 외황은 함락되지 않았다.

---

3   이 말은 우이에 도읍을 정했다는 뜻이다.

항량은 다시 진나라 군대를 무찌르자 교만한 기색이 있었는데, 송의가 간언했으나 듣지 않았다. 진나라가 장한에게 병사를 증원해 주자 장한은 한밤에 말과 병사들에게 나무를 입에 물고[4] 항량을 처부수게 했다. [장한이] 정도에서 초나라 군대를 크게 무찌르고 항량을 죽였다. 이때 유방과 항우는 진류를 공격하는 중이었는데, 항량이 전사했다는 소식을 듣자 병사를 거느리고 여(呂) 장군(여신)과 함께 동쪽으로 진격했다. 여신의 군대는 팽성 동쪽에 주둔하고, 항우의 군사는 팽성 서쪽에 주둔했으며, 유방의 군대는 탕현에 주둔했다.

장한은 항량의 군대를 무찌른 후, 초나라 땅의 병사는 두려워할 만하지 않다고 생각해서 황하를 건너 북쪽으로 조나라를 쳐 크게 처부쉈다. 당시 조왕은 조헐이었는데, 진나라 장수 왕리가 그를 거록성에서 포위했다. 이들을 이른바 '하북의 군대'라고 한다.

진나라 이세 3년

초나라 회왕은 항량의 군대가 무너진 것을 보고 두려워하면서 우이로부터 옮겨 팽성으로 도읍하고, 여신과 항우의 군대를 합쳐서 자신이 통솔했다. 유방을 탕군의 장(長)으로 삼고 무안후에 봉해 탕군의 군대를 거느리게 했다. 또 항우를 장안후(長安侯)로 봉하고 노공이라고 불렀다. 여신은 사도가 되고, 그 아버지 여청(呂靑)은 영윤(令尹)이 되었다.

조나라가 여러 번 구원을 요청하자, 회왕은 송의를 상장군으로, 항우를 부장으로, 범증을 말장으로 삼아 북쪽으로 가서 조나라를 구하게 했다. 또 유방에게는 서쪽 지역을 쳐서 함곡관으로 들어가게 했다. 초나라 회왕은 먼저 들어가 관중을 평정하는 자를 왕으로 삼겠다고 장수들과 약조했다.

당시 진나라의 병력은 아직 강력해 항상 승세를 타 져서 달아나는 적군

---

4   기습 공격을 위해 말에 재갈을 물리고 병사들이 떠들지 못하도록 했다는 말이다.

을 추격했으므로, 장수들은 앞장서서 함곡관에 들어가는 게 유리하지 않다고 여겼다. 유독 항우만이 진나라가 항량의 군대를 쳐부순 것을 원망하며 격분해 유방과 함께 서쪽으로 함곡관에 들어가기를 원했다. 회왕이 여러 원로 장수들에게 말했다.

"항우는 사람됨이 성급하고 사나우며 교활하고 상해를 입힙니다. 항우가 일찍이 양성을 공격했을 때 양성에는 남아 있는 무리가 없었으니 모두 그들을 묻었거나 지나가면서 남김없이 죽여 멸망시키지 않은 것이 없습니다. 더구나 초나라가 여러 번 진군해 빼앗으려 했으나 이전에 진왕과 항량이 모두 싸움에 졌습니다. 차라리 장자(長者)를 보내 의로움을 붙들고 서쪽으로 나아가게 해 진나라의 부형들에게 알려주는 편이 낫습니다. 진나라의 부형들은 그들의 군주로 인해 고통당한 지 오래이니 지금 만약 장자가 가서 포악함을 행사하지 않는다면 분명 함락될 것입니다. 항우는 성급하고 사나우니 현재로서는 보내지 말아야 합니다. 유방만이 평소 관대한 장자이니 보낼 만합니다."

결국 항우를 허락하지 않고 유방을 보내 서쪽 땅을 점령하게 했다. 유방은 진왕과 항량의 흩어진 병사들을 모아들이면서 탕현을 지나 성양(成陽)에 도착했다. 거기서 강리(杠里)의 진나라 군사와 대치한 끝에 진나라의 두 부대를 모두 쳐부쉈다. 이때 초나라 군대는 출병해 왕리를 공격해 크게 이겼다.

유방이 병사를 이끌고 서쪽으로 나가 창읍(昌邑)에서 팽월과 만나 함께 진나라 군대를 공격했는데 싸움의 형세가 이롭지 않았다. 그리하여 돌아와서 율현(栗縣)에 도착해 강무후(剛武侯)를 만나 그 군대를 빼앗으니 대략 사천여 명이 되었다. 위나라 장수 황흔(皇欣)과 신도(申徒, 사도) 무포(武蒲)의 군대와 함께 창읍을 공격했으나 여전히 창읍은 함락되지 않았다. 이에 서쪽으로 진격하면서 고양(高陽)을 지나갔다. 이때 역이기(酈食其)[5]가 찾아와 문지기에게

---

5 가난하고 미천한 출신이었으나 오만한 패공을 설복한 담력의 소유자였다. 그리고 제나라 왕과 재상을 모두 말로써 항복시켜 제나라의 70여 개 성을 손아귀에 넣을 만큼 지력도 있었는데 나중에 삶겨 죽었다.

말했다.

"장수 가운데 이곳을 지나간 자는 많았지만, 내가 장군을 보니 도량이 크고 너그러운 분이오."

그러고는 유방을 만나 유세하기를 청했다. 마침 유방은 침상에 걸터앉아 두 여자에게 발을 씻기고 있었다. 역이기는 절하지 않고 손을 모아 길게 인사하며 말했다.

"족하께서 반드시 무도한 진나라를 정벌하시려 하신다면 걸터앉아 덕망 있는 사람을 만나면 안 됩니다."

그러자 유방은 일어나 옷을 추스르며 사과한 후 [역이기를] 윗자리에 앉게 했다. 역이기가 유방에게 진류를 습격하도록 설득해 진나라가 비축한 양식을 얻게 했다. 이에 유방은 역이기를 광야군(廣野君)으로 삼고 역상(酈商, 역이기의 아우)을 장수로 삼아 진류의 군대를 이끌고 함께 개봉(開封)을 쳤으나 함락할 수 없었다. 이에 서쪽으로 쳐들어가 진나라 장수 양웅(楊熊)과 백마(白馬)에서 싸우고 다시 곡우(曲遇) 동쪽에서 전투해 크게 쳐부쉈다. 양웅이 달아나 형양으로 가자 진나라 이세는 사자를 보내 그를 베어 죽임으로써 본보기로 삼았다. 유방은 남쪽으로 영양(潁陽)을 공격해 도륙했다. 그리고 장량의 도움으로 마침내 한나라 땅인 환원(轘轅)을 점령했다.

이때 조나라의 별장 사마앙이 황하를 건너 함곡관에 들어서려 하자 유방은 즉시 북쪽으로 가서 평음(平陰)을 공격하고, 황하의 나루를 끊어 버렸다. 이어서 남쪽으로 쳐들어가 낙양 동쪽에서 싸웠지만 전세가 이롭지 않자 회군했다. 다시 양성에 이르러 군영의 기마병을 모아 남양 태수(南陽太守) 여의(呂齮)와 동쪽에서 전투를 벌여 쳐부쉈다. 남양군을 공략하자 남양 태수 여의는 달아나서 완성을 지켰다. 유방은 병사를 이끌고 완성을 지나 서쪽으로 갔다. 장량이 간언했다.

"주군께서는 서둘러 함곡관에 들어가려 하시지만 진나라 병사가 여전히 많은 병력으로 험준한 요새를 막고 있습니다. 지금 완성을 함락하지 않으면 완성에 있던 적군은 뒤에서 공격하며 따라 붙고 강한 진나라가 앞에 있어 위험할 것입니다."

이에 유방은 곧바로 밤에 군대를 이끌고 다른 길을 통해 돌아가 깃발을 바꾼 후 동틀 무렵 완성을 세 겹으로 포위했다. 이에 남양 태수가 스스로 목을 베려 했다. 그의 문객인 진회(陳恢)가 말했다.

"죽는 것은 아직 늦지 않았습니다."

그러고는 성을 넘어 유방을 만나 말했다.

"제가 듣기에 먼저 함양에 들어서는 사람이 왕이 되기로 약속하셨다고 했습니다. 그런데 지금 당신은 완성을 포위하며 머물고 계십니다. 완성은 커다란 군의 도성으로 성 수십 개가 이어져 있는데, 백성은 많고 쌓아 둔 양식은 풍부하며 관리들과 백성들이 항복하면 반드시 죽을 것이라 생각하기에 모두 성에 의지해 굳게 지키고 있습니다. 지금 당신이 온종일 머물며 공격하면 죽거나 부상당하는 병사들이 많을 것이고, 병사를 이끌고 완성을 떠나면 완성의 군대가 반드시 뒤를 쫓을 것입니다. 당신이 전자를 따라 함양에 먼저 진입하게 되면 왕이 된다는 약속을 잃을 것이며, 후자를 따르면 강대한 완성의 군대가 뒤쫓아 올 걱정을 할 것입니다. 제게 당신을 위한 계책이 하나 있으니 차라리 투항을 약속받고 그곳의 태수로 봉한 후 그에게 완성에 머물러 지키게 하고 [당신은] 그 병사들을 이끌고 함께 서쪽으로 가는 편이 낫습니다. 그러면 여러 성의 항복하지 않은 자들이 이 소식을 듣고 다투어 문을 열고 기다릴 것이니 당신이 지나쳐 가는 데 거침이 없을 것입니다."

유방이 말했다.

"그대 말이 옳소."

곧바로 남양 태수를 은후(殷侯)로 삼고, 진회에게 일천 가구를 봉했다. 그러고는 병사를 이끌고 서쪽으로 가니 항복하지 않는 자가 없었다. 단수(丹水)에 도착하자 고무후(高武侯) 새(鰓)와 양후(襄侯) 왕릉(王陵)이 서릉에서 항복했다. 회군해 호양(胡陽)을 공격하고 파군의 별장 매현을 만나 함께 석현(析

縣)과 역현(酈縣)을 항복시켰다. 위나라 사람 영창(寧昌)을 진나라에 사신으로 보냈지만[6] 사자가 아직 돌아오지 않았다. 이때 장한은 이미 군대를 거느리고 조나라에서 항우에게 항복했다.

이전에 항우는 송의와 함께 북쪽으로 조나라를 구원하러 갔다. 도중에 항우가 송의를 죽이고 대신 상장군이 되자 경포와 같은 여러 장수가 모두 항우에게 귀속되었고, 항우가 진나라 장군 왕리의 군대를 쳐부수고 장한을 항복시키자 제후들이 전부 항우에게 붙었다. 이때 조고가 이미 진나라 이세를 시해한 후 사신을 보내 관중에서 각자 왕이 될 것을 협약하려 했다. 유방은 이를 속임수라 생각해 장량의 계책을 써서 역이기와 육가(陸賈)를 보내 진나라 장수를 설득하거나 뇌물로 유혹하도록 한 후 몰래 무관으로 들어가 그들을 공격해 쳐부쉈다. 또 진나라 군사와 남전(藍田)의 남쪽에서 싸움을 벌였는데, 유방이 거짓으로 병사의 깃발을 늘려 세우고 지나는 마을에서 노략질을 못하게 하니, 진나라 사람들은 기뻐하고 진나라 군사는 와해되었다. 유방이 이 틈을 타서 진나라 군대를 크게 무찔렀다. 북쪽에서도 다시 싸워서 크게 쳐부쉈다. 승세를 타고 마침내 진나라 군대를 쳐부쉈다.

한나라 원년

10월, 유방의 군대가 마침내 제후들보다 먼저 패상에 도착했다. 진나라 왕 자영은 흰말이 이끄는 흰 수레를 타고 목에는 끈을 맨 채 황제의 옥새와 부절을 봉해 막고 지도 옆에서 항복했다. 여러 장수 중 어떤 이가 진나라 왕을 죽이라고 말했다. 유방은 말했다.

"회왕이 나를 먼저 보낸 것은 내가 관용을 베풀 수 있을 것이라 여겨서요. 게다가 사람이 이미 항복했는데 또 죽이는 것은 상서롭지 못하오."

그러고는 진나라 왕을 관리에게 맡기고, 마침내 서쪽으로 함양에 들어갔

---

6   유방이 조고와 내통하도록 한 일을 지칭한다.

다. 그러고는 궁전에 머물며 쉬려고 하다가, 번쾌와 장량의 간언을 받아들여 진나라의 귀한 보물과 재화 창고를 봉하고 패상으로 회군했다. 유방이 여러 현의 나이 든 어른들과 호걸들을 불러 말했다.

"나이 든 어른들께서는 진나라의 가혹한 법령에 시달린 지 오래되었습니다. [가혹한 법령을] 비방한 사람은 멸족을 당했으며, 짝지어 논의한 사람들은 저잣거리에서 사형을 당했습니다. 먼저 관중에 들어선 자가 [이 땅의] 왕이 되기로 제후들과 약조했으니, 제가 마땅히 관중의 왕이 될 것입니다. 저는 어른들께 법령 세 가지만 약조하겠습니다. 사람을 죽일 경우에는 사형에 처하고 사람을 다치게 할 경우나 물건을 훔칠 경우에는 그 죄에 따라 판결할 것입니다. 그 나머지 진나라 법령은 전부 없앨 것이니, 모든 관리들과 백성들은 전처럼 안락하게 살 수 있을 것입니다. 제가 온 것은 어른들을 위해 해로움을 없애고자 하기 때문이지 침략하고 포악하게 하려는 것이 아니니 두려워하지 마십시오. 더구나 제가 패상으로 돌아와 주둔한 까닭은 제후들이 오기를 기다려서 조약을 정하기 위한 것뿐입니다."

그러고는 사람을 시켜 진나라 관리와 함께 모든 현, 향, 읍을 다니며 이 사실을 알려 깨우치게 했다. 진나라 사람들은 매우 기뻐하며 다투어 소고기, 양고기, 술, 음식을 가지고 와서 군사들에게 바쳐 대접하려고 했다. 유방은 또 사양해서 받지 않고 말했다.

"창고에 먹을거리가 많아 모자라지 않으니 백성들에게 낭비시키고 싶지 않습니다."

이에 백성들은 더욱 기뻐하며 오직 유방이 진나라 왕이 되지 못할까만을 걱정했다.

천하를 얻는 자는 먼저 인재를 얻는다

어떤 사람이 유방에게 유세해 말했다.

"진나라의 부유함은 천하의 열 배이며 땅의 형세도 강합니다. 지금 장한이 항우에게 항복하자 항우는 그를 옹왕이라 부르며 관중에서 왕 노릇 하게 한다고 들었습니다. 지금으로 봐서는 [항우가] 온다 해도 패공께서는 아마 이곳을 차지하지 못할 것입니다. 그러니 서둘러 병사들에게 함곡관을 지키게 해서 제후의 군대가 들어오지 못하게 하고 점차 관중의 병사를 불러 모아 늘려서 저들을 막으십시오."

유방은 그 계책이 옳다고 여겨 이를 따랐다.

11월 중순, 과연 항우가 제후의 병사를 이끌고 서쪽으로 와서 함곡관으로 들어가려 했으나 관문이 굳게 닫혀 있었다. 항우는 유방이 이미 관중을 평정했다는 소식을 듣고는 크게 분노하며 경포 등을 시켜 함곡관을 쳐서 무찌르라고 했다.

12월 중순, [항우가] 드디어 희수에 이르렀다. 유방의 좌사마 조무상은 항우가 화가 나서 유방을 치려 한다는 것을 듣고는 사람을 보내 항우에게 말했다.

"유방이 관중에서 왕 노릇 할 뜻으로 자영을 상으로 삼고 금은보화를 모두 차지하려 합니다."

이는 항우에게서 녹봉을 얻고자 했던 것이다. 범증이 항우에게 유방을 치라고 권유하자 항우는 병사들을 배불리 먹인 후 그다음 날 아침 교전하려고 했다. 이때 항우의 병력은 사십만 명이었는데 백만이라 불렸고, 유방의 병사는 십만 명인데 이십만이라 불렸으니 병력으로는 대적이 되지 않았다. 때마침 항백이 장량을 살리고 싶어 밤에 장량을 만나러 갔다. 장량이 이를 계기로 이치로써 항우를 회유하니 항우는 바로 공격을 멈췄다. 유방은 백 명 남짓 기병을 데리고 홍문으로 말을 몰아 항우를 만나 사죄했다. 항우가 말했다.

"이것은 그대의 좌사마 조무상의 말 때문이오. 그렇지 않으면 내가 무엇 때문에 이러겠소?"

유방은 번쾌와 장량의 도움으로 벗어나 돌아올 수 있었다. 돌아와서는 즉시 조무상을 죽였다.

항우는 결국 서쪽으로 가서 함양의 진나라 궁실을 불살라 버렸는데 참혹하게 파괴되지 않은 것이 없었다. 진나라 사람들은 크게 실망했으나 두려워서 감히 복종하지 않을 수 없었다.

항우가 사람을 보내 회왕에게 보고했다. 회왕은 말했다.

"약속대로 하라."

항우는 회왕이 자기를 유방과 함께 서쪽 함곡관으로 진입하게 하지 않고 북쪽으로 조나라를 구원하게 해서 천하 제후들과 한 약속에서 뒤처지게 된 것을 원통해했다. 그러고는 말했다.

"회왕은 우리 가문의 항량이 받든 것일 뿐 공로도 없는 그가 무엇 때문에 맹약을 주관할 수 있는가! 천하를 평정한 것은 여러 장수와 나다."

그러고는 회왕을 거짓으로 의제라 높이고 실제로는 그의 명령에 따르지 않았다.

정월, 항우는 스스로를 서초 패왕으로 세운 후 양과 초 땅의 아홉 군에서 왕 노릇 하며 팽성에 도읍했다. 또 협약을 저버리고 유방을 한왕으로 고쳐 세우고 파, 촉, 한중에서 왕 노릇 하며 남정에 도읍하게 했다. 또한 관중을 셋으로 나누어 세 진나라 장수를 왕으로 세웠다. 장한을 옹왕으로 삼아 폐구에 도읍하게 하고, 사마흔을 새왕으로 삼아 역양에 도읍하게 했으며, 동예를 적왕으로 삼아 고노에 도읍하게 했다. 초나라 장수 하구(瑕丘)의 신양(申陽)을 하남왕으로 삼아 낙양에 도읍하게 하고, 조나라 장수 사마앙을 은왕으로 삼아 조가에 도읍하게 했다. 또 조왕 헐을 대나라로 옮겨 왕 노릇 하게 하고, 조나라 승상 장이를 상산왕으로 삼아 양국에 도읍하게 했다. 당양군 경포를 구강왕으로 삼아 육현(六縣)에 도읍하게 하고, 회왕의 주국 공오를 임강왕(臨江王)으로 삼아 강릉에 도읍하게 했으며, 파군 오예를 형산왕으로 삼아 주읍(邾

읍)에 도읍하게 했다. 연나라 장수 장도를 연왕으로 삼아 계현(薊縣)에 도읍하도록 하고, 전에 연왕이었던 한광을 옮겨서 요동왕으로 삼았다. 그러나 한광이 따르지 않아 장도가 그를 무종에서 공격해 죽였다. 성안군 진여에게는 하간(河間)의 세 현을 봉해 준 후 남피에 살게 했으며, 매현에게는 십만 호를 봉해 주었다.

4월, 제후들은 항우의 지휘 아래 철군하여 각자 봉국으로 갔다. 한왕 유방이 봉국으로 가니, 항우는 병졸 삼만 명을 주어 그를 따르게 했다. 초나라를 비롯한 여러 제후국에서 유방을 사모해서 따라간 수만 명은 두현 남쪽으로부터 식(蝕)으로 진입했다. 유방은 떠나자마자 즉시 잔도(棧道, 절벽을 뚫어 가설한 나무로 된 구름다리)를 불태워 끊어 버리고는 제후들의 군사와 도적들이 몰래 쳐들어올 것을 방비하면서 또한 항우에게 동쪽으로 되돌아갈 뜻이 없음을 보였다. 도중에 장수들 및 병졸들 대부분이 도망쳐 돌아갔으며, 남정에 도착하자마자 병졸들은 모두 고향을 그리는 노래를 부르며 동쪽으로 돌아가고 싶어 했다. 한신이 유방을 설득해 말했다.

"항우는 장수들 가운데 공로가 있는 자를 왕에 봉했는데, 대왕만 유독 남정에 살게 했으니 이는 왕을 내쫓은 것입니다. 지금 군영의 관리와 병졸들은 모두가 산동 사람이라서 밤낮으로 발꿈치를 들고 돌아갈 것을 바라고 있으니, 돌아가고 싶은 날카로운 기세를 이용한다면 큰 공적을 이룰 수가 있습니다. 천하가 평정되어 사람들이 모두 스스로 평안을 찾으면 다시는 그들을 이용할 수가 없습니다. 차라리 계책을 세워 동쪽으로 고향에 돌아가 천하의 권력을 쟁취하는 것이 낫습니다."

항우는 함곡관을 나오면서 사람들을 시켜 의제를 옮기도록 하면서 말했다.

"옛날부터 제왕은 땅이 사방 천 리로 반드시 상류에 머물렀습니다."

그러고는 사자를 시켜 의제를 장사군 침현으로 옮기게 하고 의제가 떠나도록 재촉하였는데, 신하들이 점점 의제를 배반했기 때문에 몰래 형산왕과 임강왕에게 의제를 치라고 명해 강남에서 의제를 죽였다. 항우는 전영을 원망한 끝에 제나라 장군 전도를 제왕으로 세웠다. 전영은 분노해 스스로 제왕이 되고 전도를 죽여서 초왕을 배반한 후, 팽월에게 장군의 인장을 주어 양나라 땅에서 모반을 일으키게 했다. 초나라는 소공각(蕭公角)을 시켜 팽월을 치라고 명했지만, 팽월이 그를 크게 쳐부쉈다. 진여는 항우가 자기를 왕으로 삼지 않은 것을 원망한 끝에 하열을 전영에게 보내 병사를 요청한 후 장이를 공격하려 했다. 제왕(전영)이 진여에게 병사를 주어 상산왕 장이를 쳐부수자 장이는 도망쳐 한나라로 귀의했다. 진여는 조왕 헐을 대나라에서 맞이해 다시 조왕으로 세웠다. 그러자 조왕은 진여를 대왕으로 세웠다. 항우는 크게 화가 나 북쪽으로 가서 제나라를 쳤다.

8월, 유방은 한신의 계략을 써서 고도(故道)를 따라 멀리 돌아 옹왕 장한을 몰래 공격했다. 장한은 진창(陳倉)에서 한나라 군대를 맞아 싸웠다. 옹왕의 병사가 패해 달아났다가 호치(好畤)에서 멈추어 전투를 벌였지만 또다시 패해서 폐구로 도망쳤다. 그러자 유방이 드디어 옹 땅을 평정할 수 있었다. 동쪽으로 함양에 도착해 병사를 이끌고 폐구에서 옹왕을 포위한 후, 여러 장수를 보내서 농서, 북지, 상군을 공략하게 했다. 장군 설구(薛歐)와 왕흡(王吸)에게 무관을 나가 남양에 있는 왕릉의 병사들 힘을 빌려 태공과 여후를 패현에서 맞이하라고 명했다. 초나라는 이 소식을 듣고 병사를 일으켜 양하에서 그들을 막아 나아가지 못하게 하고는 옛 오현 현령 정창을 한왕(韓王)으로 삼아 한나라 군대에 저항하게 했다.

[한나라] 2년

유방이 동쪽 땅을 점령하니 새왕 사마흔, 적왕 동예, 하남왕 신양이 모두 항복했다. 한왕(韓王) 정창이 끝내 따르지 않자, 한신을 보내 그를 공격해 무찌르게 했다. 농서, 북지, 상군, 위남, 하상(河上), 중지(中地)에 군을 설치하고, [함곡]관 밖에 하남군(河南郡)을 설치했다. 한(韓)나라의 태위(太尉) 신(信)을 한왕(韓王)으로 세웠다. 각 제후의 장수들 중 군사 일만 명이나 군(郡) 하나를 들어 항복하는 자는 모두 만호후에 봉했다. 또 하상군(河上郡)의 요새를 수리하고 다스렸다. 예전에 진나라의 원유원지(苑囿園池)였던 곳을 모두 백성들이 경작할 수 있게 했다.

정월, 옹왕의 동생 장평(章平)을 사로잡았다. 죄인들에게 대사면을 내렸다. 유방은 함곡관을 나서 섬현(陝縣)에 도착한 후 그곳의 어른들을 위로하고 돌아왔다. 장이가 알현하러 오자 유방은 그를 후하게 대접했다.

2월, 진나라의 사직단을 없애고 한나라의 사직단으로 고쳐 세웠다.

3월, 유방은 임진에서 강을 건넜는데, 위왕 표가 병사를 거느리고 그를 수행했다. 하내를 함락해 은왕을 사로잡고 하내군(河內郡)을 두었다. 남쪽으로 평음진(平陰津)을 건너 낙양에 이르렀다. 신성의 삼로 동공(董公)이 유방의 행렬을 가로막고 의제가 죽은 까닭을 이야기했다. 유방은 그 말을 듣고 팔뚝을 드러낸 채로 대성통곡했다. 마침내 의제를 위해 상을 치르고 사흘 동안 제를 올렸다. 그러고는 사자를 파견해 제후들에게 알렸다.

"천하가 함께 의제를 세우고 신하로 섬겼습니다. 항우가 의제를 강남으로 쫓아내 죽이니 대역무도합니다. 과인이 직접 상을 치르니 제후들은 모두 흰 상복을 입으십시오. 그리고 관중의 병사를 모두 출동시키고 삼하(三河, 하동, 하내, 하남)의 병사들을 소집해 남쪽으로 장강과 한수를 따라 내려가 제후왕들과 함께 의제를 시해한 초나라 죄인을 쳐부수고자 합니다."

이때 항우는 북쪽으로 가서 제나라를 공격했다. 전영이 그와 성양에서 싸웠으나 패해 평원으로 달아났는데, 평원 사람들이 그를 죽였다. 제나라가 전부 초나라에 항복했다. 초나라 군대가 제나라의 성곽을 불살라 버리고 그 자녀들을 포로로 잡아서 끌고 갔다. 그러자 제나라 사람들은 다시 배반했다. 전영의 동생 전횡이 전영의 아들 전광을 제왕으로 세웠다. 제왕 전광이 성양에서 초나라에 모반했다. 항우는 한나라 군대가 동쪽으로 진군한다는 소식을 들었으나 이미 제나라 병사와 전투를 벌이고 있었기에 제나라 군대를 쳐부수고 나서 한나라 군대를 공격할 마음을 품었다. 이 때문에 유방은 다섯 제후의 병사를 협박해 드디어 팽성에 진입할 수 있었다. 이 소식을 듣고 항우는 즉시 군대를 이끌고 제나라를 떠나 노에서 출발하여 호릉을 지나 소현에 도착한 후 한나라 군대와 팽성의 영벽 동쪽 수수가에서 크게 싸웠다. 항우가 한나라 군대를 크게 무찔러 군졸들을 많이 죽이니 수수가 시체 때문에 흐르지 않을 지경이었다. 〔항우는〕 곧바로 유방의 부모와 처자식을 패현에서 잡아 와 군영에 두고 볼모로 삼았다. 당시 제후들은 초나라가 강대해 한나라가 싸움에 진 것을 보고, 다시 한나라를 떠나 초나라에 귀의했다. 새왕 사마흔이 초나라로 도망쳐 왔다.

여후의 오빠 여택은 한나라를 위해 병사를 거느리고 하읍에 머물고 있었다. 유방은 그를 따라 가서 점차 병사들을 모아 탕현에 주둔했다. 유방은 즉시 서쪽으로 가서 양나라 땅을 지나 우현(虞縣)에 도착했다. 알자 수하(隨何)를 구강왕 경포가 있는 곳으로 보내며 말했다.

"그대가 경포로 하여금 군대를 일으켜 초나라를 모반하게 할 수 있다면, 항우는 반드시 머물며 그를 칠 것이오. 거기서 몇 달을 머물게 할 수 있다면 내가 반드시 천하를 얻을 것이오."

수하가 가서 구강왕 경포를 설득하니 경포는 과연 초나라를 배반했다. 초나라는 용저를 시켜 그를 공격하게 했다.

유방이 팽성에서 싸움에 져 서쪽으로 도망가면서, 사람을 보내 가족을 찾았으나 가족 또한 도망쳐 서로 만날 수 없었다. 패배한 후 효혜(孝惠, 혜제)만을 찾아낼 수 있었는데, 6월에 태자로 세우고 〔이를 기념해〕 죄수들에게 대사면을 내렸다. 태자에게 역양을 지키게 하고, 제후의 아들 중에서 관중에 있는 자들을 모두 역양으로 모이게 해서 태자를 호위하게 했다.

물을 끌어들여 폐구성에 흘려 보내니 폐구성은 항복하고 장한은 스스로 목숨을 끊었다. 폐구의 이름을 괴리(槐里)로 고쳤다. 이에 사관(祠官, 제사 담당 관리)에게 천지, 사방, 상제, 산천에 때에 맞춰 제사 지내라고 명했다. 그러고는 관중의 병사를 일으켜 변방을 지키게 했다.

이때 구강왕 경포는 용저와 싸웠으나 이기지 못하자 수하와 함께 지름길로 한나라로 돌아왔다. 유방이 점차 병사들을 모아 여러 장수들 및 관중에서 증원된 병사들과 함께 출동하니, 이로써 병사의 세력이 형양을 진동해 경현(京縣, 경읍)과 색성(索城, 색읍) 사이에서 초나라 군대를 쳐부쉈다.

〔한나라〕 3년

위왕 표가 부모의 병을 살피러 귀향을 요청한 후, 도착하자마자 즉시 황하 나루를 끊고 한나라를 배반해 초나라에 귀의했다. 유방은 역이기를 보내 설득했으나 위표는 듣지 않았다. 유방은 장군 한신을 보내 위표를 공격하게 해 크게 쳐부수고 위표를 사로잡았다. 마침내 위나라 땅을 평정하고 세 군을 설치해 하동군(河東郡), 태원군, 상당군(上黨郡)이라 했다. 유방은 곧 장이와 한신을 시켜 동쪽으로 나아가 정형(井陘)을 함락하고 조나라를 공격해 진여와 조왕 헐을 참수했다. 그 이듬해 〔유방은〕 장이를 조왕으로 세웠다.

유방은 형양 남쪽에 주둔하며 황하로 이어지는 용도를 쌓은 후 오창의 곡식을 빼앗았다. 항우와 서로 대치한 지 일 년이 지나갔다. 항우가 여러 차례 한나라의 용도를 침략해서 한나라 군대의 식량을 부족하게 하고 나서 끝내 유방을 포위했다. 유방이 강화를 요청하면서 형양 서쪽을 떼어내 한나라에 줄 것을 요구했다. 그러나 항우는 그 말을 따르지 않았다. 유방은 걱정한 끝에 진평의 계책을 써서, 진평에게 황금 사만 근을 주고 초나라의 군주와 신하를 이간질해 멀어지게 했다. 결국 항우는 범증을 의심하게 되었다. 이때 범증은 항우에게 형양을 함락하라고 권하다가 의심받고 있음을 눈치채고는 해골이나 다를 바 없는 몸을 고향으로 돌아가게 해 달라고 원했으나 팽성에 채 이르기도 전에 죽었다.

한나라 군사는 식량이 끊기자 밤에 동쪽 문으로 여인 이천 명에게 갑옷을 입혀 나가게 했는데 초나라 군대가 사방에서 공격했다. 장군 기신은 곧 왕의 수레를 타고 거짓으로 유방인 척하여 초나라 군대를 속이니, 초나라 군대가 모두 만세를 부르며 성 동쪽으로 살피러 갔다. 이를 틈타서 유방은 기병 몇십 기와 함께 서쪽 문으로 나가 달아날 수 있었다. 〔유방이〕 어사대부 주가, 위표, 종공을 시켜 형양을 지키게 했다. 이에 여러 장병 중 따라갈 수 없는 자들은 모두 성에 머무르게 되었다. 주가와 종공이 서로 상의해 말했다.

"나라를 배반한 왕과는 함께 성을 지키기가 어렵소."

이로 인해 위표를 죽였다.

유방은 형양을 나와 관중으로 들어가 군대를 모아 다시 동쪽으로 가려고 했다. 원생(袁生)이 유방을 설득해 말했다.

"한나라와 초나라가 형양에서 대치한 몇 년 동안 한나라는 늘 곤궁했습니다. 지금 주군께서 무관을 나가면 항우가 틀림없이 병사를 이끌고 남쪽으로 갈 것이니 왕은 벽을 높이 쌓고 형양과 성고의 병사들을 쉬게 하십시오. 그리고 한신 등을 시켜 황하 이북의 조나라 땅을 진무하게 하고 연나라와 제나라와 연합하게 한 후, 그제야 주군께서는 다시 형양으로 가셔도 늦지 않을 것입니다. 게다가 이러면 초나라는 방비해야 할 곳이 많아져 병력이 나눠지니, 한나라는 쉴 수 있으며 이때 다시 그들과 싸운다면 초나라를 틀림없이 쳐부술 수 있을 것입니다."

유방은 그 계책에 따라 완성과 섭읍(葉邑) 사이에 병사를 보내서 경포와 함께 병사를 모아 행군했다.

항우는 유방이 완에 있다는 소식을 듣자 과연 군대를 이끌고 남쪽으로 진군했다. 유방은 수비만 굳게 하고 싸우지는 않았다. 이때 팽월이 수수를 건너 항성(項聲), 설공과 함께 하비에서 싸웠는데, 팽월이 초나라 군대를 크게 쳐부쉈다. 항우는 곧바로 병사를 이끌고 동쪽으로 가서 팽월을 공격하니 유방은 병사를 거느리고 북쪽으로 가서 성고에 주둔했다. 항우는 이미 팽월을 쳐부쉈는데, 유방이 다시 성고에 주둔했다는 소식을 듣자마자 다시 병사를 거느리고 서쪽으로 진격해 형양을 함락하고 주가와 종공을 죽였으며, 한왕(韓王) 신(信)을 사로잡고 마침내 성고를 포위했다.

유방은 이때 하후영만을 데리고 달아났는데, 수레를 타고 성고의 옥문(玉門, 북문)을 나와 북쪽으로 황하를 건넌 뒤 말을 달려 수무에서 하룻밤을 묵었다. 그 후 사자라고 일컬으면서 새벽에 말을 몰아 장이와 한신의 군영에 들어가서 그 군대를 빼앗았다. 장이를 북쪽으로 보내 조나라 땅에서 병사를 모집하게 했으며, 한신을 동쪽으로 보내 제나라를 공격하게 했다. 유방은 한신의 군대를 얻자 다시 사기가 올랐다. 이에 병사를 이끌고 황하에 이르러서는 남쪽으로 나아가 소수무(小修武) 남쪽에 주둔해 군대를 쉬게 한 후 다시 〔항우와〕 싸우려 했다. 낭중(郎中) 정충이 유방을 말리며 벽을 높이 쌓고 참호를 깊게 판 후 싸우지 말라고 간했다. 유방은 그 계책을 듣고 노관(盧綰)[7]과 유가를 시켜 병사 이만 명과 기병 수백 명을 거느리고 백마 나루를 건너 초나라 땅에 들어가게 한 후, 팽월과 함께 초나라 군대를 연현(燕縣)의 성곽 서쪽에서 다시 공격해 쳐부수니 드디어 양나라 땅의 열 개가 넘는 성을 함락했다.

한신은 명을 받고 동쪽으로 진군했으나 미처 평원진을 건너지 못했다. 유방이 역생(역이기)을 시켜 제왕 전광을 설득하게 하자 전광은 초나라를 모반하고 한나라와 강화해 함께 항우를 공격했다. 한신은 괴통(蒯通)의 계책을 써서 제나라를 기습해 쳐부쉈다. 이에 제왕은 역이기를 삶아 죽이고 동쪽으로 가서 고밀(高密)로 달아났다. 항우는 한신이 하북의 군사들을 일으켜 제나라 군대와 조나라 군대를 쳐부수고, 또 초나라를 공격하려 한다는 소식을 듣자 용저와 주란(周蘭)을 시켜 한신을 공격하게 했다. 한신이 그들과 싸우니 기병장 관영이 초나라 군대를 공격해 크게 쳐부수고 용저를 죽였다. 이에 제왕 전광은 팽월에게 도망쳤다. 당시 팽월은 병사를 거느리고 양나라 땅에 머물면서 초나라 군대를 괴롭히러 오가며 그 식량을 끊었다.

---

7   사마천은 「태사공 자서」에서 "초나라와 한나라가 공(鞏)과 낙(洛) 사이에서 서로 대치하고 있을 때 한왕(韓王) 신(信)은 한나라를 위해 영천을 평정하고, 노관은 항우의 식량 보급로를 끊었다. 이에 「한신·노관 열전」 제삼십삼을 지었다."라고 하여 한왕 신과 노관을 한데 묶어 다루었다.

〔한나라〕 4년

항우는 해춘후 대사마 조구에게 말했다.

"삼가 성고를 지키시오. 한나라 군대가 싸움을 걸어와도 그들과 싸우지 말고 신중하며, 한나라 군대가 동쪽으로 오지 못하게만 하시오. 나는 보름 만에 반드시 양나라 땅을 평정하고 나서 다시 장군을 따르겠소."

그러고는 행군해 진류, 외황, 수양을 쳐 함락시켰다. 한나라 군대가 초나라 군사에게 여러 차례 싸움을 걸었으나 초나라 군대는 출병하지 않았다. 이에 한나라 군대가 사람들을 시켜 대엿새 동안 계속 욕을 해 대자 대사마가 화가 나서 병사들에게 사수(汜水)를 건너게 했다. 병사들이 반쯤 건넜을 때 한나라 군대가 공격해 초나라 군대를 크게 쳐부수고 초나라의 금은보화와 재물을 전부 빼앗았다. 대사마 조구와 장사 사마흔은 모두 사수 가에서 스스로 목숨을 끊었다. 항우는 수양에 도착해 해춘후가 패전했다는 소식을 듣고, 군대를 이끌고 돌아왔다. 한나라 군사는 형양 동쪽에서 종리매를 포위하고 있다가 항우가 도착하자 전부 험준한 지대로 달아났다.

한신은 이미 제나라를 쳐부수고 나서 사람을 보내 〔유방에게〕 말했다.

"제나라는 초나라에 이웃해 있지만 권력이 미약하여 저를 명목이라도 제왕에 봉하지 않는다면 아마도 제나라를 안정시킬 수가 없을 것입니다."

이에 유방이 그를 공격하려고 했다. 그러자 장량이 말했다.

"차라리 이 기회에 그를 왕으로 세워 스스로 제나라를 지키도록 하는 게 낫습니다."

이에 장량을 보내 인수를 가지고 가서 한신을 제왕으로 세우라고 했다.

항우는 용저의 군대가 무너졌다는 소식을 듣자 두려워한 끝에 우이 사람 무섭을 보내 한신을 설득하게 했다. 그러나 한신은 듣지 않았다.

초나라와 한나라는 오랫동안 서로 대치했으나 결판이 나지 않자 장정들은 군 생활을 힘겨워했고 노약자들은 군량 운반에 지쳐 있었다. 유방과 항우는 광무산(廣武山)을 사이에 두고 서로 대화를 나눴다. 이때 항우는 유방과 단독으로 겨루고자 했으나 유방은 항우를 꾸짖어 말했다.

"처음에 항우 그대와 함께 회왕에게 명을 받고, 먼저 관중에 들어가 평정하는 자가 왕이 되기로 했는데, 그대는 약속을 저버리고 나를 촉한(蜀漢)에서 왕이 되게 한 것이 첫 번째 죄이다. 항우 그대는 왕명을 사칭해 경자관군(송의)을 죽여 자신을 높인 것이 두 번째 죄이다. 항우 그대는 조나라를 구원하고 나서 돌아가 보고해야 했는데 제멋대로 제후의 병사들을 위협해 관중에 들어간 것이 세 번째 죄이다. 회왕께서 진나라에 들어가 폭행과 약탈은 하지 않겠다고 약속하셨는데 그대는 진나라 궁궐을 태우고 시황제의 묘를 파헤쳤으며 사사로이 진나라 재물을 모은 것이 네 번째 죄이다. 또 진나라의 항복한 왕 자영을 함부로 죽인 것이 다섯 번째 죄이다. 속임수로 진나라의 젊은이 이십만 명을 속여 신안에서 생매장하고 그 장수를 왕으로 삼은 것이 여섯 번째 죄이다. 항우 그대는 여러 장수들을 좋은 땅에 모두 왕으로 삼느라고 원래 군주들을 쫓아내 다른 곳으로 옮겨서 그 신하들을 앞다투어 반역하게 한 것이 일곱 번째 죄이다. 항우 그대는 의제를 팽성으로 내쫓아 자신이 도읍했으며 한왕(韓王)의 땅을 빼앗고 양나라와 초나라를 합병해 그 대부분을 스스로 가진 것이 여덟 번째 죄이다. 그대는 사람을 보내 은밀하게 강남에서 의제를 살해한 것이 아홉 번째 죄이다. 신하로서 그 군주를 시해하고 이미 항복한 자를 죽였으며 정사를 공평하게 처리하지 않고 약속을 하고도 신의를 저버려 천하가 용납하지 못할 대역무도함이 열 번째 죄이다. 나는 정의로운 군대를 일으켜 제후의 군대와 함께 잔악한 도적을 정벌하려 하니, 형기가 남은 죄인들로 하여금 항우 그대를 공격해 죽게 하면 될 것을 무슨 고생을 하면서 그대에게 도전하겠는가!"

항우는 매우 화가 나서 숨겨 놓은 쇠뇌를 쏘아 유방을 명중시켰다. 유방은 가슴에 상처를 입고서도 발을 문지르며 말했다.

"저 반역도가 내 발가락을 맞혔다."

유방이 상처로 인해 병들어 누웠는데, 장량이 유방에게 가서 힘써 요청하기를 일어나서 군대를 순행하며 위로해 병사들을 안정시키고, 초나라가 이 기회를 틈타 한나라를 이기지 못하도록 하라고 했다. 유방이 나가서 군대를 순행하다가 병이 악화되어 말을 타고 성고로 들어왔다.

병이 낫자 서쪽으로 가서 관중으로 진입하여 역양에 도착해 노인들을 위로하고 주연을 베풀었으며 새왕 사마흔의 머리를 역양 저잣거리에 매달았다. 역양에서 나흘간 머물렀다가 다시 군영으로 돌아가 광무에 주둔했다. 관중에서 병사들이 증원되어 파병되었다.

당시 팽월은 병사를 거느리고 양나라 땅에 머물며 왔다 갔다 하면서 초나라 군대를 괴롭히고 그들의 양식을 끊었다. 전횡이 팽월에게 귀순했다. 항우는 자주 팽월 등을 공격하고 있었는데 제왕 한신이 초나라 군대를 공격해 왔다. 항우는 두려워한 끝에 천하를 절반으로 나누어 홍구에서 갈라서 서쪽은 한나라에 귀속하고 동쪽은 초나라에 귀속하기로 유방과 약속했다. 항우는 그 대신 유방의 부모와 처자식을 돌려보냈다. 이에 군영의 병사들은 모두 만세를 불렀는데, 초나라는 돌아서 각자 떠났다.

항우는 군대를 해산시켜 동쪽으로 돌아갔다. 유방은 병사를 이끌고 서쪽으로 돌아가려고 했으나 장량과 진평의 계책을 써서 곧 진군해 항우를 추격했고, 양하 남쪽에 이르러 멈추어 주둔하며, 제왕 한신, 건성후 팽월과 함께 날을 정해 만나 초나라 군대를 공격하기로 했다. 그러나 고릉에 도착했는데도 한신과 팽월은 오지 않았다. 이때 초나라가 한나라 군대를 공격해 크게 쳐부쉈다. 유방은 다시 군영으로 돌아가 참호를 깊게 파서 수비했다. 다시 장량의 계책을 써서 한신과 팽월이 모두 회합에 오게 되었다. 유가가 초나라 땅에 들어가 수춘을 포위했는데도 유방이 고릉에서 패하자, 사자를 시켜 대사마 주은을 불러 구강의 군대를 일으키고 경포를 맞아 행군하여 성보를 쳐부수게 하고 유가, 제나라, 양나라의 제후군을 따라 모두 해하에서 대대적으로 모이게 했다. 경포를 회남왕(淮南王)으로 세웠다.

〔한나라〕 5년

유방은 제후의 군사들과 함께 초나라 군대를 공격해 항우와 해하에서 승부를 겨루었다. 한신이 삼십만 군대를 이끌고 직접 대결하니 공(孔) 장군(공총(孔藂))은 왼쪽에, 비(費) 장군(진하(陳賀))은 오른쪽에, 유방은 뒤에 있고 주발(周勃, 강후(絳侯))과 시(柴) 장군(시무(柴武))은 유방 뒤에 있었다. 항우의 병사는 대략 십만 명이었다. 한신이 먼저 초나라 군대와 교전했으나 불리해 물러났다. 공 장군과 비 장군이 군대를 이끌고 공격하자 초나라 군대가 불리해졌는데 한신이 이때를 틈타서 다시 공격해 해하에서 〔초나라 군대를〕 크게 쳐부줬다.

항우는 한나라 군대가 초나라 노래를 부르는 것을 듣고서 한나라가 초나라 땅을 전부 차지했다고 생각했다. 이 때문에 항우가 싸움에 지고 달아났으므로 초나라 병사가 크게 패한 것이다. 〔유방은〕 기병장 관영에게 항우를 추격해 동성에서 죽이게 하고 팔만 명의 머리를 베어 마침내 초나라 땅을 점령해 평정했다. 이때 노나라 땅만이 초나라를 위해 굳게 수비해 함락되지 않았다. 유방이 제후의 군대를 이끌고 북쪽으로 진군해 노나라 땅의 어른들에게 항우의 머리를 보이자, 노나라 땅 사람들은 곧 항복했다. 그러자 유방은 노공의 호칭으로 항우를 곡성에 장사 지냈다. 돌아와 정도에 도착하자마자 말을 몰아 한신의 군영으로 들어가 그 군대를 빼앗았다.

정월, 제후 및 장상이 함께 한왕 유방을 높여 황제로 삼기를 청했다. 유방이 말했다.

"나는 황제란 어진 자만이 받을 수 있는 호칭이라고 들었소. 헛된 말과 빈말로 제위를 지킬 수 있는 것은 아니니, 나는 감히 황제의 지위를 감당할 수 없소."

여러 신하들이 모두 말했다.

"대왕께서는 가난하고 미천한 평민에서 일어나 포악하게 반역한 자들을 정벌해 천하를 평정하고 공적이 있는 자에게 땅을 나눠 주고 왕후로 봉하셨습니다. 대왕께서 황제의 존호를 받지 않는다면 모두 의심하고 믿지 않을 것입니다. 신 등은 목숨을 걸고 〔황제가 존호를 받도록 하는 것을〕 고수할 것입니다."

유방은 여러 번 사양하다 어쩔 수 없이 말했다.

"반드시 이익이라고 여기니 나라에 이익이 되겠구려."

갑오일, 범수(氾水) 북쪽에서 〔유방은〕 황제의 자리에 올랐다. 고조(유방)가 말했다.

"의제에게 후사가 없는데 제왕 한신이 초나라 풍습에 익숙하므로 옮겨서 초왕으로 봉하니 하비에 도읍하라. 건성후 팽월은 양왕으로 봉하니 정도에 도읍하라. 또한 한왕(韓王) 신은 그대로 한왕(韓王)으로 봉하니 양적에 도읍하라. 형산왕 오예를 옮겨서 장사왕(長沙王)으로 봉하니 임상(臨湘)에 도읍하라. 파군의 장수 매현은 나를 따라 무관에 진입한 공이 있으니 특별히 파군에 고마움을 표하노라. 회남왕 경포, 연왕 장도, 조왕 장오(張敖)는 모두 봉호를 바꾸지 말고 전과 같이 두라."

천하가 완전히 평정되었다. 고조가 낙양에 도읍하니 제후들이 모두 신하로 귀의했다. 전 임강왕 환(驩)은 항우를 위해 한나라를 배반한 죄로 노관과 유가를 보내 그를 포위하라고 했으나 함락되지 않았다. 몇 달이 지나서야 항복하니 그를 낙양에서 죽였다.

5월, 병사들을 모두 해산해 집으로 돌아가게 했다. 제후의 자제 중 관중에 있는 자에게는 부역을 열두 해 면제해 주고 돌아간 자에게는 부역을 여섯해 면제해 주었으며, 한 해 동안 부양해 주기로 했다.

고조가 낙양의 남궁(南宮)에서 주연을 베풀었다. 고조가 말했다.

"열후와 장수들은 감히 짐에게 숨김없이 속내를 말해 보시오. 내가 천하를 얻을 수 있었던 까닭은 무엇이며, 항우가 천하를 잃은 까닭은 무엇이요?"

고기(高起)와 왕릉이 답했다.

"폐하는 오만하시어 다른 사람을 모욕하지만 항우는 인자하면서도 사람을 아낄 줄 압니다. 그러나 폐하는 사람으로 하여금 성을 공격해 땅을 점령하게 한 뒤 항복을 받아 낸 자에게 그곳을 주어 천하와 이로움을 함께하셨습니다. 항우는 어질고 재능 있는 자를 시기해 공이 있는 자에게 해를 끼치고 어진 자를 의심하며 싸움에 이겼는데도 다른 사람에게 공적을 주지 않고 땅을 얻고서도 다른 사람에게 이로움을 나누지 않았으니, 이것이 항우가 천하를 잃은 까닭입니다."

그러자 고조는 말했다.

"그대들은 하나만 알고 둘은 모르는구려. 군막 속에서 계책을 짜내 천 리 밖에서 승리를 결판내는 것은 내가 자방(子房, 장량)만 못하오. 나라를 어루만지고 백성들을 위로하며 양식을 공급하고 운송 도로를 끊기지 않게 하는 것은 내가 소하만 못하오. 백만 대군을 통솔해 싸우면 어김없이 이기고 공격하면 어김없이 빼앗는 것은 내가 한신만 못하오. 이 세 사람은 모두 빼어난 인재이지만 내가 그들을 임용할 수 있었으니 이것이 내가 천하를 얻을 수 있었던 까닭이오. 항우는 범증 한 사람만 있었으면서도 그를 중용하지 않았으니 이것이 그가 나에게 사로잡힌 까닭이오."

고조는 오랫동안 낙양에 도읍하려고 했으나 제나라 사람 유경(劉敬)이 설득하고, 장량이 관중에 들어가 도읍하라고 권하니 이날 수레를 타고 관중에 들어가 도읍했다.

6월, 천하에 대사면을 내렸다.

천하의 모든 이에게 베풀고 떠나다

10월, 연왕 장도가 모반하니 대나라 땅을 공격해 함락했다. 고조는 스스로 장수가 되어 공격해 연왕 장도를 사로잡았다. 태위 노관을 연왕으로 세웠다. 승상 번쾌를 시켜 군대를 거느리고 대나라 땅을 공격하게 했다.

이해 가을, 이기(利幾)가 모반했다. 고조가 스스로 군대를 거느리고 그를 공격하자 이기가 달아났다. 이기는 항씨(항우)의 장수였다. 항우가 싸움에 패했을 때 이기는 진현 현령이었는데, 항우를 따르지 않고 고조에게 도망가 항복했고, 고조는 그를 영천후(穎川侯)로 봉했다. 고조가 낙양에 도착해 명부에 오른 열후들을 모두 부르니, 이기는 겁이 나서 모반했던 것이다.

[한나라] 6년

고조는 닷새에 한 번씩 태공(고조의 아버지)을 찾아뵈었는데, 이는 평민들의 부자간 예절과 같이 했다. 태공의 가신이 태공에게 권유해 말했다.

"하늘에는 두 태양이 없고, 땅에는 두 왕이 없습니다. 지금 황제께서는 자식이지만 사람들의 군주이시며, 태공께서는 아버지이시지만 그분의 신하이십니다. 그런데 어째서 군주가 신하를 만나 뵙게 하십니까? 그러면 황제의 위엄이 존중되게 행해지지 않습니다."

그 후 고조가 만나러 오자 태공이 빗자루를 들고 문에서 맞이한 후 뒤로 물러섰다. 고조가 매우 놀라 수레에서 내려 태공을 부축했다. 이때 태공이 말했다.

"황제는 사람들의 군주인데 어째서 저 때문에 천하의 법도를 어지럽힐 수 있겠습니까?"

이에 고조는 태공을 높여 태상황이라 했다. 마음속으로 가신의 말이 훌륭하다고 여겨 황금 오백 근을 내려 주었다.

12월, 어떤 이가 요사스러운 일을 글로 올려 초왕 한신이 모반을 꾀하고 있다고 고했다. 고조가 좌우 대신에게 의견을 묻자 대신들은 다투어 그를 정벌하자고 했다. 고조는 진평의 계책을 받아들여 거짓으로 운몽에 놀러 가는 척하면서 진현에서 제후들과 회맹하기로 했다. 이에 초왕 한신이 [고조를] 맞아들였을 때 즉시 그를 잡아들였다. 이날 [고조는] 천하에 대사면을 내렸다. 전긍(田肯)이 하례를 올리며 고조를 설득했다.

"폐하께서는 한신을 붙잡았으며, 또 진나라 땅을 다스리고 계십니다. 진나라는 지형이 뛰어난 나라로 험난한 산하에 둘러싸여 있고 제후국과 천 리나 떨어져 있어, 창을 가진 병력이 백만 명이라도 군사 이만 명으로 막을 수 있습니다. 또한 지형이 유리하니 병사를 내보내 제후들을 공격할 때에는 마치 높은 지붕 위에서 기와 고랑에 물을 내려 보내는 것과 같습니다. 무릇 제나라는 동쪽으로 낭야와 즉묵의 풍부함을 갖췄고 남쪽으로는 태산의 견고함을 갖췄으며 서쪽으로는 황하의 경계를 갖췄고 북쪽으로는 발해의 이로움을 갖췄습니다. 땅은 사방으로 이천 리이고 창을 쥔 군대가 백만 명이며 현은 천 리 밖에 떨어져 있어 이십만 명의 군사만으로도 얻을 수 있습니다. 그러므로 이 두 곳은 가히 동진(東秦)과 서진(西秦)이라고 할 수 있습니다. 친자식이 아니면 제나라에 왕으로 봉해서는 안 됩니다."

고조는 말했다.

"옳다."

이에 황금 오백 근을 내려 주었다.

열흘 남짓 지난 후, 한신을 회음후(淮陰侯)로 봉하고 그 땅을 나누어 두 나라로 만들었다. 고조는 장군 유가가 여러 번 공적을 세웠다는 이유로 형왕(荊王)으로 삼아 회하 동쪽에서 왕 노릇 하게 했다. 또한 동생 유교(劉交)를 초왕으로 삼아 회하 서쪽에서 왕 노릇 하게 했다. 아들 유비(劉肥)를 제왕으로 삼아 칠십여 성에서 왕 노릇 하게 하고 백성들 중 제나라 말을 할 수 있는 사람은 모두 제나라에 귀속시켰다. 그리고 공적을 논의한 후 부절을 쪼개어 열후들에게 봉후(封侯)의 신표로 주었다. 한왕(韓王) 신을 태원으로 옮기게 했다.

〔한나라〕 7년

흉노가 한왕(韓王)을 마읍(馬邑)에서 공격하자, 신은 이를 기회로 흉노와 함께 태원에서 모반을 꾀했다. 그러자 백토(白土)의 만구신(曼丘臣)과 왕황(王黃)이 옛 조나라 장수였던 조리(趙利)를 왕으로 세워서 모반을 일으키니 고조가 직접 가서 공격했다. 마침 날씨가 추워져 손가락이 얼어 떨어진 병사가 열 명 중 두세 명에 이르러 결국 평성(平城)으로 퇴각했다. 흉노가 고조를 평성에서 포위했다가 이레 후에야 철수하고 떠났다. 고조는 번쾌에게 대나라 땅에 머물면서 [사태를] 안정시키라고 명했다. 형 유중(劉仲)을 대왕으로 세웠다.

2월, 고조가 평성을 떠나 조나라와 낙양을 지나 장안에 도착했다. 장락궁 (長樂宮)이 완성되자, 승상 이하 관원들이 장안으로 옮겨와 다스리게 되었다.

[한나라] 8년

고조는 동쪽으로 진군해 동원에서 한왕(韓王) 신의 모반한 도적 떼의 나머지를 공격했다.

소 승상(소하)이 미앙궁(未央宮)을 짓고 동궐(東闕), 북궐(北闕), 전전, 무고 (武庫), 태창(太倉)을 세웠다. 고조가 돌아와 궁궐이 지나치게 웅장한 것을 보고 화가 나 소하에게 일렀다.

"천하가 흉흉해 전란으로 고생한 지 몇 년이 되었어도 성패를 아직 알 수 없는데, 무엇 때문에 궁실을 지은 것이 이다지도 과도한가?"

소하는 말했다.

"천하가 아직 안정되지 않았기 때문에 이를 틈타 궁실을 지을 수 있었습니다. 게다가 천자는 천하를 집으로 삼는 법이니, 궁전이 웅장하고 화려하지 않으면 존귀와 위엄이 없게 되며, 또한 후세에서도 더욱 웅장하고 화려한 궁전을 지을 수 없게 될 것입니다."

이 말에 고조는 기뻐했다.

고조가 동원(東垣)으로 가다가 백인(柏人)을 지나는데, 조나라의 승상 관고(貫高) 등의 무리가 고조를 시해하려는 음모를 꾸몄다. 하지만 고조는 마음이 바뀌어 백인에 머물지 않았다. 대왕 유중이 나라를 버리고 도망쳐 스스로 낙양으로 돌아오니 그를 폐위하고 합양후(合陽侯)로 삼았다.

〔한나라〕9년

조나라의 상 관고 등의 사건이 발각되자 그 삼족을 멸했다. 조왕 장오(고조의 사위)를 폐위해 선평후(宣平侯)로 삼았다. 이해 초나라의 귀족 소씨(昭氏), 굴씨(屈氏), 경씨(景氏), 회씨(懷氏), 제나라의 귀족 전씨(田氏)를 관중으로 옮기게 했다.

미앙궁이 완성되었다. 고조는 제후들 및 군신들과 성대하게 조회를 연 후 미앙궁 전전에서 주연을 베풀었다. 고조는 옥 술잔을 받쳐 들고 일어나 태상황을 위해 장수를 기원하며 말했다.

"옛날에 대인(태상황)께서는 늘 제가 재주가 없어 생업을 꾸릴 수 없고 둘째 형처럼 노력하지도 않는다고 하셨습니다. 지금 제가 이룬 성취를 둘째 형과 비교하면 누가 많습니까?"

이에 궁전에 있던 신하들이 모두 만세를 외치고 큰소리로 웃으며 즐거워했다.

〔한나라〕10년

10월, 회남왕 경포, 양왕(梁王) 팽월, 연왕 노관, 형왕 유가, 초왕 유교, 제왕 유비, 장사왕 오예가 모두 장락궁에 와 고조를 조회했다. 봄과 여름 동안 아무 일도 없었다.

7월, 태상황이 역양궁(櫟陽宮)에서 세상을 떠났다. 초왕(유교)과 양왕(팽월)이 모두 와서 전송하고 안장했다. 역양의 죄수들을 사면했다. 역읍의 이름을 신풍으로 고쳤다.

8월, 조나라의 상국 진희가 대나라 땅에서 모반을 일으켰다. 황상(고조)이 말했다.

"진희는 일찍이 나의 관리였는데 매우 믿음이 있었소. 대나라 땅은 내게 중요한 곳이었기 때문에 진희를 열후로 봉해 상국의 신분으로 대나라를 지키게 했는데, 지금 왕황 등과 함께 대나라 땅을 협박해 강탈하려 하다니! 대나라 땅의 관리와 사람들은 죄가 있지 않으니 대나라 땅의 관리와 백성을 사면 하시오."

9월, 고조가 직접 동쪽으로 가 진희를 공격했다. 한단에 도착하자 고조는 기뻐하며 말했다.

"진희가 남쪽으로 와서 한단을 근거지로 삼지 않고 장수에서 막으려 하니, 나는 그가 할 수 있는 것이 없음을 알겠구려."

또 진희의 부장들이 모두 이전에 장사치였다는 말을 듣고 고조가 말했다.

"나는 무슨 방법으로 [그들을] 상대할지 알겠다."

이에 황금으로 진희의 부장들을 유혹하니 투항하는 자가 많았다.

[한나라] 11년

고조가 한단에서 진희의 무리를 다 정벌하지 않았는데, 진희의 부장 후창(侯敝)은 만여 명을 이끌고 유격전을 벌였고 왕황은 곡역(曲逆)에 진을 쳤으며 장춘(張春)은 황하를 건너 요성(聊城)을 쳤다. 한나라는 장군 곽몽(郭蒙)을 보내 제나라 장수와 함께 그들을 공격해 크게 쳐부쉈다. 태위 주발이 태원의 길로 들어와 대나라 땅을 평정했다. 마읍에 도착했지만 항복하지 않자 즉시 공격해 사람들을 모조리 죽여 버렸다.

진희의 부장 조리가 동원을 수비했는데, 고조가 공격했지만 함락되지 않았다. 한 달이 넘어가면서 조리의 병사들이 고조에게 욕을 하니 고조는 크게 화를 냈다. 성이 투항한 후 욕한 자를 찾아내 참수하고 욕하지 않은 자는 관대히 해 주었다. 조나라의 상산(常山) 북쪽을 나누어 아들 항(恒)을 대왕으로 세웠으며 진양(晉陽)에 도읍하게 했다.

봄, 회음후 한신이 관중에서 모반을 꾀해 삼족을 멸했다.

여름에 양왕 팽월이 모반을 꾀해 폐위해 촉나라 땅으로 쫓아냈다. 다시 모반을 일으키려 해 결국 그의 삼족을 멸했다. 아들 회(恢)를 양왕으로, 아들 우(友)를 회양왕(淮陽王)으로 세웠다.

가을 7월, 회남왕 경포가 모반을 일으켜 동쪽으로 가서 형왕 유가의 땅을 손아귀에 넣고 북쪽으로 회수를 건너자 초왕 유교가 설현으로 도망쳤다. 고조가 직접 〔군대를 이끌고 경포를〕 공격했다. 아들 유장을 회남왕으로 세웠다.

〔한나라〕 12년

10월, 고조가 경포의 군대를 회추(會甀)에서 쳐부쉈다. 경포가 달아나자 별장을 시켜 그를 추격하게 했다.

고조가 돌아오다가 패현을 지나는 도중 머물렀다. 패현의 궁중에서 주연을 베풀었다. 옛 친구들과 어른 및 젊은이들을 모두 불러 마음껏 술을 마시면서, 패현의 어린이 백이십 명을 선발해 그들에게 노래를 가르쳤다. 술이 거나하게 취하자 고조는 축(筑)을 치며 직접 노래를 지어 불렀다.

"큰 바람 일어나 구름이 휘날리니, 위엄을 천하에 떨치고 고향에 돌아왔도다. 어떻게 하면 용사를 얻어 천하를 지킬 수 있단 말인가?"

그러고는 이 노래를 어린이들에게도 모두 익히게 하고 따라 부르게 했다. 고조가 일어나 춤추고 슬피 한탄하며 가슴 아파하면서 눈물을 몇 줄 흘렸다. 그리고 패현의 어른과 형제들에게 말했다.

"나그네는 고향 생각에 슬픈 법입니다. 내가 비록 관중에 도읍하고 있지만, 만년 뒤에라도 나의 혼백은 여전히 패현을 좋아하고 그리워할 것입니다. 게다가 나는 패공일 때부터 포악한 반역자들을 정벌해 마침내 천하를 얻게 되었으니, 패현을 내 사유지로 삼아 이곳 백성들에게 부역을 면제해 주어 대대로 납세와 복역이 없게 할 것입니다."

패현의 어른과 형제들, 부녀들, 옛 친구들은 날마다 즐겁게 술을 마시고 매우 기뻐했고, 지난 일을 이야기하면서 웃으며 즐거워했다. 열흘 남짓 지나서 고조가 떠나려 하자, 패현의 어른과 형제들은 한사코 고조에게 머물기를 청했다. 고조가 말했다.

"내 수행원들이 너무 많아 어른과 형제들이 비용을 댈 수가 없습니다."

그러고는 떠나갔다. 패현 사람들은 현이 텅 비도록 물건을 들고 마을 서쪽으로 가서 바쳤다. 고조가 다시 머물러 장막을 치고 사흘간 술을 마셨다. 패현의 어른과 형제들이 모두 머리를 조아리고 말했다.

"패현은 운 좋게 부역이 면제되었으나 풍읍은 면제받지 못했습니다. 폐하께서 그들을 불쌍하게 여겨 주십시오."

고조가 말했다.

"풍읍은 내가 태어나 자란 곳이라 정말 잊을 수 없소. 다만 그들이 옹치를 따르고 나를 배반해 위나라를 도왔기 때문에 그런 것이오."

패현의 어른과 형제들이 간곡히 요청하니 아울러 풍읍도 부역을 면제해 패현과 같게 했다. 패후(沛侯) 유비(劉濞)를 오왕(吳王)으로 제수했다.

한나라 장수들은 각각 경포의 군대를 조수(洮水)의 남쪽과 북쪽에서 공격해 모두 크게 쳐부수고 경포를 추격해 파양(鄱陽)에서 참수했다.

번쾌는 따로 병사를 이끌고 대나라를 평정했고 진희를 당성(當城)에서 참수했다.

11월, 고조는 경포의 군영에서 장안으로 돌아왔다.

12월, 고조가 말했다.

"진시황제, 초 은왕(楚隱王) 진섭, 위 안리왕(魏安釐王, 위 소왕의 아들), 제 민왕(齊緡王, 제 선왕의 아들 전지(田地)), 조 도양왕(趙悼襄王, 호성왕의 아들 조언(趙偃))이 모두 [대가] 끊겨 후손이 없으니 각각 십 호씩 묘를 지키는 민가를 주되 진시황제는 이십 호를 주고, 위 공자(魏公子) 무기(無忌)에게는 오 호를 주도록 하라."

대나라 땅의 관리와 백성들 중 진희와 조리에게 위협받고 노략질당한 자는 모두 사면했다. 진희의 투항한 부장이, 진희가 모반할 때에 연왕 노관이 진희가 있는 곳으로 사람을 보내 함께 음모을 꾀했다고 했다. 고조는 벽양후(심이기)에게 노관을 맞이하라고 보냈으나 노관은 병을 핑계 댔다. 심이기는 돌아와서 노관이 모반을 일으킬 단서가 있음을 보고했다.

2월, 고조는 번쾌와 주발을 시켜 군대를 이끌고 연왕 노관을 공격하게 했다. 연나라 땅의 관리들과 백성들 중에서 모반에 가담한 자를 사면했다. 아들 건(建)을 연왕으로 세웠다.

고조가 경포를 공격할 때 빗나간 화살에 맞았었는데 길을 가다가 덧났다. 병이 심해지자 여후가 명의를 맞이했다. 의원이 들어가 고조를 보자 고조가 의원에게 물어보았다. 의원이 말했다.

"폐하의 병은 치료될 수 있습니다."

이에 고조는 그를 만만히 보고 꾸짖으며 말했다.

"나는 평민 신분으로 세 자 길이 칼을 들고 천하를 얻었으니, 이것은 천명이 아니겠는가? 명은 하늘에 달려 있으니, 비록 편작(扁鵲)[8]인들 무슨 도움이 되겠는가!"

결국 의원이 병을 치료하지 못하게 하고 황금 쉰 근을 내려 주며 물러가게 했다. 잠시 후 여후가 물었다.

"폐하의 백 년 뒤(죽음을 비유)에 만일 소 상국(소하)이 죽으면 누가 대신하게 하지요?"

황상이 말했다.

"조참이 할 수 있소."

그다음 사람을 물으니 황상이 말했다.

"왕릉이 할 수 있소. 그러나 왕릉은 좀 꽉 막혔으므로 진평이 그를 돕도록 하는 것이 좋소. 진평은 지혜가 남음이 있지만 혼자서 맡는 것은 어렵소. 주발은 점잖고 너그럽고 글재주는 모자라지만 유씨를 안정시킬 자는 틀림없이 주발이니 그를 태위(太尉)로 삼을 만하오."

여후가 다시 그다음을 물으니 황상은 말했다.

---

8 사마천은 「태사공 자서」에서 "편작은 의술을 말함으로써 방술(의술)하는 사람들의 종주가 되었다. [그 의술은] 매우 정밀하고 밝아 후세 사람들이 그의 법을 준수하고 바꾸지 못했다."라고 했다.

"그 이후는 당신이 알 바가 아니오."

노관이 기병 수천 기와 함께 변경에서 기다리며, 황상이 병이 나으면 직접 들어가 사죄하기를 바랐다.

4월 갑신일, 고조가 장락궁에서 세상을 떠났다. 나흘이 지나도록 발상(發喪)하지 않았다. 여후는 심이기와 의논해 말했다.

"지금 여러 장수들은 황제와 함께 호적 명부에 올랐던 평민이었다가 지금은 신하가 되어 항상 불만을 품고 있는데 이제 어린 군주를 섬기게 됐으니 멸족하지 않으면 천하가 안정되지 않을 것입니다."

어떤 사람이 듣고서 역(酈) 장군(역이기의 동생 역상(酈商))에게 말해 주었다. 역 장군이 심이기를 만나러 가서 말했다.

"황제께서 이미 돌아가신 지 나흘이 지났는데 발상하지 않고 여러 장수를 죽이려 한다고 들었소. 만약 이렇게 한다면 천하가 위태로울 것이요. 진평과 관영이 십만 명을 거느리고 형양을 수비하고 있고, 번쾌와 주발이 이십만 명을 거느리고 연나라와 대나라를 평정했는데, 이들은 황제가 돌아가시어 장수들이 모두 죽음을 당할 거라는 소식을 듣는다면 틀림없이 군대를 연합해 돌아와 관중을 공격할 것이요. 대신들이 안에서 배반하고 제후들이 밖에서 모반을 일으키면 나라가 망하는 것은 발꿈치를 들고 기다릴 수 있소."

심이기가 궁에 들어가 여후에게 이 말을 전했다.

정미일, 상사를 발포하고, 천하에 대사면을 내렸다.

노관은 고조가 세상을 떠났다는 소식을 듣고 결국 도망쳐 흉노에게로 들어갔다.

병인일, 〔고조를〕 안장했다.

기사일, 태자를 세워 태상황의 묘지에 갔다. 신하들이 모두 말했다.

"고조는 미천한 평민 출신에서 일어나 어지러운 세상을 다스려 정도(正道)로 돌이키고 천하를 평정해 한나라의 태조(太祖)가 되었으니 공로가 가장 높다."

이에 제왕의 호를 바쳐 고황제(高皇帝)라고 했다. 태자가 이전의 호칭을 이어받아 황제가 되니 효혜제(孝惠帝)이다. 군과 제후국의 제후들에게는 각자 고조의 사당을 세워서 매년 때맞춰 제사 지내게 했다.

효혜제 5년

고조가 패현에서 즐거워하고 슬퍼했던 일이 생각나 패궁(沛宮)을 '원묘(原廟)'[9]로 삼았다. 고조가 노래를 가르쳤던 어린이 백이십 명에게 모두 원묘에서 연주와 노래를 하게 했으며, 결원이 있으면 즉시 보충했다.

고조에게는 아들이 여덟 명 있었다. 맏아들은 첩의 소생으로 제 도혜왕(齊悼惠王) 유비이고, 둘째는 효혜제로 여후의 아들이며, 그다음은 척 부인(戚夫人)의 아들 조 은왕(趙隱王) 유여의(劉如意)이며, 그다음은 박 태후(薄太后)의 아들로 나중에 효문황제(孝文皇帝)로 즉위하는 대왕 유항(劉恒)이며, 그다음은 양왕 유회(劉恢)로 여 태후 시절 조 공왕(趙共王)으로 옮겨졌고, 그다음은 회양왕 유우(劉友)로 여 태후 시절 조 유왕(趙幽王)으로 옮겨졌으며, 그다음은 회남 여왕(淮南厲王) 유장이며, 그다음은 연왕 유건(劉建)이다.

태사공은 말한다.

"하 왕조의 정치는 질박하였다. 질박함의 병폐가 소인(小人, 백성)들로 하여금 거칠어지게 했기 때문에 은나라 사람들은 공경함으로 그것을 계승했다. 공경함의 병폐는 소인들로 하여금 귀신을 섬기게 했기 때문에 주나라 사람들은 예의로 그것을 계승했다. 예의의 병폐는 소인들을 불성실하게 했기 때문에 불성실함을 구원하는 데는 충성만 한 것이 없다. 삼왕의 다스림 방법은 순환하는 듯하다가 끝나서는 다시 시작된다. 주나라 왕조와 진나라 왕조 사이

---

9 여기서 '원(原)'은 '재(再)'의 뜻이다. 원래의 종묘 외에 다시 지은 종묘를 말한다. 장안에 고조의 묘당이 있는데 패현에 다시 세웠기에 원묘라 한 것이다.

는 지나치게 예악을 중시한 병폐가 있었다고 할 수 있다. 진나라 왕조의 정치는 병폐를 고치지 않고 도리어 형법을 가혹하게 했으니 어찌 잘못되지 않겠는가? 그러므로 한나라 왕조가 일어나 전대의 병폐를 계승하기는 했어도 이를 개혁해 백성들을 곤하지 않게 했으니 하늘로부터 법통을 얻은 것이다. 조정은 10월에 〔제후들에게〕 조회하게 했다. 황제의 수레는 노란색 지붕으로 덮고 쇠꼬리로 만든 기를 왼쪽에 달았으며 고조는 장릉(長陵)에 안장했다."

17

소 상국 세가
蕭相國世家

소하(蕭何)는 고조 유방의 오랜 친구요 오랜 상사로서 한나라를 세운 다섯 공신 가운데 으뜸인 고조의 핵심 인물이다. 소하는 초한 쟁패의 과정에서 백성들에게 먹을 것을 충분히 하고 병력을 유방에게 보충해 주어 백성들의 동요를 막은 공이 현저하다. 성공해도 소하요 실패해도 소하란 말이 있을 정도였다. 이렇듯 소하의 공적이 최고인데 조참 등이 불복하자, 고조 유방은 개국 공신 소하를 평가하면서 그를 토끼를 쫓아가 죽이는 사냥개에게 토끼가 있는 곳을 알려 주는 존재에 비유했다. 만약 유방의 이런 말이 소하에게 적용된다면 모든 신하는 왕이 부리는 사냥개에 불과할 것이다.

이 편은 소하가 유방을 도와 천하를 차지하게 되는 과정에서 세운 불후의 공적을 서술하면서도 그 이후 그가 유방의 견제하에 전전긍긍하는 모습과 시시각각 다가오는 위험을 스스로 대처하려는 입장까지 잘 그려 냈다. 이는 주인이 있는 조직의 특징을 가장 냉혹하게 요약한 부분이 아닐 수 없다. 한신도 들짐승이 없어지면 사냥개를 삶아 죽인다고 하지 않았던가!

사마천은 유방과 소하 쌍방의 심리를 생동감 넘치게 묘사하면서 둘 사이의 은근한 신경전을 지극히 세밀하게 보여 준다. 이로써 궁극적으로 사마천이 말하고자 하는 모습은 개국 공신에 관한 유방의 태도다. 왕권을 위해 자신을 도운 개국 공신들을 견제하려는 유방의 복잡 미묘한 심리적 갈등이 잘 드러나 있는 것이 이 편의 또 다른 면모다.

한나라 천하 제패의 일등 공신 소하.

금과 비단보다 법령과 도서가 먼저다

소 상국(蕭相國) 하(何)는 패현(沛縣) 풍읍(豐邑) 사람이다. 그는 법률에 통달하여 일처리하는 것이 공평하고 그에 비할 사람이 없었으며 패현의 주리(主吏, 인사나 총무 담당)의 하급 벼슬아치를 지냈다.

고조(高祖, 유방)가 벼슬하지 않고 있을 때 소하는 여러 차례 벼슬아치 신분으로 고조를 보호해 주었다. 고조가 정장이 되었을 때에도 [소하는] 늘 그의 곁에 있었다. 고조가 벼슬아치로서 함양에 갔을 때, 벼슬아치들은 모두 그에게 삼백 전을 주었으나 소하만은 오백 전을 주었다.

진(秦)나라 어사(御史, 감찰 책임)가 군(郡)의 정사를 감독하러 와 소하와 함께 일하였는데, [소하는] 늘 이치에 맞게 처리했다. 소하는 사수(泗水)의 졸사(卒史)의 일을 맡았는데, 일을 가장 잘 처리하였다. 진나라 어사가 소하를 조정에 들여보내어 등용하고자 말하였으나 소하는 한사코 사양하면서 절대로 가지 않았다.

고조가 군대를 일으켜 패공이 되자, 소하는 항상 현승(縣丞)이 되어 각종 일들을 감독했다. 패공이 함양에 이르자, 여러 장수들은 모두 앞다투어 금과 비단과 재물이 있는 창고로 달려가 그것들을 나누어 가졌으나, 소하는 단지 먼저 궁으로 들어가서 진나라 승상부(丞相府)와 어사부(御史府)의 법령과 도서들을 거두어서 감추었다. 패공이 한왕(漢王)이 되자 소하를 승상으로 삼았다. 항왕(項王, 항우)은 제후들과 함께 함양을 약탈하고 불사르고 떠났다. 한왕은 천하의 험준한 요새와 호적과 인구수의 많고 적음, 물자가 많거나 적은 곳, 백성이 고통스러워하는 것 등을 모두 알고 있었는데, 이는 소하가 진나라의 그림과 도서 및 문서들을 손에 넣었기 때문이다. 소하가 한신(韓信)을 추천하자, 한왕은 한신을 대장군에 임명했다. 이에 관한 내용은 「회음후 열전(淮陰侯列傳)」에 있다.

한왕이 군사를 이끌고 동쪽으로 삼진(三秦)을 평정할 때, 소하는 승상으로 남아 파촉(巴蜀)을 지키며, 지역을 안정시키고 명령을 깨우쳐 알려 주고 백성들로 하여금 군대에 양식을 공급하게 했다.

한나라 2년, 한왕은 제후들과 초나라를 공격하였는데, 소하는 관중을 지키며 태자[1]를 모셨으며, 역양을 다스렸다. 그는 법령과 규약을 만들었고, 종묘, 사직, 궁실과 현읍을 세워, 그때마다 한왕에게 아뢰어 한왕이 옳다고 하여 허락을 하면 일을 처리했다. 만일 한왕에게 아뢰지 못하여 갑자기 편리한 대로 시행하면 한왕이 와서 직접 들었다. 소하는 관중에서 호적과 인구를 관리하고 식량을 징수하여 수로를 거쳐 군대에 공급했다. 한왕이 여러 차례 군대를 버리고 달아났으나, 소하는 항상 관중의 병졸을 징발하여 군대의 빠진 인원수를 메웠다. 한왕은 이런 이유 때문에 소하에게 관중의 일을 전적으로 맡겼다.

한나라 3년, 한왕은 경현(京縣)과 삭성(索城) 사이에서 항우와 대치하고 있었는데, 한왕은 여러 번 사신을 보내 승상을 위로했다.

포생(鮑生)이란 자가 승상에게 말했다.

"한왕이 햇볕에 그을리고 벌판에서 이슬을 맞는 고된 전쟁에서도 여러 번 사신을 보내 당신을 위로하는 것은 당신을 의심하고 있기 때문입니다. 당신을 위해 계책을 내 보니 당신의 자손들과 형제들 중에서 싸울 수 있는 자들을 뽑아서 모두 한왕이 있는 군영으로 가게 하는 것이 더 낫습니다. 그러면 황상은 반드시 당신을 더욱 신임할 것입니다."

이에 소하가 그의 계책을 따르자, 한왕은 매우 기뻐했다.

사냥개와 사냥꾼의 차이

한나라 5년, 이미 항우를 죽이고 천하를 평정하자, 공을 논하여 봉토를

---

1 여후에게서 태어난 유영을 가리킨다. 그는 나중에 혜제가 된다.

주었다. 여러 신하들이 공을 다투었으므로 일 년이 지나도록 공적 문제가 결말이 나지 않았다. 고조는 소하가 가장 공이 크다고 여겨, 그를 찬후(酇侯)로 봉하였고, 식읍도 가장 많이 주었다.

공신들이 모두 말했다.

"신들은 몸에는 갑옷을 입었고, 손에는 예리한 창칼을 잡고서 많은 자는 일백 번 넘게 싸움을 하였고, 적은 자도 수십 번을 싸웠습니다. 성을 공격하고 땅을 빼앗음에 공로의 크고 작음에 각자 차이를 두어야 합니다. 그런데 지금 소하에게 어찌 땀 흘린 공로가 있다고 할 수 있습니까? 그는 한갓 글과 붓을 잡고 의논하였을 뿐 전쟁도 하지 않았는데 오히려 저희보다 등급이 높으니, 어찌 된 까닭입니까?"

고조가 말했다.

"여러분들은 사냥에 대해서 아시오?"

〔군신들이〕 대답했다.

"알고 있습니다."

"사냥개에 대해 아시오?"

대답했다.

"알고 있습니다."

고조는 말했다.

"사냥에서, 들짐승과 토끼를 쫓아가 죽이는 것은 사냥개이지만, 개 줄을 풀어 짐승이 있는 곳을 알려 주는 것은 사람이오. 지금 여러분들은 한갓 들짐승에게만 달려갈 수 있는 자들뿐이니 공로는 마치 사냥개와 같소. 소하로 말하면 개의 줄을 놓아 방향을 알려 주니 공로는 사냥꾼과 같소. 더욱이 그대들은 단지 혼자서 나를 따랐고 많아 봤자 두세 명뿐이었소. 지금 소하는 그의 모든 가문의 수십 명을 거느리고 나를 따라 전쟁을 치렀으니, 그의 공은 잊을 수 없소."

여러 신하들은 모두 감히 아무 말도 하지 못했다.

열후들이 모두 봉읍을 받고, 작위의 순서를 배열해 줄 것을 아뢰며 모두 말했다.

"평양후(平陽侯) 조참은 몸에 칠십여 군데나 상처를 입었고, 성을 공격하고 땅을 빼앗음에서 공이 가장 크니, 마땅히 제일 첫 번째가 되어야 합니다."

한왕은 이미 공신들을 굴복하게 하고는 소하에게 많은 봉읍을 내렸고, 작위의 순서에서는 더 이상 공신들의 의견을 어기기가 어려웠지만, 마음속으로는 소하를 첫 번째에 두고자 했다.

관내후(關內侯, 작위 이름으로 스무 등급 중 열아홉 번째) 악군(鄂君)이 진언했다.

"여러 신하들의 논의는 모두 잘못되었습니다. 조참이 비록 야전에서 땅을 빼앗은 공은 있지만, 그것은 단지 한때의 일일 뿐입니다. 황상께서 초나라와 맞선 지 오 년이 되어, 군사를 잃고, 백성들을 잃어버려 홑몸으로 달아나신 것이 여러 번입니다. 그러나 소하는 항상 관중으로부터 군대를 보내 그 결원을 메웠는데, 이러한 것들은 황상께서 명령이나 조서를 내려 부른 것도 아니고, 또한 수만의 무리들을 황상의 군대가 부족하거나 없어졌을 때 보낸 것이 여러 번이나 됩니다. 한나라와 초나라가 형양에서 맞선 지 몇 년이 되어 군사들에게 양식도 보이지 않을 때, 소하는 수로를 통하여 관중의 양식을 군사들에게 공급하여 부족함이 없게 하였습니다. 폐하께서 비록 여러 차례 효산 동쪽의 땅을 잃기도 하셨으나 소하는 늘 관중을 잘 보전함으로써 폐하를 기다렸으니, 이는 만세(萬世)의 공입니다. 지금 비록 조참과 같은 사람 일백여 명이 없다고 한들 어찌 한나라에 부족할 것이 있겠습니까? 한나라가 그들을 얻었다 해도 반드시 온전하게 보존할 수는 없었습니다. 어찌하여 하루아침의 공을 가지고 만세의 공을 가리려 하십니까? 소하가 첫 번째이고, 조참이 두 번째입니다."

고조가 말했다.

"옳은 말이오."

이에 소하를 첫 번째로 하고, 소하가 칼을 차고 신을 신고 궁전에 오를 수 있도록 하고, 입조하여 황제를 뵐 때도 작은 걸음으로 빨리 가는 예의를 차릴 필요가 없다고 했다.

고조가 말했다.

"내가 듣건대 현명한 이를 추천한 사람은 상을 받아야 한다고 했소. 소하의 공이 비록 높지만, 악군의 얘기를 들어서 더욱 빛날 수 있었던 것이오."

이에 악군을 원래 봉하였던 관내후의 작위에 안평후(安平侯)의 식읍을 더하여 봉했다. 이날 소하의 아버지와 아들, 형과 동생 여남은 명이 모두 봉해지고 식읍도 갖게 되었다. 그러고는 소하에게도 이천 호의 식읍이 더해졌는데, 이것은 고조가 이전에 함양에서 부역할 때, 소하가 고조 유방에게만은 남보다 이백 전을 더 주었기 때문이었다.

뛰는 자 위에 나는 자

한나라 11년에 진희(陳豨)가 모반하자 고조가 스스로 장수가 되어 한단까지 이르렀다. 아직 반란을 평정하지 못했는데 회음후(淮陰侯, 한신)가 관중에서 모반하자 여후가 소하의 계책을 써서 회음후를 주살했는데, 이 일은 「회음후 열전」에 언급되어 있다. 고조는 회음후가 주살되었다는 말을 듣고 사신을 보내 승상 소하를 상국으로 제수하였고 식읍 오천 호를 더해 주었으며 군사 오백 명과 도위(都尉) 한 명을 보내 상국의 호위병으로 삼았다. 많은 사람들이 축하를 하였으나, 소평(召平)만은 조문을 표했다. 소평이라는 자는 원래 진나라 동릉후(東陵侯)였는데, 진나라가 무너지자 평민이 되어 가난하게 살아 장안성(長安城) 동쪽에서 오이를 심고 있었다. 오이 맛이 좋았으므로 세속에서는 '동릉과(東陵瓜, 동릉의 오이)'라고 일컬었는데, 이것은 소평의 봉호(封號)를 좇아 이름으로 삼았기 때문이다.

소평은 상국에게 일러 말했다.

"화는 이로부터 비롯될 것입니다. 황상이 바깥에서 햇볕에 그을리고 이슬을 맞았으나 당신은 안에서 궁전을 지켰고, 화살과 돌이 난무하는 전쟁을 치르지도 않았으면서 오히려 당신의 봉지를 더하고 호위 부대까지 두게 되었으니, 이것은 지금 회음후가 안에서 막 반란을 일으켰으므로 황상이 당신의 마음을 의심하는 것입니다. 호위 부대를 두어 당신을 호위하는 것은 당신에게 은총을 베푸는 것이 아닙니다. 원컨대 당신은 봉읍을 사양하여 받지 마시고, 당신의 재산으로 군비에 보태신다면, 황상은 마음속으로 기뻐할 것입니다."

소 상국이 그의 계책에 따르자, 고조는 과연 크게 기뻐했다.

한나라 12년 가을, 경포(黥布)가 모반하자 고조는 스스로 장수가 되어 그를 공격하고,[2] 여러 차례 사신을 보내 상국이 무엇을 하고 있는지를 물었다. 상국은 고조가 군사를 이끌고 밖에 있을 때 백성들을 안정시키고 온 힘을 다했으며, 자신의 재산을 전부 군비에 보탰으니, 이때도 진희가 반란을 일으켰을 때 평정하는 것과 매한가지였다.

어떤 객이 상국을 설득하여 말했다.

"당신은 종족을 멸하게 될 날이 멀지 않았습니다. 당신의 지위는 상국이고, 공로도 제일 크니, 다시 무엇을 더하겠습니까? 그러나 당신이 처음에 관중에 들어오면서 백성의 마음을 얻은 지 십여 년이나 되어 백성들은 모두 당신에게 의지하고 당신도 부지런하여 백성의 환심을 샀습니다. 황제께서 여러 차례 당신에 대해 물어본 까닭은 당신이 관중을 동요시킬까 두려워서입니다. 지금 당신은 어찌하여 밭을 많이 사서 싸게 임대함으로써 스스로의 명성을

---

2   이 당시 한 고조는 상당한 충격을 받았다고 한다. 사마천의 「번·역·등·관 열전(樊酈藤灌列傳)」에 의하면 "고조는 병이 깊어 사람을 만나기조차 싫어 궁궐 깊숙이 드러누워 있으면서 호위병에게 신하들을 들어오지 못하게 하도록 명령했다. 신하 강후와 관영 등은 열흘 넘게 감히 들어가지 못하였다. 이때 번쾌가 궁중의 작은 문을 밀치고 바로 들어가니 대신들도 그 뒤를 따라 들어갔다. 고조는 혼자 한 환관의 무릎을 베고 누워 있었다. 번쾌 등은 고조를 보자 눈물을 흘리며 이렇게 말했다. '전날 폐하께서 저희와 함께 풍현과 패현에서 군사를 일으켜 천하를 평정하실 때만 해도 얼마나 혈기가 왕성하셨습니까! 이제 천하가 평정되었는데 어찌 이토록 지쳐 보이십니까! 폐하의 병이 깊어져 대신들은 몹시 놀라고 두려워하고 있습니다. 그런데 신 등을 불러 나랏일을 의논하지 않고, 도리어 일개 환관만 상대하고 세상일을 멀리하십니까? 폐하께서는 조고(趙高)의 일을 알지 못하십니까?' 그러자 고조는 웃으면서 일어났다."

더럽히려 하지 않습니까? 〔그리하면〕 황제께서는 마음이 비로소 편안해질 것입니다."

이에 상국은 그의 계책을 따랐고, 고조는 과연 크게 기뻐했다.

고조가 경포의 군대를 무찌르고 장안으로 돌아오는데, 백성들이 길을 막고 상소문을 올려 상국이 낮은 가격에 억지로 백성들의 밭과 집 수천만 전어치를 샀다고 말했다. 고조가 궁중에 도착하자, 상국은 고조를 뵈었다.

고조가 웃으며 말했다.

"상국은 이런 식으로 백성을 이롭게 하였는가?"

백성들이 올린 상소문을 모두 상국에게 주며 말했다.

"당신은 스스로 백성에게 사죄하시오!"

상국은 이 기회를 틈타 백성을 위한다고 하며 아뢰어 말했다.

"장안은 땅이 좁은데, 상림원(上林苑)에는 많은 빈 땅이 있고, 버려지고 있습니다. 원컨대 백성들로 하여금 그곳에 들어가서 농사를 짓게 하되, 볏짚은 거두지 마시고 짐승들에게 먹이로 주십시오."

고조가 매우 노하여 말했다.

"상국이 상인들의 재물을 많이 받았구나. 그들을 위하여 나의 상림원을 요구하다니!"

그러고는 상국을 정위(廷尉)에게 보내 족쇄와 수갑으로 그를 묶게 했다. 며칠이 지나, 왕씨(王氏) 성을 가진 위위(衛尉)가 고조를 모시며 장차 나아가 물어 말했다.

"상국이 무슨 큰 죄를 저질렀기에 폐하께서는 그를 그렇게 심하게 묶으셨습니까?"

고조가 말했다.

"내가 듣기에 이사(李斯)가 진 황제(진시황)를 보좌할 때 업적이 있으면 주상에게 돌렸고 과실이 있으면 자신이 가졌다고 했소. 지금 상국은 간사한 상인들에게 뇌물을 받고도 백성을 위한다며 나의 상림원을 달라고 하는데, 이는 스스로가 백성들에게 잘 보이려고 하는 것이므로 그를 묶어서 다스리려는 것이오."

왕씨 성을 가진 위위가 말했다.

"직책상 만일 백성들에게 편리함이 있어서 백성들을 위하여 요청한 것은 진정 재상의 일인데 폐하께서는 어찌하여 상국이 상인들의 돈을 받았다고 의심하십니까? 또한 폐하께서 초나라와 대치하신 지 여러 해 되었고, 진희와 경포가 모반했을 때 폐하께서는 스스로 장수가 되어 평정하러 갔는데, 이때에도 상국이 관중을 지키면서 발을 빼고 동요하였더라면 함곡관 서쪽 지역은 폐하의 소유가 아닐 것입니다. 상국은 그 당시에도 이익을 취하지 않았는데, 설마 지금 상인의 돈으로 이익을 도모하였겠습니까? 또한 진시황은 자신의 과실을 듣지 않아 천하를 잃었고, 이사가 허물을 나누어 맡는 것도 무슨 본받을 만한 것이겠습니까! 폐하께서는 어찌하여 재상을 의심하는 수준이 이다지도 낮습니까?"

고조는 기분이 언짢았다. 이날, 사신에게 지절(持節)[3]을 가지고 가게 하여 상국을 풀어 주었다. 상국은 나이가 많았는데 공손하고 삼갔으므로 궁궐에 들어와 황제를 뵙고 맨발로 사죄했다.

고조가 말했다.

"상국은 이러지 마시오! 상국은 백성을 위하여 상림원을 요청하였는데, 나는 허락하지 않았으니, 나는 걸(桀)과 주(紂) 같은 군주에 지나지 않고, 상국은 어진 재상이오. 내가 상국을 구금한 까닭은 백성들로 하여금 나의 잘못을 듣도록 하고자 함이었소."

---

3 관직이 없는 자를 처형할 수 있는 권한은 없지만, 전시 때에는 사지절과 동등했다. '절'이란 대나무로 만든 지팡이 같은 것으로 끝에는 깃털이 달려 있으며, 천자로부터 하사 받아 천자의 권한을 위임 받는 것이다. 외국에 가는 사신들에게 주었는데, 전한의 무제에게 명령을 받아 흉노로 떠났던 소무(蘇武)는 십구 년 동안 흉노의 땅에 억류되어 있으면서 양을 사육하는 것을 명 받았다. 소무는 잠시도 절을 놓지 않았고, 이것을 양을 쫓는 데 사용하여 깃털이 모두 떨어져 나갔다. 또한 '절'은 출정 나갈 경우, 수하의 사람을 처형하는 권한을 나타내며 월(鉞)은 제 군사를 통솔하는 권한을 가지고 있음을 나타낸다.

소하는 평소 조참과 서로 용납하지 못했는데, 소하가 병이 났을 때, 효혜제가 친히 상국의 병세를 보고 이 기회를 틈타 물었다.

"그대가 만일 죽게 된 다음에 누가 그대를 대신할 수 있겠소?"

소하는 대답했다.

"신하를 아는 사람은 군주만 한 사람이 없습니다."

효혜제가 말했다.

"조참은 어떻소?"

소하가 머리를 조아리며 말했다.

"폐하께서는 적당한 사람을 얻었습니다. 신은 죽어도 여한이 없습니다!"

소하는 밭과 집을 살 때 반드시 외딴 곳에 마련하였고, 집을 지을 때에도 담장을 치지 않았다.

그는 말했다.

"후세의 자손이 현명하다면 나의 검소함을 본받을 것이고, 현명하지 못하더라도 권세 있는 사람에게 빼앗기지는 않을 것이다."

효혜제 2년, 상국 소하가 죽자 시호를 문종후(文終侯)라 하였다.

소하의 후손이 죄로 인하여 제후의 봉호를 잃은 것이 사 대였고, 매번 계승할 사람이 끊어져서 천자가 항상 소하의 후손을 다시 찾아 이어서 찬후(酇侯)로 봉하였는데, 다른 공신들은 그에게 비할 수 없었다.

태사공은 말한다.

"상국 소하는 진(秦)나라 때에는 도필리(刀筆吏, 관청의 문서 기록 담당)가 되어, 하는 일 없이 평범하여 이렇다 할 만한 업적도 없었다. [그러나] 한나라가 흥성했을 때, 해와 달 같은 황제의 남은 빛에 의지하여, 소하는 삼가면서 관중을 굳게 지켰으며, 백성들이 진나라의 법을 증오하는 것을 알고 그것을 시대의 흐름에 따르게 하면서 다시 새롭게 만들었다. 회음후(한신)와 경포 등은 모두 주살되었지만, 소하의 공훈은 찬란했다. 지위는 군신 중 으뜸이었고, 명성은 후세까지 이어졌으니, 굉요(閎夭)와 산의생(散宜生)[4] 등과 그 공적을 다툴 수 있게 되었다."

---

4   이 두 사람 모두 주나라 문왕의 친구들인데 나중에 무왕을 도와 은 왕조를 멸망시키는 데 공을 세운다.

권55 세가 제25

유후 세가
留侯世家

사마천은 이 편을 지은 이유를 "장막 안에서 꾀를 내어 눈에 보이지 않는 가운데 승리한 것은 자방(子房, 장량)이 그 일을 꾸몄기 때문이다. 그는 이름이 알려지지도 않고 용감한 공적도 없었으나 어려운 것을 쉽게 해결하고 큰일을 작은 일로 처리했다."(「태사공자서」)라고 하면서 장량의 탁월한 능력에 상당한 의미를 부여했다. 그가 세운 계책들은 한결같이 천하 쟁패에 승부수를 던질 만한 것이었다. 그에 더해 인품도 빼어나고 학식도 뛰어나며 기상은 높았으므로 한(韓)나라 출신임에도 중용되었던 것이다.

이 편은 장량이 계책을 내어 유방을 도와 진나라를 멸망시키고 이어 항우를 멸하는 것과 유방이 건국한 후에 왕조를 굳건히 하기 위하여 여러 가지 활동을 진행한 것을 기본 축으로 하고 있다. 사마천은 장량에 대해 좋은 평가를 내리면서도 그가 지나치게 현실에서 떨어지려고 하고 보신적인 태도를 보이는 점에 관해서는 비판적으로 보기도 한다. 그러나 장량처럼 음모와 권모술수보다는 타인을 배려하면서 나름의 확고한 위상을 구축한 경우도 드물다는 사실을 유념해야 한다.

이 편에서 알 수 있는 장량은 결코 병가의 면모만이 아닌 신선의 분위기를 지닌 독특한 형상의 인물이다. 즉 장량은 병가와 황로 사상을 모두 갖춘 범상치 않은 인물이라는 점이 확연하게 드러나는데, 신선술을 알고 벽곡과 도인술을 배운 신비롭고 기이한 인물로 재탄생한 것이다.

또 이러한 신비로운 분위기를 가장 많이 풍기는 첫 장면은 몽니를 부리는 노인을 대하는 장량의 처신에서 겸허함이 인물의 성장에 얼마나 크게 작용하는지 알 수 있게 하는 명장면이다. 이런 장면을 통해 『사기』가 인간 심리의 고전이라는 것을 다시금 확인하게 된다.

　　이 편은 「항우 본기」와 「회음후 열전」에 수록되어 있는 장량의 이야기와 함께 읽어 볼 필요가 있다.

노인에게서 책을 받는 장량

젊은이가 가르칠 만하군

유후(留侯) 장량(張良)은 그의 조상이 한(韓)나라 사람이다. 조부 개지(開地)는 한(韓)나라의 소후(昭侯),[1] 선혜왕(宣惠王), 양애왕(襄哀王)의 상국을 지냈고, 아버지 장평(張平)은 희왕(釐王)과 도혜왕(悼惠王)의 상국을 지냈다. 도혜왕 23년, 장평이 죽었다. 그가 죽은 지 이십 년 만에 진(秦)나라가 한(韓)나라를 멸망시켰다. 그때 장량은 나이가 어려서 한나라에서 벼슬을 하지는 않았다. 한나라가 멸망했을 때 그의 집에는 노복(奴僕)이 삼백 명이나 되었는데, 동생이 죽었을 때 장례도 치르지 않고 모든 가산을 다 털어 진왕(秦王, 진시황)을 죽일 자객을 구해서 한나라의 원수를 갚고자 하였다. 조부와 아버지가〔한나라 왕〕오 대에 이르기까지 한나라에서 상국을 지냈기 때문이었다.

장량은 일찍이 회양(淮陽)에서 예법을 배웠다. 동쪽으로 가서 창해군(倉海君)을 만나 뵈었다. 역사(力士, 대력사)를 얻어 무게가 백이십 근이나 되는 큰 철퇴를 만들었다. 그러고는 진시황이 동방을 순수할 때, 장량은 객(대력사)과 함께 박랑사(博浪沙)에서 진 황제를 공격하였으나 잘못하여 부거(副車, 시종이 타는 수레)를 맞추고 말았다. 진시황은 크게 노여워하여 천하를 모두 샅샅이 뒤져 급히 자객들을 붙잡았는데, 장량 때문이었다. 장량은 이에 이름과 성을 바꾸고 하비(下邳)로 달아나 숨어 살았다.

장량이 일찍이 한가한 틈을 타 하비의 다리 위를 천천히 걸어가는데, 한 노인이 거친 삼베옷을 걸치고 장량이 있는 곳으로 다가와 곧장 자기 신발을 다리 밑으로 떨어뜨리고는 장량을 돌아보며 말했다.

"젊은이, 내려가서 신발 좀 주워 와!"

장량은 의아해하며 때려 주려고 했으나 나이가 많은 사람이라 억지로 참

---

1   소후는 소리후(昭釐侯), 소희후(昭僖侯), 희후(僖侯) 등으로 불리던 전국 시대 한(韓)나라의 군주이다. 그는 신불해(申不害)를 재상으로 등용해 신하를 다루는 인사권인 '술(術)'을 바탕으로 정치를 펼쳐 나라의 세력을 확장했다.

고 아래로 내려가서 신발을 가져왔다. 그러자 노인이 말했다.

"나한테 신겨!"

장량은 이미 노인을 위해서 신을 주워 왔으므로 몸을 뻗고 꿇어앉아 신을 신겨 주었다. 노인은 발을 뻗어 신을 신기게 하고는 웃으면서 가 버렸다. 장량은 매우 크게 놀라서 노인이 가는 것을 바라만 보았다.

노인은 일 리쯤 가다가 다시 돌아와서 말했다.

"젊은이가 가르칠 만하군! 닷새 뒤 새벽에 나와 여기서 만나지."

장량은 더욱 괴이하게 여기며 꿇어앉아 말했다.

"알겠습니다."

닷새째 새벽에 장량이 그곳으로 가 보니 노인은 미리 와 있다가 노여워하며 말했다.

"늙은이와 약속을 하고서 뒤늦게 오다니 어찌 된 일이냐?"

되돌아가다가 말했다.

"닷새 뒤에 좀 일찍 만나자."

닷새 뒤 닭이 울 때 장량은 갔다. 노인은 먼저 와 있다가 다시 노여워하며 말했다.

"늦다니! 어찌 된 일이냐?"

그곳을 떠나가다가 말했다.

"닷새 뒤에 좀 더 일찍 오너라."

다시 닷새 뒤 장량은 밤이 반도 지나지 않아서 그곳으로 갔다. 얼마 있다가 노인도 오더니 기뻐하며 말했다.

"마땅히 이렇게 해야지."

한 권의 엮은 책을 내놓으며 말했다.

"이 책을 읽으면 왕 노릇 하려는 자의 스승이 될 수 있을 것이다. 십 년 후에 그 효과를 보게 될 것이다. 십삼 년 뒤에 젊은이가 또 제북(濟北)에서 나를 만날 수 있을 것인데, 곡성산(穀城山) 아래의 누런 돌(黃石)이 나다."

그러고는 결국 떠나니, 다른 말도 없었고 다시는 만날 수도 없었다. 날이 밝아 그 책을 보았더니 곧 『태공병법(太公兵法)』이었다. 이에 장량은 그 책을 기이하게 여겨 늘 익히고 외워 가며 읽었다.

장량이 하비에 살 때 의로움에 몸을 맡기고 협객이 되었다. 항백(項伯, 항우의 숙부)은 일찍이 사람을 죽인 일이 있어 장량을 따라다니며 숨어 지냈다.

갓 쓴 서생의 말만 듣다가는 대사를 그르친다

십 년이 지나 진섭 등이 병사를 일으켜 진나라에 모반하자, 장량도 젊은 이 백여 명을 모았다. 경구(景駒)는 스스로 자리에 올라 초나라의 대리왕(代理王)이 되어 유현(留縣)에 머물러 있었다. 장량은 그를 따라가려다 길에서 패공을 만났다. 이때 패공은 무리 수천 명을 거느리고 하비 서쪽의 땅을 공략하여 마침내 〔그 땅이〕 패공에게 소속되었다. 패공은 장량을 구장(廏將)으로 임명했다. 장량이 자주 『태공병법』으로 패공에게 유세하자 패공이 그를 좋게 여겨 항상 그의 계책을 취하곤 했다. 장량은 또 다른 사람에게도 『태공병법』을 말하였으나 그들은 모두 이해하지 못했다.

장량이 말했다.

"패공은 아마도 하늘로부터 재능을 이어받았을 것이오."

그리하여 장량은 마침내 패공을 따라갔고 경구를 보러 가지 않았다.

패공이 설현으로 가서 항량을 만났다. 항량은 초나라 회왕을 받들어 모셨다. 장량은 이에 항량을 설득하여 말했다.

"당신께서 이미 초나라 후예를 두었는데, 한(韓)나라의 공자들 중에서 현명한 횡양군(橫陽君) 한성(韓成)을 세워 왕으로 삼으시면 동맹이 더욱 강화될 것입니다."

항량이 장량에게 한성을 찾아가게 하고 그를 세워 한(韓)나라 왕으로 삼왔다. 그러고는 장량을 한(韓)나라 사도(司徒)[2]로 삼아 한나라 왕과 함께 천여 명의 군사를 거느리고 서쪽으로 한나라 원래의 땅을 공략하게 하여 몇 개의 성을 빼앗았지만 진(秦)나라가 번번이 그것을 다시 취하여, 한나라 군대는 영천(潁川) 땅에서 왔다 갔다 하면서 유병(遊兵, 일종의 유격병)이 되었다.

패공이 낙양(雒陽)으로부터 남쪽으로 환원산(轘轅山)으로 진출했을 때, 장량은 군대를 거느리고 패공을 따라 한나라의 여남은 개 성읍을 무너뜨리고 양웅(楊熊)의 군대를 쳐부수었다. 패공은 이에 한나라 왕 한성으로 하여금 남아서 양책(陽翟)을 지키게 하고, 자신은 장량과 함께 남하하여 완현(宛縣)을 공략하고 서쪽으로 무관(武關)으로 들어갔다. 패공이 병사 이만 명으로 진(秦)나라의 요관(嶢關)을 지키는 군대를 치려고 하자 장량이 설득하여 말했다.

"진나라 군대는 여전히 강성하여 가볍게 볼 수가 없습니다. 제가 듣기로는 그들의 장수는 백정(도축업자)의 자식이라고 하니, 장사꾼은 돈이나 재물로 손쉽게 움직일 수 있습니다. 패공께서는 잠시 성벽에 머물러 계시고, 사람을 보내 먼저 가서 오만 명의 식량을 준비하고, 다시 모든 산 위에 많은 깃발을 세워 의병(疑兵, 거짓으로 만든 병사)으로 삼게 하시고, 역이기에게 많은 보물을 주어 진나라 장수를 매수하십시오."

진나라 장수가 과연 진나라를 배반하고 패공과 함께 서쪽으로 함양을 습격하려고 하자 패공이 그의 의견을 들으려고 했다.

장량이 말했다.

"이는 단지 그 진나라 장수가 배반한 것일 뿐이지, 병졸들이 따르지 않을까 두렵습니다. 따르지 않으면 반드시 위험하게 되니 그들이 느슨해진 틈을 타서 공격하는 것만 못합니다."

패공이 이에 군사를 이끌고 진나라 군대를 공격하여 크게 쳐부수었다. 그

<hr />

2   백성의 사무를 관장한다. 부모에게 효도하고 윗사람을 존경하며 겸손과 예의, 절약할 것 등을 가르친다. 천하의 백성들이 본업에 충실하도록 감독하며 연말에는 그 득실을 따져서 상벌을 준다. 국가에 제사나 큰 의전을 거행할 때 희생이나 제기를 주관하기도 한다.

들을 쫓아 북쪽으로 남전에 이르러 다시 싸우니 진나라 군대는 결국 패하고 말았다. 드디어 함양에 이르니 진나라 왕 자영이 패공에게 항복했다.

패공이 진나라 궁으로 들어가니 휘장이나 개와 말, 보물, 여자 등 천을 헤아릴 정도로 많아 마음속으로 그곳에 살고 싶어 했다. 번쾌가 패공에게 궁 밖으로 나가도록 간언하였으나 패공은 듣지 않았다. 장량이 말했다.

"진나라가 무도하였기 때문에 패공께서 여기에 오게 된 것입니다. 천하를 위하여 남아 있는 적을 없애려면 마땅히 검소함을 근본으로 삼아야 합니다. 그러나 지금 진나라에 들어온 그 즐거움에 편안함을 느끼신다면 이는 이른바 '걸(桀)'을 도와 포학한 짓을 하는 것'입니다. 또 '충성스러운 말은 귀에 거슬리지만 행동하는 데는 이롭고, 독한 약은 입에 쓰지만 병에 이롭다.'라고 하였습니다. 패공께서는 번쾌의 말을 듣기를 원합니다."

패공은 이에 패상(覇上)으로 군대를 돌렸다.

항우가 홍문 아래에 이르러 패공을 치려 하자, 항백이 한밤중에 패공의 군영으로 달려 들어와 몰래 장량을 만나 함께 달아나자고 했다. 장량이 말했다.

"저는 한왕(韓王)을 위하여 패공을 호송하고 있는데, 일이 급박하다고 하여 달아나 버리는 것은 정의롭지 못합니다."

〔그러고는〕 모든 것을 패공에게 말했다. 패공이 크게 놀라서 말했다.

"앞으로 어떻게 해야겠소?"

장량이 말했다.

"패공께서는 정녕 항우를 배신하려고 하십니까?"

패공이 말했다.

"소인배들이 나더러 함곡관을 막고 다른 제후의 군대를 거두어들이지 않아도 진나라 땅이면 〔천하의〕 왕 노릇 할 수 있다고 하여 그 말을 들은 것이오."

장량이 말했다.

"패공께서 스스로 생각하시기에 항우를 이길 수 있습니까?"

패공은 아무 말 없이 한참 동안 있다가 말했다.

"진실로 불가능하오. 지금 어떻게 하면 되오?"

장량은 한사코 항백을 만나자고 했다. 이에 항백이 와서 패공을 만나자 패공은 그와 함께 술을 마시며 축수하고 혼인 관계도 맺었다. 그러고는 항백에게 패공은 항우를 감히 배반하지 않았으며, 함곡관을 지킨 것은 다른 도적들을 막기 위한 것이었다고 했다. 나중에 패공이 항우를 만난 후 두 사람은 화해를 하였는데, 그 이야기는 「항우 본기」에 있다.

한나라 원년 정월, 패공은 한왕(漢王)이 되어 파와 촉에서 왕 노릇 했다. 한왕은 장량에게 황금 일백 일(鎰)과 진주 두 말을 내려 주었는데, 장량은 그것을 모두 항백에게 바쳤다. 한왕도 장량으로 하여금 많은 재물을 항백에게 주면서, 한중(漢中) 땅을 달라고 항우에게 부탁하게 했다. 항왕이 이를 허락하여 마침내 한중 땅을 얻게 되었다. 한왕이 자신의 봉국으로 갈 때, 장량이 배웅하여 포중(褒中)에 이르자 장량으로 하여금 한(韓)나라로 돌아가게 했다. 장량이 이로 인하여 한왕을 설득하여 말했다.

"대왕께서는 어찌 지나는 잔도(棧道)를 태워 끊어 버려 천하 사람들에게 동쪽으로 돌아올 뜻이 없음을 보여 줌으로써 항왕의 마음을 믿게끔 하지 않으십니까?"

한왕은 장량을 한(韓)나라로 돌아가게 하고 [자신은] 나아가면서 지나온 잔도를 모두 태워 끊어 버렸다.

장량이 한(韓)나라에 이르렀을 때, 한왕(韓王) 성(成)은 [그 부하인] 장량이 한왕(漢王)을 따라갔다는 이유로 항왕이 한왕(韓王) 성을 그 봉국으로 돌아가지 못하게 하고 자신을 따라 같이 동쪽으로 데려가고자 했다.

장량이 항왕을 설득하여 말했다.

"한왕(漢王)이 잔도를 태우고 끊어 버렸으니 돌아올 마음이 없는 것입니다."

그러고는 장량은 제나라 왕 전영(田榮)이 다시 모반했다는 것을 글로 항왕에게 아뢰었다. 항왕은 이 때문에 서쪽의 한왕(漢王)을 걱정하는 마음이 없어졌으므로 군대를 일으켜 북쪽으로 제나라를 공격하러 갔다.

항왕은 끝까지 한왕(韓王)을 봉국으로 돌려보내려고 하지 않았고, 다시 후(侯)에 봉했다가 팽성에서 죽였다. 장량은 달아나서 샛길로 한왕(漢王)에게 돌아갔다. 한왕도 돌아와 삼진(三秦)을 평정했다. 한왕은 다시 장량을 성신후 (成信侯)로 봉하였고 동쪽으로 초나라를 공격하는 데 따라가게 했다. 그러나 팽성에 이르러 한나라 군대는 패하여 돌아왔다.

하읍에 이르자 한왕이 말에서 내려 말안장에 기대어 물었다.

"내가 함곡관 동쪽 등지를 떼어서 상으로 주고자 하는데, 누가 나와 공을 함께할 수 있겠소?"

장량이 진언했다.

"구강왕(九江王) 경포는 초나라의 맹장이지만 항왕과 사이가 나쁘고, 팽월 은 제나라 왕 전영과 함께 양(梁) 땅에서 모반하였으니 이 두 사람을 급히 이 용해야 합니다. 그러고는 군왕의 장수들 중에는 한신만이 큰일을 맡기면 한 방면을 담당할 수가 있습니다. 만약 그 지역을 떼어 내어 상으로 주고자 하신 다면 이 세 사람에게 주어야만 초나라를 쳐부술 수 있습니다."

한왕이 곧 수하(隨何)로 하여금 구강왕 경포를 달래도록 하였고, 또 사람 을 팽월에게 보내어 연락하게 했다. 위(魏)나라 왕 표(豹)가 난을 일으키자 한 왕은 한신에게 군사를 거느리고 그를 공격하도록 하였고, 그 틈을 타 연나라, 대(代)나라, 제나라, 조나라를 점령하게 했다. 이에 마침내 초나라를 쳐부순 것은 이 세 사람의 능력 때문이었다.

장량은 잔병이 많았으므로 혼자서 군대를 거느린 적은 없었고, 항상 계책 을 내는 신하의 자격으로 한왕을 수행하곤 했다.

한나라 3년, 항우가 급히 형양에서 한왕을 포위하자, 한왕이 두려워하고 걱정하며 역이기와 함께 계책을 내어 초나라의 권세를 약화시키려고 했다. 역 이기가 말했다.

"옛날에 탕(湯)은 걸(桀)을 정벌하고 그의 후손을 기(杞) 땅에 봉해 주었으며, 무왕(武王)이 주(紂)를 정벌할 때는 송(宋) 땅에 그 후손을 봉해 주었습니다. 지금 진(秦)나라가 덕을 잃고 의로움을 저버리고 제후들을 침입하여 정벌하고 육국(六國)의 후대를 끊어 버려 그들에게 송곳 세울 땅조차 없게 하였습니다. 폐하께서 진실로 육국의 후손들을 다시 자리에 오르게 하여 그들 모두에게 군왕의 관인(官印)을 받게 하면, 그 나라의 군신과 백성이 반드시 폐하의 은덕을 우러러볼 것이고, 군왕의 덕망과 의로움을 흠모해 마지않을 것이며, 〔군왕의〕 신하가 되기를 원할 것입니다. 덕망과 정의가 이미 행해지면 폐하께서는 남면하여 패왕(覇王)이라 일컬어질 것이고, 초나라는 반드시 옷깃을 여미고 조회하러 올 것입니다."

한왕이 말했다.

"알겠소. 빨리 인을 새길 것이니 선생이 직접 육국에 지니고 가시오."

역이기가 떠나기 전에 장량이 바깥에서 돌아와 한왕을 뵈었다.

한왕이 막 밥을 먹으려 하다 말했다.

"자방(子房)은 앞으로 오시오! 손님 가운데 나를 위하여 초나라의 권력을 약하게 할 계책을 낸 사람이 있었소."

그는 역이기의 말을 모두 장량에게 알려 주며 말했다.

"자방이 보기에는 어떻소?"

장량이 말했다.

"누가 폐하를 위하여 계책을 내었습니까? 폐하의 대사는 끝났습니다."

한왕이 말했다.

"어째서인가?"

장량이 대답하여 말했다.

"앞에 놓인 젓가락을 빌려 주시면 신이 대왕을 위해 처해 있는 형세를 하나씩 살펴보겠습니다."

〔그러고는〕 말했다.

"옛날 탕이 걸을 정벌할 때 그 후손들을 기 땅에 봉해 준 것은 걸을 사지에 몰아넣을 수 있다고 헤아렸기 때문입니다. 지금 폐하께서는 항우의 죽은 목숨을 제압할 수 있겠습니까?"

한왕이 말했다.

"할 수 없소."

"이것이 육국의 후손을 봉하는 것이 불가한 첫 번째 이유입니다. 무왕이 주를 칠 때 그 후손을 송나라에 봉해 준 것은 주의 수급을 얻을 수 있다고 생각했기 때문입니다. 지금 폐하께서는 항우의 수급을 얻으실 수 있습니까?"

한왕은 말했다.

"할 수 없소."

"이것이 불가한 두 번째 이유입니다. 무왕이 은나라 수도로 쳐들어갈 때 상용(商容)의 마을 문에 그 덕행을 표시하고, 감옥 속에 갇혀 있는 기자를 풀어 주었으며, 비간의 무덤에 흙을 돋워 주었습니다. 지금 폐하께서는 성인의 무덤에 흙을 돋우거나 어진 자의 마을을 기리거나 지혜로운 자의 문 앞을 지나며 공손한 예의를 표시하실 수 있습니까?"

[한왕은] 말했다.

"할 수 없소."

"이것이 불가한 세 번째 이유입니다. [무왕은] 일찍이 거교(鉅橋)의 곡식을 내어주었고, 녹대(鹿臺)³의 돈을 나누어 가난한 사람들에게 주었습니다. 지금 폐하께서는 창고를 열어 식량과 돈을 가난한 사람들에게 나누어 주실 수 있겠습니까?"

[한왕은] 말했다.

"할 수 없소."

"이것이 불가한 네 번째 이유입니다. 은나라를 치는 일이 이미 끝나자 [무왕은] 병거를 일상 수레로 만들고 병기를 거꾸로 세워 창고 속에 넣고 호랑이

---

3 은나라 주왕이 세운 누대로, 주왕은 주나라 무왕이 정벌해 오자 이곳에서 자살했다.

가죽으로 덮어, 병기를 더는 사용하지 않을 것을 온 천하에 보여 주었습니다. 지금 폐하께서는 무력을 버리고 문교(文教)를 행하여 다시는 병기를 사용하지 않으실 수 있겠습니까?"

[한왕은] 말했다.

"할 수 없소."

"이것이 불가한 다섯 번째 이유입니다. [무왕은] 전투용 말을 화산(華山)의 남쪽에 쉬게 하고 사용하지 않을 것임을 나타내었습니다. 지금 폐하께서도 말을 쉬도록 하고 사용하지 않으실 수 있겠습니까?"

[한왕은] 말했다.

"할 수 없소."

"이것이 불가한 여섯 번째 이유입니다. [무왕은] 소를 도림(桃林) 북쪽에 풀어 놓고 다시는 [군수품을] 운반하거나 [식량이나 마초(馬草)를] 쌓아 두지 않을 것임을 보여 주었습니다. 지금 폐하께서는 소를 풀어 놓고 다시는 [군수품을] 운반하거나 [식량이나 마초를] 한곳에 쌓아 두지 않으실 수 있겠습니까?"

[한왕은] 말했다.

"할 수 없소."

"이것이 그 불가한 일곱 번째 이유입니다. 하물며 천하의 유사(游士)들이 그들의 친척과 헤어지고 분묘를 버려 두고 친구를 떠나 폐하를 따라 유세하는 것은 단지 밤낮으로 지척의 땅이라도 떼어 주기를 바라서입니다. 지금 육국을 회복하여 한(韓)나라, 위(魏)나라, 연나라, 조(趙)나라, 제나라, 초나라의 후대를 세우면 천하의 유사들이 저마다 돌아가 그의 주군을 섬길 것이고, 그 친척을 따라 그의 친구와 분묘로 돌아갈 것이니, 폐하께서는 누구와 함께 천하를 취하시겠습니까? 이것이 그 불가한 여덟 번째 이유입니다. 또한 초나라가 오직 강성하게 할 수 없지만, 세워진 육국의 후손들이 다시 [몸을] 굽히고 초나라를 따르게 될 것이니, 폐하께서는 어떻게 그들을 신하로 삼으실 수 있겠습니까? 진실로 객(客)의 꾀를 쓰신다면 폐하의 대사는 끝납니다."

한왕이 입안의 음식을 뱉고 꾸짖어 말했다.

"갓 쓴 서생이 하마터면 대사를 그르치게 할 뻔하였구나!"

한왕은 명을 내려 급히 인(印)을 녹여 버리게 했다.

한나라 4년, 한신이 제나라를 쳐부수고 스스로 제왕(齊王)이 되려고 하자, 한왕이 노여워했다. 장량이 한왕을 설득하자 한왕이 장량으로 하여금 한신에게 제왕의 관인을 주게 하였는데, 이 이야기는 「회음후 열전」에서 언급하고 있다.

그해 가을, 한왕은 초나라를 뒤쫓아가 양하(陽夏) 남쪽에 이르렀으나 전세가 불리하여 고릉(固陵)의 보루를 굳게 지키고 있었는데, 제후들이 약속한 기일에도 오지 않았다. 장량이 한왕을 설득하여 한왕이 그의 계책을 쓰자 제후들이 모두 이르렀다. 이 이야기는 「항우 본기」에서 언급하였다.

모반을 잠재우는 법은 원한 산 자를 임용하는 것이다

한나라 6년, 정월에 공신들에게 상을 봉했다. 장량은 일찍이 이렇다 할 공이 없는데도 고조가 말했다.

"군영의 장막 안에서 계책을 운용하여 천리 밖에서 승부를 결정한 것은 자방의 공이다. 스스로 제나라 삼만 호(戶)를 선택하라."

장량이 말했다.

"처음에 신이 하비에서 일어나 황상과 유현에서 만났는데, 이는 하늘이 신을 폐하게 주신 것입니다. 폐하께서는 신의 계책을 쓰셨고, 다행스럽게도 때때로 들어맞았으니 신은 원컨대 유현에 봉해지는 것으로 충분할 뿐 삼만 호를 감히 감당하지 못하겠습니다."

그러고는 장량을 봉하여 유후로 삼았으니, [장량은] 소하 등과 함께 봉읍을 받은 것이었다.

고조가 이미 큰 공신 이십여 명을 봉하였으나, 나머지 사람들은 밤낮으로 공을 다투므로 결정을 하지 못하여 그들을 봉할 수가 없었다. 고조가 낙양의 남궁(南宮)에 있으면서 멀리서 여러 장수들이 종종 모래밭에 모여 앉아 말하는 것을 바라보았다. 고조가 물었다.

"이들은 무엇을 말하고 있는가?"

유후가 말했다.

"폐하께서는 모르십니까? 이들은 모반을 꾀하고 있을 뿐입니다."

고조가 말했다.

"천하가 이제 막 안정되었는데 무슨 까닭으로 모반하려는가?"

유후가 말했다.

"폐하께서는 평민으로 일어나 이 무리들에게 기대 천하를 얻으셨습니다. 지금은 폐하께서 천자가 되셨고 봉토를 준 자들은 모두 소하나 조참 같은 옛 친구들로 폐하께서 친애하게 여기는 자들이고, 주살 당한 자들은 모두 평생 동안 원한을 맺고 있던 자들이었습니다. 지금 군대의 관리가 그 공을 따져 보고는 천하를 다 주어도 두루 상으로 봉해 주기에는 부족하다고 하고, 이들은 폐하께서 모두를 봉해 주지 않으실까 두렵고 또 평생 동안 과실을 저질러 의심 받아 주살될까 두려워 서로 모여 모반하려는 것입니다."

고조가 걱정되어 말했다.

"그것을 어찌하면 되겠소?"

유후가 말했다,

"황상께서 평생 동안 미워하시는 자로 여러 신하들도 다 아는 사람 중에서 누가 가장 심합니까?"

고조가 대답했다.

"옹치(雍齒)는 나와 오랜 원한이 있으니, 그는 일찍이 자주 욕되게 하여 내가 그를 죽이려고 하였으나, 그의 공이 많기에 차마 그렇게 하지 못하고 있소."

유후가 말했다.

"지금 시급히 먼저 옹치를 봉하여 여러 신하들에게 보여 주십시오. 여러 신하들은 옹치가 봉해지는 것을 보고, 사람들마다 자신들도 봉해지리라 굳게 믿고 의심하지 않게 될 것입니다."

이에 고조는 술자리를 마련하고 옹치를 봉하여 십방후(什方侯)로 삼고, 급히 승상과 어사(御史)를 재촉하여 그의 공을 정하고 봉상을 진행했다. 여러 신하들은 술자리가 끝나자 모두 기뻐하며 말했다.

"옹치가 오히려 후(侯)가 되었으니 우리들도 근심할 게 없다."

유경(劉敬)[4]이 고조를 설득하여 말했다.

"관중을 도읍으로 하십시오."[5]

고조는 이것을 의심했다. 주위의 대신들이 모두 산동(山東) 사람들이어서 대다수가 황상에게 낙양에 도읍을 정하도록 권하며 말했다.

"낙양 동쪽으로는 성고가 있고, 서쪽으로는 효산과 민지(澠池)가 있으며, 황하를 등지고 이수와 낙수를 마주보고 있어 그 견고함이 믿기에 충분합니다."

유후가 말했다.

"낙양이 비록 이처럼 견고하기는 하나, 그 중심이 작고 수백 리에 불과하며 밭은 척박하고, 사방에서 적의 공격을 받을 수 있는 곳이므로 무력을 쓸 만한 곳이 못됩니다. 저 관중은 동쪽으로는 효산과 함곡관이 있고, 서쪽으로는 농산(隴山)과 촉산(蜀山)이 있으며, 기름진 들판이 천리나 되고, 남쪽으로는 파촉의 풍요로운 자원이 있으며, 북쪽으로는 드넓은 목축지라는 이점이

---

4   본명은 누경(婁敬)이며 그는 양가죽 옷을 입은 채 낙양을 지나다가 한 고조가 그곳에 와 있다는 말을 듣고 한 말씀 올리기 위해 알현하기를 청하여 소신을 말하고 고조의 눈에 들었다. 한나라 건국 초기에 고조를 도와 시국을 안정시키고, 제도를 만들고, 흉노를 정벌하는 고조에게 직언하여 화친 정책을 주장한 자이다. 보다 자세한 사안은 「유경·숙손통 열전」에 있다.
5   이렇게 말한 이면에는 한 고조는 패도로 천하를 얻은 것이므로 덕치에 성공한 주나라와 융성함을 다투자는 것은 무모하다는 논지가 숨어 있다.

있습니다. 그리고 삼면의 험준한 지세에 의지하여 굳게 지킬 수 있으므로, 단지 동쪽 한 방면만 제후를 통제하면 됩니다. 제후가 안정되면 황하와 위수(渭水)의 수로를 통해 천하의 식량을 운반하여 서쪽으로 도성에 공급할 수 있고, 만일 제후가 반란을 일으키면 물길을 따라 내려가 충분히 군대와 군수 물자를 수송할 수 있습니다. 이는 이른바 철옹성이 천 리가 되며 하늘이 내려 준 나라이니 유경의 말이 맞습니다."

이에 고조는 그날로 수레를 타고 서쪽 관중에 도읍을 정했다.[6]

유후도 따라서 관중으로 들어갔다. 유후는 태어날 때부터 병이 많았으므로 도인술(道引術)[7]을 하면서 곡식을 먹지도 않고 문밖에 나가지 않는 것이 일 년 남짓 될 때도 있었다.

고조가 태자를 폐하고 척 부인의 아들 조왕 유여의를 세우고자 했다. 대신들 대부분이 다투어 간언하였으나 확실한 결정을 내릴 수 없었다. 여후가 두려워 어찌할 바를 몰랐다. 어떤 사람이 여후에게 말했다.

"유후는 계책을 잘 세우므로 황상께서 그를 믿어서 등용하였던 것입니다."

여후가 건성후(建成侯) 여택(呂澤)을 시켜 유후를 위협하여 말했다.

"당신은 항상 황상의 모신(謀臣)이 되었으면서도 지금 황상께서 태자를 바꾸려고 하시는데, 어찌하여 베개를 높이 하고 누워만 있을 수 있소?"

유후가 말했다.

"처음에 황상께서는 여러 차례 곤경하고 위급한 상황에 처하셨을 때, 다행스럽게도 저의 계책을 써 주셨습니다. 그런데 지금 천하가 안정되어 아끼는 자식으로 태자를 바꾸려 하시는데, 이는 골육 간의 일이므로 비록 저 같은 사람이 백여 명이 있다고 한들 무슨 이로움이 있겠습니까?"

---

6   그러고는 "본래 진나라의 옛 땅에 도읍을 정하라고 한 사람은 누경이다. 누(婁)는 곧 유(劉)이다."라고 하면서 누경에게 유씨 성을 내려 주고 낭중으로 삼아 봉춘군(奉春君)이라고 불렀다.

7   손과 발을 굽혔다 폈다 하며 강장하는 의료 체조의 일종이다.

여택이 억지로 요구하여 말했다.

"나를 위해 계책을 세워 주시오."

유후가 말했다.

"이는 말로써 논쟁하기가 힘듭니다. 돌이켜 생각해 보니 황상께서 마음대로 불러올 수 없었던 사람으로 천하에 네 명이 있습니다. 이 네 명은 연로한데, 그들은 모두 황상께서 사람을 업신여긴다고 생각하여 산속으로 달아나 숨어 살며 절개를 지키며 한나라의 신하가 되지 않았습니다. 그러나 황상께서는 이 네 사람을 높이 평가하십니다. 지금 공(公)께서 진실로 금옥과 비단을 아끼지 않고 태자로 하여금 편지를 쓰게 하여 말을 공손하게 하고 안거(安車)를 준비하여 말 잘하는 선비로 하여금 간곡히 청한다면 그들은 반드시 올 것입니다. 그들이 오거든 귀한 손님으로 대우하고 때때로 태자를 따라 조정으로 들어가 조회하게 하여 황상으로 하여금 그들을 보시게 하면 반드시 놀라워하면서 그들에 대해서 물으실 것입니다. 묻게 되면 황상께서는 이 네 사람이 현명하다는 것을 알게 될 것이니, 그러면 그것은 태자에게 하나의 도움이 될 것입니다."

이에 여후는 여택으로 하여금 사람을 보내어 태자의 편지를 받들어 공손한 말씀과 후한 예물로 이 네 사람을 맞이해 오게 했다. 이에 네 사람이 도착하자, 그들은 건성후의 집에 빈객이 되었다.

한나라 11년, 경포가 모반하자, 고조는 병이 들어 태자로 하여금 군대를 거느리고 그들을 공격하게 하려고 했다. 네 사람이 서로 의논하여 말했다.

"우리가 온 것은 장차 태자의 자리를 보존하기 위한 것입니다. 태자가 군대를 거느리고 싸운다면 일이 위험해질 것입니다."

그러고는 건성후를 설득하여 말했다.

"태자께서 군대를 거느리고 공을 세우더라도 작위에는 태자보다 더함이 없을 것이지만, 공을 세우지 못하고 돌아오게 된다면 이 때문에 화를 입게 될 것이오. 게다가 태자가 함께할 여러 장수들은 모두 일찍이 황상과 함께 천하를 평정한 맹장들이오. 지금 태자로 하여금 그들을 거느리게 한다면 이는 양에게 이리를 거느리게 하는 것과 다를 바 없어서 그들은 모두 온 힘을 기울이려 하지 않을 것이니, [태자께서] 공을 세우지 못할 것은 필연적이오. 내가 듣기로 '어머니가 사랑을 받으면 자식도 안겨진다.'라고 하는데, 지금 척 부인이 밤낮으로 [황상을] 모시니 조왕 여의는 늘 황상 앞에 안겨 있고, 황상도 말하기를 '어리석은 자식으로 하여금 사랑스러운 자식 위에 절대로 있게 할 수는 없다.'라고 하시니, 분명 그가 태자 자리를 대신하는 것은 필연적이오. 그대는 어찌 급히 여후에게 청하여 이 틈에 황상께 눈물을 흘리며 '경포는 천하의 맹장으로 군사를 잘 다루는데, 지금 여러 장군들은 모두 폐하의 옛 동료들이니 태자로 하여금 이들을 거느리게 하시면 양에게 이리를 거느리게 하는 것과 다를 바가 없어서 그들이 힘을 기울이려 하지 않을 것입니다. 또한 경포로 하여금 이 소문을 듣게 한다면 북을 치며 서쪽(장안)으로 진군해 올 것입니다. 황상께서 비록 병중이지만 강제로 치거(輜車)를 준비하셔서 누워서라도 그들을 통솔하시면, 여러 장수들이 감히 힘을 다하지 않을 수 없을 것입니다. 황상께서 비록 힘드시겠지만 처자식을 위하여 스스로 강해져야 합니다.'라고 하지 않습니까?"

여택은 즉시 밤에 여후를 만났다. 여후는 틈을 보아 고조에게 눈물을 흘리며 말했는데 네 사람의 의도와 같았다. 고조가 말했다.

"나도 본래 그 어린아이는 절대로 보낼 수 없다고 생각하였으니, 내가 몸소 가겠소."

이에 고조가 몸소 군대를 거느리고 동쪽으로 가니 군신들이 머물며 지키며 모두 파상(灞上)까지 송별했다. 유후는 병이 들어 있었으나 스스로 억지로 일어나 송별하며 곡우(曲郵)까지 와서 고조를 뵙고 말했다.

"신이 따라가야 마땅하나 병이 깊습니다. 초나라 사람은 용맹하고 민첩하오니, 원컨대 폐하께서는 초나라 사람과 예봉을 다투지 마십시오."

다시 기회를 보아서 고조를 설득하여 말했다.

"태자로 하여금 장군으로 삼아 관중의 병사들을 감독하게 하십시오."

고조가 말했다.

"자방은 병중이지만 억지로 누워서라도 태자를 보필하시오."

이때 숙손통(叔孫通)[8]이 태부(太傅, 황제의 교육 담당)가 되었고 유후는 소부(少傅, 태자의 교육 담당)의 일을 담당하게 되었다.

한나라 12년, 고조가 경포의 군대를 쳐부수고 돌아왔으나 병이 더욱 심해지자 태자를 바꾸고자 하는 마음이 더했다. 유후가 그만둘 것을 간언하였으나 그는 듣지 않았으므로 [유후는] 병을 핑계 삼아 정사를 돌보지 않았다. 태자태부 숙손통이 고금의 일을 인용하여 설득하며 죽음을 무릅쓰고 태자를 보위하려고 간언하였다. 고조는 거짓으로 그렇게 하기로 했으나, 오히려 바꾸려고 했다. 그러다가 연회에 술자리가 마련되었을 때 태자가 황제를 모시게 되었다. 네 사람이 태자를 모시고 있었는데, 나이가 모두 여든 살이 넘었고 수염과 눈썹이 희었으며 의관이 꽤 위엄이 있었다. 고조가 이상하게 여겨 물었다.

"저들은 무엇을 하는 자들인가?"

네 사람이 장차 나아가 대답하며 각각 이름과 성을 말하기를 동원공(東園公), 각리선생(角里先生), 기리계(綺里季), 하황공(夏黃公)이라고 했다. 그러자 황상은 크게 놀라며 말했다.

"짐이 공들을 가까이 하고자 한 것이 몇 년이나 되었는데, 공들은 짐을 피하여 달아나더니, 이제 공들이 어찌하여 스스로 내 아들을 따라 교유하는가?"

네 사람이 모두 말했다.

"폐하께서는 선비를 하찮게 여기고 욕도 잘하니 신들이 의로움에 욕을 먹

---

8 숙손통은 도가의 지혜와 능력을 갖춰 말과 용모를 살피기에 뛰어났고 세상 돌아가는 이치에 밝았다. 예를 들면 그는 진나라 때는 박사를 지냈다가 뒤에 항량과 항우를 따랐으며, 항우가 실패한 뒤에는 유방에게 투항했다. 그는 한나라 초기의 대유학자다운 면모를 보였고, 조정의 예의 제도에 정통하였다.

지 않을까 하여 두려운 마음에 달아나 숨었던 것입니다. 저희들이 듣건대, 태자께서는 사람됨이 어질고 효성스러우시며 사람을 공경하고 선비를 아끼셔서 천하에는 목을 빼고 태자를 위해서 죽지 않으려 하는 자가 없으므로 신들이 찾아온 것일 뿐입니다."

고조가 말했다.

"귀찮겠지만 공들께서 끝까지 태자를 잘 보살펴 주기 바라오."

네 사람이 축수를 마치고 이윽고 떠나가자, 황상은 눈짓으로 그들을 전송하면서 척 부인을 불러 그 네 사람을 가리키며 말했다.

"짐이 태자를 바꾸고자 하였으나, 저 네 사람이 보좌하여 태자의 우익(羽翼)이 이미 성장했으니 그 지위를 바꾸기 어렵소. 여후는 진정으로 그대의 주인이오."

척 부인이 흐느끼자 고조가 말했다.

"나를 위해서 초나라 춤을 추면 나도 그대를 위해 초나라 노래를 부르리라."

그러고는 노래를 불러 말했다.

> 큰 기러기와 고니가 높이 날아
> 한 번에 천 리를 나네
> 날개가 이미 자라나서
> 사해를 횡으로 날아다니네
> 사해를 횡으로 날아다니니
> 마땅히 또 어떻게 하겠는가!
> 비록 짧은 화살이 있다고 해도
> 오히려 어디에 쏠 것인가!

연이어 몇 차례 노래를 부르다가 척 부인은 한숨을 쉬며 눈물을 흘렸다.

고조가 일어나 가 버리자 술자리는 끝났다. 결국 태자를 바꾸지 못한 것은 유후가 근본적으로 이 네 사람을 불러온 능력 때문이다.

유후가 고조를 따라 대(代)나라를 공격하는 데 기이한 계책을 내어 마읍(馬邑)을 공략하였고 소하를 상국(相國)에 세워 〔소하는〕 황상과 더불어 소리 없이 천하의 일을 상의하는 경우가 매우 많았는데, 그것들은 천하가 존재하고 망하는 까닭이 될 수 없으므로 여기서는 기록하지 않는다. 유후는 이에 늘 일컬어 말했다.

"집안 대대로 한(韓)나라 승상을 지냈는데, 한나라가 멸망하자 만금의 재물을 아끼지 않고 한나라를 위해서 강한 진나라에 복수를 하니 천하가 진동했다. 지금은 세 치의 혀로 황제를 위해 스승이 되어 식읍이 만 호이고 작위는 열후이니, 이는 평민이 최고에 오른 것이니 나로서는 만족스러운 것이다. 세속의 일을 버리고 적송자(赤松子)⁹를 따라 노닐고자 바랄 뿐이다."

이에 벽곡(辟穀, 오곡을 먹지 않는 양생술)을 배우고, 도인(道引)을 행하여 몸을 가벼이 했다. 그런데 때마침 고조가 서거하니, 여후는 유후에게 감동하여 그에게 억지로 먹게 하며 말했다.

"사람이 한세상 살아가는 것은 마치 흰 망아지가 지나가는 것을 문틈으로 보는 것과 같은데, 어찌하여 스스로 이처럼 고통스러워합니까?"

유후는 하는 수 없이 태후의 말을 들어 음식을 억지로 먹었다.

팔 년 뒤에 유후가 세상을 떠나자 시호를 문성후(文成侯)라고 했다. 아들 장불의(張不疑)가 후(侯)의 작위를 대신했다.

장자방(張子房)이 처음에 하비의 다리 위에서 만난 노인이 자기에게 『태공서』를 주고 나서 십삼 년이 지나 고조를 따라 제북을 지나갔는데 과연 곡성산 아래에서 누런 돌을 보게 되어, 그것을 가지고 돌아와 보물처럼 받들며 제사까지 지냈다. 유후가 죽자 누런 돌도 함께 매장했다. 그 후 사람들은 무덤에

---

9   신농씨 때의 우사(雨師)로 뒤에 곤륜산으로 들어가 신선이 되었다 한다.

오르거나 복일(伏日)과 납일(臘日)에는 누런 돌에도 제사를 지냈다.

유후 장불의가 효문제 5년, 불경죄에 관련되어 그의 봉국도 없어지고 말았다.

태사공은 말한다.

"학자들은 대부분 귀신이 없다고 말하면서 신령스러운 물건은 있다고 말한다. 유후가 만난 노인이 그에게 책을 준 것과 같은 일은 또한 기괴할 만하다. 고조가 어려움을 만난 것이 여러 번이었으나 유후는 그때마다 늘 공을 세웠으니, 어찌 하늘의 뜻이 아니라고 말할 수 있겠는가! 황상이 말하기를 '장막 안에서 계책을 세워 천리 밖에서 승리를 결정짓는 데에 나는 장자방만 못하다.'라고 했다. 나는 그 사람(장자방)이 아마 몸집이 기이할 정도로 클 것이라 생각하였는데, 그의 초상을 보니 모습이 부녀자처럼 예뻤다. 아마도, 공자(孔子)가 말하기를 '외모로써 사람을 취한다면 나는 자우(子羽)[10]에게 실수했다.'라고 했듯이, 유후에 대해서도 또한 이렇게 말할 수 있을 것이다."

---

10 자우는 공자의 제자 담대멸명(澹臺滅明)의 자이다. 그는 공자보다 서른아홉 살 아래이다. 그는 매우 못생겨서 그가 가르침을 받으러 왔을 때 공자는 재능이 모자라는 사람이라고 생각하였다. 그러나 그는 가르침을 받은 뒤 물러나면 덕행을 닦는 일에 힘썼으며, 길을 갈 때는 절대로 샛길로 가지 않았고, 공적인 일이 아니면 경대부(卿大夫)들을 만나지 않았다.

19

회음후 열전
淮陰侯列傳

이 편은 작위를 편명으로 삼은 것으로, 한나라 초기의 뛰어난 군사가로서 탁월한 업적을 이룬 한신(韓信)의 전기이다. 아울러 괴통(蒯通)과 무섭(武涉) 등 한신과 관련된 인물이 덧붙여졌다.

한신은 진나라 말기 농민 전쟁에서 두각을 나타낸 인물로 젊을 때는 굶기를 일삼을 정도로 가난했다. 그는 진나라 말기에 먼저 항우에게 의탁하려 했으나 중용되지 못하고, 유방에게로 달아났으나 여전히 중용되지 못하다가 소하의 추천을 통해 대장으로 임명되었다. 유방은 초나라와 팽성에서 싸웠다가 져서 달아났지만, 뒤에 한신의 공으로 크게 승리를 거둔다. 그 뒤 한신은 군사들을 이끌고 북방 지역에서 두 번째 전쟁을 하여 위, 조, 연, 제나라를 모두 평정함으로써 항우에 대한 전략적 포위망을 구축하고 결국 해하에서 그를 섬멸한다.

한신의 공이 지나치게 높아 군주를 위협할 지경에 이르자 유방은 그를 꺼리게 되었다. 그러나 한신은 시대의 흐름을 알지 못하고 유방에게 자신을 제나라 왕으로 책봉해 달라고 요구하여 화를 부른다. 항우가 죽은 뒤 한신은 초나라 왕으로 옮겨 갔다가 죄를 지어 회음후로 강등되고, 결국 반역하려다 멸족의 화를 당하였다.

사마천은 한신이 모반을 꾀하다가 파국으로 치닫게 된 점에 대해 동정과 안타까움을 나타내며 비극적 인물로 묘사하고 있다. 사마천은 이 열전을 쓰기 위해 한신의 고향을 방문하고, 마을 사람들이 제공한 소재를 토대로 해서 한신의 인물상을 창조했다.

가랑이 사이로 지나가는 한신.

가랑이 사이로 기어 나가다

회음후(淮陰侯) 한신(韓信)은 회음 사람이다. 처음 평민일 때에는 가난한 데다 방종하였으므로 추천을 받아 관리도 될 수 없고, 또 장사를 해서 살아갈 능력도 없어 늘 남을 따라다니며 먹고 살아 사람들이 대부분 그를 싫어하였다. 일찍이 회음의 속현(屬縣)인 하향(下鄕)의 남창(南昌) 정장의 집에서 여러 번 얻어먹은 일이 있었다. 몇 달이 지나자 정장의 아내는 한신을 귀찮게 여겨, 새벽에 밥을 지어 이불 속에서 먹어 치우고는 식사 시간에 맞춰 한신이 가도 밥을 차려 주지 않았다. 한신도 그 뜻을 알고는 화가 나서 끝내 절교하고 발길을 끊었다.

한신이 성 아래에서 낚시를 하고 있었다. 무명 빨래를 하던 아낙네들 가운데 한 아낙이 한신이 굶주린 것을 알고 밥을 주었는데 빨래를 다할 때까지 수십 일 동안을 그렇게 했다. 한신이 기뻐하며 아낙에게 말했다.

"내 언젠가는 이 은혜에 반드시 보답하겠소."

그랬더니 아낙이 화를 내면서 말했다.

"사내대장부가 제 힘으로 살아가지도 못하기에 내가 젊은이를 가엾게 여겨 밥을 드렸을 뿐인데 어찌 보답을 바라겠소?"

회음의 백성 중에서 한신을 업신여기는 한 젊은이가 한신에게 말했다.

"네가 비록 키는 커서 칼을 잘도 차고 다니지만 마음속으로는 겁쟁이일 것이다."

그러고는 사람들 앞에서 한신을 모욕하며 말했다.

"네놈이 죽기를 두려워하지 않으면 나를 찌르고, 죽음을 두려워하면 내 가랑이 사이로 기어 나가라."

이때 한신은 그를 한참 동안 물끄러미 바라보다가 몸을 구부려 가랑이 밑으로 기어 나갔다. 이 일로 해서 시장 사람들이 한결같이 한신을 겁쟁이라고 비웃었다.

소하가 달아난 한신을 쫓아간 까닭

항량이 회수를 건널 무렵, 한신은 칼 한 자루에 의지하여 그를 따라가 밑에 있었으나 이름이 알려지지 않았다. 항량이 싸움에서 지자 이번에는 항우 밑으로 들어가 낭중이 되었다. 한신이 항우에게 여러 차례 계책을 올렸지만 항우는 그 계책을 받아들이지 않았다.

한왕 유방이 촉으로 들어가자, 한신은 초나라에서 도망쳐 한나라로 귀순했다. 그러나 한신은 이름이 알려지지 않았기 때문에 연오(連敖, 곡식 창고를 관리하는 직책)라는 보잘것없는 벼슬을 받았다. 어느 날 법을 어겨 목을 베이는 형벌을 받게 되었는데, 같이 처형되는 열세 명의 목이 잘리고 한신의 차례가 되었다. 한신이 고개를 들어 하늘을 쳐다보다가 우연히 등공(滕公) 하후영(夏侯嬰)과 눈이 마주쳤다. 한신이 말했다.

"주상께서는 천하를 차지하려고 하시지 않습니까? 어찌 장사를 죽이려고 하십니까?"

등공은 그의 말이 기특하고 모습이 장하다고 여겨 풀어 주고 베지 않았다. 그리고 한신과 함께 이야기를 나누고는 크게 기뻐하여 한왕에게 그에 대해 말했다. 한왕은 그를 치속도위(治粟都尉, 식량과 말먹이를 관리하는 군관)로 삼기는 했지만 비범한 인물로 여기지는 않았다.

한신은 소하와 자주 이야기를 나누었는데, 소하는 한신이 뛰어난 인물임을 알아보았다. 한왕이 한중 땅을 영토로 받아 수도인 남정(南鄭)에 이르렀는데, 그곳으로 가는 도중에 도망친 장수가 수십 명이나 되었다. 한신도 소하 등이 여러 번 추천했지만 주상이 자신을 등용하지 않는다고 생각하고 달아났다. 소하는 한신이 달아났다는 말을 듣자, 한왕에게 말할 겨를도 없이 직접 그를 뒤쫓았다. 어떤 사람이 한왕에게 말했다.

"승상 소하가 달아났습니다."

한왕이 몹시 화를 내며 양손을 잃은 것처럼 실망했다. 며칠 뒤에 소하가 돌아와 한왕을 만나자, 한왕은 노여움과 기쁨이 뒤섞여 소하를 꾸짖었다.

"그대는 어째서 도망쳤소?"

소하가 대답했다.

"신은 도망친 게 아니라 도망친 자를 뒤쫓아 갔던 것입니다."

왕이 물었다.

"그대가 뒤쫓은 자가 누군가?"

소하가 대답했다.

"한신입니다."

한왕은 다시 꾸짖었다.

"장수들 가운데 도망친 자가 수십 명이나 되는데도 그대는 쫓아간 적이 없소. 한신을 뒤쫓았다는 것은 거짓말이오."

소하가 말했다.

"다른 장수들은 쉽게 얻을 수 있습니다. 그러나 이 나라에서 한신에 견줄 만한 인물은 없습니다. 왕께서 계속 한중의 왕으로 만족하신다면 한신을 문제삼을 필요는 없습니다만, 반드시 천하를 놓고 다투려 하신다면 한신이 아니고는 함께 일을 꾀할 사람이 없습니다. 왕의 생각이 어느 쪽에 있는가에 달린 문제입니다."

한왕이 말했다.

"나도 동쪽으로 나아가 천하를 다투고자 하오. 어찌 답답하게 이런 곳에 오래 있겠소?"

소하가 말했다.

"왕의 계책이 반드시 동쪽으로 나아가고자 한다면 한신을 등용하십시오. 그러면 한신은 머무를 것입니다. 한신을 등용하지 않으면 그는 결국 떠나갈 것입니다."

한왕이 말했다.

"그대를 보아 장수로 삼겠소."

소하가 말했다.

"장수로 삼을지라도 한신은 머무르지 않을 것입니다."

한왕이 말했다.

"그러면 대장으로 삼겠소."

소하가 말했다.

"참으로 다행스러운 일입니다."

한왕이 한신을 불러 대장으로 삼으려 했다. 그러자 소하는 이렇게 말했다.

"왕께서는 본래 오만하여 예를 차리지 않으십니다. 지금 대장을 임명하는 데 어린아이를 부르는 것처럼 하시니, 이것이 바로 한신을 떠나게 한 까닭입니다. 왕께서 그를 대장으로 삼으시려면 좋은 날을 택하여 재계하고 단장(壇場, 장수를 임명하는 곳)을 설치하여 예를 갖추어야 합니다."

한왕은 그렇게 하겠다고 했다. 여러 장수는 모두 기뻐하며 저마다 자신이 대장이 될 줄로 생각했다. 그러나 막상 한신이 대장으로 임명되자 군대가 모두 놀랐다.

천하는 마음을 얻은 자의 몫이다

한신이 임명식을 마치고 자리에 오르자, 한왕은 이렇게 물었다.

"승상이 대장에 대해서 자주 말했소. 그대는 어떠한 계책으로 과인을 가르치겠소?"

한신은 감사하다고 인사하고 한왕에게 물었다.

"이제 동쪽으로 나아가 천하의 대권을 다툴 상대는 항왕이 아니겠습니까?"

한왕이 대답했다.

"그렇소."

한신이 물었다.

"왕께서는 용감하고 사납고 어질고 굳센 점에서 항왕과 비교할 때 누가 낫다고 생각하십니까?"

한왕이 대답했다.

"내가 항왕만 못하오."

한신은 두 번 절하고 한왕이 자신을 정확히 알고 있음을 칭송하고 이렇게 말했다.

"신도 그렇게 생각합니다. 그러나 신이 일찍이 그를 섬긴 적이 있으므로 항왕의 사람됨을 말씀드리겠습니다. 항왕이 화를 내며 큰 소리를 지르면 천 명이 모두 엎드리지만 어진 장수를 믿고 일을 맡기지 못하니 그저 보통 남자의 용기에 지나지 않습니다. 항왕이 사람을 대하는 태도는 공손하고 자애로우며 말씨가 부드럽습니다. 누가 병에 걸리면 눈물을 흘리며 음식을 나누어 줍니다. 그러나 부리는 사람이 공을 세워 벼슬을 주어야 할 경우가 되면 인장(印章)이 닳아 깨질 때까지 만지작거리며 선뜻 내주지 못합니다. 이것은 이른바 아녀자의 인(仁)일 뿐입니다.

항왕은 천하의 우두머리가 되어 제후들을 신하로 삼았지만, 관중에 머무르지 않고 팽성에 도읍을 정했습니다. 또 의제와 맺은 약속을 저버리고 자기가 친애하는 정도에 따라 제후들을 왕으로 삼은 것은 공평치 못한 일입니다. 제후들은 항왕이 의제를 옮겨 강남으로 내쫓은 것을 보자, 모두 자기 나라로 돌아가서 그 군주를 쫓아내고 자신들이 좋은 땅의 왕이 되었습니다. 항왕의 군대가 지나간 곳이면 학살과 파괴가 없는 곳이 없습니다. 천하의 많은 사람이 그를 원망하고 백성은 가깝게 따르지 않습니다. 다만 강한 그의 위세에 눌려 있을 뿐입니다. 그러므로 항왕은 우두머리로 불리고 있지만 실제로는 천하 사람들에게 마음을 잃었습니다. 그러므로 그 위세는 약해지기 쉽습니다.

지금 왕께서 항왕의 정책과는 달리 천하의 용맹한 사람들을 믿고 쓰신다면 멸망시키지 못할 적이 어디 있겠습니까? 천하의 성읍에 공 있는 신하들을 봉한다면 마음으로 따르지 않는 이가 있겠습니까? 정의를 내세워 동쪽으로 돌아가고 싶어하는 병사를 거느린다면 흩어져 달아나지 않을 적이 어디 있겠습니까?

또 삼진(三秦)의 왕들은 본래 진(秦)나라 장군들로 진나라의 자제를 거느린 지 벌써 여러 해가 되었는데, 그동안 죽고 도망친 사람의 수가 이루 헤아릴 수 없을 정도입니다. 뿐만 아니라 휘하의 병사들을 속여 제후에게 항복하게 하고 신안(新安)으로 왔으나, 항왕은 진나라의 투항병 이십여만 명을 속여서 구덩이에 파묻어 죽였습니다. 이때 오직 장한, 사마흔, 동예만이 죽음을 모면할 수 있었습니다. 그래서 진나라의 부모 형제들은 이 세 사람을 원망하여 그 원한이 뼛속 깊이 사무쳐 있습니다. 지금 초나라에서는 위력으로 이 세 사람을 각각 삼진의 왕으로 삼았지만, 진나라 백성 가운데 그들에게 애정을 느끼는 이는 없습니다. 그러나 왕께서는 무관(武關)으로 들어가서 털끝만큼도 해를 끼치지 않았고, 진나라의 가혹한 법률을 없앴으며, 진나라의 백성과 삼장(三章)의 법'만을 두기로 약속하였으니 진나라 백성 가운데 왕께서 진나라 왕이 되기를 바라지 않는 사람은 없습니다.

제후들끼리 먼저 관중으로 들어가는 이가 왕이 되기로 약속하였으므로 왕께서 관중의 왕이 되셔야 합니다. 관중의 백성도 모두 이 사실을 알고 있습니다. 대왕께서 항왕 때문에 마땅한 직책을 잃고 한중으로 들어가자 관중의 백성 가운데 원망하지 않는 이가 없었습니다. 이제 대왕께서 병사를 이끌고 동쪽으로 가시면 저 삼진 땅은 격문을 돌리는 것만으로도 평정할 수 있을 것입니다."

한왕은 몹시 기뻐하며 한신을 너무 늦게 얻었다고 생각하였다. 마침내 한신의 계책을 듣고 여러 장수에게 공격할 곳을 정하게 했다.

---

1   삼장의 법이란 유방이 관중으로 들어온 뒤 진나라 부로(父老)들에게 약속한 것으로 사람을 죽인 자는 사형에 처하고, 다른 사람에게 상해를 입힌 자나 도둑질을 한 자에게는 벌을 내린다는 것이다.

싸움에 진 장수는 무용을 말하지 않는다

한나라 원년 8월에 한왕은 병사들을 이끌고 동쪽 진창(陳倉)으로 나가 삼진을 평정하였다. 한나라 2년에 함곡관을 나와 위(魏)나라와 황하 남쪽 땅을 차지했다. 한(韓)나라와 은나라 왕도 모두 항복했다. 제나라, 조나라의 군대와 합쳐 초나라를 쳤는데, 4월에 팽성에 이르렀으나 한나라 군대가 패하여 흩어져 돌아왔다. 한신이 다시 병사를 모아 한나라 왕과 형양에서 만나 경(京)과 삭(索) 사이에서 초나라를 깨뜨렸다. 그래서 초나라 군대는 결국 서쪽으로 나아갈 수 없게 되었다.

한나라 군대가 팽성에서 패하여 물러나자 새왕(塞王) 사마흔과 적왕(翟王) 동예가 한나라에서 도망쳐 나와 초나라에 항복했고, 제나라와 조나라도 한나라를 배반하고 초나라와 화친을 맺었다. 6월에는 위(魏)나라 왕 표(豹)가 부모의 병을 돌본다는 핑계로 휴가를 얻어 고향으로 돌아가더니 그 나라에 이르자 곧장 하관(河關)을 폐쇄하고 한나라를 배반하여 초나라와 화친 조약을 맺었다. 한왕이 역이기를 보내 위나라 왕 표를 달랬으나 생각을 굽히지 않았다.

그해 8월에 한신을 좌승상으로 삼아 위나라를 치도록 했다. 위나라 왕 표는 포판(蒲坂)의 수비를 강화하고 임진(臨晉)으로 통하는 물길을 막았다. 한신은 대군을 거느린 것처럼 꾸미고 배를 이어 임진에서 황하를 건너려는 시늉을 하고는 하양(夏陽)에서 목앵부(木罌瓿)[2]로 군대를 건너게 하여 위나라 수도 안읍(安邑)을 습격했다. 위나라 왕 표는 놀라 병사를 이끌고 한신을 맞아 싸웠으나, 한신은 표를 사로잡아 위나라를 평정하고 한(漢)나라의 하동군(河東郡)으로 만들었다. 한나라 왕은 장이를 보내 한신과 함께 병사를 이끌고 북동쪽으로 진격하여 조나라와 대(代)나라를 치도록 했다. 그 뒤 9월에 그들은

---

2 나무로 만든 통으로 입구가 좁고 배가 불룩한 모양이다. 이 통에 물을 담아 여러 개를 한 줄로 묶은 뒤 그 위에 판자를 깔아 강을 건널 때 썼다.

대나라 군대를 깨뜨리고 연여(閼與)에서 대나라의 재상 하열(夏說)을 사로잡았다. 한신이 위나라를 항복시키고 대나라를 깨뜨리자, 한나라 왕은 사자를 보내 그의 정예 병사를 이끌고 형양으로 가서 초나라 군대를 막도록 했다.

한신은 장이와 함께 병사 수만 명을 이끌고 동쪽으로 가서 정형(井陘)에서 내려와 조나라를 치려고 했다. 조나라 왕과 성안군(成安君)은 한나라 군대가 곧 쳐들어온다는 말을 듣자 병사를 정형 어귀로 모이도록 했는데, 그 수가 이십만 명이라고 했다. 그러나 광무군(廣武君) 이좌거(李左車)가 성안군을 설득했다.

"들리는 바에 따르면 한나라 장수 한신은 서하를 건너서 위나라 왕 표와 하열을 사로잡고 연여를 피로 물들였다고 합니다. 이제 장이의 도움을 받아 우리 조나라를 함락시키려고 의논하고 있다니, 이는 승세를 타고 고국을 떠나 멀리서 싸우는 것으로 그 예봉을 막아 내기 어려울 듯합니다. 제가 듣건대 '천 리 먼 곳에서 군사들의 식량을 보내면 수송이 어려워 병사들에게 주린 빛이 돌고, 땔나무를 하고 풀을 베어야 밥을 지을 수 있으면 군사들은 저녁밥을 배불리 먹어도 아침까지 가지 못한다.'라고 합니다. 지금 정형으로 가는 길은 폭이 좁아 수레 두 대가 나란히 갈 수 없고, 기병도 대열을 지어 갈 수 없습니다. 이러한 길이 수백 리나 이어지므로 그 형세로 보아 군량미는 반드시 뒤쪽에 있을 것입니다.

원컨대 제게 기습병 삼만 명만 빌려 주시면 지름길로 가서 그들의 군량미 수송대를 끊어 놓겠습니다. 군께서는 도랑을 깊이 파고 성벽을 높이 쌓아 진영을 굳게 지키기만 하고 한나라 군대와 맞붙어 싸우지 마십시오. 이렇게 하면 적군은 앞으로 나아가 싸울 수 없고 물러가려고 해도 돌아갈 수 없을 것입니다. 이때 우리 기습병이 적의 뒤를 끊고 적이 약탈할 만한 식량을 치워 버리면 열흘도 못 돼서 적군의 두 장수 한신과 장이의 머리를 휘하에 바칠 수 있습니다. 부디 군께서는 제 계책에 유의해 주십시오. 이렇게 하지 않으면 반드시 적군의 두 장수에게 사로잡히고 말 것입니다."

성안군은 유자(儒者)여서 언제나 정의로운 군대라고 일컬으며 속임수나 기이한 계책을 쓰지 않았다. 그는 이렇게 말했다.

"내가 듣건대 병법에 의하면 '병력이 열 배가 되면 적을 포위하고 두 배가 되면 싸우라.'라고 했소. 지금 한신의 군사는 말로는 수만 명이나 된다고 하지만 실제로는 수천 명에 지나지 않소. 그것도 천 리나 되는 먼 길을 와서 우리를 치니 역시 지칠 대로 지쳐 있을 것이오. 지금 이러한 적을 피하고 치지 않는다면 앞으로 큰 적들이 쳐들어올 때는 어떻게 대처하겠소? 그렇게 되면 제후들은 우리를 겁쟁이로 여겨 쉽게 쳐들어올 것이오."

그러고는 광무군의 계책을 쓰지 않았다.

한신이 첩자를 놓아 조나라의 동향을 염탐하게 하였더니 첩자는 광무군의 계책이 채택되지 않은 것을 알고 돌아와 보고했다. 한신은 매우 기뻐하며 과감하게 병사를 이끌고 정형의 좁은 길로 내려왔다. 정형 어귀에서 삼십 리 못 미친 곳에 머물러 야영하고, 그날 밤에 군령을 전하여 가볍게 무장한 병사 이천 명을 뽑아 저마다 붉은 기를 하나씩 가지고 샛길로 해서 산속에 숨어 조나라 군사를 바라보도록 하고, 다음과 같이 명령했다.

"조나라 군사는 우리 군사가 달아나는 것을 보면 반드시 성벽을 비워 놓고 우리 군사의 뒤를 쫓아올 것이다. 그러면 너희는 재빨리 조나라 성벽으로 들어가 조나라 기를 빼고 한나라의 붉은 기를 세워라."

또 비장을 시켜 가벼운 식사를 전군에게 나누어 주도록 하고 이렇게 말했다.

"오늘 조나라 군사를 무찌른 뒤 다 같이 모여 실컷 먹자."

장수들은 아무도 그 말을 믿지 않았으나 응하는 척하며 대답했다.

"네. 알았습니다."

한신은 다시 군리(軍吏)에게 이렇게 말했다.

"조나라 군대는 우리보다 먼저 유리한 곳을 골라 성벽을 만들었다. 또 그들은 우리 대장의 기와 북을 보기 전에는 우리의 선봉을 치지 않을 것이다. 그것은 우리 군대가 좁고 험한 곳에 부딪쳐 돌아가지나 않을까 두려워하기 때문이다."

그래서 한신은 군사 만 명을 먼저 가도록 하고 정형 어귀로 나가서 물을 등지고 진을 치게 했다. 조나라 군대는 이것을 바라보고는 병법을 모른다며 한껏 비웃었다.

날이 샐 무렵, 한신이 대장의 깃발을 세우고 진을 치면서 정형 어귀로 나갔다. 조나라 군대는 성벽을 열고 나가 한참 동안 격렬하게 싸웠다. 한신과 장이가 거짓으로 북과 기를 버리고 강기슭의 진지로 달아나니 강기슭의 군사는 진문(陣門)을 열어 맞아들였다. 다시 격렬한 싸움이 벌어졌다. 조나라 군대는 정말로 성벽을 비워 놓고 한나라의 북과 기를 차지하려고 한신과 장이를 뒤쫓아 왔다. 그러나 한신과 장이가 강가의 진지로 들어간 뒤에는 한나라 군대가 죽기를 각오하고 싸우므로 도저히 무찌를 수 없었다.

한편 앞서 한신이 내보낸 기습병 이천 명은 조나라 군사들이 성벽을 비워 놓고 전리품을 쫓는 틈을 엿보아 조나라의 성벽 안으로 달려 들어가 조나라 기를 모두 뽑아 버리고 한나라의 붉은 기 이천 개를 꽂았다.

조나라 군대는 이기지도 못하고 한신 등을 사로잡을 수도 없으므로 성벽으로 되돌아가려고 했다. 그러나 조나라 성벽에는 온통 한나라의 붉은 기가 꽂혀 있었다. 크게 놀란 조나라 병사들은 한나라 군대가 이미 조나라 왕의 장수들을 다 사로잡았다고 생각하여 어지럽게 달아났다. 조나라 장수들은 달아나는 병사들의 목을 베면서 막으려고 했지만 소용없었다. 한나라 군대는 조나라 군대를 크게 깨뜨리고 병사들을 사로잡았으며 성안군을 지수(泜水) 부근에서 베고 조나라 왕 헐을 사로잡았다.

이때 한신이 군중에 명령을 내렸다.

"광무군을 죽이지 말라. 산 채로 잡아 오는 자가 있으면 천 금으로 사겠다."

그러자 광무군을 묶어 휘하로 끌고 온 자가 있었다. 한신은 그 줄을 풀어 주고 동쪽을 보고 앉도록 하고 자기는 서쪽을 향하여 마주보며 그를 스승으로 모셨다.

장수들이 적의 머리와 포로를 바치고 축하한 뒤, 한신에게 이렇게 물었다.

"병법에는 '산과 언덕을 오른쪽으로 하여 등지고 물과 못을 앞으로 하여 왼쪽에 두라.'라고 했는데, 오늘 장군께서는 저희에게 도리어 물을 등지고 진을 치게 하면서 '조나라를 무찌른 뒤 다 같이 모여 실컷 먹자.'라고 하시기에 저희는 마음속으로 받아들이지 않았으나 마침내 이겼습니다. 이것은 무슨 전술입니까?"

한신이 대답했다.

"이것도 병법에 있는데 여러분이 알아차리지 못했을 뿐이오. 병법에는 죽을 곳에 빠뜨린 뒤라야 비로소 살릴 수 있고, 망할 곳에 둔 뒤라야 비로소 멸망하지 않을 수 있다는 말이 있잖소? 내가 평소부터 사대부를 길들여 따르게 할 수 있었던 것도 아니고 시장 바닥에 있는 사람들을 몰아다가 싸우게 한 것과 같으니, 그 형세가 죽을 땅에 두어 저마다 자신을 위하여 싸우게 하지 않고 살 수 있는 곳을 준다면 모두 달아날 텐데 어떻게 이들을 쓸 수 있겠소?"

장수들은 모두 탄복해서 말했다.

"훌륭하십니다. 저희는 미칠 수 없는 일입니다."

한신이 광무군에게 물었다.

"나는 북쪽으로 연나라를 치고 동쪽으로 제나라를 치려고 하는데 어떻게 하면 공을 세우겠습니까?"

광무군이 사양하며 말했다.

"제가 듣건대 '싸움에서 진 장수는 무용을 말할 수 없고, 멸망한 나라의 대부는 나라를 존속시키는 일을 말할 수 없다.'라고 합니다. 지금 저는 싸움에서 지고 나라를 멸망하게 만든 포로에 불과한데 어떻게 그러한 큰일을 꾀할 수 있겠습니까?"

그러자 한신이 말했다.

"내가 들은 바로는 현인 백리해가 우(虞)나라에 살 때는 우나라가 망하였으나, 진(秦)나라에 있자 진나라가 제후들의 우두머리가 되었다고 합니다. 백리해가 우나라에 있을 때는 어리석은 사람이다가 진나라에 가니까 지혜로운 사람이 된 것이 아닙니다. 〔군주가〕 그를 등용했는지 등용하지 않았는지, 또 그의 말을 받아들였는지 받아들이지 않았는지에 달렸을 뿐입니다. 만일 성안군이 당신의 계책을 들었더라면 나 같은 사람은 이미 포로가 되었을 것입니다. 성안군이 당신을 쓰지 않았기 때문에 내가 당신을 모실 수 있게 되었을 뿐입니다."

한신은 억지로 이렇게 부탁했다.

"마음을 다하여 당신의 계책을 따르겠으니 부디 사양하지 마십시오."

광무군이 대답했다.

"제가 듣기로 '지혜로운 사람도 천 번 생각하면 한 번 실수가 있고, 어리석은 사람도 천 번 생각하면 한 번은 얻는 경우가 있다.'라고 합니다. 그러므로 '성인은 미친 사람의 말도 가려서 듣는다.'라고 했습니다. 제 계책이 반드시 쓸 만하지는 않을지라도 성의를 다하겠습니다. 저 성안군은 백 번 싸워 백 번 이길 계책이 있었는데, 하루아침에 실수하여 군사가 호(鄗)의 성 밑에서 깨지고 자신은 지수 가에서 죽고 말았습니다.

지금 장군께서는 황하를 건너 위나라 왕 표를 사로잡고 하열을 연여에서 사로잡았으며 단번에 정형에서 내려와 하루아침에 조나라의 대군 이십만 명을 깨뜨리고 성안군을 죽였습니다. 따라서 그 이름은 나라 안에 알려지고, 그 위세가 천하를 뒤흔들었습니다. 농부들은 한결같이 나라의 앞날이 얼마 남지 않았다고 여겨 농사를 멈추고 쟁기를 내던지고 아름다운 옷에 맛난 음식을 먹으면서 장군의 명령에 귀를 기울여 기다리지 않는 이가 없습니다. 이와 같으니 장군에게 이롭습니다. 그러나 장군의 사졸들은 지칠 대로 지쳐서 다루기가 어렵습니다.

그런데 지금 장군께서는 지친 사졸을 몰아 갑자기 수비가 튼튼한 연나라 성 밑으로 쳐들어가려고 하십니다. 싸운다 하더라도 아마 싸움이 오랫동안 지속되어 힘으로는 성을 뺏을 수 없고, 이쪽의 지친 실정을 드러내고 기세가

꺾인 채로 시일만 끌다 보면 군량미마저 바닥날 것입니다. 그리고 약한 연나라조차 항복하지 않는다면 제나라는 반드시 국경의 방비를 갖추고 스스로 강화시켜 나가려고 할 것입니다. 연나라와 제나라가 서로 버티며 항복하지 않는다면, 유방과 항우의 싸움은 어느 쪽이 이기고 어느 쪽이 질지 분명해지지 않을 것입니다. 이러한 상태는 장군에게 불리합니다. 제 어리석은 생각으로는 연나라와 제나라를 치는 것은 잘못된 계책입니다. 군사를 잘 쓰는 사람은 이쪽의 단점을 가지고 적의 장점을 치지 않고, 이쪽의 장점을 가지고 적의 단점을 칩니다."

한신이 물었다.

"그러면 어떠한 계책을 써야 하겠습니까?"

광무군이 대답했다.

"지금 장군을 위한 계책으로는 싸움을 멈추어 병사들을 쉬게 하고, 조나라를 어루만져 전쟁으로 부모를 잃은 아이들을 위로하며, 백 리 안의 땅에는 쇠고기와 술로 날마다 잔치를 벌여 사대부들을 대접하고, 병사들에게 술을 먹인 뒤에 북쪽 연나라로 향하는 것이 가장 좋은 방법입니다. 그리고 변사를 시켜 연나라에 간단한 편지를 가지고 가서 장군의 장점을 알리도록 한다면 연나라는 감히 복종하지 않을 수 없을 것입니다. 연나라가 복종하면 변사에게 동쪽 제나라로 가서 연나라가 복종했다는 사실을 알리도록 하십시오. 그러면 제나라는 바람에 휩쓸리듯 복종할 것입니다. 지혜로운 이가 있다고 하더라도 제나라를 위해 다른 묘책을 세울 수 없을 것입니다. 이렇게만 된다면 천하의 일은 모두 뜻대로 될 것입니다. 용병에 큰소리를 먼저 치고 진짜 싸움은 나중에 한다는 것은 바로 이런 일을 말합니다."

한신이 대답했다.

"좋은 생각이오."

그리고 그의 계책에 따라 사자를 연나라로 보내자, 연나라는 바람에 따라 휩쓸리듯 복종했다. 한신은 한나라 왕에게 사자를 보내서 아뢰고 이 기회에 장이를 조나라 왕으로 세워 조나라를 어루만지게 하도록 청했다. 한왕이 이를 받아들여 장이를 조나라 왕으로 세웠다.

초나라는 여러 차례 기습병을 보내 황하를 건너 조나라를 치게 했다. 조왕 장이와 한신은 여기저기로 쫓아다니며 조나라를 구원하면서 이 기회에 가는 곳마다 조나라의 성읍을 평정하고 병사를 징발해서 한나라로 보냈다.

초나라가 갑자기 한왕을 형양에서 포위하자, 한왕은 남쪽으로 나가 완(宛)과 섭(葉) 사이에서 경포를 자기편으로 만들고 나서 달아나 성고로 들어갔다. 초나라가 또다시 이곳을 급히 에워쌌다. 6월에 한왕이 성고에서 나와 동쪽으로 황하를 건너 등공만을 데리고 수무(脩武)에 있는 장이의 군대에 몸을 맡기려고 했다. 수무에 이르러 역사에서 잠을 자고 새벽에 자신을 한나라 사자라고 하고 말을 달려 조나라 성벽으로 들어갔다.

과욕은 화를 부른다

장이와 한신이 아직 일어나지 않았는데, 한왕은 그들의 침실로 들어가 인부(印符)를 빼앗고 여러 장수를 불러 모아 다시 배치했다. 한신과 장이는 일어나 한왕이 와 있는 것을 알고 매우 놀랐다. 한왕은 두 사람의 군대를 빼앗은 뒤 장이에게는 조나라를 지키도록 하고, 한신을 상국(相國)으로 삼아 조나라 병사로서 아직 징발되지 않은 자를 거두어 제나라를 치게 했다.

한신은 병사들을 이끌고 동쪽으로 나아가 아직 평원진(平原津)을 건너기 전에 한왕이 역이기를 시켜 제나라를 설득하고 항복을 받아 냈다는 말을 듣고 제나라를 치는 일을 멈추려고 했다. 이때 범양(范陽)의 변사 괴통(蒯通)[3]이

---

3 진나라가 한나라로 바뀌는 과도기에 활동한 이름 있는 변사 괴철(蒯徹)인데, 저자 사마천이 한무제 유철(劉徹)의 이름을 쓰지 않기 위해서 괴통이라고 한 것이다.

한신을 설득하여 이렇게 말했다.

"장군은 조서를 받고 제나라를 치려 하는데, 한왕이 단독으로 밀사를 보내서 제나라를 항복시켰습니다. 그러나 장군에게 치기를 멈추라는 조서가 없었습니다. 그러니 어찌 가지 않을 수 있겠습니까? 또 역이기는 한낱 변사에 지나지 않습니다. 수레의 가로나무에 의지하여 세 치 혀를 놀려 제나라의 칠십여 성을 항복시켰습니다. 그러나 장군은 대군 수만 명을 이끌고 한 해가 넘도록 조나라의 성 오십여 개밖에 항복시키지 못했습니다. 장군이 된 지 여러 해가 되었지만 보잘것없는 유생의 공만도 못하단 말입니까?"

한신도 이 말이 옳다고 생각하고 그의 계책을 따라 마침내 황하를 건넜다. 제나라는 이미 역이기의 말을 듣고 그를 머물게 하여 크게 술자리를 벌이며 한나라를 방어하지 않고 있었다. 한신은 이 틈을 타 제나라 역성(歷城)의 군대를 습격하고, 드디어 임치에 이르렀다. 제나라 왕 전광(田廣)은 역이기가 자기를 속였다고 여겨 그를 삶아 죽이고 고밀(高密)로 달아나 초나라로 사신을 보내 도움을 요청하였다.

한신은 임치를 평정한 다음 동쪽으로 전광을 뒤쫓아 가 고밀의 서쪽 지역에 이르렀다. 초나라도 용저를 장군으로 삼아 이십만 대군을 이끌고 제나라를 구하게 했다.

제나라 왕 전광과 용저가 군사를 합쳐 한신과 싸우려고 하는데, 싸움이 벌어지기 전에 용저에게 이렇게 말하는 사람이 있었다.

"한나라 군대는 먼 곳으로부터 싸우러 왔으니 있는 힘을 다해서 싸울 테니 그 날카로운 기세를 꺾기 어렵습니다. 반면 제나라와 초나라는 자기 나라 땅에서 싸우기 때문에 패하여 흩어지기 쉽습니다. 차라리 성벽을 높이 쌓아 지키면서 제나라 왕이 그가 신임하는 신하를 보내서 제나라가 잃어버린 성을 이쪽으로 돌아오게 하는 편이 낫습니다. 이미 함락된 성에는 그 성의 왕이 있어서 초나라 군대가 도우러 왔다는 말을 들으면 반드시 한나라를 배반할 것입니다. 한나라 군대는 이천 리나 떨어진 다른 나라에 와 있습니다. 제나라의 성이 모두 배반하면 그 정세로 보아 식량을 얻을 수 없을 테니 싸우지 않고도 항복받을 수 있을 것입니다."

용저가 말했다.

"나는 전부터 한신이 어떤 사람인지 잘 알고 있는데, 그는 초나라 사람이므로 상대하기가 쉽소. 또 제나라를 돕는다고 하면서 싸우지도 않고 한나라 군대를 항복시킨다면 나에게 무슨 공이 있겠소? 지금 싸워서 이기면 제나라의 절반은 내 것이 될 텐데 어찌 싸우지 않을 수 있겠소?"

그래서 싸우기로 하고 유수(濰水)를 사이에 두고 한신과 마주하여 진을 쳤다.

한신은 밤에 사람을 시켜 일만여 개의 주머니를 만들어 모래를 가득 채워 유수의 상류를 막게 했다. 그러고는 군사를 이끌고 절반쯤 건너 용저를 공격하다가 지는 척하고 되돌아서서 달아났다. 용저는 정말 기뻐하며 말했다.

"한신이 겁쟁이인 줄은 이미 알고 있었다."

그러고는 마침내 한신을 뒤쫓아 유수를 건너기 시작했다. 이때 한신은 사람을 시켜 모래주머니 제방을 트게 하였다. 갑자기 물살이 거세게 밀어닥치므로 용저의 군사는 절반도 건너지 못했다. 한신은 급히 습격해 용저를 죽였다. 유수 동쪽에 남아 있던 용저의 군사는 흩어져 달아나고 제나라 왕 전광도 도망쳤다. 한신은 달아나는 적을 뒤쫓아 성양에 이르러 초나라 군사를 모두 포로로 잡았다.

한나라 4년, 한신은 드디어 제나라를 모두 평정하고 한왕에게 사자를 보내 이렇게 말하도록 했다.

"제나라는 거짓과 속임수가 많고 변절을 잘하며 자주 번복하는 나라인데다가 남쪽으로는 초나라와 국경을 맞대고 있습니다. 가왕(假王, 임시로 왕 노릇을 하는 것)을 세워서 진정시키지 않으면 정세가 안정되기 어렵습니다. 신을 가왕으로 삼아 주시면 모든 일이 순조로울 것입니다."

그 무렵 초나라가 갑자기 습격하여 한왕을 형양에서 에워쌌는데, 마침 한신의 사자가 오자 한왕은 그 편지를 펴 보고 매우 화를 내며 꾸짖었다.

"나는 여기서 곤경에 빠져 하루빨리 와서 도와주기를 바라는데 자기는 스스로 왕이 될 생각이나 하고 있다니!"

장량과 진평은 일부러 한왕의 발을 밟고는 사과하는 척하며 왕의 귓가에 입을 대고 속삭였다.

"한나라는 지금 불리한 입장에 놓여 있습니다. 한신이 왕 노릇을 하는 걸 어찌 못하게 할 수 있겠습니까? 차라리 한신을 세워서 왕으로 삼고 잘 대우하여 제나라를 지키게 하는 편이 낫습니다. 그러지 않으면 변이 일어날 것입니다."

한왕도 이를 깨닫고 다시 꾸짖어 말했다.

"대장부가 제후를 평정했으면 진짜 왕이 될 일이지 가짜 왕 노릇을 한단 말이냐!"

이에 장량을 보내 한신을 세워 제나라 왕으로 삼고 그의 병사를 징발하여 초나라를 쳤다.

들짐승이 다 없어지면 사냥개를 삶아 먹는다

용저를 잃자 겁을 먹은 초나라 항왕은 우이(盱眙) 출신의 무섭(武涉)을 보내 제나라 왕 한신을 설득하게 했다.

"천하 사람이 모두 진(秦)나라에게 괴로움을 당한 지 오래되었습니다. 그래서 서로 힘을 모아 진나라를 공격했습니다. 진나라가 무너지자 각각 공적을 헤아려서 땅을 나누고, 그 땅의 왕이 되어 병사들을 쉬게 했습니다. 그런데 지금 한왕은 다시 병사를 일으켜 동쪽으로 나와 남의 땅을 침범하여 빼앗았으며, 삼진을 깨뜨리고 병사를 이끌고 함곡관에서 나와 제후들의 병사를 거둬들여 동쪽으로 초나라를 치고 있습니다. 그의 뜻은 온 천하를 삼켜 버리지 않고서는 그치지 않을 것입니다. 그의 탐욕은 이렇듯 심하여 만족을 모릅니다. 또 한왕은 믿을 수 없는 사람입니다. 그 몸이 항왕의 손아귀에 쥐어진 일이 여러 번 있지만 항왕은 언제나 가엾게 여겨 살려 주었습니다. 그러나 위기를 벗어나기만 하면 곧 약속을 어기고 다시 항왕을 공격합니다. 그를 가까이하고 믿을 수 없음이 이와 같습니다.

지금 당신께서는 한왕과 두텁게 사귀고 있다고 생각하고 한왕을 위하여 힘을 다해 군대를 지휘하고 있지만 결국 그에게 사로잡히고 말 것입니다. 당신이 지금까지 살아남을 수 있었던 것은 항왕이 아직 살아 있는 덕택입니다. 지금 한왕과 항왕 두 사람의 싸움에서 승리의 저울추는 당신에게 달려 있습니다. 당신이 오른쪽으로 추를 던지면 한왕이 이기고 왼쪽으로 추를 던지면 항왕이 이길 것입니다. 오늘 항왕이 멸망하면 다음번에는 당신을 멸망시킬 것입니다. 당신은 항왕과 연고가 있는데 어째서 한나라를 배반하고 초나라와 손잡아 천하를 셋으로 나누어 왕이 되지 않습니까? 지금 이 기회를 버리고 스스로 한나라를 믿고 초나라를 치다니, 이것이 어찌 지혜로운 자가 할 일이란 말입니까?"

그러나 한신은 거절하며 말했다.

"내가 일찍이 항왕을 섬긴 적이 있지만 벼슬은 낭중에 지나지 않고 지위는 집극(執戟)에 지나지 않으며, 생각을 말해도 들어주지 않고 계획을 세워도 써 주지 않았습니다. 그래서 초나라를 저버리고 한나라로 간 것입니다. 한왕은 나에게 대장군의 인수를 주고 대군 수만 명을 주었습니다. 자기 옷을 벗어 나에게 입히고 자기가 먹을 것을 나에게 먹이며, 생각을 말하면 들어주고 계책을 올리면 써 주었습니다. 그래서 내가 오늘에 이를 수 있었습니다. 무릇 남이 나를 깊이 믿는데 내가 그를 배반하는 것은 상서롭지 못한 일입니다. 설령 죽는다 하더라도 마음을 바꿀 수 없습니다. 나를 위하여 항왕에게 거절해 주시면 좋겠습니다."

무섭이 떠나간 뒤 제나라 사람 괴통이 천하 대권의 향방이 한신에게 있음을 알고 기발한 계책으로 한신의 마음을 움직이려고 하였다. 그는 관상을 잘 본다고 하면서 한신을 설득하려고 이렇게 말했다.

"저는 일찍이 관상 보는 법을 배운 적이 있습니다."

한신이 물었다.

"선생께서는 어떤 방법으로 관상을 봅니까?"

괴통이 대답했다.

"귀하게 되느냐 천하게 되느냐는 골법(骨法)에 달려 있고, 근심이 생기느냐 기쁨이 생기느냐는 얼굴 모양과 빛깔에 달려 있으며, 성공과 실패는 결단력에 달려 있습니다. 이런 것을 참고하여 판단하면 만의 하나도 어긋남이 없습니다."

한신이 말했다.

"좋습니다. 그러면 선생이 보기에 과인의 관상은 어떻습니까?"

괴통이 대답했다.

"잠시 주위 사람들을 물리쳐 주십시오."

한신이 말했다.

"모두 물러가라."

괴통이 말했다.

"장군의 관상을 보니 제후로 봉해지는 데 지나지 않으며, 게다가 위태롭고 불안합니다. 그러나 장군의 등을 보니 귀하기가 이를 데 없습니다."

한신이 물었다.

"그것이 무슨 말입니까?"

괴통이 대답했다.

"천하가 처음 어지러워졌을 때, 영웅호걸들이 왕이라고 일컬으며 한 번 외치자 천하의 인사들이 구름이나 안개처럼 모여들어 물고기 비늘처럼 겹치고 불똥이나 바람같이 일어났습니다. 이때는 어떻게 하면 진나라를 멸망시키느냐 하는 근심뿐이었습니다. 그런데 지금 초나라와 한나라가 서로 다투게 되자 천하의 죄 없는 사람들의 간과 쓸개로 땅을 바르게 하고, 아버지와 아들의 해골이 들판에 나뒹구는 일이 헤아릴 수 없을 만큼 많습니다. 초나라 사람 항왕은 팽성에서 일어나 이곳저곳으로 돌아다니며 달아나는 적을 쫓아 형양에 이르렀으며, 승세를 타고 자리를 말아 올리듯 여러 곳을 차지하니 그 위세가 천하를 뒤흔들어 놓았습니다. 그러나 그의 군사는 경수와 삭수 사이에서 곤경에 빠지고 서산(西山)에 가로막혀 앞으로 나아가지 못한 지 삼 년이나 됩니다. 한왕은 군사 수십만 명을 이끌고 공(鞏)과 낙(雒)에서 험준한 산과 강을 방패로 삼아 하루에도 몇 차례 싸웠지만 한 자 한 치의 조그마한 공도 세우지 못하였습니다. 좌절하고 패배해도 도와주는 사람이 없어 형양에서 지고 성고에서 상처를 입고 완(宛)과 섭(葉) 사이로 달아났습니다. 이는 이른바 지혜로운 자와 용감한 자가 다 함께 괴로움을 당하는 것입니다. 날카로운 기세는 험준한 요새에서 꺾이고, 양식은 창고에서 바닥나고, 백성은 지칠 대로 지쳐 원망하며 의지할 곳조차 없습니다.

제 생각으로는 이러한 형세로 보아 천하의 성현이 아니고는 천하의 환란을 도저히 그치게 할 수 없습니다. 그런데 지금 한왕과 항왕의 운명은 당신에게 달렸습니다. 당신께서 한나라를 위하면 한나라가 이기고 초나라 편을 들면 초나라가 이길 것입니다. 그래서 저는 속마음을 터놓고 간과 쓸개를 드러낸 채 어리석은 계책을 말씀드리려 하는데 당신께서 받아들이지 않을까 염려됩니다. 진실로 제 계책을 써 주신다면 한나라와 초나라 양쪽을 모두 이롭게 하고, 두 분을 존속시켜 천하를 셋으로 나누어 솥의 발처럼 서 있게 하겠습니다. 그렇게 되면 그 형세로 보아 어느 누구도 감히 먼저 움직이지 못할 것입니다.

무릇 당신만큼 현명한 분이 수많은 무장 병사를 거느리고 강대한 제나라에 의지하여 연나라와 조나라를 복종시키고, 주인 없는 땅으로 나아가 그 후방을 누르며, 백성이 바라는 대로 서쪽으로 가서 두 나라(한나라와 초나라)의 싸움을 끝내게 하여 백성의 생명을 구해 준다면 천하는 바람처럼 달려오고 메아리처럼 호응할 텐데 누가 감히 당신의 명령을 듣지 않겠습니까? 이렇게 되면 큰 나라를 나누고 강한 나라를 약화시켜 제후들을 세우십시오. 일단 제후들이 서게 되면 천하가 복종하며 그 은덕은 제나라에 돌려질 것입니다. 그리고 당신께서는 제나라의 옛 땅임을 생각하여 교(膠)와 사(泗)를 차지하고 덕으로써 제후들을 회유하고, 궁궐 깊숙한 곳에서 두 손 모아 절하면서 겸손한 태도를 보이면 천하의 군주들이 서로 와서 제나라에 입조할 것입니다. 하늘이 주는 것을 받지 않으면 도리어 벌을 받고, 때가 이르렀는데도 과감하게 행동하지 않으면 도리어 재앙을 입는다고 들었습니다. 당신께서는 이 점을 깊이 생각해 보시기 바랍니다."

그러나 한신은 이렇게 말했다.

"한왕은 나를 정성껏 대접해 주었습니다. 자기 수레로 나를 태워 주고, 자기 옷을 나에게 입혀 주며, 자기가 먹을 것을 나에게 먹여 주었습니다. 내가 듣건대 '남의 수레를 타는 자는 남의 우환을 제 몸에 지고, 남의 옷을 입는 자는 남의 근심을 제 마음에 품으며, 남의 것을 먹으면 그의 일을 위하여 죽는다.'라고 합니다. 내가 어떻게 이익을 바라고 의리를 저버릴 수 있겠습니까?"

괴통이 말했다.

"당신께서는 스스로 한왕과 친한 사이라고 생각하여 영원히 변하지 않는 업적을 세우려고 하십니다만 제가 생각하기에는 잘못된 것입니다. 처음에 상산왕 장이와 성안군 진여는 평민일 때 서로 목을 내놓을 만큼 막역한 사이였지만 나중에 장염과 진택의 사건으로 다투어 서로 원망하게 되었습니다. 상산왕은 항왕을 배반하고 항영(項嬰)의 머리를 베어 들고 달아나 한왕에게 귀순했습니다. 한왕이 장이에게 병사를 빌려 주어 동쪽으로 내려가 성안군을 지수(泜水) 남쪽에서 죽이니 그의 머리와 다리가 떨어져 나가 천하의 웃음거리가 되었습니다. 상산왕과 성안군은 천하에서 둘도 없이 친한 사이였는데 결국 서로 잡아먹으려고 한 것은 무엇 때문이겠습니까? 우환이란 욕심이 많은 데서 생기고, 사람의 마음은 헤아릴 수 없기 때문입니다.

지금 당신께서는 충성과 신의를 다하여 한왕과 친하게 사귀려고 하지만, 그 사귐은 상산왕과 성안군의 사귐보다 든든하다고 할 수 없습니다. 당신과 한왕 사이에 가로놓인 일은 장염과 진택의 일보다 많고 큽니다. 그래서 저는 당신께서 한나라 왕이 결코 자신을 위태롭게 하지 않으리라고 믿는 것은 역시 잘못이라고 생각합니다. 옛날 대부 종(種)과 범려는 멸망해 가는 월나라를 존속시키고 월나라 왕 구천을 제후들의 우두머리로 만들어 공을 세우고 이름을 떨쳤지만 자신은 죽었습니다. 들짐승이 다 없어지면 사냥개는 삶아 먹히게 마련입니다. 〔당신과 한왕의 관계는〕 교분으로 보면 장이가 성안군이 친한 것에 미치지 못하며, 충성과 믿음으로 보면 대부 종과 범려가 구천에게 한 것보다 못합니다. 이 두 가지 일은 거울로 삼을 만합니다. 원컨대 당신께서는 이 점을 깊이 생각하십시오.

또 제가 듣건대 '용기와 지략이 군주를 떨게 만드는 자는 그 자신이 위태롭고, 공로가 천하를 덮는 자는 상을 받지 못한다.'라고 합니다. 대왕의 공로와 지략을 말씀드리자면 당신께서는 서하를 건너가서 위나라 왕과 하열을 사로잡았으며, 병사를 이끌고 정형으로 내려와 성안군을 베어 죽이고 조나라를 항복시켰습니다. 연나라를 위협하고 제나라를 평정했으며, 남쪽으로 초나라 군사 이십만 명을 깨뜨리고 용저를 죽이고 〔이런 사실을〕 서쪽의 한나라 왕에게 보고했습니다. 이는 이른바 '공로는 천하에 둘도 없고, 지략은 아무 시대나 나타나는 게 아니다.'라는 것입니다. 지금 당신께서는 군주를 떨게 할 만한 위세를 지녔고 상을 받을 수 없을 만큼 큰 공로를 가지고 계시니 초나라로 돌아가더라도 초나라 사람(항우)이 믿지 않을 테고, 한나라로 돌아가도 한나라 사람(유방)이 떨며 두려워할 것입니다. 당신께서는 이러한 위력과 공로를 가지고 어디로 돌아가려 하십니까? 무릇 형세가 신하 자리에 있으면서 군주를 떨게 하는 위세를 지니고 명성을 천하에 떨치고 있으니 제 생각에는 당신께서 위태롭습니다."

한신이 감사의 예를 표하면서 말했다.

"선생은 잠시 쉬십시오. 내 이 문제를 생각해 보지요."

며칠 뒤에 괴통은 다시 한신을 설득하여 다음과 같이 말했다.

"원래 남의 의견을 듣는 것은 일의 성공과 실패의 조짐이며, 계획을 세우는 것은 일의 성공과 실패의 기틀이 됩니다. 진언을 잘못 받아들여 계책에 실패하고도 오래도록 편안한 이는 드뭅니다. 진언을 분별하는 데 한두 가지도 실수하지 않으면 말로도 어지럽힐 수 없고, 계책이 처음과 끝을 잃지 않으면 교묘한 말로 분란을 일으킬 수 없습니다.

대체로 나무를 하고 말을 먹이는 이는 만승의 천자가 될 만한 권위도 잃어버리고, 조그마한 봉록을 지키는 데 급급한 이는 경상 자리를 지키지 못합니다. 그러므로 지식은 일을 결단하는 힘이며, 의심은 일하는 데 방해만 됩니다. 터럭 같은 작은 계획을 자세히 따지고 있으면 천하의 큰 술수를 잊어버리고, 지혜로 그것을 알면서도 과감하게 행동하지 않는 것은 모든 일의 화근이 됩니다. 그래서 '맹호라도 꾸물거리고 있으면 벌이나 전갈만 한 해도 끼치지 못하고, 준마라도 주춤거리면 노둔한 말의 느릿한 걸음만 못하며, 진(秦)나라 용사 맹분(孟賁)도 여우처럼 의심만 하고 있으면 보통 사람들이 일을 결행하는 것만 못하고, 순임금이나 우임금의 지혜가 있더라도 우물거리고 말하지 않으면 벙어리나 귀머거리가 손짓 발짓을 하는 것만 못하다.'라고 하는 것입니다. 이는 능히 실행하는 것을 귀중하게 여긴다는 뜻입니다. 대체로 공이란 이루기 힘들고 실패하기는 쉬우며, 때란 얻기 어렵고 잃기는 쉽습니다. 때는 다시 오지 않습니다. 원컨대 당신께서는 이것을 자세히 살펴보십시오."

그러나 한신은 망설이면서 차마 한나라를 배반하지 못했다. 또 자신이 공이 많으니 한나라가 끝내 제나라를 빼앗지는 않을 것이라고 생각하여 괴통의 제안을 거절했다. 괴통은 한신이 자기 말을 들어주지 않자, 얼마 안 가서 거짓으로 미친 척하고 무당이 되었다.

높이 나는 새가 모두 없어지면 훌륭한 활을 치운다

한나라 왕이 고릉(固陵)에서 곤경에 처했을 때, 장량의 계책을 써서 제나라 왕 한신을 불렀다. 한신은 군대를 이끌고 해하(垓下)에서 한왕과 만났다. 항우가 패하자 고조 유방은 제나라 왕의 군사를 습격해서 빼앗았다.

한나라 5년 1월에 제나라 왕 한신을 옮겨서 초나라 왕으로 삼고 하비(下邳)에 도읍을 정하게 했다.

한신은 초나라에 이르자 일찍이 밥을 먹여 주었던 무명 빨래를 하던 아낙을 불러 천 금을 내렸다. 또 하향의 남창 정장에게 백 전(錢)을 내리면서 말했다.

"그대는 소인이다. 남에게 은덕을 베풀다가 중도에서 그만뒀기 때문이다."

또 자기를 욕보인 젊은이들 가운데 자기에게 가랑이 밑으로 기어나가게 하여 모욕을 주었던 자를 불러 초나라의 중위(中尉)로 삼고, 여러 장군과 재상에게 말했다.

"이 사람은 장사일지니, 나에게 모욕을 주었을 때에 내 어찌 이 사람을 죽일 수 없었겠는가? 그를 죽인다 하더라도 이름이 드러날 것이 없기 때문에 참고 오늘의 공을 이룬 것이다."

항왕으로부터 도망친 종리매(鐘離昧)는 이려(伊廬)에 집이 있었다. 종리매는 본래 한신과 사이가 좋았기 때문에 항왕이 죽은 뒤 한신에게로 도망쳐 왔다. 한왕은 종리매에게 원한이 있으므로 그가 초나라에 있다는 말을 듣고 초나라에 조서를 내려 종리매를 사로잡으라고 했다. 한신은 초나라에 처음 왔기 때문에 현과 읍을 순행할 때면 경비병을 세우고 드나들었다. 한나라 6년에 어떤 사람이 글을 올려 초나라 왕 한신이 모반했다고 말하였다.

고조는 진평의 계책에 따라 천자가 순행한다고 하면서 제후들을 모두 불러 모으기로 했다. 남쪽에 운몽(雲夢)이라는 큰 호수가 있었다. 고조는 사자를 보내 제후들에게 거짓으로 이렇게 말하게 했다.

"진(陳)으로 모두 모이시오. 내가 앞으로 운몽으로 갈 것이오."

사실은 한신을 습격하려고 한 것이지만 한신은 그 사실을 알지 못했다. 고조가 초나라에 이를 무렵, 한신은 병사를 일으켜 모반하려고 했다. 그러나 스스로 죄가 없다고 여겨 고조를 만나려고 하면서도 사로잡히지 않을까 걱정되었다. 그때 어떤 사람이 한신에게 이렇게 말했다.

"종리매의 목을 잘라 황제를 뵈면 황제께서 반드시 기뻐할 테니 걱정할 필요가 없습니다."

그래서 한신이 종리매를 만나 상의하자, 종리매는 이렇게 말했다.

"한나라가 초나라를 쳐서 빼앗지 않는 까닭은 내가 당신 밑에 있기 때문이오. 만일 당신이 나를 잡아 자진해서 한나라에 잘 보이려고 한다면 나는 오늘이라도 죽겠소. 그러나 당신도 뒤따라 망할 것이오."

그러고는 한신에게 호통을 쳤다.

"당신은 훌륭한 인물이 아니오."

그는 스스로 목을 찔러 죽었다. 한신은 그의 목을 가지고 진으로 가서 고조를 만났다. 그러자 고조는 무사를 시켜 한신을 묶게 하고 뒷수레에 실었다. 한신이 말했다.

"정말 사람들의 말에 '날랜 토끼가 죽으면 훌륭한 사냥개를 삶아 죽이고, 높이 나는 새가 모두 없어지면 좋은 활은 치워 버린다. 적을 깨뜨리고 나면 지모 있는 신하는 죽게 된다.'라고 하더니, 천하가 이미 평정되었으니 내가 삶겨 죽는 것은 당연하구나!"

고조가 말했다.

"그대가 모반했다고 밀고한 사람이 있소."

드디어 한신의 손발에 차꼬와 수갑을 채웠다. 낙양에 이른 뒤에야 한신의 죄를 용서하고 회음후로 삼았다.

아녀자에게 속은 것도 운명이다

한신은 한왕이 자기의 재능을 두려워하고 미워하는 것을 알았으므로 언제나 병을 핑계로 조회에 나가지도 않고 수행하지도 않았다. 한신은 이로부터 날마다 고조를 원망하며 불만을 품고 강후(絳侯) 주발(周勃)이나 관영(灌嬰)[4] 등과 동급의 자리에 있는 것을 부끄럽게 여겼다.

한번은 한신이 장군 번쾌의 집에 들른 적이 있었다. 번쾌가 무릎을 꿇고 절하면서 마중하고 배웅하였고, 또 한신 앞에서 자신을 신(臣)이라고 일컬으면서 말했다.

"왕께서 신의 집까지 왕림해 주셨군요."

한신은 문을 나와 쓴웃음을 지으며 말했다.

"살아생전에 번쾌 등과 같은 반열이 되었다니……."

고조는 일찍이 한신과 함께 여러 장수의 능력을 마음 놓고 말하면서 각각 등급을 매긴 일이 있었다. 고조가 물었다.

"나 같은 사람은 얼마나 되는 군대를 이끌 수 있겠소?"

한신이 대답했다.

"폐하께서는 그저 십만 명을 이끌 수 있을 뿐입니다."

고조가 물었다.

"그대는 어떻소?"

한신이 대답했다.

"신은 많으면 많을수록 더욱 좋습니다."

고조가 웃으면서 말했다.

"많으면 많을수록 더욱더 좋다면서 어째서 나에게 사로잡혔소?"

---

4 주발과 관영은 모두 진나라 말 유방을 따라 군사를 일으킨 인물로서 이때 공을 세워 주발은 강후로 봉해졌다가 나중에 태위(太尉)와 승상을 지냈고, 관영은 거기장군(車騎將軍)과 태위와 승상을 지냈다. 공적이나 명성이 한신만 못했다.

한신이 대답했다.

"폐하께서는 군대를 이끌 수는 없습니다만 장수를 거느릴 수 있습니다. 이것이 바로 신이 폐하께 사로잡힌 까닭입니다. 또 폐하는 이른바 하늘이 주신 바이니 사람 힘으로는 어쩔 수 없습니다."

진희가 거록군(鉅鹿郡) 태수로 임명되어 회음후 한신에게 작별 인사를 하러 왔다. 회음후가 그의 손을 잡고 주위 사람들을 물리친 뒤 뜰을 거닐면서 하늘을 우러러보고 탄식하며 말했다.

"그대에게는 말할 수 있겠지? 그대와 상의하고 싶은 것이 있소."

진희가 말했다.

"예. 장군께서는 명령만 내리십시오."

회음후 한신이 말했다.

"그대가 태수로 부임하는 곳은 천하의 정예부대가 모여 있는 곳이오. 그리고 그대는 폐하께서 믿고 아끼는 신하요. 누군가가 그대가 모반했다고 하더라도 폐하께서는 반드시 믿지 않을 것이오. 그러나 그런 통보가 두 번 온다면 폐하께서는 의심할 테고, 세 번 오면 반드시 화를 내며 직접 칠 것이오. 그때 내가 그대를 위하여 한에서 일어나면 천하를 도모할 수 있을 것이오."

진희는 전부터 그의 재능을 알고 있었기 때문에 한신을 믿고 말했다.

"삼가 말씀대로 하겠습니다."

한나라 10년에 정말로 진희가 모반하자 고조는 장수가 되어 직접 치러 갔다. 한신은 병을 핑계로 따라가지 않고, 아무도 모르게 진희에게 사람을 보내서 이렇게 말했다.

"군사를 일으키면 내가 여기서 그대를 돕겠소."

한신은 그의 가신들과 짜고 밤에 거짓 조서를 내려 각 관아의 죄인들과 관노를 풀어 주고, 이들을 동원해서 여후와 태자를 습격하려고 했다. 각기 맡을 부서가 정해지고 진희의 회답만을 기다리고 있었다. 이때 한신의 가신 가운데 한신에게 죄를 지은 자가 있어 한신이 잡아 죽이려고 했다. 그러자 그 가

신의 아우가 여후에게 변고를 알리고 한신이 모반하려는 상황을 말했다.

여후는 한신을 불러들이려다가 혹시 한신이 응하지 않을까 염려되어, 상국 소하와 상의하여 사람을 시켜 고조가 있는 곳에서 온 것처럼 속여 말했다.

"진희는 벌써 사형에 처했습니다. 여러 제후와 신하들이 모두 축하하고 있습니다."

소 상국이 다시 한신을 속여 말했다.

"병중이라 하더라도 부디 들어와서 축하의 뜻을 표하십시오."

한신이 들어가자 여후는 무사를 시켜 한신을 포박하여 장락궁(長樂宮)의 종실(鍾室)에서 목을 베도록 했다. 한신은 죽으면서 이렇게 말했다.

"괴통의 계책을 쓰지 못한 것이 안타깝다. 아녀자에게 속은 것이 어찌 운명이 아니랴!"

여후는 한신의 삼족을 멸하였다.

고조는 진희를 토벌하고 돌아와 한신이 죽은 것을 알고 한편으로는 기뻐하고 한편으로는 가엾게 여기면서 물었다.

"한신이 죽을 때 무슨 말을 했는가?"

여후가 말했다.

"한신은 괴통의 계책을 쓰지 못한 것이 안타깝다고 했습니다."

고조가 말했다.

"그는 제나라의 변사이다."

이에 제나라에 조서를 내려 괴통을 체포하도록 했다. 괴통이 잡혀 오자 고조가 물었다.

"네가 회음후에게 모반하도록 가르쳤는가?"

괴통이 대답했다.

"그렇습니다. 신이 가르쳤습니다. 그러나 그 못난이가 신의 계책을 쓰지 않았기 때문에 자멸해 버렸습니다. 만약 그가 신의 계책을 썼다면 폐하께서 어떻게 그를 이길 수 있었겠습니까?"

고조가 화를 내며 말했다.

"이놈을 삶아 죽여라."

괴통이 말했다.

"삶겨 죽는 것은 억울합니다."

고조가 말했다.

"네가 한신에게 모반을 가르쳤기 때문에 죽는 것인데 무엇이 억울하다는 말이냐?"

괴통이 말했다.

"진나라의 기강이 느슨해지자 산동 땅이 크게 어지러워지고, 진나라와 성(姓)이 다른 사람들이 아울러 일어나 영웅호걸들이 까마귀떼처럼 모여들었습니다. 진나라가 그 사슴(황제의 권한)을 잃자, 천하는 다 같이 이것(사슴)을 좇았습니다. 이리하여 키가 크고 발이 빠른 자(고조)가 먼저 이것을 얻었습니다. 도척이 기르는 개가 요임금을 보고 짖은 것은 요임금이 어질지 못해서가 아닙니다. 개는 본래 자기 주인이 아닌 사람을 보면 짖게 마련입니다. 당시 신은 한신만 알았을 뿐 폐하는 알지 못했습니다. 또 천하에는 칼날을 날카롭게 갈아서 폐하가 하신 일과 똑같이 하려는 사람이 매우 많았습니다. 생각해 보면 그들은 능력이 모자랐을 뿐입니다. 그런데 폐하께서는 그들을 모두 삶아 죽이겠습니까?"

고조가 말했다.

"풀어 주어라."

그리고 괴통의 죄를 용서했다.

태사공은 말한다.

"내가 회음에 갔을 때 회음 사람들이 나에게 하는 말이 한신은 평민일 때에도 그 뜻이 보통 사람과는 달랐다고 한다. 그 어머니가 죽었을 때 가난해서 장례도 치를 수 없었지만 [결국] 높고 넓은 땅에 무덤을 만들어 그 주위에 집이 일만 호나 들어설 수 있게 했다고 한다. 내가 그 어머니의 무덤을 보니 정말로 그러했다. 만약 한신이 도리를 배워 겸양한 태도로 자기 공로를 뽐내지 않고 자기 능력을 자랑하지 않았다면 한나라에 대한 공훈은 주공(周公), 소공(召公), 태공망(太公望) 등에 비할 수 있고 후세에 사당에서 제사를 받을 수 있었을 것이다. 이렇게 되려고 힘쓰지 않고 천하가 이미 안정된 뒤에 반역을 꾀했으니 온 집안이 멸망한 것은 당연하지 않은가!"

4부

사마천이 꿰뚫은
다양한 인간 삶

20

골계 열전

滑稽列傳

'골계'란 재치가 있어 말을 유창하게 하는 것을 뜻한다. 이 편은 골계 인물인 순우곤(淳于髡), 우맹(優孟), 우전(優旃) 세 명의 열전으로, 앞의 두 사람은 진한 때의 하급 계층이며 특히 순우곤은 죄인과 동일시되는 데릴사위 출신이다. 골계가는 대부분 왜소하고 외모도 빼어나지 못하며 지위도 없지만 기지와 해학이 넘쳐 반어법과 풍자에 뛰어났다. 그래서 그들이 말을 하면 치밀던 화도 가라앉고, 포악한 군주가 웃는 가운데 자신의 잘못을 깨닫는 등 긍정적인 측면이 있다. 사마천은 이들의 혜안을 육예와 함께 논하면서 찬미했다.

저소손이 덧붙인 일곱 명의 골계 사례는 사마천이 열전을 만든 것과 그 맥락이 일치하는데, 이들의 기지와 말재주에 중점을 두고 묘사하여 생동하는 역사 인물로 그렸다. 이 가운데 서문표(西門豹)의 치적이 가장 빼어난데, 그는 미신을 타파하기 위해서 기지를 발휘하여 사악한 사람을 벌하고 백성을 교육시키려 하였다.

"일비충천, 일명경인(一飛衝天, 一鳴驚人)"이라 답하다.

육예에는 세상을 다스리는 힘이 있다

공자는 이렇게 말했다.

"육예(육경)는 나라를 다스리는 데 같은 작용을 한다.『예기』는 인간의 행동을 절도 있게 하고,『악경』은 인간의 마음을 조화롭게 하며,『서경』은 사실을 말하고,『시경』은 감정을 표현할 수 있게 하며,『역경』은 천지의 기묘한 변화를 알 수 있게 해 주고,『춘추』는 간단하지만 심오한 말로 큰 뜻을 이야기하는 것을 알 수 있게 한다."

태사공은 말한다.

"천도(天道)는 넓고 넓다. 어찌 위대하다고 하지 않겠는가! 〔육예뿐 아니라〕 은미한 말 속에도 이치에 맞는 것이 있어 이것으로 얽힌 것을 풀 수 있다."

삼 년 동안 날지도 울지도 않는 새는 무슨 새일까

순우곤(淳于髡)은 제나라 사람의 데릴사위¹였다. 그는 키가 일곱 자도 안 되지만 익살스럽고 변설에 뛰어나 제후들에게 자주 사신으로 갔으나 굴욕을 당한 일이 한 번도 없었다.

제나라 위왕(威王) 때 일이다. 위왕은 수수께끼를 좋아하고 음탕하게 놀며 밤새도록 술 마시기를 즐겨, 술에 빠져 나랏일을 돌보지 않고 정치를 경대부에게 맡겨 버렸다. 그리하여 문무백관들은 문란해지고 제후들이 동시에 침략하여 나라의 존망이 아침저녁으로 절박한 지경에 놓였다. 그런데도 주위 신하 가운데 감히 간언하는 자가 없었다. 이때 순우곤이 위왕에게 이런 수수께

---

1   진한 대에 데릴사위는 사회적 지위가 매우 낮고, 법률상으로도 공개적인 박해를 받아 죄수들과 거의 비슷한 대우를 받았다.

끼를 냈다.

"나라 안에 큰 새가 있는데, 대궐 뜰에 멈추어 있으면서 삼 년이 지나도록 날지도 않고 울지도 않고 있습니다. 왕께서는 이것이 어떤 새인지 아십니까?"

왕이 대답했다.

"이 새는 날지 않으면 그만이지만 한번 날았다 하면 하늘 높이 날아오르고, 울지 않으면 그만이지만 한번 울었다 하면 사람들을 놀라게 할 것이다."

그래서 위왕은 [깨달은 바가 있어] 각 현의 현령과 현장(縣長)[2] 일흔두 명을 조정으로 불러들여, 그중 한 사람(즉묵대부)에게는 상을 주고 한 사람(아대부)은 사형에 처한 뒤 병사들의 사기를 일으켜 [침략국을 향해] 출정했다. 제후들은 크게 놀라 그동안 침략하여 빼앗아 갔던 제나라 땅을 모두 돌려주었다. 그 뒤로 삼십육 년간이나 제나라의 위엄이 떨쳐졌다. 이 일은 「전경중완세가(田敬仲完世家)」에 기록되어 있다.

적은 것을 가지고 큰 것을 바라면 가능할까

위왕 8년에 초나라가 군사를 크게 일으켜 제나라로 쳐들어왔다. 제나라 왕은 순우곤에게 황금 백 근, 사두마차 열 대를 예물로 가지고 조나라로 가서 구원병을 청하게 했다. 그러자 순우곤이 하늘을 우러러보며 크게 웃으니 갓끈이 죄다 끊어졌다. 왕이 물었다.

"선생은 이것을 적다고 생각하시오?"

순우곤이 대답했다.

"어찌 감히 그렇다고 하겠습니까?"

2   현의 크기에 따라 그곳 책임자의 칭호에도 차이가 있었다. 1만 호 이상일 경우는 현령(縣令)이라 하고 그 이하이면 현장(縣長)이라 불렀다.

왕이 말했다.

"웃는 데는 그만한 이유가 있을 게 아니오?"

순우곤이 말했다.

"지금 신이 동쪽에서 오는 길에 길가에서 풍작을 비는 사람을 보았는데, 돼지 발 하나와 술 한 잔을 손에 들고 이렇게 빌었습니다.

> 높은 밭에서는 광주리에 넘치고
> 낮은 밭에서는 수레에 가득 차게
> 오곡이 풍성하게 익어
> 우리 집에 넘쳐 나게 해 주십시오.

신은 그가 손에 들고 있는 것은 그처럼 적으면서 원하는 바가 그처럼 큰 것을 보았기 때문에 [그걸 생각하고] 웃었습니다."

제나라 위왕은 황금 천 일, 백벽(白璧) 열 쌍, 사두마차 백 대로 예물을 늘려 보냈다. 순우곤은 작별 인사를 하고 출발하여 조나라에 이르렀다. 조나라 왕은 그에게 정예 병사 십만 명과 전차 천 대를 내주었다. 초나라는 이 소식을 듣고 밤중에 병사를 이끌고 돌아갔다.

사물은 극도에 이르면 쇠한다

위왕은 몹시 기뻐 후궁에 주연을 준비하여 순우곤을 불러 술을 내려 주며 이렇게 물었다.

"선생은 어느 정도 마셔야만 취하시오?"

순우곤이 대답했다.

"신은 한 말을 마셔도 취하고 한 섬을 마셔도 취합니다."

위왕이 말했다.

"선생이 한 말을 마시고 취한다면 어떻게 한 섬을 마실 수 있소? 그 이유를 들려줄 수 있소?"

순우곤이 대답했다.

"대왕이 계신 앞에서 술을 내려 주신다면 법을 집행하는 관리가 곁에 서 있고 어사가 뒤에 있어, 신은 몹시 두려워하며 엎드려 마시기 때문에 한 말을 못 넘기고 바로 취합니다. 만일 어버이에게 귀한 손님이 있어 신이 옷매무새를 단정히 하고 꿇어앉아 앞에서 모시며 술을 대접하면서 때때로 끝잔을 받기도 하고 여러 차례 일어나 술잔을 들어 손님의 장수를 빌기라도 하면 두 말을 마시기 전에 즉시 취합니다. 만약 사귀던 친구를 오랫동안 만나지 못하다가 뜻밖에 만나면 너무 기뻐 지난날 일을 이야기하고 사사로운 생각이나 감정까지 서로 터놓게 되어 대여섯 말을 마시면 취합니다. 만약 같은 고향 마을에 모여 남녀가 한데 섞여 앉아 서로 상대방에게 술을 돌리며 쌍륙(雙六)과 투호(投壺) 놀이를 벌여 짝을 짓고 남자와 여자가 손을 잡아도 벌을 받지 않고, 눈이 뚫어져라 쳐다보아도 금하는 일이 없으며, 앞에 귀걸이가 떨어지고 뒤에 비녀가 어지럽게 흩어지는 경우라면 신은 이런 것을 좋아하여 여덟 말쯤 마셔도 약간 취기가 돌 뿐입니다. 그러다 날이 저물어 술자리가 끝나면 술단지를 한군데로 모아 놓고 자리를 좁혀 남녀가 한자리에 앉고 신발이 뒤섞이고 술잔과 그릇이 어지럽게 흩어지고 마루 위의 불이 꺼집니다. 주인은 신만을 머물게 하고 다른 손님들을 돌려보냅니다. 이윽고 얇은 비단 속옷의 옷깃이 열리는가 싶더니 은은한 향내가 퍼집니다. 이때 신의 마음은 몹시 즐거워 술을 한 섬은 마실 수 있습니다. 그러므로 '술이 극도에 이르면 어지럽고 즐거움이 극도에 이르면 슬퍼진다.'라고 하는데 모든 일이 이와 같습니다. 사물이란 지나치면 안 되며, 지나치면 반드시 쇠합니다."

이러한 말로 (위왕에게) 풍간하였다. 위왕이 말했다.

"좋은 말이오."

위왕은 그 뒤로 밤새워 술 마시는 것을 그만두고, 순우곤에게 제후들 사이의 외교 업무를 맡겼다. 왕실에서 주연이 열릴 때마다 순우곤은 언제나 곁에서 왕을 모셨다.

그로부터 백여 년 뒤에 초나라에 우맹이라는 자가 있었다.

말을 임금의 예로 장사 지낸다

우맹(優孟)은 본래 초나라 음악가로 키가 여덟 자이고 구변이 좋아 언제나 웃으며 이야기하는 가운데 풍자하여 간언했다.

초나라 장왕(莊王)에게 애마가 한 필 있었는데, 무늬 있는 비단옷을 해 입히고 화려한 집에서 기르며 장막이 없는 침대에서 자게 하고 대추와 마른고기를 먹였다. 말이 살찌는 병으로 죽자 [왕은] 신하들에게 복상(服喪)하게 하고 속 널과 바깥 널을 마련하여 대부의 예로써 장사 지내려 했다. 주위 신하들이 그것을 그르다고 다투어 말하므로 왕은 이렇게 명령을 내렸다.

"감히 말을 놓고 간하는 자가 있으면 사형에 처하겠다."

우맹이 이 말을 듣고 궁궐 문으로 들어가 하늘을 우러러보며 크게 소리 내어 울었다. 왕이 놀라 그 까닭을 물어보니 우맹이 이렇게 대답했다.

"말은 왕께서 아끼시던 것입니다. 초나라처럼 위대한 나라에 기댄다면 무엇을 구한들 얻지 못하겠습니까? 그런데 대부의 예로 말을 장사 지낸다는 것은 박정합니다. 원컨대 임금의 예로 장사 지내십시오."

왕이 물었다.

"어떻게 하면 되겠소?"

우맹이 대답했다.

"청컨대 옥을 다듬어 관을 짜고 무늬 있는 가래나무로 바깥 널을 만들고, 느릅나무와 단풍나무와 녹나무로 횡대를 만드십시오. 병사들을 동원하여 무덤을 파게 하고, 노약자들에게 흙을 져 나르게 하며, 제나라와 조나라의 사신을 앞쪽에 열을 지어 서게 하고, 한(韓)나라와 위(魏)나라 사신이 그 뒤에서 호위하게 하십시오. 사당을 세워 태뢰(太牢)로 제사 지내고, 만 호의 읍으로 받들게 하십시오. 제후들이 이 소식을 들으면 모두 대왕께서 사람을 천하게 여기고 말을 귀하게 여기는 줄을 알 것입니다."

왕이 말했다.

"내가 이토록 잘못을 저지르고 있다는 말이오? 이 일을 어떻게 하면 좋겠소?"

우맹이 말했다.

"청컨대 대왕을 위하여 육축(六畜, 소, 말, 돼지, 양, 닭, 개)의 예로 장사 지내십시오. 부뚜막을 바깥 널로 삼고 구리로 만든 솥을 속 널로 삼아 생강과 대추를 섞어 목란을 때어 볏짚으로 제사 지내고 타오르는 불빛으로 옷을 입혀 이것을 사람의 창자 속에서 장사 지내는 것입니다."

왕은 말을 태관(太官, 왕의 음식을 책임진 요리사)에게 넘겨 세상 사람이 모르게 처리하도록 했다.

청렴한 관리도 할 것이 못 된다

초나라 재상 손숙오(孫叔敖)는 우맹이 어진 사람임을 알고 그를 잘 대해 주었다. 손숙오가 병으로 죽으려 할 때, 그 아들에게 이렇게 당부했다.

"내가 죽으면 너는 틀림없이 가난해질 것이다. [그렇게 되거든] 너는 우맹을 찾아가서 '저는 손숙오의 아들입니다.'라고 말하여라."

그로부터 몇 년 뒤 손숙오의 아들은 정말 나무를 등에 지고 다닐 정도로 곤궁해졌다. 그래서 그는 우맹을 찾아가 이렇게 말했다.

"저는 손숙오의 아들입니다. 아버님께서 돌아가시기 전에 저에게 가난해지거든 당신을 찾아뵈라고 당부하셨습니다."

우맹이 말했다.

"그대는 멀리 가는 일이 없도록 하시오."

우맹은 그날로 손숙오의 의관을 걸치고 행동과 말투를 흉내냈다. 일 년 남짓 그렇게 하니 손숙오와 비슷해져 초나라 왕의 좌우에 있는 신하들조차 분별할 수 없게 되었다. 장왕이 주연을 베풀었을 때 우맹이 앞으로 나아가 잔을 올리니 장왕은 깜짝 놀랐다. 장왕은 손숙오가 다시 살아온 것으로 여겨 그를 재상으로 삼으려 했다. 우맹이 말했다.

"집으로 돌아가 아내와 상의하고 나서 사흘 뒤에 재상이 되도록 해 주십시오."

장왕이 이것을 허락하자 사흘 뒤에 우맹이 다시 찾아왔다. 왕이 물었다.

"그대 아내는 뭐라고 하오?"

우맹이 말했다.

"제 아내는 '삼가 재상을 하지 마십시오. 초나라 재상이란 할 만한 것이 못 됩니다. 손숙오 같은 분은 초나라 재상이 되어 충성을 다하고 청렴하게 초나라를 다스려 초나라 왕을 패자로 만들었습니다. 그런데 손숙오가 죽자 그 아들은 송곳조차 세울 만한 땅도 없고 가난하여 땔나무를 져서 스스로 먹을 것을 마련하고 있습니다. 손숙오처럼 될 바에야 스스로 목숨을 끊는 편이 낫습니다.'라고 말하였습니다."

그리고 나서 다음과 같은 노래를 불렀다.

> 산골에 살며 힘들게 밭을 갈아도
> 먹을 것을 얻기 어렵네.
> 몸을 일으켜 관리가 되어도
> 탐욕스럽고 비루한 자는 재물을 남기며
> 치욕을 돌아보지 않네.

몸은 죽어도 집은 넉넉하게 하려면서

또 두려워하는 것은

뇌물을 받고 법을 굽혀

부정을 일삼다 큰 죄를 지어

패가망신하는 거라네.

어찌 탐욕스러운 관리가 될 수 있겠는가.

청렴한 관리가 되려고

법을 받들어 맡은 일을 지키며

죽을 때까지도 나쁜 일을 하지 않네.

청렴한 관리 또한 어찌 될 수 있겠는가!

초나라 재상 손숙오는 평생 청렴했건만

이제 처자식은 가난하여

땔나무를 져서 풀칠을 하네.

청렴한 관리도 할 것이 못 되네.

　장왕은 우맹에게 사과하고 손숙오의 아들을 불러들여 침구(寢丘)의 땅 사백 호를 봉지로 주어 아버지의 제사를 모시게 했다. 이 뒤로 십 대까지 계속되었다. 이는 진실로 말해야 할 때를 안 것이다.

　그로부터 이백여 년 뒤 진(秦)나라에 우전이라는 사람이 있었다.

우스갯소리도 이치에 맞으면 가치가 있다

　우전(優旃)은 진나라의 난쟁이 가수로 우스갯소리를 잘했지만 모두 이치에 맞았다. 시황제 때 일이다. 궁궐에서 연회가 열렸는데 때마침 비가 쏟아졌다. 섬돌가에 늘어서 호위를 맡고 있던 군사는 모두 비에 젖어 떨고 있었다.

우전은 이것을 보고 측은하게 여겨 이렇게 말했다.

"여러분은 쉬고 싶소?"

호위하는 자가 말했다.

"그렇게만 되면 매우 다행이겠습니다."

우전이 말했다.

"그러면 내가 당신들을 부를 테니, 당신들은 재빨리 '예.'라고 대답하시오."

조금 뒤 어전 위에서는 시황제의 장수를 빌며 만세를 불렀다. 우전이 난간으로 다가가 큰소리로 불렀다.

"호위병들!"

호위병들이 대답했다.

"예."

우전이 말했다.

"너희는 키만 크지 무슨 소용이 있느냐? 가련하게 빗속에 서 있구나. 나는 키는 작지만 다행히도 방 안에서 편히 쉬고 있다."

시황제는 이 말을 듣고 호위병들을 절반씩 교대로 쉬게 했다.

시황제는 일찍이 원유(苑囿)를 크게 넓혀 동쪽으로는 함곡관에 이르게 하고, 서쪽으로는 옹(雍)과 진창(陳倉)에 이르게 하려고 했다. 우전이 말했다.

"좋은 일입니다. 그 속에 새와 짐승을 많이 풀어놓아 길러 적이 동쪽에서 쳐들어오면 고라니나 사슴을 시켜 그들을 막게 하면 충분할 것입니다."

시황제는 이 말 때문에 계획을 그만두고 말았다.

이세황제는 즉위하자 성벽에 옻칠을 하려고 했다. 우전이 말했다.

"좋은 일입니다. 폐하의 말씀이 없었더라도 신이 먼저 진실로 청하려 하였습니다. 성벽에 옻칠하는 것은 백성 입장에서는 그 비용이 걱정스럽지만 참으로 훌륭한 일입니다. 옻칠한 성벽이 웅장하게 서 있으면 적군이 쳐들어와도 기어오를 수 없을 것입니다. 그러나 일을 시작한다면 성벽에 옻칠하는 건

쉽지만 음실(蔭室, 건조실)을 만들기가 어려울 것입니다."

그러자 이세황제는 이러한 이유로 인하여 웃으면서 계획을 그만두었다. 그로부터 얼마 지나 이세황제가 피살되자, 우전은 한나라로 귀순했다가 몇 년 뒤에 죽었다.

태사공은 말한다.

"순우곤이 하늘을 우러러보고 크게 웃자 제나라 위왕이 뜻을 얻었고, 우맹이 머리를 흔들며 노래하자 땔나무를 지던 자가 봉토를 받았으며, 우전이 난간으로 다가가 큰소리로 부르자 호위하는 군사들이 절반씩 교대할 수 있었다. 이 어찌 위대하지 않은가!"

저 선생(褚先生)은 말한다.

"저는 다행히 경술(經術, 유가 학술)에 밝아 낭이 되었으나 외가(外家, 정사나 육경 외의 사전(史傳)이나 잡학(雜學) 등을 말함) 기록을 즐겨 읽었습니다. 아울러 스스로 사양하지 않았고 골계 인물에 대한 고사 여섯 장을 지어 이것을 다음과 같이 엮어 둡니다. 이것을 읽으면 기분이 유쾌해지므로 후세 사람들에게 보일 만합니다. 호사가가 이것을 읽는다면 마음이 즐거워지고 귀가 놀랄 것입니다. 그래서 앞에 태사공이 쓴 세 장 뒤에 이것을 덧붙입니다."

자주 뒤돌아보아 연민의 정을 일으키라

효무제 때 황제의 총애를 받은 배우로 곽사인(郭舍人)이라는 자가 있었다. 그가 늘어놓는 말들은 이치에 맞지 않지만 황제의 마음을 편하고 즐겁게 해주었다. 효무제는 어린 시절 동무후(東武侯)의 어머니에 의해 길러졌는데, 장년이 되어 그녀를 대유모(大乳母)로 불렀다. 유모는 대체로 한 달에 두 번 궁궐로 들어왔다. 황제는 조정으로 들어오라는 조서를 내릴 때마다 총애하는 신하 마유경(馬游卿)을 시켜 비단 쉰 필을 유모에게 내려 주었고, 또 마실 것과 말린 밥과 익힌 음식을 준비해서 유모를 봉양했다. 한번은 유모가 이런 글을 올렸다.

어느 곳에 공전(公田)이 있는데 그것을 빌려 주셨으면 합니다.

황제가 말했다.

"유모는 그것을 가지고 싶소?"

그러고는 그 땅을 유모에게 내려 주었다. 황제는 일찍이 유모의 말을 들어 주지 않은 적이 없었다. 조서를 내려 유모에게는 황제가 다니는 길을 수레를 탄 채로 지나갈 수 있게 해 주었다.

이 무렵 공경과 대신도 모두 유모를 존경했다. 그러자 유모 집의 자손과 하인들이 장안 거리에서 횡포를 부렸다. 길에서 남의 거마를 세워 놓는가 하면 남의 옷을 강제로 빼앗아 가기도 했다. 이러한 소문이 궁궐에까지 들렸지만 황제는 차마 법대로 다스리지 못했다. 담당 관리가 유모의 집을 변경으로 옮겨 살게 하도록 청하자 황제가 재가했다. 유모는 궁궐로 들어와 황제 앞으로 나아가 작별 인사를 하기에 앞서 곽사인을 만나 보고 눈물을 흘렸다. 곽사인이 말했다.

"들어가 작별 인사를 하고 종종걸음으로 물러나면서 자주 뒤를 돌아보시오."

유모는 곽사인이 시키는 대로 작별 인사를 하고 물러날 때 걸음을 빨리 옮기면서 자주 돌아보았다. 그러자 곽사인이 큰소리로 꾸짖었다.

"허허, 이 노파가 어찌하여 빨리 가지 않느냐? 폐하께서는 장년이 되셨는데, 아직도 그대 젖을 먹어야만 사실 줄로 아는가! 이제 와서 무엇 때문에 돌아다보는가?"

이리하여 황제는 유모를 불쌍하게 여겨 조서를 내려 옮겨 살지 않게 하고, 유모를 비방하고 헐뜯은 자들을 귀양보냈다.

조정 안에서 세상을 피해 산다

효무제 때 제나라 사람 동방 선생(東方先生)이라는 자가 있는데 이름을 삭(朔)이라 했다. 예로부터 전해 내려오는 책을 좋아하고 경술을 사랑하며 경사(經史) 외의 전기나 잡설도 두루 읽었다.

동방삭은 처음 장안으로 들어왔을 때 공거(公車, 조정의 공문서를 처리하는 곳)에서 글을 올렸다. 그 글은 약 삼천 장의 주독(奏牘, 황제에게 상주할 때 쓰던 죽간)에 쓴 것으로, 공거에서는 두 사람이 겨우 들어 옮길 수 있었다. 황제는 이것을 차례대로 읽었는데, 중간에 쉴 때는 부호를 만들어 그곳을 표시해 놓았다. 이것을 두 달이 걸려 겨우 읽을 수 있었다.

황제는 조서를 내려 동방삭을 낭으로 삼았다. 그는 언제나 궁중에 들어와 황제를 가까이에서 모셨다. 그는 자주 어전으로 불려 나가 황제의 말 상대가 되었는데, 그때마다 황제는 기뻐하지 않은 적이 없었다. 가끔 조서를 내려 동방삭에게 어전에서 식사를 하게 했는데, 식사가 끝나면 먹다 남은 고기를 모조리 품속에 넣어 가지고 나오므로 옷이 모두 더러워지곤 했다. 황제는 자주 비단을 내려 주었는데 그때마다 어깨에 메고 물러갔다. 그는 하사받은 돈과 비단을 헛되이 써서 장안의 미녀 가운데 젊은 여자를 아내로 맞이했다. 아내를 얻은 지 일 년쯤 되면 그 여자를 버리고 다시 다른 여자를 맞이했다. 하사받은 돈과 재물을 모두 여자들에게 써 버렸다. 황제의 좌우에 있던 낭관 절반쯤은 그를 미치광이로 취급했다. 황제가 이 소문을 듣고 말했다.

"동방삭에게 일을 시키면서 이와 같은 행동을 못하게 한다면, 너희가 어떻게 그에게 미칠 수 있겠는가?"

동방삭은 자기 아들을 추천하여 낭으로 삼았다가 다시 시알자(侍謁者, 궁궐의 일을 전달하는 관리)로 승진시켜, 언제나 부절을 가지고 사신으로 나가게 했다.

동방삭이 궁궐 안을 거닐고 있을 때 어떤 낭관이 그에게 말했다.

"사람들이 모두 선생을 미치광이라고 합니다."

동방삭이 이렇게 대답했다.

"나 같은 사람은 이른바 조정 안에서 속세를 피하고 있는 것이오. 옛날 사람들은 깊은 숲 속에서 속세를 피했소."

때때로 술자리에서 술에 거나하게 취하면 두 손을 땅에 짚고 이렇게 노래를 불렀다.

> 세속에 묻혀 살며
> 세상을 금마문(金馬門)에서 피한다.
> 궁중 안은 세상을 피하고
> 몸을 온전하게 할 수 있는데
> 하필 깊은 산골의
> 쑥대 움막 아래랴.

금마문이란 환서(宦署, 환관들을 관리하는 부서)의 대문을 말하는데, 그 문 곁에 동으로 만든 말이 있으므로 금마문이라고 했다.

때가 다르면 할 일도 다르다

언젠가 학궁(學宮)에 모인 박사와 여러 선생이 서로 의견을 펴던 끝에 모두 동방삭을 이렇게 비난했다.

"소진과 장의는 만승의 군주를 한번 만나기만 하면 경상의 지위에 오르며 그 은택은 후세에까지 미쳤습니다. 지금 선생께서는 선왕의 도를 닦고 성인의 의로움을 사모하여『시경』과『서경』과 제자백가의 말을 이루 헤아릴 수 없을 정도로 외우고 있고 문장을 짓는 데도 뛰어나 스스로 세상에 둘도 없다고 자부하고 있으니, 보고 들은 것이 넓고 사물을 판단하는 데 밝으며 변설과 지혜가 뛰어난 선비라 할 수 있습니다. 그러나 당신은 능력과 충성을 다해 성스러운 황제를 섬긴 지 수십 년의 오랜 시간이 지났건만 벼슬은 겨우 시랑(侍郞)에 지나지 않고 직위는 집극(執戟)에 지나지 않습니다. 잘못이 있었는지 생각해 보십시오. 무슨 까닭입니까?"

동방삭이 말했다.

"이것은 진실로 당신들이 다 알 수 없을 것이오. 그때(소진과 장의가 산 때) 를 하나의 시대로 본다면 지금도 하나의 시대인데 어찌 같을 수 있겠소! 대체로 장의와 소진이 살던 때는 주나라 왕실이 크게 쇠약해져 제후들이 조회에 들지 않고, 힘으로 정치를 하고 권력을 다투며 서로 무력으로 침략하고, 열두 나라로 겸병되었으나 세력의 우열이 가려지지 않았소. 인재를 얻은 나라는 부강해지고 인재를 잃은 나라는 멸망했소. 그래서 유세가들의 말이 받아들여지고 하려고 하던 것이 실행되었으며, 자신은 높은 지위에 오르고 은택은 후세에까지 미쳐 자손들도 길이 부귀영화를 누렸던 것이오. 그러나 지금은 그런 때가 아니오. 성스러운 황제가 위에 계시고 은덕이 천하에 흐르고 있소. 제후들은 복종하고 위엄은 사방 오랑캐에게까지 떨치고 있소. 사해 밖까지 마치 자리 한 장을 깔아 놓은 것처럼 이어져 있으며, 그릇을 엎어 놓은 것처럼 안정되었소. 천하가 태평스럽고 합쳐져 한집을 이루었소. 계획을 세워 일을 일으키는 것이 마치 손바닥 안에서 움직이는 것과 같소. 현명한 사람과 현명하지 않은 사람을 무엇으로 구분하겠소? 지금 천하는 넓고 백성은 많으므로 정력을 다해 유세하여 신임을 얻으려고 모여드는 자가 헤아릴 수 없을 정도로 많소. 힘을 다해 〔군주와 신하의〕 의를 실행하더라도 먹고 입는 데에 곤란을 겪거나 나아갈 문을 찾지 못하고 있소. 만일 장의와 소진이 나와 함께 지금 세상에 태어났다면 장고(掌故) 자리조차 얻지 못했을 것이오. 어떻게 감히 상시나 시랑 자리를 바랄 수 있겠소! 전해 내려오는 말에도 '천하에 재해가 없으면 성인이 있다 해도 그 재능을 펼 데가 없으며, 윗사람과 아랫사람이 화합하고 뜻을 모으면 어진 사람이 있어도 공을 세울 수 없다.'라고 했소. 그래서 '때가 다르면 일도 다르다.'라고 하는 것이오. 그렇다고는 하나 어떻게 제 몸을 닦는 일에 힘쓰지 않겠소? 『시경』에서도 이렇게 노래했소.

> 궁궐에서 종을 치면
> 소리는 밖까지 들린다.

> 깊은 못에서 학이 울면
> 소리는 하늘까지 들린다.

진실로 제 몸을 닦을 수만 있다면 어찌 영달하지 못할까 봐 걱정하겠소! 태공망 여상은 몸소 인의를 실천하다가 일흔두 살에야 주나라 문왕을 만나 자신의 포부를 실행할 수 있게 되었고, 제나라에 봉해져 [자손들에 이르기까지] 칠백 년 동안이나 끊어지지 않았소. 이것이 바로 선비가 밤낮으로 부지런히 학문을 닦으며 도를 실천하기를 멈추지 않는 까닭이오. 오늘날 처사들은 비록 이 시대에 쓰이지는 못한다 하더라도 홀로 우뚝 서고 홀로 처하면서 위로는 허유를 보고 아래로는 접여[의 처세 태도]를 살피며, 계책은 범려와 같고 충성심은 오자서와 일치하지만 천하가 태평한 때에는 자신을 닦으면서 바르게 있는 것이오. 짝이 없고 무리가 적은 것은 본래 당연하오. 그런데 당신들은 어찌하여 나를 이상하게 생각하시오?"

이에 여러 선생은 입을 다물고 아무런 대답도 하지 못했다.

추아(騶牙)가 나타나면 먼 나라가 투항해 온다

건장궁(建章宮) 후각(後閣)의 이중 난간 안에 이상한 동물이 나타났는데 그 생김새가 고라니와 비슷했다. 이 일을 황제에게 아뢰자 무제가 이것을 보고 좌우 신하 가운데 경험이 많고 경술에 정통한 자에게 물어보았지만 아는 이가 없었다. 그래서 조서를 통해 동방삭을 불러 이것을 보게 하니 동방삭이 말했다.

"신은 이것을 알고 있습니다. 바라건대 맛난 술과 기름진 쌀밥을 내려 실컷 먹게 해 주십시오. 그러면 신이 말씀드리겠습니다."

황제가 조서를 내려 좋다고 말했다.

동방삭은 내려진 음식을 먹고 난 뒤 또 이렇게 말했다.

"어느 곳에 공전(公田)과 고기를 기르는 못과 갈대밭 몇 이랑이 있습니다. 폐하께서 그것을 신에게 주시면 말씀드리겠습니다."

황제는 또 조서를 내려 좋다고 말했다.

그제야 동방삭은 흡족해져 이렇게 말했다.

"이것은 추아(騶牙)[3]라는 짐승입니다. 먼 곳에 있는 나라가 의를 사모하여 귀속하려 할 때 추아가 먼저 나타납니다. 이놈의 이는 앞뒤가 하나같이 가지런하며 어금니가 없습니다. 그래서 이것을 추아라고 합니다."

그 뒤 일 년쯤 지나서 흉노 혼야왕이 무리 십만 명을 이끌고 한나라로 투항해 왔다. 그래서 또 동방삭에게 아주 많은 돈과 재물을 내려 주었다.

---

3   흰색 바탕에 검은색 얼룩이 있는 전설 속의 동물로 통치자의 신의가 뛰어남을 상징적으로 나타낸다고 한다.

사람이 죽으려면 하는 말이 착하다

동방삭이 늙어 죽게 되었을 때 황제에게 다음과 같이 간했다.

"『시경』에서 이렇게 노래했습니다.

> 윙윙 파리가
> 울타리에 앉네
> 화락한 군자여
> 참언을 믿지 말라
> 참언은 끝이 없어
> 천하를 어지럽힌다네.

바라건대 폐하께서는 간사하게 아첨하는 신하를 멀리하시고 참언을 물리치십시오."

황제가 말했다.

"요즘 들어 동방삭이 좋은 말을 많이 하네."

황제는 좀 이상하게 여겼는데 얼마 뒤 정말 동방삭은 병들어 죽었다. 전해 오는 말에 "새가 죽으려 하면 우는 소리가 애달프고, 사람이 죽으려 하면 하는 말이 착하다."라고 했는데 이를 두고 하는 말인가 보다.

남루한 옷 속에 있는 보화를 찾으라

효무제 때 대장군 위청은 위 황후의 오빠로 장평후(長平侯)에 봉해졌다. 그는 종군하여 흉노를 깨뜨리고 여오수(余吾水) 부근까지 갔다가 돌아왔다. 적의 머리를 베고 포로를 잡아 공을 세웠으므로 그가 돌아오자 조서를 내려 황금 천 근을 주었다. 위청 장군이 궁궐 문을 나서자, 방사(方士, 기이한 방술이 있는 사람)로서 공거에서 조서를 기다리고 있던 제나라의 동곽 선생(東郭先生)이라는 자가 길로 나와 위청 장군의 수레를 가로막고는 절을 한 뒤 이렇게 말했다.

"드릴 말씀이 있습니다."

장군이 수레를 멈추고 동곽 선생을 앞으로 나오게 했다. 동곽 선생은 수레 옆으로 다가서서 말했다.

"왕 부인께서 새로 황제의 총애를 받고 있습니다만 그녀의 집이 가난합니다. 지금 장군께서 황금 천 근을 받았으니, 부디 왕 부인의 부모님께 그 절반을 주십시오. 황제께서 이 일을 들으면 반드시 기뻐할 것입니다. 이는 매우 기이한 것으로 실행하기도 편리한 계책입니다."

위청 장군이 고마워하며 말했다.

"선생께서는 다행히도 편리한 계책을 일러 주셨습니다. 선생 말을 받들겠습니다."

그래서 위청 장군은 왕 부인의 부모님께 황금 오백 근을 선물했다. 왕 부인이 이 사실을 효무제에게 말하자 무제가 말했다.

"대장군은 이런 일을 할 줄 모른다."

그러고는 대장군에게 물었다.

"이런 계책을 누구한테 받았는가?"

대장군이 대답했다.

"조서를 기다리고 있는 동곽 선생에게 받았습니다."

황제는 조서를 내려 동곽 선생을 불러서 [어떤] 군의 도위로 임명했다.

동곽 선생은 오래도록 공거에서 조서를 기다리고 있었으므로 빈곤하여 굶주리고 추위에 떨었으며, 옷은 해지고 신발도 온전치 못해서 눈 속을 걸어가면 신발이 위만 있고 바닥은 없어서 발이 그대로 땅에 닿았다. 길 가던 사람들이 그를 보고 웃자 동곽 선생은 이렇게 말했다.

"신을 신고 눈 속을 걸어가는데, 사람들이 볼 때 그 위는 신발이지만 아래는 사람의 발처럼 보이게 할 수 있는 사람이 있소?"

그는 이천 석의 관리가 되어 푸른색 인수를 차고 궁궐 문을 나선 뒤 숙소의 주인에게 작별 인사를 했다. 전에 함께 황제의 조서를 기다리던 자들이 성문 밖에 반듯하게 늘어서서 조도신(祖道神)에게 제사를 지내 그의 출발을 영화롭게 하고 이름이 세상에 알려지게 했다. 이는 이른바 남루한 옷을 입고 보화를 품은 자이다. 그가 빈곤할 때는 사람들이 거들떠보지도 않더니 존귀해지자 앞을 다투어 돌아와 따랐다. 속담에 "말을 감정할 때에는 여윈 것 때문에 실수하고, 사람을 감정할 때에는 가난 때문에 잘못 본다."라는 말이 있는데 이런 경우를 두고 하는 말일까?

왕 부인이 위독해지자 황제가 몸소 가서 문병을 하며 말했다.

"그대 아들은 마땅히 왕이 될 것이오. 어디에 두면 좋겠소?"

부인이 대답했다.

"낙양에 있게 해 주십시오."

황제가 말했다.

"그것은 안 되오. 낙양에는 무기고와 오창(敖倉, 곡식 창고)이 있으며, 관의 출입구에 해당하여 천하의 목구멍이오. 선제 이래로 이곳에는 줄곧 왕을 두지 않았소. 그러나 함곡관 동쪽의 나라들 중에서 제나라보다 큰 나라는 없소. 제나라 왕으로 삼을 수 있소."

왕 부인이 제 손으로 머리를 치면서 [감사한 마음을 나타내고] 말했다.

"아주 다행스러운 일입니다."

왕 부인이 죽자 제나라 왕의 태후가 죽었다고 했다.

따오기를 잃은 자의 변명

옛날에 제나라 왕은 순우곤을 시켜서 따오기를 초나라에 바치도록 한 일이 있었다. 순우곤은 도성 문을 나서자 길에서 따오기를 날려 보내고 빈 새장만 들고 가서 초나라 왕을 뵙고 이렇게 거짓말을 했다.

"제나라 왕께서는 신에게 왕께 따오기를 바치도록 했습니다. 물가를 지나는데 따오기가 목말라 하는 것을 차마 그냥 두고 볼 수 없어 새장에서 꺼내물을 마시게 하니 신을 버리고 날아가 버렸습니다. 신은 배를 찌르고 목을 매어 목숨을 끊을까도 생각했습니다만, 사람들이 우리 왕을 보고 새 때문에 선비가 스스로 목숨을 끊도록 했다고 할까 봐 두려웠습니다. 따오기는 털을 가진 놈이라 비슷한 놈이 많으므로 따오기 대신 사서 가져올까 했습니다만, 이는 신의가 없는 행위로 우리 왕을 속이는 것입니다. 다른 나라로 도망치려고도 했습니다만 두 나라 군주 사이에 사신의 왕래가 끊길까 봐 가슴 아팠습니다. 그래서 여기까지 와서 잘못을 자백하고 머리를 두드려 왕께 벌을 받으려합니다."

초나라 왕이 말했다.

"훌륭하다. 제나라 왕에게 이처럼 신의 있는 선비가 있었다니."

초나라 왕은 순우곤에게 많은 상을 내렸다. 그 재물은 따오기를 바쳤을경우보다 배나 되었다.

군자는 서로 좋은 말(言)을 보낸다

효무제 때 북해 태수를 불러 행재소(行在所, 황제가 임시 머무는 곳)로 나오도록 했다. 그때 문학졸사(文學卒史, 문서 담당 관리)로 있던 왕 선생이라는 자가 태수와 같이 가고 싶다고 청했다.

"제가 당신에게 도움이 될 테니 데려가 주십시오."

그러나 그 부서의 속관들이 말했다.

"왕 선생은 술을 좋아하는 데다 말만 많고 실속이 적습니다. 데리고 갈 수 없을 것 같습니다."

그러나 태수는 이렇게 말했다.

"선생이 가겠다고 하니 거절할 수 없다."

그들은 결국 함께 가서 행궁 밑에 이르러 궁부(宮府) 문밖에서 조서를 기다렸다. 왕 선생은 날마다 그저 품속에 지닌 돈으로 술을 사서 위졸복야(衛卒僕射)와 마시고 취해 태수는 아예 만나려고도 하지 않았다. 태수가 행재소로 들어가 황제를 배알하게 되었을 무렵, 왕 선생은 호랑(戶郎, 궁궐 문을 지키는 낭관)에게 부탁하였다.

"저를 위해 저희 태수를 문안으로 불러내어 멀리서라도 좋으니 말을 할 수 있게 해 주십시오."

호랑이 태수를 부르자 태수가 와서 왕 선생을 바라보았다. 왕 선생이 말했다.

"천자께서 태수께 '어떻게 북해군을 다스려 도적을 없게 했느냐?'라고 물으시면 태수께서는 뭐라고 대답하시겠습니까?"

태수가 말했다.

"현명한 인재를 뽑아 각자의 재능에 따라 일을 맡기고, 상의 등급을 달리하고 착하지 않은 자에게는 벌을 주었다고 대답하겠소."

왕 선생이 말했다.

"그렇게 대답하신다면 당신 스스로 칭찬하고 스스로 공을 뽐내는 것이니 안 됩니다. 태수께서는 '이는 신의 힘이 아니라 모두 폐하의 신령함과 위무(威武)가 변화시킨 것입니다.'라고 대답하십시오."

태수가 말했다.

"알았소."

태수가 불려 들어가 어전에 이르니, 조서를 내려 다음과 같이 물었다.

어떻게 북해군을 다스려 도적들이 일어나지 않게 되었소?

태수는 머리를 조아리며 대답했다.

"신의 힘이 아니라 폐하의 신령과 위무가 이같이 변화시킨 것입니다."

효무제가 크게 웃고 말했다.

"아! 어디서 장자의 말을 듣고 이렇게 말하오? 이 말을 누구에게 들었소?"

태수가 대답했다.

"문학졸사에게 들었습니다."

황제가 말했다.

"〔그자는〕 지금 어디 있소?"

태수가 대답했다.

"궁부 문밖에 있습니다."

황제는 조서를 내려 왕 선생을 불러 수형(水衡)의 승(丞)으로 삼고, 북해 태수를 수형도위(水衡都尉, 상림원을 맡은 관리)로 삼았다. 전해 오는 말에 "아름다운 말(言)은 〔남에게〕 팔 만하고 고귀한 행실은 〔자기를〕 남보다 빼어나게 한다.", "군자는 서로 좋은 말을 보내고 소인은 서로 재물을 보낸다."라고 했다.

서문표의 지혜

위(魏)나라 문후(文侯) 때 서문표(西門豹)가 업현(鄴縣)의 현령이 되었다. 서문표는 업현에 이르자마자 장로(長老, 명망 있는 노인)들을 불러 놓고 백성이 괴로워하는 것이 무엇인지를 물었다. 장로들이 말했다.

"하백(河伯, 황하의 신)에게 신붓감을 바치는 일로 괴로워하고 있습니다. 그 때문에 가난합니다."

서문표가 그 까닭을 물으니 다음과 같이 대답했다.

"업현의 삼로(三老, 향(鄕)에서 교화를 맡은 관리)와 아전들은 해마다 백성에게 세금을 부과하여 수백만 전을 걷는데, 그 가운데 하백에게 여자를 바치는 데 이삼십만 전을 쓰고 그 나머지는 무당들과 나누어 가지고 돌아갑니다. 그 시기가 되면 무당이 백성 집에서 예쁜 처녀를 발견하여 '이 애가 하백의 아내가 될 것이다.'라고 말하고는 폐백을 보내 주고 데려갑니다. 처녀를 목욕시킨 뒤 촘촘하게 짠 비단으로 옷을 지어 주고, 조용한 곳에 머물게 하여 재계시킵니다. 재궁(齋宮, 조용히 머물며 재계하는 곳)을 물가에 짓고 두꺼운 비단으로 만든 붉은 장막을 치고는 처녀를 그 안에 있게 하고 쇠고기와 술과 밥을 줍니다. 열흘쯤 지나 화장을 시키고 여자가 시집갈 때처럼 이부자리나 방석 같은 것을 만들고 그 위에 처녀를 태워 물 위로 띄워 보냅니다. 처음에는 떠 있지만 수십 리쯤 흘러가면 물에 가라앉고 맙니다. 그래서 어여쁜 딸을 가진 집에서는 무당이 하백을 위하여 자기 딸을 데려갈까 봐 두려워서 딸을 데리고 멀리 달아나는 자가 많습니다. 이런 까닭으로 성안에는 더욱 사람이 줄어 비고 또 가난해졌습니다. 이런 일이 있은 지 실로 오래되었습니다. 민간의 속어에도 '하백에게 아내를 얻어 주지 않으면 백성을 익사시킬 것이다.'라고 했습니다."

서문표가 말했다.

"하백을 위해 아내를 얻어 주려고 할 때 삼로와 무당과 부로(父老)들이 처녀를 물 위로 보내거든 와서 알려 주기 바라오. 나도 가서 그 여자를 전송하겠소."

모두 말했다.

"알았습니다."

그날이 되어 서문표가 물가로 나갔다. 그곳에는 삼로와 관속과 호족과 마을의 부로가 모두 모였으며, 구경 나온 백성도 이삼천 명은 되었다. 무당은 일흔 살이 넘은 노파로 여제자 십여 명이 따르고 있었는데 모두 비단으로 된 홑옷을 걸치고 무당 뒤에 서 있었다. 서문표가 말했다.

"하백의 신붓감을 불러오시오. 내 그녀가 아름다운지 추한지 보겠소."

장막 안에서 처녀를 데리고 나와 서문표 앞으로 왔다. 서문표는 그녀를 본 뒤 삼로와 무당과 부로들을 돌아보고 이렇게 말했다.

"이 처녀는 아름답지 않소. 수고스럽겠지만 무당 할멈은 황하로 들어가서 하백에게 '아름다운 처녀를 다시 구해 다음에 보내 드리겠습니다.'라고 말씀드려 주시오."

그리고 바로 이졸들을 시켜 무당 할멈을 안아서 황하 속으로 던졌다. 조금 있다가 서문표가 말했다.

"무당 할멈이 왜 이렇게 꾸물거릴까? 제자들은 가서 서둘라 하라."

제자 한 명을 황하 가운데로 던져 버렸다. 조금 지나서 말했다.

"제자가 왜 이토록 꾸물거릴까? 다시 한 사람을 보내 재촉하게 하라."

또다시 제자 한 명을 황하 속으로 던졌다. 모두 세 명을 던지고 서문표가 말했다.

"무당과 제자들은 여자이기 때문에 사정을 말씀드리기가 어려울 것이오. 수고스럽지만 삼로가 들어가서 하백에게 말씀드려 주시오."

다시 삼로를 황하 물속으로 던졌다. 서문표는 붓을 관에 꽂고 몸을 경(磬)처럼 굽혀 물을 향해 꽤 오랫동안 서 있었다. 곁에서 보고 있던 장로와 아전이 모두 놀라고 두려워했다. 서문표가 돌아보며 말했다.

"무당과 삼로가 모두 돌아오지 않으니 이를 어찌하면 좋겠소?"

다시 아전과 호족 한 사람씩을 물로 들어가 재촉하게 하려 하니, 모두 머리를 조아려 이마가 깨져 피가 땅 위로 흐르고 얼굴은 잿빛으로 변했다. 서문표가 말했다.

"좋다. 잠시 머물러라. 잠깐만 더 기다려 보자."

조금 있다가 서문표가 다시 말했다.

"아전들은 일어서라. 하백이 손님들을 오래 머물게 하는 것 같다. 너희는 모두 돌아가라."

업현의 관리나 백성은 크게 놀라고 두려워했다. 이때부터 감히 다시는 하백을 위하여 아내를 얻어 주자고 말하지 않았다.

어진 사람이 만든 법식은 바꾸면 안 된다

서문표는 백성을 동원하여 하천 열두 개를 파서 황하의 물을 끌어다가 백성의 논에 대었다. 그리하여 논마다 모두 물을 얻을 수 있었다. 당시 백성은 하천을 만드는 일이 번거롭고 수고스러워서 하려 들지 않았다. 서문표가 말했다.

"백성이란 일이 이루어진 뒤에 함께 누릴 수 있을 뿐 함께 일을 시작할 생각은 못 한다. 지금 부로와 자제들은 〔자기들을 괴롭힌다고〕 원망하겠지만, 백 년 뒤 부로의 자손들은 내 말을 되새기게 될 것이다."

지금에 이르러서는 모두 물의 이로움을 얻어 백성이 자급자족해 부유해졌다. 하천 열둘은 황제의 치도(馳道)를 가로지르고 있었다. 한나라가 일어나자 지방 장리(長吏)들이 열두 하천의 다리가 천자의 치도를 끊고 서로 근접해 있는 것은 좋지 않다고 여겨 하천 물을 합치려고 했다. 또 치도에 이르러서는 하천 세 개를 합쳐 다리 한 개를 놓으려 했다. 그러나 업현의 부로들은 장리의 말을 들으려 하지 않았다. 이 하천은 서문군(西門君)이 만든 것이니, 어진 사람의 법식을 바꾸면 안 된다고 생각한 것이다. 장리들도 마침내 그 말을 받아들여 그대로 두기로 했다.

그래서 서문표는 업현의 현령이 되어 명성이 천하에 알려지고, 은택은 후세에까지 흘러 그치지 않았다. 어찌 어진 대부라고 일컫지 않을 수 있겠는가?

전하는 말에 "자산(子産, 공손교(公孫僑))이 정나라를 다스리자 백성은 그를 속일 수 없었고, 자천(子賤, 복자제(宓子齊))이 선보(單父)를 다스리자 백성은 차마 그를 속일 수 없었으며, 서문표가 업현을 다스리자 감히 그를 속이지 못했다."라고 하는데, 이 세 사람의 재능 가운데 누가 가장 뛰어날까? 그것은 다스리는 길을 아는 사람이라면 마땅히 구별할 수 있을 것이다.

21

화식 열전

貨殖列傳

이 편은 춘추 말기부터 한나라 초기까지 상공업으로 치부한 사람들의 활동을 다룬 것으로, 이 시기 상공업 발전의 면모를 볼 수 있어 '화식(貨殖)'이라는 이름을 붙였다. '화(貨)'는 재산, '식(殖)'은 불어난다는 뜻으로 재산을 늘리는 방법을 말한다. 이 열전의 서론 부분은 먹고사는 문제, 즉 경제 능력이 사회생활에서 얼마만큼 중요한지를 강조하고 있어 명분보다는 실질을 택하여 빈천함을 수치로 여길 만큼 강한 어조로 일관했다.

사마천은 농업, 공업, 상업 등의 분업은 사회 경제 생활에서 중요한 작용을 하는 필연적인 것으로 생각하였다. 그는 상업을 의식 문제를 근본적으로 해결할 수 있는 길로 보고 농업, 공업과 함께 모든 직업을 중시하는 진보적 면모를 보였다. 적어도 그는 '중농억상(重農抑商)'의 전통적인 가치관을 부정하고 있다.

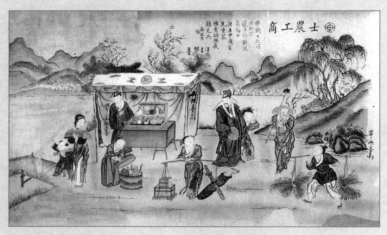

춘추 시대 사농공상의 모습.

입고 먹는 것이 다스림의 근원이다

노자는 이렇게 말했다.

"지극히 잘 다스려지는 시대는 이웃 나라끼리 바라보고 닭 우는 소리와 개 짖는 소리가 서로 들려도 백성은 제각기 자신들의 음식을 달게 먹고, 자기 나라의 옷을 아름답게 여기며, 자기 나라의 습속을 편히 여기고, 자신들의 일을 즐기며, 늙어 죽을 때까지 서로 왕래하지 않는다."

그러나 이러한 것을 이루기 위해 근대의 풍속을 돌이키고 백성의 귀와 눈을 막으려 한다면 아마 실행할 수 없을 것이다.

태사공은 말한다.

"신농씨 이전의 일에 대해 나는 알지 못한다. 『시경』과 『서경』에서 말하는 우나 하나라 이래의 것을 보면 귀와 눈은 아름다운 소리와 아름다운 모습을 한껏 즐기려 하고, 입은 소와 양 따위의 좋은 맛을 다 보려 하며, 몸은 편하고 즐거운 것을 좋아하고, 마음은 권세와 유능하다는 영예를 자랑하고 싶어 한다. 이러한 풍속은 백성의 마음속까지 파고든 지 이미 오래여서 미묘한 이론을 가지고 집집마다 깨우치려 해도 도저히 교화시킬 수 없을 것이다. 그래서 세상을 가장 잘 다스리는 방법은 자연스러움을 따르는 것이고, 그다음은 이익을 이용하여 이끄는 것이며, 그다음은 가르쳐 깨우치는 것이고, 또 그다음은 백성을 가지런히 바로잡는 것이고, 가장 정치를 못하는 것은 〔재산을 가지고〕 백성과 다투는 것이다.

대체로 산서 지방에는 목재와 대나무와 닥나무와 모시와 검은 소꼬리와 옥석 등이 많고, 산동 지방에는 물고기와 소금과 옻과 명주실과 미녀 등이 많으며, 강남 지방에는 녹나무와 가래나무와 생강과 계수나무와 금과 주석과 납과 단사와 무소뿔과 대모(바다거북)와 진주와 상아와 가죽 등이 많고, 용문(龍門, 우문구(禹門口))과 갈석(碣石) 북쪽에는 말과 소와 양과 모직물과 갖옷과 짐승의 힘줄과 뿔 등이 많다. 구리와 철은 사방 천 리 안에서 생산되므로 바둑돌을 벌여 놓은 것처럼 여기저기에 있다. 이것이 대략적인 내용이다. 이는 모두 중국 사람들이 좋아하는 것으로 세속에서 몸에 걸치고 먹으며, 산 사람을 받들고 죽은 사람을 장사 지내는 데 쓰는 도구이다.

그러므로 농부는 먹을 것을 생산하고, 어부와 사냥꾼은 물건을 공급하고, 기술자는 이것으로 물건을 만들고, 장사꾼은 이것을 유통시킨다. 이러한 일이 어찌 정령(政令)이나 교화나 징발이나 기일을 정해 놓음으로써 모이겠는가! 사람들은 각각 저마다 능력에 따라 그 힘을 다해 원하는 것을 얻는다. 그러므로 물건 값이 싸다는 것은 장차 비싸질 조짐이며, 값이 비싸다는 것은 싸질 조짐이다. 각자가 그 생업에 힘쓰고 즐겁게 일하는 것이 마치 물이 낮은 곳으로 흐르는 것과 같아, 물건은 부르지 않아도 밤낮으로 쉴 새 없이 절로 모여들고 구하지 않아도 백성이 만들어 낸다. 이야말로 어찌 도와 부합하지 않으며, 자연법칙의 징험이 아니겠는가?

『주서(周書)』에 '농부가 생산하지 않으면 식량이 모자라고, 장인이 물건을 제대로 만들어 내지 않으면 제품이 부족하고, 장사치가 물건을 팔지 않으면 삼보(三寶, 식량, 제품, 자재)의 유통이 끊어진다. 어부나 사냥꾼이 활발하게 활동하지 않으면 자재가 모자란다. 자재가 모자라면 산과 택지는 개척되지 않는다.'라고 했다. 이 네 가지는 백성이 입고 먹는 것의 근원이다. 그 근원이 크면 백성은 부유해지고 그 근원이 작으면 백성은 가난해진다. 이 네 가지는 위로 나라를 부유하게 하고 아래로는 가정을 부유하게 한다. 빈부의 도란 빼앗거나 안겨 주어서 되는 게 아니고, 교묘한 재주가 있는 사람은 부유해지고 모자라는 사람은 가난한 것이다.

부잣집 아들은 저잣거리에서 죽지 않는다

전에 태공망(여상(呂尚))이 영구(營丘)에 봉해졌을 때 그곳 땅은 소금기가 많고 백성이 적었다. 그래서 태공망은 부녀자들의 길쌈을 장려하여 기술을 높이고, 또 각지로 생선과 소금을 유통시키자 사람과 물건이 돌아오고 줄을 지어 잇달아 모여들었다. 그리하여 제나라는 천하에 관과 띠와 옷과 신을 공급하고, 동해와 태산 사이의 제후들은 옷과 관을 바로 하고 제나라로 가서 조회하였다. 그 뒤 제나라는 한때 쇠약하기도 하였으나 관중이 나라를 다스리면서 경중구부(輕重九府)[1]를 두었고, 환공은 이것으로써 패자가 되어 제후들을 아홉 차례나 모이게 하여 천하를 바로잡았다. 관중 또한 후 신분으로 있으면서도 열국의 왕들보다 부유하여 삼귀(三歸, 세 성씨의 여자를 얻는 것)를 가질 정도였다. 이리하여 제나라의 부강함은 위왕(威王)과 선왕(宣王) 대에까지 이르렀다.

그러므로 '창고가 가득 차야 예절을 알고, 먹고 입을 것이 넉넉해야 영욕을 안다.'라고 한 것이다. 예라는 것은 〔재산이〕 있는 데서 생겨나고 없는 데서는 사라진다. 그런 까닭에 군자가 부유하면 덕을 즐겨 실천하고, 소인이 부유하면 자기 능력에 닿는 일을 한다. 못은 깊어야 고기가 있고, 산은 깊어야 짐승이 오가며, 사람은 부유해야만 인의를 따른다. 부유한 사람이 세력을 얻으면 세상에 더욱 드러나고, 세력을 잃으면 빈객들이 갈 곳이 없어져 따르지 않는다. 이러한 경향은 만이 나라에서 더욱 심하다. 속담에 '천 금을 가진 부잣집 아들은 저잣거리에서 죽지 않는다.'라고 했는데 그것은 빈말이 아니다. 그러므로 '천하 사람은 모두 이익을 위해 기꺼이 모여들고, 모두 이익을 위해 분명히 떠난다.'라고 하는 것이다. 저 천승의 왕, 일만 가(家)를 가진 후(侯), 백 실

---

1   화폐에 관한 일을 하던 아홉 관부로 대부(大府), 옥부(玉府), 내부(內府), 외부(外府), 천부(泉府), 천부(天府), 직내(職內), 직금(職金), 직폐(職幣)를 말한다.

(室)을 가진 대부도 오히려 가난을 걱정했는데 하물며 보통 사람이나 서민이 야 어뗘하겠는가?

물건과 돈은 흐르는 물처럼 유통시켜야 한다

옛날 월나라 왕 구천은 회계산에서 고통을 겪으면서 범려와 계연(計然, 범 려의 스승)을 기용했다. 계연은 이렇게 말했다.

'전쟁이 있을 것을 알면 미리 방비해야 하고, 때와 쓰임을 알면 그때 필요 한 물건을 알게 됩니다. 이 두 가지를 분명하게 알면 모든 재물의 실정을 알 수 있습니다. 세성(歲星, 목성)이 서쪽에 있으면 풍년이 들고, 북쪽에 있으면 수 해가 발생하며, 동쪽에 있으면 기근이 들고, 남쪽에 있으면 가뭄이 듭니다. 가뭄이 든 해에는 미리 배를 준비해 두고, 수해가 있는 해에는 미리 수레를 준비해 두는 것이 사물의 이치입니다. 육 년마다 한 차례 풍년이 들고, 육 년 마다 한 차례 가뭄이 들며, 십이 년마다 한 차례 흉년이 듭니다. 쌀값이 한 말 에 이십 전이면 농민이 고통을 받고, 구십 전이면 반대로 상인이 고통을 받습 니다. 상인이 고통을 받으면 상품이 유통되지 않고, 농민이 고통을 받으면 논 밭이 황폐해집니다. 쌀값이 비싸도 팔십 전을 넘지 않고, 싸도 삼십 전 아래 로 떨어지지 않게 하면 농민과 상인이 다 함께 이롭습니다. 쌀값을 안정시키 고 물자를 고르게 유통시켜 관문이나 시장에 물건을 넉넉하게 하는 것이 나 라를 다스리는 길입니다. 물자를 축적하는 원칙은 물건을 온전한 채로 보존 하는 데 힘써야 하는 것이지 물화를 오래 쌓아 두는 게 아닙니다. 물자를 서 로 교역하는데 상하기 쉬운 것을 팔지 않고 남겨 두면 안 되고, 물건을 쌓아 두고 비싸질 때까지 오래 기다리면 안 됩니다. 물건이 남아도는지 모자라는 지를 살펴보면 그것이 귀한지 천한지를 알 수 있습니다. 비쌀 대로 비싸지면 헐값으로 돌아오고, 쌀 대로 싸지면 비싼 값으로 되돌아갑니다. 값이 비싸면 오물을 배설하듯이 내다 팔고, 값이 싸면 구슬을 손에 넣듯이 사들여야 합니다. 물건과 돈은 흐르는 물처럼 원활하게 유통시켜야 합니다.'

이러한 방법을 실천한 지 십 년이 되니 나라는 부강해지고 병사들은 많은 상을 받게 되었다. 병사들은 목마른 사람이 물을 얻는 것처럼 적군의 화살과 돌을 향해 용맹스럽게 달려 나가게 되고, 드디어 강한 오나라에 복수하여 중국에 병력을 떨치고 오패로 불리게 되었다.

범려는 회계산의 치욕을 씻고 나서 이렇게 탄식했다.

'계연의 일곱 가지 계책 중에서 월나라는 다섯 가지를 써서 뜻을 이루었다. 나라에서는 이미 써 보았으니, 나는 이것을 집에서 써 보겠다.'

이리하여 그는 작은 배를 타고 강호로 다니다가 성과 이름을 바꾸고 제나라로 가서는 치이자피(鴟夷子皮)라 부르고, 도(陶)로 가서는 주공(朱公)이라 불렀다. 주공은 이렇게 생각했다.

'도(陶)는 천하의 중심으로 사방 여러 나라로 통하여 물자의 교역이 이루어지는 곳이다.'

이에 장사를 하며 물자를 쌓아 두었다가 시세의 흐름을 보아 내다 팔아서 이익을 거두었는데 사람의 노력에 기대지는 않았다. 그러므로 생업을 잘 운영하는 사람은 거래 상대를 고른 뒤 자연의 시세에 맡긴다. 주공은 십구 년 동안에 세 차례나 천 금을 벌었는데, 그것을 두 번은 가난한 친구들과 먼 형제들에게 나눠 주었다. 이것이 이른바 '부유하면 그 덕을 즐겨 행한다.'라는 것이다. 나중에 그는 늙고 쇠약해지자 일을 자손에게 맡겼다. 자손들이 가업을 잘 운영하여 재산을 늘려 거만 금에 이르는 부자가 되었다. 그러므로 부를 말하는 사람은 모두 도 주공을 일컫는다.

세력을 얻어 더욱 세상에 드러난다

자공(子貢)은 공자에게 배운 뒤 물러나 위(衛)나라에서 벼슬하고, 조(曹)나라와 노나라 사이에서 물자를 쌓아 두기도 하고 팔기도 하여 재산을 모았다. 공자의 칠십여 제자 중에서 자공이 가장 부유했다. 원헌(原憲)은 술지게미나 쌀겨조차 제대로 먹지 못하면서 후미진 뒷골목에 숨어 살았다. 자공은 사두마차를 타고 기마 행렬을 거느리며 비단을 폐백으로 들고 제후들을 찾아가므로 가는 곳마다 왕들이 몸소 뜰까지 내려와 대등한 예로 맞이하지 않는 자가 없었다. 대체로 공자의 이름이 천하에 널리 알려지게 된 것도 자공이 공자를 모시고 다니며 도왔기 때문이다. 이것이 이른바 '세력을 얻어 더욱 세상에 드러나는' 일 아니겠는가?

시세 변동에 따라 새처럼 민첩하게 사고팔라

백규(白圭)는 주나라 사람이다.[2] 위(魏)나라 문후(文侯) 때 이극(李克)은 토지의 생산력을 높이는 일에 힘을 기울였으나, 백규는 시세의 변동을 살피기를 좋아했다. 그래서 백규는 사람들이 버리고 돌아보지 않을 때는 사들이고, 세상 사람들이 사들일 때는 팔아넘겼다. 풍년이 들면 곡식은 사들이고 실과 옷은 팔며, [흉년이 들어] 누에고치가 나돌면 비단과 풀솜을 사들이고 곡식을 내다 팔았다. 태음(太陰, 목성 뒤의 세성(歲星))이 동쪽에 있는 해에는 풍년이 들지만 그 이듬해에는 흉년이 든다. 또 남쪽에 있는 해에는 가물고 그 이듬해에는 풍년이 든다. 서쪽에 있는 해에는 풍년이 들고 그 이듬해에는 흉년이 든다. 북쪽에 있는 해에는 크게 가물고 그 이듬해에는 흉년이 든다. 그리고 홍

---

2 여기서는 낙양 사람이라는 뜻이다.

수가 나는 해가 있으면 태음이 다시 동쪽으로 돌아온다. 백규는 풍년과 흉년이 순환하는 이러한 이치를 살펴 사고팔므로 해마다 물건을 사재기하는 것이 배로 늘어났다. 돈을 불리려면 값싼 곡식을 사들이고, 수확을 늘리려면 좋은 종자를 썼다. 거친 음식을 달게 먹고 하고 싶은 것을 억누르며 옷을 검소하게 입고 노복들과 고통과 즐거움을 함께했으나, 시기를 보아 나아가는 데는 마치 사나운 짐승이나 새처럼 재빨랐다. 그는 이렇게 말했다.

'나는 산업을 운영할 때 마치 이윤과 여상이 계책을 꾀하고, 손자(손무)와 오자(오기)가 군사를 쓰고, 상앙이 법을 시행하는 것과 같이 한다. 그런 까닭에 임기응변하는 지혜가 없거나 일을 결단하는 용기가 없거나 주고받는 어짊이 없거나 지킬 바를 끝까지 지킬 수 없는 사람이면 내 방법을 배우고 싶어해도 끝까지 가르쳐 주지 않겠다.'

대체로 천하에서 사업하는 방법을 말하는 사람들은 백규를 그 원조로 보았다. 백규는 직접 시험을 해보고 남보다 뛰어남을 입증할 수 있었는데, 이것은 아무렇게나 되는 게 아니다.

의돈(猗頓)은 염전을 팔아 귀해지고 한단의 곽종(郭縱)은 철광 제련으로 성공하였는데, 그들은 왕과 어깨를 겨룰 만큼 부유했다.

목자와 과부가 천자에게 대우받을 수 있는 까닭

오지현(烏氏縣) 사람 나(倮)는 목축을 본업으로 했는데, 가축 수가 불어나자 팔아 신기한 비단을 사서 남몰래 융왕(戎王)에게 바쳤다. 융왕은 그 대가로 나에게 열 배나 더 많은 가축을 주었다. 그래서 그가 기르는 가축은 골짜기 수로 말과 소의 수를 셀 정도가 되었다. 진시황은 그를 군(君)으로 봉해진 자들과 똑같이 대우하여 정해진 때(봄과 가을)마다 대신들(제후들)과 함께 조회에 들게 했다.

또 파촉에 사는 과부 청(淸)은 그 조상이 단사(丹沙)가 나는 동굴을 발견하여 그 이익을 여러 대에 걸쳐 독점해 왔으므로 재산이 헤아릴 수 없을 정도로 많았다. 청은 과부이지만 그 가업을 지키고 재물을 이용하여 자신을 지켜 사람들로부터 침범당하지 않았다. 진나라 시황제는 청을 정조 있는 부인으로 여겨 빈객으로 대우하고, 그녀를 위해 여회청대(女懷淸臺)를 지었다. 이처럼 나는 시골뜨기 목장 주인이고 청은 외딴 산골의 과부에 지나지 않지만 천자와 똑같은 예를 받고 이름을 천하에 드러냈으니, 어찌 부유했기 때문이 아니겠는가?

물자와 지역, 그리고 사람의 상호 관계

한나라가 일어나 천하를 통일하고 관문과 다리를 개방하고 산림과 소택의 [나무를 베고 고기를 잡지 못하게 한] 금령을 느슨하게 하였다. 따라서 부상(富商)과 대상(大商)들이 천하를 두루 다니게 되어 교역하는 물건은 유통되지 않는 게 없으므로 원하는 것은 무엇이든 다 얻을 수 있었다. 그리고 [한나라는 지방의] 호걸들과 제후국의 권문세족들을 경사(京師)로 옮겨 살게 했다.

관중(關中)은 견(汧)과 옹(雍)에서부터 동쪽으로 황하와 화산(華山)에 이르기까지 기름진 땅이 천 리에 펼쳐 있어 우(虞)와 하(夏) 시대의 공부(貢賦)에서도 상등의 전지(田地)로 인정하였다. 게다가 공류(公劉)는 빈(邠)으로 갔고, 대왕(大王, 고공단보)과 왕계(王季)는 기산(岐山)에서 살았으며, 문왕은 풍(豐)을 일으켰고, 무왕은 호경(鎬京)을 다스렸다. 그러므로 이 땅에 사는 백성은 아직도 선왕의 유풍을 지니고 있기 때문에 농사짓기를 즐겨 오곡을 심고 토지를 소중히 여기고 사악한 짓을 두려워한다. 진(秦)나라 문공과 덕공과 목공이 옹(雍)에 도읍하니, 그곳에는 농(隴)과 촉의 물자가 많이 모여들고 장사꾼도 많았다. 헌공은 역읍(櫟邑)으로 도읍을 옮겼는데 역읍은 북쪽으로는 융적

(戎翟)을 물리칠 수 있고, 동쪽으로는 삼진(三晉)과 통해서 또한 큰 상인이 많았다. 효공과 소왕은 함양에서 다스렸으므로 한나라는 [그곳에 가까운] 장안에 도읍을 정했다. 장안 주변에 여러 개의 능침(陵寢)이 있으므로 사방에서 사람들이 줄지어 모여들었다. 땅이 좁고 사람이 많으므로 그곳 백성은 약아져서 장사를 일삼았다.

[관중] 남쪽에는 파와 촉이 있다. 파와 촉은 땅이 기름져 치자, 생강, 단사, 돌, 구리, 쇠, 대나무 그릇, 나무 그릇 등을 많이 생산했다. 그래서 그 남쪽의 전(滇)과 북(僰)을 능가했고, 북에서는 노예를 많이 냈다. 서쪽으로는 공(邛, 옛 부족. 사천성의 이족 이름)과 작(笮, 옛 부족. 사천성의 이족 이름)에 가까운데 작에서는 말과 모우(旄牛)를 생산하였다. 사방이 막혀 있지만 천 리에 걸친 잔도가 있어 통하지 않는 곳이 없었다. 다만 포(襃)와 야(斜)의 땅[3]은 파와 촉의 길 어귀를 꿰매어 얽어 놓은 것만 같아서 남아도는 물자를 모자라는 것과 바꾸곤 했다.

천수(天水), 농서(隴西), 북지(北地), 상군(上郡)은 관중 지방과 같은 풍속을 가지고 있었다. 서쪽에는 강중(羌中)의 이익이 있고, 북쪽에는 융적의 가축이 있으며, 목축은 천하에서 으뜸이었다. 이곳은 구석지고 험난하며 오로지 경사(京師)로만 길이 통했다. 관중 땅은 천하의 삼분의 일을 차지해도 인구는 십분의 삼에 지나지 않았다. 그러나 그 부를 논해 보면 십분의 육이나 차지하였다.

옛날 당요(唐堯)는 하동(河東)에 도읍하였고, 은나라의 반경(盤庚)은 하내(河內)에 도읍하였으며, 주나라 평왕(平王)은 하남(河南)의 낙양에 도읍하였다. 대체로 삼하(三河)는 천하의 중앙에 있어 솥의 세 발과 같고 왕들이 번갈아 있던 곳이다. 나라를 세운 지 제각기 수백 년에서 수천 년 되었고, 땅은 좁으나 백성은 많았다. 수도에는 각국 제후들이 모이므로 그 풍속이 섬세하고 절

---

3 종남산(終南山)의 남쪽 골짜기에서 북쪽 골짜기에 이르기까지 470리나 되는 교통의 요충지이다.

약과 검소함을 숭상하며 제각기 일을 익혔다.

양(楊)과 평양(平陽)은 서쪽으로 진(秦)나라, 백적(白翟)과 장사하고 북쪽으로는 종(種), 대(代)와 거래하였다. 종과 대는 석읍현(石邑縣) 북쪽에 있는데 흉노와 이웃하여 자주 침략당했다. 그곳 백성은 자존심이 강하고 다른 사람을 이기려 들며 성을 잘 내고 유협의 기질이 있어 간악한 일을 하고, 농사나 장사에 종사하지는 않았다. 그러나 북쪽 만이와 가까이 있어 군대가 자주 출동하는 탓으로 중국에서 자주 수송을 위탁하므로 뜻하지 않게 큰 이익을 얻을 때도 있었다. 그곳 사람들은 들양처럼 날쌔고 사나웠다. 전진(全晉) 시기부터 그들의 포악함은 골칫거리였다. 그러나 〔조나라의〕 무령왕이 그들의 포악한 기질을 더욱 조장하였으므로 이곳 풍속에는 아직도 조나라의 유풍이 있다. 그래서 양과 평양은 그 사이에서 장사를 하여 원하는 것을 얻었다.

온(溫)과 지(軹)는 서쪽으로 상당과 거래하고 북쪽으로는 조, 중산(中山)과 거래했다. 중산은 땅이 메마르고 사람이 많은 데다 사구 일대에는 음란한 짓을 하던 주왕의 자손들이 사는데, 그들의 풍속은 경박하고 교활한 방법으로 이익을 얻어 생활했다. 남자들은 서로 모여 놀고 희롱하며, 슬픈 노래로 울분을 터뜨리고, 일어나면 서로 따르고 사람을 죽이고 강도질을 하며, 일이 없을 때는 무덤을 파헤쳐서 보물을 훔쳐 교묘한 위조품을 만들고 나쁜 짓을 하며, 광대놀이를 하기도 했다. 여자들은 비파를 타고 신발을 끌고 다니며 부귀한 사람들에게 아부하여 후궁으로 들어가 제후국마다 두루 퍼져 있다.

한단은 장수(漳水)와 하수(河水) 사이에 있는 큰 고을이다. 북쪽으로 연과 탁(涿)에 통하고, 남쪽에는 정과 위(衛)나라가 있다. 정과 위나라의 풍습은 조나라와 비슷하지만 양나라와 노나라에 가까우므로 다소 중후하고 절조를 숭상한다.

복상(濮上)의 읍은 야왕(野王)으로 옮겨 갔는데 야왕 사람들이 의기를 소중히 여기고 유협을 숭상하는 것은 위(衛)나라의 기풍이다.

연나라는 발해(渤海)와 갈석산(碣石山) 사이에 있는 큰 고을인데 남쪽으로는 제와 조나라에 통하고, 동북쪽으로는 흉노와 경계를 접하였다. 상곡(上谷)부터 요동에 이르는 곳은 아주 멀어 백성이 적고 자주 침략당했다. 풍속은 조나라, 대나라와 아주 닮았고 백성은 강하고 사납지만 생각이 얕다. 물고기, 소금, 대추, 밤 등이 많이 생산된다. 북쪽으로는 오환 및 부여와 이웃하고 있고 동쪽으로는 예맥, 조선, 진번에서 이익을 독점하고 있다.

낙양은 동쪽으로 제, 노나라와 통하고 남쪽으로는 양, 초나라와 거래한다. 태산 남쪽은 노나라이고, 북쪽은 제나라이다.

제나라는 산과 바다로 둘러싸여 있고 기름진 들은 뽕나무와 삼을 기르기에 알맞으며 백성이 많고 무늬 있는 베, 비단, 생선, 소금 등이 생산된다.

임치는 동해와 태산 사이에 있는 큰 고을이다. 이곳 풍속은 너그럽고 활달하며, 지혜가 있고 의논하기를 좋아한다. 성격이 진중해서 남에게 휩쓸려 따라가는 일이 없다. 떼를 지어 싸우는 것은 겁내지만 개인끼리 다투고 찌르며 싸우는 데는 용감하다. 그래서 남을 협박하는 사람도 많다. 대체로 큰 나라의 유풍이 있으며 사, 농, 상, 공, 고(賈)가 두루 모여 산다.

추(鄒)와 노(魯)는 수수(洙水)와 사수(泗水) 가에 있으며, 지금도 주공(周公)의 기풍이 남아 있다. 이곳 풍속은 유교를 숭상하고 예를 잘 지키기 때문에 백성은 도량이 깊다. 뽕과 삼의 산업이 성행하기는 하지만 산이나 못의 생산물이 풍요롭지는 않다. 게다가 땅은 좁고 사람이 많으므로 사람들은 검소하고 인색하며, 죄를 두려워하여 사악한 것을 멀리한다. 그러나 〔노나라가〕 쇠한 뒤로는 장사를 좋아하고 이익을 좇는 것이 주나라 사람들보다도 심해졌다.

홍구(鴻溝)의 동쪽, 망산(芒山)과 탕산(碭山) 북쪽 거야현(巨野縣)까지는 양과 송나라 땅이었다. 도(陶)와 수양(睢陽)도 한 도시였다. 옛날 요임금은 휴식을 취하는 궁실을 성양(成陽)에 세웠고, 순임금은 뇌택(雷澤)에서 물고기를 잡았으며, 탕왕은 박(亳)에서 거주했다. 그러므로 그들의 풍속에는 아직도 선왕의 유풍이 남아 있다. 사람들은 중후하여 군자가 많고 농사짓기를 좋아한다. 산과 물에서 생산되는 풍요로움은 없지만 남루한 옷에 거친 음식으로 생활하며 재물을 모은다.

월나라와 초나라 땅에는 세 가지 풍습이 있다. 회수 북쪽으로 패(沛), 진(陳), 여남(汝南), 남군(南郡)까지는 서초(西楚)이다. 그곳 풍습은 사납고 경솔하며 쉽게 화를 낸다. 땅은 거칠고 메말라서 물자를 축적하기가 어렵다. 강릉(江陵)은 본래 초나라 도읍인 영(郢)으로서, 서쪽으로는 무(巫)와 파(巴)로 통하고 동쪽으로는 운몽의 풍요한 생산물이 있다. 진(陳)은 초나라와 하(夏)나라의 중간에 있어 생선과 소금 등의 물자를 교역하고, 그곳 백성 중에는 장사꾼이 많다. 서(徐), 동(僮), 취려(取慮)의 백성은 청렴하지만 각박하고 약속을 중히 여기는 것을 자랑으로 안다.

팽성(彭城) 동쪽으로 동해(東海, 진(秦)나라가 설치한 군 이름), 오(吳), 광릉(廣陵)까지가 동초(東楚)이다. 이곳 풍속은 서(徐), 동(僮)과 비슷하다. 또 구(朐)와 증(繒)으로부터 그 북쪽의 풍속은 제나라와 비슷하고, 절강 남쪽은 월나라와 비슷하다. 저 오나라는 오왕 합려, 춘신군, 오왕 비 세 사람이 놀기 좋아하는 젊은 사람들을 불러 모았다. 동쪽에는 물고기와 소금의 풍요로움이 있고 장산(章山)의 구리, 삼강(三江)과 오호(五湖)에서 이익을 얻는다. 오나라도 강동(江東)의 한 도시이다.

형산(衡山), 구강(九江), 강남(江南), 예장(豫章), 장사(長沙)는 남초(南楚)로서 이곳 풍습은 서초와 대체로 비슷하다. 〔옛날 초나라는〕 영(郢)이 멸망한 뒤 수춘(壽春)으로 옮겼는데 수춘도 큰 도시 중 하나이다. 합비(合肥)는 〔강수(江水)와 회수(淮水)의〕 조수를 남북으로 받으며 피혁, 건어물, 목재 등이 모이는 곳이다. 이곳 풍속에는 민중(閩中)과 간월(干越, 월(越)의 명칭)의 것이 섞여 있기 때문에 남초(南楚) 사람들은 말솜씨가 뛰어나지만 믿음이 적다. 강수 남쪽은 땅이 낮고 습하여 남자가 일찍 죽는다. 대나무가 많이 난다. 예장에서는 황금을 생산하고 장사에서는 아연과 주석을 생산하기는 하지만 그 양이 아주 적어 캐는 비용에도 미치지 못한다.

구의산(九疑山, 창오산(蒼梧山))과 창오군(蒼梧郡)에서부터 남쪽 담이(儋耳)

에 이르기까지는 강수 남쪽과 거의 풍습이 같으며 양월(楊越) 사람이 많다. 반우(番禺)도 큰 도시 가운데 하나이며 주옥, 서각(犀角), 대모(玳瑁), 과실, 삼베 등이 모이는 곳이다.

영천(潁川)과 남양(南陽)은 옛날 하나라 사람들이 살던 곳이다. 하나라 사람은 충실하고 질박한 정치를 숭상했으므로 지금까지도 선왕의 유풍이 남아 있다. 영천 사람들은 후덕하고 삼가며 신중하다. 진나라 말기에는 반역 행위를 한 사람들을 남양으로 옮겨 살게 했다. 남양은 서쪽으로 무관(武關)과 운관(鄖關)에 통하고, 동남쪽으로는 한수(漢水)와 강수와 회수를 받아들인다. 완(宛)도 큰 도시 중 하나이다. 이곳 풍속은 여러 가지가 뒤섞여 있으며 일하는 것을 좋아한다. 생업으로 장사하는 사람이 많고 협객의 기질이 있다. 이곳은 영천과 서로 통하므로 지금까지도 이곳 사람들을 하나라 사람이라고 부른다.

대체로 천하에는 물자가 적은 곳도 있고 많은 곳도 있다. 백성의 풍속은 〔지역에 따라 차이가 있어〕 산동에서는 바닷소금을 먹고, 산서에서는 호수 소금을 먹으며, 영남과 사북(沙北, 사막 북쪽으로 몽골 고원과 그 이북)은 원래 소금을 생산하는 곳이 있다. 〔물자와 사람의 관계는〕 대체로 이와 같다.

이것을 총괄해 보면 초나라와 월나라는 땅은 넓지만 사람이 드물고, 쌀밥에 생선국을 먹는다. 어떤 곳에서는 마른 풀을 태워 밭을 갈고, 논에 물을 대어 김을 매고, 초목의 열매와 소라나 조개 등이 장사꾼을 기다리지 않아도 될 만큼 넉넉하다. 지형상 먹을 것이 풍부하여 굶주릴 염려가 없으므로 백성은 게으르고 그럭저럭 살아가며 재산을 모으지 않아 가난한 사람이 많다. 이 때문에 강수와 회수 남쪽에는 굶주리는 사람도 없지만 천 금을 가진 부잣집도 없다.

기수와 사수 북쪽 지역은 오곡과 뽕과 삼을 심고 육축(六畜)을 기르기에 알맞다. 그러나 땅이 좁고 사람은 많은 데다 수해와 가뭄이 잦다. 그곳 사람들은 저축을 즐긴다. 그러므로 진(秦), 하(夏), 양(梁), 노(魯)에서는 농사를 권장하고 농민을 소중히 여긴다. 삼하(三河)와 완(宛)과 진(陳)의 땅도 이와 같으나 상업에도 힘을 기울인다. 제나라와 조나라 지역 사람들은 지혜와 재주를 부리고 기회를 보아 이익을 잡으려 하며, 연나라와 대나라는 농사를 짓고 목축을 하며 양잠에도 힘쓴다.

부귀해지려는 몸부림

이러한 이치로 볼 때 어진 사람이 묘당에서 도모하고 조정에서 논의하며 신의를 지켜 절개에 죽고, 동굴 속에 숨어 사는 선비가 높은 명성을 얻으려는 것은 결국 무엇을 위해서인가? 그것은 다 부귀로 귀착된다. 그러므로 청렴한 벼슬아치도 시간이 오래되면 더욱 부유해지고, 공정한 장사꾼도 마침내 부유해진다. 부라는 것은 사람의 타고난 본성이라 배우지 않아도 누구나 얻고 싶어한다. 그러므로 건장한 병사가 전쟁에서 성을 공격할 때 먼저 오르고 적진을 점령하여 적군을 물리치며, 적장을 베고 깃발을 빼앗으며, 화살과 돌을 무릅쓰고 끓는 물과 불의 어려움도 피하지 않는 것은 큰 상을 받기 위해서이다. 또 마을의 젊은이들이 강도질을 일삼고 사람을 때려죽인 뒤 묻어 버리고, 사람들을 협박하며 사악한 짓을 하고 무덤을 파헤쳐 보물을 훔치고 돈을 위조하며, 협객인 체하면서 같은 패거리를 대신하여 원수를 갚고, 세상 사람의 눈에 띄지 않는 후미진 곳에서 물건을 빼앗고 사람을 내쫓는 등 법에 저촉되는 행위를 피하지 않고 말을 달리듯 죽을 곳으로 나아가는데 이는 사실 모두 재물을 위해서 하는 것일 뿐이다.

지금 조나라와 정나라의 미녀들이 아름답게 화장하고 거문고를 손에 들고, 긴소매를 나부끼며 가볍게 발을 놀리며 눈짓으로 유혹하여 마음을 사로잡아 천 리를 멀다 않고 나아가는데 나이가 많고 적음을 가리지 않는 것은 큰 부를 좇는 것이다. 한가하게 노니는 공자들이 관과 칼을 장식하고, 수레와 말을 줄지어 따르게 하는 것도 부귀를 과시하기 위함이다. 주살로 고기를 잡고 활을 쏘아 사냥하면서 새벽과 밤을 가리지 않고 서리와 눈을 무릅쓰며 동굴과 깊은 골짜기를 뛰어다니고 맹수의 위험을 피하지 않음은 맛있는 것을 얻기 위해서이다. 도박, 경마, 닭싸움, 개싸움 등을 하면서 얼굴빛을 바꿔 가며 서로 자랑하고 반드시 싸워 이기려고 다투는 것은 져서 돈을 잃고 싶지 않기 때문이다. 의사나 도사 그 밖의 여러 가지 기술로 먹고 사는 사람이 노심초사하며 자신의 재능을 다하려는 것은 막대한 보수를 얻기 위해서이다. 벼슬아치가 글을 교묘하게 꾸며 법을 농간하고 도장과 문서를 위조하여 자신들에게 내려질 형벌마저 피하지 않는 것은 뇌물을 탐닉하기 때문이다. 농, 공, 상들이 저축하고 이익을 늘리는 것은 부를 구하고 재산을 불리려 하기 때문이다. 이들은 지혜와 능력을 다해 온 힘을 기울여서 남에게 재물을 넘겨주는 일은 없을 뿐이다.

속담에 '백 리 먼 곳에 나가 땔나무 장사를 하지 말며, 천 리 먼 곳에 나가 양식을 팔지 말라.'라고 했다. 또 일 년을 살려거든 곡식을 심고, 십 년을 살려거든 나무를 심으며, 백 년을 살려거든 덕을 베풀어야 한다. 덕이란 사람을 두고 하는 말이다.

그런데 이제 관직의 지위에 따라 받는 봉록도 없고 작위에 봉해짐에 따라 받는 식읍의 수입도 없으면서 이런 것을 가진 사람들처럼 즐거워하는 사람이 있으니, 이를 소봉(素封, 봉지나 작위 등이 없는 봉군(封君))이라고 한다.

부를 얻는 데는 상업이 최상이다

봉(封)이란 〔영지에서 거둬들이는〕 조세를 받아 먹고사는 것이다. 해마다 한 호에서 이백 전을 걷는다고 하면 천 호를 가진 군주는 연간 수입이 이십만 전이나 되어 입조 비용과 제후들을 초대하고 연회를 여는 등의 비용을 그 수

입에서 지출할 수 있다. 서민인 농, 공, 행상은 해마다 일만 전에 대한 이익이 이천 전이므로 백만 전을 갖고 있는 집이라면 이십만 전의 수입이 있으니 병역과 부역을 대신해 줄 돈과 조(租)와 부(賦)가 이 가운데서 지출된다. 이들은 좋아하는 것을 제 욕심껏 마음대로 채울 수 있다.

그러므로 '말 오십 마리, 소 백육십칠 마리, 양 이백오십 마리를 키울 수 있는 목장, 돼지 이백오십 마리를 키울 수 있는 습지대, 천 섬의 물고기를 양식할 수 있는 연못, 천 장(章)의 목재를 벌채할 수 있는 산, 안읍(安邑)의 대추나무 천 그루, 연나라와 진나라의 밤나무 천 그루, 촉한과 강릉의 귤나무 천 그루, 회북과 상산 남쪽 및 하수와 제수 사이의 가래나무 천 그루, 진(陳)과 하나라의 옻나무 밭 천 무(畝),[4] 제나라와 노나라의 뽕나무 밭과 삼밭 천 무, 위천(渭川) 유역의 대나무숲 천 무, 거기에 각국의 번창한 성이나 성곽 주위에서 일 무에 일 종(鍾)의 수확이 있는 밭 천 무 혹은 잇꽃이나 꼭두서니밭 천 무, 생강과 부추밭 천 무 가운데서 어느 것이라도 가진 사람이면 모두 천 호를 가진 제후와 같다.'라고 했다. 이러한 것들은 부의 자원이다. 이것을 가진 사람들은 저잣거리를 기웃거릴 필요도 없고, 다른 마을에 가지 않고 가만히 앉아 수입만 기다리면 된다. 몸은 처사(處士, 벼슬하지 않는 선비)처럼 있으면서도 수입이 있다. 만일 집이 가난하고 어버이는 늙고 처자식은 연약하며, 세시(歲時)가 되어도 조상에게 제사를 올리지 못하고, 가족이 모여 음식을 먹지 못하며 옷을 입고 사람들과 어울리기 어려우면서도 이러한 것을 부끄러워할 줄 모른다면 비할 곳이 없을 만큼 못난 사람이다. 그래서 재물이 없는 사람은 힘써 일하고, 재물이 조금 있는 사람은 지혜를 짜내고, 이미 많은 재산을 가진 사람은 이익을 좇아 시간을 다툰다. 이것이 그 대강이다.

생활을 꾸려 나감에 위태롭게 하지 않으면서 수입을 얻으려는 것은 현명한 사람이 힘쓰는 바이다. 그러므로 농업으로 부를 얻는 것을 으뜸이라 하고,

---

4   100보(步)를 1무라고 하는데, 1보는 사방 6자를 말한다.

상업으로 부를 얻는 것은 그다음이며, 간사하고 교활한 수단으로 부를 얻는 것이 가장 저급하다. 동굴 속에 숨어 사는 선비의 괴상한 행동도 없으면서 오랫동안 가난하고 천하게 살며 인의를 말하는 것만 즐기는 것도 아주 부끄러운 일이다.

대체로 일반 백성은 상대방의 재산이 자기보다 열 배 많으면 몸을 낮추고, 백 배 많으면 두려워하며, 천 배 많으면 그의 일을 해 주고, 만 배 많으면 그 하인이 된다. 이것이 사물의 이치이다. 대체로 가난에서 벗어나 부자가 되는 길에는 농업이 공업만 못하고, 공업이 상업만 못하며, 비단에 수를 놓는 것이 저잣거리에서 장사하는 것만 못하다. 이것은 말단의 생업인 상업이 가난한 사람이 부를 얻는 길임을 말한다.

교통이 발달한 큰 도시에서는 한 해에 술 천 독, 식초 천 병, 간장 천 독, 소와 양과 돼지 도축을 천 마리, 쌀이나 된장 천 종(鍾), 땔나무 천 수레, 길이가 천 장(丈)이 되는 배에 실은 땔감용 건초, 목재 천 장(章), 대나무 대 만 개, 말이 끄는 수레 백 대, 소가 끄는 수레 천 대, 칠기 천 개, 구리 그릇 천 균(鈞), 나무 그릇이나 쇠 그릇 또는 잇꽃이나 꼭두서니 천 섬, 말 이백 마리, 소 오백 마리, 양과 돼지 각 이천 마리, 노비 백 명, 힘줄과 뿔과 단사 천 근, 비단과 솜과 모시 천 균, 무늬 있는 비단 천 필, 가죽 천 섬, 옻 천 말, 누룩과 소금과 메주 각 천 홉, 복어와 갈치 천 근, 말린 생선 천 섬, 절인 생선 천 균, 대추와 밤 각 삼천 석을 생산하는 자는 십분의 삼의 이익을 거둔다. 여우와 담비로 만든 갖옷 각 천 장, 염소와 양으로 만든 갖옷 천 섬, 털자리 천 장, 과일과 야채 천 종 등의 물건을 팔면 그 이자는 천 관(貫=매(枚))을 얻게 된다. 중간에서 소개하는 사람이나 탐욕스러운 상인은 본전의 십분의 삼을 이익으로 챙기고, 큰 욕심을 부리지 않는 상인은 십분의 오를 이익으로 얻는다. 이들의 수입은 영지 천 호를 가진 제후와 같은 수준이다. 이상이 소봉의 대강이다. 그 밖의 잡일을 하면 십분의 이의 이익도 올리지 못하므로 우리가 말하는 재물을 모으는 행위가 아니다.

부유해지는 데는 정해진 직업이 없다

이제 사방 천 리 안에 살았던 현명한 사람들이 어떤 방법으로 부유해졌는지를 대략적으로 말함으로써 후세 사람들이 살펴 선택하는 데 도움이 되게 하기를 청한다.

촉 땅의 탁씨(卓氏, 탁왕손)는 조상이 조나라 사람이다. 탁씨는 철을 캐고 제련하여 부자가 되었다. 처음 진(秦)나라가 조나라를 깨뜨렸을 때 탁씨를 옮겨 살도록 했다. 탁씨는 포로가 되어 재물을 빼앗겼으므로 부부가 손수레를 끌고 이주지로 갔다. 함께 옮겨 간 포로 가운데 남은 재산이 조금이라도 있는 사람들은 다투어 진나라 관리에게 뇌물을 바치고, 가까운 곳으로 가게 해 달라고 부탁하여 가맹(葭萌)에 자리를 잡았다. 그러나 탁씨만은 이렇게 말했다.

'가맹은 땅이 좁고 메마르다. 나는 민산(汶山) 기슭에 기름진 들이 있어 큰 감자가 생산되기 때문에 죽을 때까지 굶지 않으며, 백성은 장사에 뛰어나고 교역을 한다고 들었다.'

그래서 먼 곳으로 옮겨 가기를 원하여 임공(臨邛)으로 가게 되었다. 그는 매우 기뻐하며 철이 생산되는 산으로 들어가 쇠를 녹여서 그릇 만드는 일을 했다. 그는 지혜롭게 교역하여 전(滇)과 촉 땅의 백성을 기술자로 이용했다. 그의 부(富)는 노비가 천 명에 이르고, 전답과 연못에서 사냥하고 고기잡이하는 즐거움이 임금의 그것에 견줄 만했다.

정정(程鄭)은 산동에서 옮겨 온 포로로서, 역시 철을 제련하여 머리를 방망이 모양으로 틀어 올린 사람들과 교역했다. 그도 탁씨처럼 부유했고 함께 임공에서 살았다.

완(宛) 땅 공씨(孔氏)의 조상은 양나라 사람이다. 공씨는 철 제련을 직업으로 삼았다. 진(秦)나라가 위(魏)나라를 쳤을 때 공씨는 남양(南陽)으로 이주하였다. 그는 대규모로 쇠를 녹여 그릇을 만들고, 큰 못(池)도 계획하여 만들었다. 거기(車騎)를 거느리고 제후들과 노닐며 그것을 이용하여 장사에서 이익을 얻었다. 그는 '유한공자(游閑公子)'라는 이름까지 얻었지만 이익을 지나치게 챙겨 인색한 장사치보다 더했다. 그 결과 그는 수천 금의 부를 쌓았다. 남양의 장사꾼은 모두 공씨의 큰 배짱을 본받았다.

노나라 사람의 풍속은 검소하고 절약했는데, 조(曹) 땅의 병(邴)씨는 그중에서도 특히 심했다. 그는 대장장이로부터 일어나 거만 금의 부를 쌓게 되었지만, 그 집안의 부형에서 자손들에 이르기까지 '구부리면 물건을 줍고, 우러러보면 물건을 취하라.'라고 하고, 행상을 하며 모든 군과 국에 돈을 빌려 주었다. 그 때문에 추와 노에서는 문학(文學, 학문)을 버리고 이익을 좇아 나서는 사람이 많아졌으니, 이는 조 땅의 병씨 탓이다.

제나라 풍속에는 노예를 업신여기는데, 조간(刁閒)만은 노예를 사랑하고 귀하게 대했다. 사람들은 사납고 교활한 노예를 싫어하지만 조간은 그런 자를 발탁하여 생선과 소금 장사를 시켜 이익을 얻었다. 조간은 수레와 말을 거느리고 다니며 고을 태수나 나라의 재상과 사귀기도 했지만, 노예들을 더욱 신임하여 그들의 힘을 빌려서 수천만 금의 부를 쌓았다. 그래서 '차라리 벼슬살이를 하기보다 조간의 노예가 되겠다.'라는 말까지 나오게 되었다. 이것은 조간이 사나운 노예를 잘 이끌어 부유하게 만들고, 그들의 힘을 제대로 발휘하게 함을 말한 것이다.

주나라 사람은 본래 인색하지만 그중에서도 사사(師史)라는 자는 더욱 심하여 수레 수백 대에 물건을 실어 나르며 군과 국으로 나가 장사했는데 가지 않은 곳이 없었다. 낙양 거리는 제, 진, 초, 조의 한가운데에 있기 때문에 가난한 사람은 부자들에게 장사하는 법을 배웠다. 이들은 오랜 기간 상업에 종사하는 것을 서로 자랑하며 고향 마을을 자주 지나면서도 자기 집에 들르지 않았다. 사사는 이들에게 일을 맡겨 장사를 시킨 결과 칠천만의 재산을 쌓을 수 있었다.

선곡(宣曲)의 임(任)씨 조상은 독도(督道)의 창고 관리였다. 진(秦)나라가 싸움에서 졌을 때 호걸은 모두 앞을 다투어 금과 은과 옥을 차지했으나, 임씨만은 창고의 곡식을 굴 속에 감추어 두었다. 그 뒤 초나라와 한나라가 형양에서 대치하자 백성은 밭을 갈고 씨를 뿌릴 수 없어 쌀 한 섬 값이 일만 전까지 뛰었다. 호걸들이 차지했던 금과 은과 옥은 모두 그의 것이 되어 부유해졌다. 부유한 사람들이 사치를 다툴 때 임씨는 절약하고 검소한 생활을 하며 농사와 목축에 힘썼다. 사람들은 밭과 가축을 살 때 싼 것만을 택하지만, 임씨만은 값은 비싸도 질이 좋은 것을 골랐다. 이리하여 임씨는 여러 대 동안 부유했다. 그런데도 임씨는 집안에 약속하기를 '내 집의 밭과 가축에서 얻은 것이 아니면 먹지도 입지도 않고, 공사(公事)가 끝나기 전에는 술과 고기를 입에 대지도 않는다.'라고 했다. 이런 까닭에 임씨는 마을의 모범이 되었고, 집안은 더욱 부유해졌으며 천자도 그를 존중했다.

〔한나라가 흉노를 친 뒤〕변경의 땅을 넓혔을 때 교요(橋姚)라는 사람만이 말 천 마리, 소 이천 마리, 양 일만 마리, 곡식 수만 종(鍾)을 얻었다.

오, 초 등 일곱 나라가 난을 일으켰을 때 장안에 있는 크고 작은 제후들은 토벌군에 가담하기 위해 이잣돈을 얻으려 했다. 돈놀이하는 사람은 모두 '제후들의 봉읍은 관동(關東)에 있는데, 관동의 일이 성공할지 패할지는 아직 결정지을 수 없다.'라고 생각하고 기꺼이 빌려 주려는 사람이 없었다. 오직 무염(無鹽)씨만이 천 금을 풀어 빌려 주었는데 이자를 원금의 열 배로 하였다. 세 달 만에 오, 초가 평정되었다. 무염씨는 겨우 한 해 만에 원금의 열 배를 이자로 받아 그 재산은 관중 전체의 부와 맞먹게 되었다.

관중의 부상이나 대상은 대부분 전(田)씨 일족이었는데 전색(田嗇), 전란(田蘭) 등이 그들이다. 위가(韋家)의 율(栗)씨, 안릉(安陵)과 두(杜)현의 두(杜)씨도 거만 금을 가진 부자였다.

이상은 부호 중에서도 두드러진 인물들이다. 그들은 모두 작읍이나 봉록을 가진 것도 아니고 법률을 교묘하게 운용하고 나쁜 짓을 하여 부자가 된 것도 아니다. 모두 사물의 이치를 헤아려 행동하고 시세 변화를 살펴 그 이익을 얻고, 상업으로 재물을 쌓고 농업으로 부를 지켰다. 무(武)로 모든 것을 이룬 뒤에는 문(文)으로 그것을 지켰던 것이다. 그 변화에는 절도와 순서가 있어 서술할 만하다. 농사와 목축과 공업과 벌목과 행상에 온 힘을 기울여 이익과 손해를 따져 대처하여 이익을 올림으로써 부를 이룩한 사람 가운데에 크게는 한 군(郡)을 압도하고, 그다음은 한 현(縣)을 압도하며, 작게는 한 마을을 압도하는 사람도 있었으니 그 예를 일일이 다 들 수 없을 정도로 많다.

대체로 아껴 쓰고 부지런한 것은 생업을 다스리는 바른 길이다. 그렇지만 부자가 된 사람은 반드시 기이한 방법을 사용했다. 밭에서 농사짓는 것은 [재물을 모으는 데에는] 졸렬한 업종이지만, 진(秦)나라의 양씨(揚氏)는 이것으로 주(州)에서 제일가는 부호가 되었다. 무덤을 파서 보물을 훔치는 것은 나쁜 일이지만 전숙(田叔)은 그것을 발판으로 하여 일어섰다. 도박은 나쁜 놀이이지만 환발(桓發)은 그것으로 부자가 되었고, 행상은 남자에게는 천한 일이지만 옹낙성(雍樂成)은 그것으로 부자가 되었다. 연지(臙脂)를 파는 것은 부끄러운 일이지만 옹백(雍伯)은 그것으로 천 금을 얻었고, 술장사는 하찮은 일이지만 장(張)씨는 그것으로 천만 금을 얻었으며, 칼을 가는 것은 보잘것없는 기술이지만 질(郅)씨는 그것으로써 제후들처럼 반찬 솥을 늘어놓고 식사를 했다. 양의 위를 삶아 말려 파는 것은 단순하고 하찮은 일이지만 탁(濁)씨는 그것으로 기마행렬을 거느리고 다녔다. 말의 병을 치료하는 것은 대단치 않은 의술이지만 장리(張里)는 그것으로써 종을 쳐서 하인을 부르게 되었다. 이는 모두 한 가지 일에 전심한 결과이다.

이런 것으로 미루어 볼 때 부유해지는 데에는 정해진 직업이 없고, 재물에는 정해진 주인이 없다. 능력이 있는 사람에게는 재물이 모이고, 능력이 없는 사람에게서는 기왓장 부서지듯 흩어진다. 천 금의 부자는 한 도읍의 군주에 맞먹고, 거만 금을 가진 부자는 왕과 즐거움을 같이한다. [그들이야말로] 어찌 이른바 소봉(素封)이라고 할 만한 자들인가? 아닌가?"

22

태사공 자서
太史公自序

「태사공 자서」는 열전의 마지막 편으로 들어가 있지만, 사실은 『사기』 전체의 머리말에 해당한다. 요즘은 저자 머리말을 맨 앞에 놓지만 예전에는 끄트머리에 두었다. 그런데 『사기』의 「태사공 자서」가 다른 책의 머리말과는 달리 유독 중요하게 평가되는 까닭은 단순히 전체적인 집필 동기와 구성 체제 등을 쓴 것이 아니라, 자신의 집안 내력과 학문적 배경 및 경력 등이 모두 포함되어 있어 『사기』를 이해하는 데 매우 도움을 주기 때문이다. 특히 「태사공 자서」에는 『사기』 130편에 대한 간단한 해제가 붙어 있어, 이것만 읽어 보아도 『사기』 전체 내용을 일목요연하게 짐작할 수 있다.

전문은 7812자로 이루어졌는데 순서대로 보면 ① 사마천의 가계, ② 사마씨 부자의 「육가요지(六家要旨)론, ③ 사마천의 청년 시절과 부친의 죽음 및 태사령이 된 자신, ④ 사마천이 아버지의 유언을 받는 과정, ⑤ 사마천과 호수의 『춘추』 논쟁, ⑥ 사마천이 궁형을 받고 발분해서 글을 쓰게 된 동기, ⑦ 『사기』 전편의 해제 등으로 구성되어 있다.

특히 제자백가로 일컬어지는 육가(六家)에 대한 견해는 당시 학문적 다양성을 보여 주는 것으로서, 향후 중국 문화가 이런 사상적 배경을 가지고 발전했다고 해도 지나친 말은 아닐 것이다.

사마천은 역사적 사실에 대한 깊이 있는 이해와 통찰력으로 머리말을 썼다. 따라서 이러한 사마천의 입장은 역사적 사실을 있는 그대로가 아니라 그가 재해석한 것으로 받아들여야 한다. 사마천의 인간적 면모가 잘 드러나는 부분이기도 하고, 현실에 냉정한 실증주의자의 면모도 아울러 느낄 수 있게 해 준다.

책을 들고 앉아 있는 사마천.

뼈대 있는 집안의 내력

옛날에 전욱(顓頊, 황제(黃帝)의 손자)은 남정(南正, 천문을 관장하는 벼슬) 중(重)에게 하늘에 관한 것을 주관하게 하고, 북정(北正, 지리를 관장하는 벼슬) 여(黎)에게는 땅에 관한 일을 관장하도록 명령하였다.

당요(唐堯)와 우순(虞舜) 시대에 이르러서는 중과 여의 후손들에게 계속 천문과 지리를 맡게 하여 하(夏)와 상(商)에까지 이르렀으니, 중과 여는 대대로 천문과 지리를 주관한 것이다. 주대(周代)에 정백(程伯)에 봉해졌던 휴보(休甫)도 여씨의 후손이다. 그런데 주나라 선왕 때에 이르러 그 후손들은 관직을 잃어 사마씨(司馬氏)[1]가 되었다. 사마씨는 대대로 주나라 역사를 관장하였다. 주나라 혜왕과 양왕 사이에 사마씨는 주나라를 떠나 진(晉)나라로 가게 되었으며, 진(晉)나라의 중군(中軍)인 수회(隨會)가 진(秦)나라로 달아나 버리자 사마씨는 소량(少梁)으로 들어갔다.

사마씨가 주나라를 떠나 진(晉)나라로 간 뒤부터 [사마씨 일족들은] 뿔뿔이 흩어지기 시작하여 어떤 사람은 위(衛)나라에 살고, 어떤 사람은 조나라에 살고, 몇몇은 진(秦)나라에 살기도 했다. 위나라에서 살던 사람은 중산국의 재상이 되기도 하였고, 조나라에 살던 사람은 검술에 관한 견해를 전함으로써 후세에 명성을 날렸으니 괴외(蒯聵)가 바로 그 후손이다. 진나라에 있던 사람은 이름이 사마조(司馬錯)로 장의와 논쟁을 벌였다. 이때 혜왕이 사마조에게 촉나라를 치게 하자, 사마조는 마침내 촉나라를 무너뜨리고 그대로 머물러 그곳 군수가 되었다.

그 뒤 사마조의 손자 사마근(司馬靳)은 무안군(武安君) 백기(白起)를 섬겼다. 당시 [사마씨가 살고 있던] 소량은 그 명칭이 하양(夏陽)으로 바뀌었다. 사

---

1   사마(司馬)는 관직 이름으로 시대에 따라 그 맡은 일이 달랐다. 사마는 본래 군사나 군수품 등을 관장했는데, 때로는 사관(史官) 일까지 겸했다.

마근과 무안군은 장평(長平)에 진을 치고 있던 조나라 군대를 〔깨뜨려 장평〕 땅에 생매장시키고 돌아왔다. 그는 두우(杜郵)에서 백기와 함께 자결 명령을 받아 화지(華池)에 묻혔다. 사마근의 손자 사마창(司馬昌)은 진시황 때 진나라의 주철관(主鐵官, 철을 녹여 그릇 만드는 일을 관장하던 관리)이 되었다.

괴외의 현손 사마앙(司馬卬)은 무신군의 장수(부장)가 되어 군대를 거느리고 조가현(朝歌縣)을 정벌하였다. 제후들이 서로 왕을 칭하게 되자 그는 은왕(殷王)으로 봉해졌다. 한왕이 초나라를 칠 때 사마앙은 한나라에 귀의함으로써 하내군을 자기 땅으로 만들었다.

사마창이 무택(無澤)을 낳았고, 무택은 한나라의 시장(市長, 시장을 관리함)이 되었다. 무택이 사마희(司馬喜)를 낳았고, 사마희는 오대부(五大夫)가 되었다. 이들은 세상을 떠나자 모두 고문(高門)에 묻혔다. 사마희가 사마담(司馬談)을 낳으니, 사마담은 태사공(太史公)[2]이 되었다.

천하의 이치는 하나인데 제각기 길을 간다

태사공(사마담)은 당도(唐都, 천문학자)에게 천문에 관한 것을 배우고, 양하(楊何)에게 『주역』을 전수받고, 황자(黃子, 황생(黃生))에게 도가의 견해를 배웠다. 태사공은 건원과 원봉 사이에 벼슬을 하였다. 그는 학자들이 학문의 참뜻에 통달하지도 못하면서 스승을 배척하는 것을 우려하여 곧 육가(六家, 유가, 묵가, 도가, 법가, 음양가, 명가)의 핵심이 되는 가르침을 다음과 같이 논의했다.

『주역』「계사전」에서 "천하 사람들(제자백가)의 학설은 하나이건만 〔거

---

2 태사(太史)는 상나라 말기와 서주 시대에는 태사료(太史寮)의 장관을 일컬었고, 서주와 춘추 시대에는 사서 편찬과 천문과 역법과 제사 등을 관장했다. 진한 시대에는 그 지위가 낮아졌다.

기에 이르기 위해서] 온갖 생각을 다하고, 같은 길로 귀착되면서 [일부러] 다르게 가려고 한다."라고 하였듯이 저 음양가, 유가, 묵가, 명가, 법가, 도덕가(도가) 등은 이를 힘써 다스리려고 하는데 다만 그들이 내세우는 이론이 서로 길을 달리하여 어떤 것은 제대로 살폈고 어떤 것은 제대로 살피지 못한 것이 있을 뿐이다.

일찍이 나는 음양가의 학술을 관찰해 본 적이 있는데, 지나치게 번잡하고 세세하며 금기하고 꺼리는 것이 많아 보통 사람들이 구속받아 두려워하게 하였다. 그러나 네 계절이 운행하는 큰 법칙을 밝힌 점만은 놓쳐서는 안 될 것이다.

유가의 학설은 너무 광범하여 요점을 잡아내기가 어려우므로 힘써 연구해 보았자 효과는 적다. 이로 인하여 그들의 학설을 모두 따르기는 어렵다. 그러나 그들이 군신과 부자간의 예절을 마련한 것과 부부와 장유 사이의 구별을 정한 것은 결코 바꿔서는 안 된다.

묵가는 지나치리만큼 검소함을 내세워 따르기가 어렵다. 이로 인하여 모두 따라 실천할 수는 없지만, 그 근본을 튼튼히 하고 씀씀이를 절약해야 한다는 견해는 버릴 수 없는 것이다.

법가의 학설은 엄격하여 온정이 적지만 군신과 상하의 본분을 바르게 하자는 것은 고칠 수 없는 것이다.

명가는 사람들을 명분(名)에 얽매이게 하고 간략하여 진실을 잃기 쉽게 한다. 그러나 그들이 명분과 실질(實)의 관계를 바르게 한 것은 살피지 않을 수 없다.

도가는 사람이 정신을 집중하게 하여 행동을 무형(無形)의 도에 들어맞게 하고 만물을 풍족하게 한다. 그 학술은 음양가의 천지 자연의 법칙(四時)에 따르고, 유가나 묵가의 좋은 점을 받아들이고, 명가와 법가의 요점을 취하여 시대에 따라 더불어 옮겨 가고, 만물에 호응하여 변하며, 풍속을 일으키고 일을 시행하니 적절하지 않은 것이 없다. 따라서 그 취지는 간략하여 요점을 파악하기 쉽고 일은 적게 해도 효과는 많다.

유가는 그렇지 않으니 군주는 천하의 모범과 법도라고 생각하여 군주가 제창하면 천하가 화답하고, 군주가 먼저 하면 신하는 따라서 해야 한다. 이와 같이 한다면 군주는 수고스럽고 신하는 편안하다. 〔도가가 말하는〕 대도(大道)의 요체는 강함과 탐욕을 버리고 지혜를 물리쳐 자연의 법도에 따르는 것이다. 무릇 정신을 많이 쓰게 되면 쇠약해져 고갈되고, 육체를 혹사시키면 황폐해질 수밖에 없다. 육체와 정신이 쇠미해졌는데 천지자연과 더불어 영원히 존재하였다는 말은 들어 본 바 없다.

저 음양가는 사시(四時, 춘하추동), 팔위(八位),[3] 십이도(十二度),[4] 이십사절(二十四節, 이십사절기)마다 여기에 해당되는 다양한 규정(教令)을 만들어 놓고 이 규정에 따르는 자는 번창하고 거스르는 자는 죽든지 망한다고 한다. 물론 반드시 그런 이치가 아님에도 불구하고 사람들을 구속하여 매우 두려워하게 한다고 본 것이다. 봄에 나고, 여름에 자라며, 가을에 거둬들이고, 겨울에 저장하는 것은 영원히 바뀌지 않는 하늘의 법칙이다. 만일 이것을 따르지 않는다면 천하의 기강을 세울 수 없게 된다. 그러므로 네 계절의 운행 법칙을 놓칠 수 없다고 한 것이다.

유가는 육예(六藝)를 법도로 삼는데 육예의 경전(본문과 주석서)이 너무 많아 여러 세대에 걸쳐 배워도 그 이치에 통할 수 없으며, 자신의 세대에 모두 바쳐 연구해도 그 예를 이해할 수 없다. 그러므로 "범위가 너무 넓어 그 요점을 잡아내기 어렵고, 힘써 연구해 보았자 효과는 아주 적다."라고 한 것이다. 그러나 군신과 부자의 예절을 바르게 하고, 부부와 장유의 구분을 정해 놓은 것은 비록 백가(百家)라 하더라도 고칠 수 없다.

---

3 팔괘(八卦)의 방위 즉 진동(震東), 이남(離南), 태서(兌西), 감북(坎北), 건서북(乾西北), 곤서남(坤西南), 손동남(巽東南), 간동북(艮東北)를 말한다.

4 십이차(十二次). 고대 중국에서 태양, 달, 행성의 위치와 운행 경로 등을 측량할 목적으로 황도대(黃道帶)를 열둘로 나눈 것을 말한다. 이것은 24절기와 관련이 있다.

묵가도 요임금과 순임금의 도를 숭상하여 그들의 덕행에 대해 이렇게 말한다.

"요임금과 순임금[이 살던 집]의 마루 높이는 석 자이고 흙으로 만든 섬돌 계단이 삼 단이며, 지붕은 떠풀로 엮고 처마 끝을 가지런히 자르지 않았으며, 서까래도 [매끈하게] 다듬지 않았다. 밥을 먹을 때는 흙을 빚어 만든 그릇을 쓰고, 국을 먹을 때는 흙으로 만든 국그릇을 사용했다. 거친 잡곡밥을 먹고 명아주잎과 콩잎 국을 먹었으며, 여름에는 칡베 옷을 입고 겨울에는 사슴 가죽으로 만든 옷을 입었다."

묵가는 죽은 자를 보내는 데 세 치밖에 안 되는 오동나무 관을 쓰고, 소리 내어 울면서도 그 비통한 마음을 모두 드러내지는 않았다. 그러므로 이렇듯 간략하게 상례(喪禮)를 가르쳐 온 백성의 표준으로 삼았다. 그러나 천하 사람이 이와 같이 하는 것을 본받는다면 윗사람과 아랫사람의 분별이 없어진다. 세상이 달라지고 시대가 바뀌면 일이 반드시 같아야 할 필요는 없으므로 "지나치리만큼 검약함을 내세워 따르기가 어렵다."라고 한 것이다. 그러나 그 요지에 "근본을 튼튼히 하고 씀씀이를 절약해야 한다."라고 한 말은 사람마다 풍족해지고 집집마다 넉넉해지는 이치이다. 이는 묵가의 장점으로서 비록 제자백가라 하더라도 버릴 수 없는 것이다.

법가는 가깝고 먼 관계를 나누지 않고, 귀하고 천한 것을 차별하지도 않으며, 법에 따라 한 번에 단죄하므로 가까운 이를 가깝게 대하고 존귀한 자를 존귀하게 대하는 온정이 끊어지고 말았다. 그러므로 한때의 계책은 될 수 있어도 오랫동안 사용할 수는 없다. 따라서 "엄격하여 온정이 적다."라고 한 것이다. 군주를 높이고 신하를 낮추며 분수와 직책을 분명히 함으로써 서로 권한을 뛰어넘거나 침범할 수 없는 점은 다른 모든 학파라도 바꿀 수 없는 것이다.

명가는 철저하게 살피다가 서로 뒤엉켜 흐려지게 하며, 사람들이 그 진의에 돌아가지 못하게 하고, 오로지 명분(개념)에 의해서만 결정하여 보편적인 정서(인정)를 잃게 한다. 그러므로 "사람을 명분에 얽매이게 하고 간략하여 그 진실을 잃기 쉽다."라고 한 것이다. 그러나 명분에 의거하여 실질을 비판하고 명분과 실질이 서로 호응함으로써 진실을 잃지 않은 것은 살필 만하다.

도가는 [억지로] 하는 것이 없음(無爲)을 주장하면서 '하지 않음이 없음(無不爲)'을 말하는데, 그 실질은 쉽게 시행할 수 있지만 그 말은 이해하기 힘들다. 그들의 학술은 '텅 비고 없음(虛無)'을 근본으로 삼고 '자연에 순응함(因循)'을 작용으로 삼는다. 고정된 형세(勢)도 없고 변하지 않는 일정한 형상(形)도 없으므로 만물의 진실을 구명할 수 있는 것이다. 만물보다 앞서지 않고 만물보다 뒤처지지도 않으므로 만물의 주인이 될 수 있다. 물론 원칙(法)이 있지만 [자연에 순응하므로] 원칙으로 삼지 않고 시대에 따라서 일을 이루며, 법도가 있으나 고집하지 않고 만물의 형세와 더불어 서로 조화를 이룬다. 그러므로 "성인이 영원히 존재하는 것은 시대의 변화를 준수하기 때문이다. 비움(虛)은 자연의 항구 불변함이며, 순응(因)은 임금의 강령이다."라고 말한 것이다. 여러 신하가 모두 이르면 [군주는] 각자 스스로 [그 직분을] 밝히도록 해야 한다. 그 실질이 그 명분에 들어맞는 것을 바름(端)이라 하고, 그 실질이 명분에 들어맞지 않는 것을 거짓(窾)이라고 한다. 거짓된 말(窾言)을 듣지 않으면 간사한 신하는 생겨나지 않고, 어진 자와 어리석은 자가 자연스럽게 구분되며, 흰색과 검은색이 즉시 드러나게 된다. 이와 같이 운용하고자 한다면 무슨 일이든지 이루게 되고, 천지자연의 도와 합치되어 듣지도 보지도 못하는 상태로 들어가며, 천하를 밝게 비추어 다시 이름 없는(無名) 경지로 돌아가게 된다.

대체로 사람이 살아 있다는 것은 정신이 있다는 것이며 기탁하는 것은 육신이거늘, 정신을 너무 사용하여 고갈시키고 육신을 너무 수고롭게 하여 황폐해지고 육체와 정신이 분리되면 죽게 된다. 죽은 자를 다시 살려 낼 수 없고 떨어진 것을 다시 돌이킬 수 없으니, 성인은 이 두 가지를 모두 중시했다. 이로 보아 정신이란 삶의 근본이며 육체는 삶의 도구이다. 먼저 그 정신을 안정시키지 않고 입으로는 "나만이 천하를 다스릴 수 있다."라고 말하니 무엇에 근거하여 실현할 것인가?

태사공은 이미 천문을 관장하고 있었으므로 백성을 다스리지는 않았다. 그에게 아들이 있는데 천(遷)이라고 했다.

사마천의 각지 여행

사마천은 용문(龍門)에서 태어나 황하 북쪽과 용문산 남쪽 기슭에서 농사를 짓고 가축을 길렀다. 열 살 때 옛날 문헌(古文)을 암송했으며, 스무 살 때는 남쪽으로 장강과 회하를 유력하고 회계산에 올라 우임금이 죽어서 들어갔다는 동굴을 탐험하고 [순임금이 매장된] 구의산(九疑山)도 살펴보았으며, 원수(沅水)와 상수(湘水)에 배를 띄우고 유람하였다. 그러다가 북쪽으로 문수(汶水)와 사수(泗水)를 건너 제나라와 노나라의 수도에서 학업을 닦고 공자가 남긴 풍속을 살펴보았으며, 추현(鄒縣)과 역산(嶧山)에서는 향사(鄉射)[5]를 살펴보았다. 파현(鄱縣), 설현(薛縣), 팽성(彭城) 등에서 재앙과 곤란을 겪고 양나라와 초나라를 거쳐 고향으로 돌아왔다. 이때 사마천은 관직에 나가 낭중이 되어서 칙명을 받들어 서쪽으로 파와 촉 남쪽 지역을 정벌하고, 남쪽(서남이)으로는 공(邛)과 작(筰)과 곤명(昆明)을 공략하고 돌아와서 다시 명을 받들었다.

5　지방 장관이 봄과 가을에 한 차례씩 일반 백성과 만날 때 시행한 활쏘기 의식이다.

사마담의 유언을 받들다

이해에 효무제는 비로소 한나라 황실의 봉선 의식을 행하였는데, 태사공(사마담)은 주남(周南)에 머물러 있어 그 의식에 참여하여 받들 수 없으므로 분통이 터져 죽을 지경에 이르렀다. 그런데 아들 사마천이 때마침 [파촉 평정의] 사명을 마치고 돌아오는 길이므로 황하와 낙수의 중간에서 아버지를 만나 뵐 수 있었다. 태사공은 사마천의 손을 잡고 울면서 이렇게 말했다.

"우리 조상은 주나라 왕실의 태사(太史, 사관)였다. 일찍이 아주 먼 옛날 우임금과 하임금에게서 공명을 드러낸 이래로 천문에 관한 일을 주관해 왔다. 후세로 내려오면서 중도에 쇠락하더니 나에게서 끊어지고 마는 것인가? 너는 다시 태사가 되어 우리 조상이 하던 일을 이어야 한다. 지금 천자께서 천년의 대통을 이어받아 태산에서 봉선 의식을 거행하고 있는데도 내가 따라가지 못한 것은 분명 천명이로다! 천명이로다! 내가 죽거든 너는 반드시 태사가 되어라. 태사가 되거든 내가 논하여 저술하려고 했던 바를 잊지 말아라. 무릇 효도란 부모를 섬기는 데서 시작하며, 그다음은 임금을 섬기는 것이고, 마지막은 자신을 내세우는 데 있다. 후세에 이름을 떨침으로써 부모를 드러내는 것이 효도의 으뜸이다. 세상 사람들이 주공을 칭송하는 것은 그가 문왕과 무왕의 덕을 찬양하여 노래하고, [주 왕실의 근거지인] 주남과 소남의 작풍을 선양하며, 태왕(太王, 고공단보)과 왕계(王季, 공계(公季) 혹은 계력(季歷))의 깊은 생각에 통달하여 공류(公劉)에 미치고 후직(后稷)을 받들었기 때문이다. 유왕(幽王)과 여왕(厲王) 이후로는 제왕의 도리가 무너지고 예와 악이 쇠락하여 공자께서 옛 전적을 정리하고 없어졌던 것을 다시 일으켜 『시경』과 『서경』을 강론하고 『춘추』를 지었으니, 배우는 사람들이 오늘에 이르기까지 그것을 본받는 것이다. 획린(獲麟)[6] 이래로 지금까지 사백여 년 동안 제후들은 서로

---

6 『춘추』「노 애공(魯哀公)」 14년조(條)를 보면 "봄에 서쪽에서 사냥하다 기린을 잡았다."라는 기록이 보인다. 기린은

아우르려 하고 사관의 기록들은 내버려지고 끊어졌다. 이제 한나라가 흥기하여 천하가 하나로 통일되고, 현명한 군주와 어진 임금과 충성스러운 신하와 정의를 보고 죽는 선비가 나왔다. 그러나 내가 태사가 되고도 이들을 논하여 기록하지 못해 천하의 역사 문헌을 폐기하였구나. 나는 이것이 매우 두렵다. 너는 이 점을 염두에 두어라."

사마천은 고개를 숙이고 눈물을 흘리며 말했다.

"소자가 영민하지는 못하나 아버님께서 순서대로 정리해 두신 옛 문헌을 빠짐없이 모두 논술하겠습니다."

태사공이 세상을 떠난 지 삼 년 만에 사마천은 태사령이 되어 사관의 기록과 〔황실 도서관인〕 석실(石室), 금궤(金匱)에 보관한 책들을 꺼내 모았다. 그로부터 오 년 뒤가 태초(太初) 원년이다. 그해 11월 갑자일(甲子日) 초하루 동짓날에 천력(天曆)⁷이 비로소 바뀌어 명당(明堂)⁸을 세우고 모든 신에게 제사를 지냈다.

태사공은 말한다.

"선친께서 '주공이 세상을 떠난 지 오백 년이 지나 공자가 있고, 공자가 죽은 뒤 지금에 이르기까지 오백 년이 되었으니 다시 밝은 세상을 이어받고 『역전(易傳)』을 바로잡고 『춘추』를 이어받고 『시』, 『서』, 『예』, 『악』의 근본을 밝히는 자가 있을 것이다.'라고 말씀하셨으니 선친의 뜻이 여기에 있지 않았는가! 그 뜻이 여기에 있지 않았는가! 내가 어찌 감히 사양하겠는가?"

본래 어진 짐승을 상징한다.

7 태초력(太初曆). 한나라 이전에는 하력(夏曆)을 써서 10월을 한 해의 시작으로 삼았다. 태초력은 한나라 무제 태초(太初) 원년부터 사용했는데, 이것은 정월을 한 해의 시작으로 삼았다.

8 중국 고대에 천자가 조회, 제사 등 국가의 중요한 행사를 시행하던 곳이다.

사마천과 호수의 『춘추』 논쟁

상대부 호수(壺遂)가 말했다.

"옛날 공자는 무엇 때문에 『춘추』를 지었습니까?"

태사공이 말했다.

"나는 동생(董生, 동중서)에게 이렇게 들었습니다. '주나라의 도가 쇠미해지고 폐지되자 공자가 노나라 사구(司寇, 형옥(刑獄)을 살피던 직책)가 되었다. 그러나 제후들은 공자를 해치고 대부들은 공자를 방해했다. 공자는 자기 주장이 쓰이지 못하고 도가 행해지지 못할 것을 알자 [노나라] 이백사십이 년[9] 동안의 일들에 대해서 옳고 그름을 따져 천하의 본보기로 삼았다. 천자라도 착하지 않은 일을 했으면 깎아내리고, 제후라도 무도하면 배격하며, 대부라도 의롭지 못하면 공격하여 왕이 할 일을 밝히려고 했다.' 또 공자는 '나는 처음에는 추상적인 말로 기록하려 했으나, 이것은 구체적인 사실로 표현하는 쪽이보다 더 절실하고 명백하다.'라고 하였습니다. 『춘추』는 위로 삼왕(三王)의 도를 밝히고 아래로는 사람들이 하는 일의 기강을 정하여 의심나는 곳을 풀고옳고 그른 것을 밝혔습니다. 아직 결정하지 못한 것을 분명히 결정하도록 하며, 선(善)을 선이라 하고 악(惡)을 악이라 하며, 현(賢)을 현이라 하고 못난 사람을 천하게 여기며, 멸망한 나라를 다시 일으키고 끊어진 집안을 다시 잇고, 헐어 없어진 전통을 보완하여 다시 일으켰으니 이는 실로 왕도(王道)의 중요한 것이라 하겠습니다.

『역경』은 천지와 음양과 사시와 오행의 운행 원리를 밝히고 있으므로 변화에 대한 서술이 뛰어나고, 『예기』는 인륜의 기강을 다루기 때문에 사람의행실을 바르게 하는 데 대한 서술이 뛰어납니다. 『서경』은 선왕의 사적을 기록하고 있어 정치에 대한 서술이 뛰어나고, 『시경』은 산천, 계곡, 금수, 초목,

---

9 『춘추』에 기록된 은공(隱公) 원년(기원전 722년)부터 애공 14년(기원전 481년)까지로서 242년이다.

빈모(牝牡), 자웅(雌雄)에 대해 기록하고 있어 풍자적 은유에 뛰어납니다. 『악경(樂經)』은 서 있는 곳에서의 즐거움을 기록하고 있어 조화에 대한 서술이 뛰어납니다. 『춘추』는 옳고 그름을 분별하므로 사람을 다스리는 일에 대한 서술이 뛰어납니다. 이러한 까닭으로 『예기』는 사람을 절도 있게 하고, 『악경』은 사람의 마음을 화합시켜 주며, 『서경』은 사실을 말하고, 『시경』은 감정을 표현하여 전하며, 『역경』은 변화에 대해 말하고, 『춘추』는 도의를 가르칩니다. 어지러운 세상을 다스려 바른 데로 이끄는 것으로 『춘추』보다 좋은 것이 없습니다.

『춘추』는 문자 수만 자로 이루어졌으나 그 뜻은 수천 가지나 됩니다. 만물이 흩어지고 모이는 것이 모두 『춘추』에 실려 있습니다. 『춘추』 가운데에 임금을 시해한 것이 서른여섯 건이고, 나라를 망친 것이 쉰두 건이나 되며, 제후가 망명하여 그 사직을 지키지 못한 경우는 이루 다 셀 수 없습니다. 그렇게 된 까닭을 살펴보면 모두 근본을 잃었기 때문입니다. 그래서 『역경』에는 '털끝만한 작은 잘못도 그 결과는 천 리나 오차가 있을 수 있다.'라고 했고, 또 '신하가 임금을 시해하고 자식이 아버지를 죽이는 것은 하루아침이나 하룻저녁의 원인으로 인한 것이 아니라 오랫동안 그 원인이 쌓인 것이다.'라고 했습니다. 따라서 나라를 가진 자는 반드시 『춘추』를 알아야 합니다. 〔이것을 모르면〕 눈앞에서 참언해도 눈치채지 못하고 뒤에 역적이 있어도 알지 못합니다. 신하가 된 자도 마땅히 『춘추』를 알아야 합니다. 〔이를 모르면〕 늘 있는 일에도 마땅함을 모르며, 뜻하지 않은 변고를 당해도 알맞은 대처 방법을 모릅니다. 군주나 아버지가 되어 『춘추』의 의에 통하지 못하면 반드시 원흉이라는 악명을 듣게 될 것입니다. 신하나 자식된 사람으로서 『춘추』의 의에 통하지 못한 자는 반드시 찬탈이나 시역(弑逆)의 벌을 받아 죽게 될 것입니다. 사실 그들은 모두 선(善)으로 여기고 행동하지만 그 대의를 모르기 때문에 터무니없이 악명을 쓴다 해도 감히 그 죄로부터 벗어나지 못합니다.

무릇 예의의 근본 뜻에 통하지 못하면 임금은 임금답지 못하고, 신하는 신하답지 못하며, 아버지는 아버지답지 못하고, 자식은 자식답지 못하게 됩니다. 군주가 군주답지 못하면 신하에게 침범을 당하고, 신하가 신하답지 못하면 군주에게 주살되고, 아버지가 아버지답지 못하면 무도한 아버지가 되고, 자식이 자식답지 못하면 불효자가 됩니다. 이 네 가지 일은 천하에서 가장 큰 잘못입니다. 천하의 큰 잘못을 저질렀다는 말을 뒤집어써도 이것을 받아들이고 감히 물리치지 못합니다. 그러므로 『춘추』는 예의의 근간입니다. 예란 일이 아직 생기기 전에 막는 것이며, 법은 이미 생겨난 뒤에 실시하는 것입니다. 법의 효과는 눈에 잘 보이지만, 예가 미리 막을 수 있다는 것은 알기 어렵습니다."

호수가 말했다.

"공자 시대에는 위에 현명한 군주가 없어 아래에서 〔자신이〕 임용되지 못했습니다. 그래서 공자는 『춘추』를 지어 힘없는 말로써 예의를 단정하여 왕의 법으로 삼았습니다. 그런데 지금 선생은 위로 밝은 천자가 있어 아래에서 관직을 지키게 되었습니다. 모든 일이 다 갖춰졌고 모든 사람이 각각 그 마땅함을 얻고 있습니다. 선생의 논저에서는 무엇을 밝히려는 것입니까?"

태사공이 말했다.

"예. 그렇기는 하지만 그런 것이 아닙니다. 나는 돌아가신 아버지께 들었는데 '복희는 지극히 순후(純厚)하여 『역경』의 팔괘를 만들었다. 요임금과 순임금의 성스러운 덕은 『서경』에 기록되어 있고 예악이 여기에서 일어났다. 은나라 탕왕과 주나라 무왕이 융성한 때는 시인들이 이것을 노래하였다. 『춘추』에서는 선을 취하고 악을 물리치며 하, 은, 주 삼대의 덕을 높이고 주나라 왕실을 찬양했다. 그러므로 이것은 풍자와 비방에 그치는 것만은 아니다.'라고 했습니다. 한나라가 일어난 뒤로 밝은 천자(효무제)에 이르러 상서로운 징조가 나타나 태산에서 봉선 의식을 행하고, 정삭(正朔)[10]을 다시 정하고, 의복색깔을 바꾸고, 하늘로부터 명을 받아 은택이 끝없이 흐르고 있습니다. 바다

10 여기서 정(正)이란 한 해의 시작이고, 삭(朔)은 한 달의 시작을 말한다.

밖의 이민족으로서 여러 차례 통역을 거쳐 변경으로 찾아와 조정에 공물을 바치고 알현을 청하는 자가 이루 헤아릴 수 없을 정도입니다. 문무백관이 애써 성덕을 칭송하고는 있지만 그 뜻을 다 말할 수는 없습니다. 어질고 재능이 있는데도 등용되지 못하는 것은 나라를 가진 자의 부끄러움이며, 임금이 밝고 거룩한데도 그 덕이 천하에 널리 알려지지 못하는 것은 유사(有司, 담당 관리)의 잘못입니다. 지금 나는 기록하는 벼슬인 사관이 되었으면서도 밝고 거룩한 천자의 덕을 버려둔 채 기록하지 않고 공신(功臣)과 세가(世家)와 현대부(賢大夫)의 업적을 없앤 채 기술하지 않았으니, 선친께서 남긴 말씀을 어긴 것으로 이보다 큰 죄는 없습니다. 나는 이른바 지난 일들을 적어 대대로 전해 내려오는 것을 간추려 정리하려 할 뿐 창작하려는 게 아닙니다. 그러므로 당신이 이것을 『춘추』와 비교하는 것은 잘못입니다."

이렇게 하여 그 글(문헌 자료)을 논술하여 편차(編次)하게 되었다.

마음속에 맺힌 울분을 토로하기 위해 『사기』를 짓다

그로부터 칠 년 뒤에 태사공은 이릉(李陵)의 화[11]를 입고 감옥에 갇히고 말았다. 그는 한숨을 쉬고 탄식하며 말했다.

"이것이 내 죄인가? 이것이 내 죄인가? 몸이 망가져 쓸모없게 되었구나."

그는 물러나 깊이 생각한 끝에 이렇게 말했다.

"대체로 『시경』과 『서경』의 〔뜻이〕 은미하고 〔말이〕 간략한 것은 마음속으로 생각하는 바를 펼쳐 보이려 했기 때문이다. 옛날 서백(西伯, 주나라 문왕)은 유리(羑里)에 갇혀 있으므로 『주역』을 풀이했고, 공자는 진(陳)나라와 채나라

---

11 이릉이 흉노를 토벌하러 나갔다가 투항한 일을 놓고 탄핵 여부를 논할 때, 사마천은 이릉을 두둔하는 주장을 하다가 무제에게 노여움을 사서 궁형에 처해졌다.

에서 고난을 겪었기 때문에 『춘추』를 지었으며, 굴원은 쫓겨나는 신세가 되어 「이소」를 지었고, 좌구명(左丘明)은 눈이 멀어 『국어』를 남겼다. 손자(손빈)는 다리를 잘림으로써 『병법』을 논했고, 여불위는 촉나라로 좌천되어 세상에 『여 람(呂覽, 여씨춘추)』을 전했으며, 한비는 진(秦)나라에 갇혀 「세난(說難)」과 「고 분(孤憤)」 두 편을 남겼다. 『시경』 삼백 편은 대체로 현인과 성인이 발분하여 지 은 것이다. 이런 사람들은 모두 마음속에 울분이 맺혀 있는데 그것을 발산시 킬 수 없기 때문에 지나간 일을 서술하여 앞으로 다가올 일을 생각한 것이다."

이리하여 드디어 도당(陶唐, 요)부터 인지(麟止, 한나라 무제가 기린을 얻어 발 모양을 주조한 것을 말함)에 이르기까지의 일을 서술하였다. 기록은 황제(黃帝) 부터 시작된다.

십이 본기 해제

옛날에 황제(黃帝)는 하늘과 땅을 법칙으로 삼았고, 사성(四聖, 전욱, 제곡, 요, 순)은 사계절의 운행에 따라 각각 그 법도를 이루었다. 당요(唐堯)가 천자 자리를 물려주었지만 우순(虞舜)은 기뻐하지 않았다. 천하는 이들 황제의 공 적을 찬미하여 만세까지 이것을 전할 것이다. 「오제 본기」 제1을 지었다.

우임금의 공적은 구주(九州)가 한결같이 입어 당(唐)과 우(虞) 시대를 빛내 고 은덕이 자손들에게까지 이르렀다. 하나라 걸왕은 음란하고 교만하여 명조 (鳴條)로 쫓겨났다. 「하 본기」 제2를 지었다.

설(契)은 상(商)나라를 일으켜 성탕(成湯, 설의 13대 후손)에까지 이르렀다. 태갑(太甲)은 동(桐)에 있었지만 그의 덕은 아형(阿衡, 재상)의 힘을 빌려 높아 졌다. 무정(武丁)은 부열(傅說)을 얻어 고종(高宗)으로 불렸다. 제신(帝辛, 주왕 (紂王))은 주색에 빠져 제후들이 섬기지 않았다. 「은 본기」 제3을 지었다.

기(弃)는 후직(后稷, 곡식 발명자)이 되었고, 그 덕은 서백 시대에 이르러 성

대해졌다. 무왕은 목야(牧野)에서 [주왕을 물리쳐] 천하를 위로하고 어루만 졌다. 유왕(幽王)과 여왕(厲王)은 어둡고 음란하여 풍(酆)과 호(鎬)를 잃었으 며 난왕(赧王)에 이르러서는 낙읍(洛邑)에서 조상의 제사조차 받들지 못했다. 「주 본기」 제4를 지었다.

진(秦)나라의 선조 백예(伯翳, 백익(伯益))는 우(禹)임금을 도왔다. 목공(穆公)은 대의(大義)를 생각하여 효산(崤山)에서 싸우다 죽은 군사들을 애도했다. 그는 죽음에 이르자 사람들을 순장시켰다. 『시경』의 「진풍(秦風)·황조편(黃鳥篇)」은 이것을 노래하고 있다. 소왕(昭王)과 양왕(襄王)은 제업(帝業)의 기초를 닦았다. 「진 본기」 제5를 지었다.

진시황은 즉위하자 여섯 나라를 겸병하고 병기를 녹여 종과 종걸이를 만들고 방패와 갑옷(무기)을 못 쓰게 했지만, 그 뒤 왕이라는 호칭을 황제로 높이고 무력을 자랑했다. 이세황제가 그 국운을 이어받았으며 자영은 [한나라에] 항복하고 포로가 되었다. 「진시황 본기」 제6을 지었다.

진나라가 도를 잃자 호걸들이 사방에서 일어났다. 항량이 이를 업으로 삼았고 항우가 계승했다. 항우가 경자관군(慶子冠軍, 송의(宋義))을 죽이고 조나라를 구하니 제후들이 그를 우러러보았다. 그러나 [진나라의] 자영을 죽이고 초나라 회왕을 배반하자 천하는 이를 그르다고 했다. 「항우 본기」 제7을 지었다.

항우가 포학했던 데 반해 한나라 왕(유방)은 공덕을 쌓았다. 한나라 왕은 파촉과 한중에서 발분하여 일어나 돌아와서 삼진(三秦)을 평정하고, 항우를 죽이고 제업을 이루었다. 그리고 천하가 안정되자 제도를 고치고 풍속을 바꾸었다. 「고조 본기」 제8을 지었다.

효혜제(孝惠帝)가 일찍 죽자 여씨 일족들은 민심을 얻지 못했다. [여 태후가] 여록(呂祿)과 여산(呂産)의 신분을 높여 권력을 강화시키자 이에 제후들이 모반하려고 했다. 조나라 은왕(隱王) 여의(如意)를 죽이고, 유왕(幽王) 우(友)를 유폐시키자 대신들은 의구심을 품고 드디어 여씨 종족은 멸문하는 재앙을 당했다. 「여 태후 본기」 제9를 지었다.

한나라가 처음 일어났을 때, 〔혜제가 죽은 뒤〕 후사가 분명치 못했으나 대왕(代王, 유항(劉恒))을 맞이하여 천자 자리에 오르게 하자 천하의 인심이 하나로 돌아왔다. 〔문제는〕 육형(肉刑, 신체형)을 없애고 관소(육로)와 교량을 개통시켜 널리 은혜를 베풀었으므로 태종(太宗)으로 불렸다. 「효문 본기」 제10을 지었다.

제후들이 교만하고 방자하므로 오왕 비(濞)가 주동이 되어 반란을 일으켰다. 조정에서는 군대를 보내 주벌(誅罰)을 행하니 〔오, 초 등〕 일곱 나라가 죄를 받았고, 천하는 화목해지고 평화롭고 안정을 얻어 부유해졌다. 「효경 본기」 제11을 지었다.

한나라가 일어난 지 다섯 대[12]가 되었지만 건원(효무제의 연호) 연간에 가장 융성했다. 밖으로는 만이들을 물리치고, 안으로는 법도를 정비하며, 봉선 의식을 행하고 〔역법을〕 정삭(正朔)으로 고치고 복색을 바꿨다. 「금상 본기(효무 본기)」 제12를 지었다.

십 표 해제

하, 은, 주 삼대는 너무 멀어 구체적인 연대를 살펴볼 수 없다. 대체로 보첩(譜牒)과 옛날 문헌들에서 취하여 이를 근본으로 하고 여기에 대략적으로 추정하여 「삼대 세표」 제1을 지었다.

유왕과 여왕 이후로 주나라 황실이 쇠미해지자 제후들이 정권을 휘둘렀다. 그것에 대해서는 『춘추』에도 기록하지 않은 부분이 있다. 그러나 보첩에 기록된 경략(經略)에는 오패(五霸)가 번갈아 가며 성쇠했다. 그래서 주나라 시대의 제후들이 서로 앞서거니 뒤서거니 한 의미를 고찰하려고 「십이 제후 연

---

12 한나라 고조, 혜제, 문제, 경제, 무제를 말한다.

표」제2를 지었다.

춘추 시대 이후로는 배신(陪臣, 제후국의 대부가 천자에게 자신을 일컫는 말)들이 정권을 잡고 강대한 나라가 서로 왕이라고 일컫었다. 진(秦)나라에 이르러서 중원의 제후들을 아우르고 그들의 봉토를 없애고 황제의 칭호를 제멋대로 사용하였다. 「육국 연표」제3을 지었다.

진나라가 포학했기 때문에 초나라 사람(진섭)이 반란을 일으켰다. 항우가 드디어 난을 자행하였으나 한나라가 대의명분을 들고 일어나 이를 정벌하였다. 팔 년 동안에 천하는 주인이 세 차례나 바뀌었기에 사건은 복잡하고 변화가 많았다. 「진초지제 월표」제4를 상세하게 지었다.

한나라가 일어난 이래 태초(太初) 연간에 이르기까지 백 년 동안 제후들은 폐립(廢立)되고 봉지가 나뉘고 깎였지만 보첩의 기록이 분명치 않은데, 이것은 담당 관리가 이어서 서술할 방법이 없어 강약의 원리를 규명하지 못했기 때문이다. 「한흥 이래 제후 연표」제5를 지었다.

고조가 처음 천하를 취할 때 보좌한 신하와 공신들은 부절을 쪼개 받아 봉토와 작위를 받았고, 그 은택이 후손에게까지 전해졌다. 그런데 어떤 이는 대대로 전해 내려온 것을 잊거나 죽음을 당하기도 하고 나라를 망하게 하기도 했다. 「고조 공신후자 연표」제6을 지었다.

혜제와 경제 연간에는 고조의 공신 가운데 남은 사람들을 예우하여 벼슬을 높여 주고 기타 종족들에게 작위와 땅을 내려 주었다. 그래서 「혜경 간 후자 연표」제7을 지었다.

북쪽으로 강대한 흉노를 토벌하고 남쪽으로는 강력한 월나라를 무찔러 만이들을 평정함으로써 그 무공에 따라 열후에 봉해진 사람이 많다. 「건원 이래 후자 연표」제8을 만들었다.

제후들이 나날이 강대하여 일곱 나라가 연합하여 반란을 일으켰다. 제후의 자제들이 너무 많아졌으므로 작위와 봉읍이 없는 경우에는 은혜를 베풀고 의를 행하였으므로 제후들의 세력은 약해지고 위덕(威德)은 모두 한나라 왕실로 돌아갔다. 「왕자후자 연표」 제9를 지었다.

　나라에 어진 재상과 훌륭한 장수가 있다는 것은 백성의 사표(師表)이다. 한나라가 일어난 뒤의 장(將)과 상(相)과 명신(名臣)의 연표를 만들어 어진 사람에 대해서는 그 치적을 기록하고, 어질지 못한 사람에 대해서는 그가 한 일을 분명히 밝혔다. 「한흥 이래 장상명신 연표」 제10을 지었다.

팔 서 해제

　하, 은, 주 삼대의 예는 각각 더하고 덜한 것이 있는데 제각기 그 힘쓰는 바를 달리하기 때문이다. 그렇지만 총체적으로 보면 사람의 성정에 가깝고 왕도에 통하는 것이다. 그런 까닭에 예는 사람의 성품에 근거하여 수식을 더하고 대략 고금(古今)의 변화에 어울리게 하는 것이다. 「예서」 제1을 지었다.

　음악이란 풍속을 옮기고 바꾸는 것이다. 『시경』의 아(雅)와 송(頌)의 소리가 흥성했을 때부터 사람들은 정나라와 위(衛)나라의 음악을 좋아하였다. 정나라와 위나라의 음악은 그 유래가 오래되었다. 사람의 정감이 느끼는 것은 다 같아 〔음악을 사용하면〕 풍속이 다른 먼 곳의 사람들도 이에 따른다. 「악서(樂書)」를 살펴 예로부터의 음악을 서술하여 「악서」 제2를 지었다.

　병력이 없으면 나라는 강할 수 없고 덕이 아니면 나라는 창성할 수 없다. 황제와 상 탕왕과 주 무왕은 이로써 일어났고, 하 걸왕과 상 주왕과 이세황제는 이로써 멸망했으니 삼가지 않을 수 있겠는가? 『사마법(司馬法)』이 전해 온 지는 오래되었다. 태공망과 손빈과 오기와 왕자성보(王子成甫) 등이 이를 이어받아 밝혔다. 근세로 오면서 더욱 절실해져 인사의 변화를 깊이 연구했다. 「율서」 제3을 지었다.

　악률(樂律)은 음(陰)에 입각하여 양(陽)을 다스리고, 역법(曆法)은 양에 입각하여 음을 다스린다. 율력과 역법이 서로 다스리므로 그 사이에 조그만 틈도 허락하지 않는다. 황제력(黃帝曆), 전욱력(顓頊曆), 하력(夏曆), 은력(殷曆), 주력(周曆)은 각기 서로 다르다. 태초 원년부터의 역을 논하여 「역서」 제4를 지었다.

성신(星辰)과 기상(氣象)에 관한 글에는 흔히 길흉화복에 관한 말이 섞여 있어 황당하다. 그러나 그것들을 미루어 응용하는 것을 보면 그리 특별한 것도 아니다. 그래서 실례들을 모아 그 행사를 논하고, 성신이 운행하는 법도를 차례로 조사하여 「천관서」 제5를 지었다.

천명을 받아 왕이 되니 봉선과 같은 부서(符瑞)의 일을 행하는 경우는 드물다. 이를 거행하면 모든 신령이 제사를 받게 된다. 명산대천의 여러 신에게 제사 지내는 예의 본원을 거슬러 올라가 연구하여 「봉선서」 제6을 지었다.

우임금은 하천을 소통시켜 구주를 안정시켰다. 선방궁(宣防宮)을 건립할 때 막힌 물을 통하게 하고 개천을 끊어 도랑을 통하게 했다. 이러한 것을 말하여 「하거서」 제7을 지었다.

화폐를 유통시키는 것은 이것으로 농업과 상업의 교역이 이루어지게 하기 위함이다. 그런데 그 궁극에 가서는 교활한 꾀를 써서 농간을 부리고 이를 겸병하는 자들이 점점 재산을 늘리고 투기로 얻는 이익을 다투는 바람에 근본(농사)을 버리고 끝(장사)을 향해 달린다. 그래서 일의 변화를 살펴보기 위해 「평준서」 제8을 지었다.

삼십 세가 해제

태백(太伯)은 계력(季歷, 고공단보(古公亶父)의 막내)을 피해 강남의 오랑캐 땅으로 갔다. 문왕과 무왕이 일어났고, 고공단보가 왕도를 세운 자취가 있기 때문이다. 합려는 오왕 요(僚)를 죽이고 형초(荊楚)를 굴복시켰다. 부차가 제나라와 싸워 이겼고 오자서는 죽음을 당했다. 재상 백비(伯嚭)를 신임하여 월나라와 친교를 맺었다가 오나라는 [월나라에] 망했다. 태백이 계력에게 양위한 것을 아름답게 여겨 「오 세가」 제1을 지었다.

신(申)과 여(呂) 두 나라가 쇠약해지자 상보(尙父, 태공망)는 미천해져 마침내 서백(주 문왕)에게 돌아가 의지했는데, 문왕과 무왕은 그를 스승으로 모셨다. 그의 공적은 사람들 가운데서 가장 뛰어났고, 그가 세운 계획은 깊이가 있었다. 그는 머리털이 황백색으로 변한 노년에 제나라 영구(營丘)에 봉해졌다. [환공이 노나라와 약속한] 가(柯)의 맹약을 저버리지 않았기 때문에 환공은 크게 번영하여 제후들을 아홉 차례나 모이게 하여 패자로서의 공적이 현저했다. 그 뒤 전(田)씨와 감(闞)씨가 임금의 총애를 다퉜기 때문에 강성(姜姓)의 제나라는 망하고 말았다. 상보의 지혜를 아름답게 여겨 「제 태공 세가」 제2를 지었다.

[무왕이 죽자] 어떤 자는 주나라에 복종하고, 어떤 자는 주나라를 배반했다. 주공(周公) 단(旦)이 이를 평정하고 문덕(文德)을 펼치자 천하가 이에 화답했다. 그가 성왕(成王)을 보좌했기 때문에 제후들이 주나라를 받든 것이다. 그런데 노나라 은공(隱公)과 환공(桓公) 시대에는 주공 단의 자손이 어째서 편안하지 못했을까? 삼환(三桓)[13]이 서로 세력을 다투었기 때문에 노나라가 번영하지 못했던 것이다. 주공 단의 금등(金縢)[14]을 아름답게 여겨 「주공 세가」 제3을 지었다.

무왕(武王)이 주왕을 이겼으나 천하가 화합하기 전에 죽었다. 성왕(成王)이 어리므로 관숙과 채숙은 [섭정하는 주공을] 의심하고 회이(淮夷)는 배반했다. 이에 소공은 덕으로써 왕실을 편안하게 하는 한편 동쪽의 여러 나라도 안정시켰다. 그러나 연나라 왕 쾌(噲)의 양위는 마침내 화란(禍亂)을 불러일으

---

13 춘추시대 후기 노나라의 실권을 잡았던 맹손씨(孟孫氏), 권손씨(權孫氏), 계손씨(季孫氏)를 말하는데 모두 노나라 환공의 아들이므로 이렇게 불렀다.

14 주공(周公)의 도축(禱祝) 책문을 가리킨다. 주공은 무왕이 병들어 낫지 않자, 선왕에게 대신 자기 목숨을 가져가라며 애원하고 점을 쳐 보며 사관에게는 자기가 쓴 책을 읽도록 하였다. 점괘가 좋게 나오자 그 책문을 금등궤 속에 넣어 두었다고 한다.

켰다. 「감당(甘棠)」의 시를 아름답게 여겨 「연 세가」 제4를 지었다.

관숙과 채숙은 무경(武庚, 주왕의 아들)을 도와 옛 상나라 땅을 안정시키려 했으나, 주공 단이 섭정을 하게 되자 주나라 왕실을 받들지 않았다. 그래서 주공 단은 선(鮮, 관숙)을 죽이고 도(度, 채숙)를 내쫓았으며 주나라 왕실에 대해 충성을 다했다. 태임(太任, 문왕의 비)은 아들 열 명을 낳았고 주나라 왕실은 강성해졌다. 중(仲, 채숙의 아들)이 허물을 뉘우친 것을 아름답게 여겨 「관·채 세가」 제5를 지었다.

성왕(聖王)의 후대가 끊어지지 않았으니 순임금과 우임금이 기뻐할 일이다. 덕이 아름답고 밝으면 그 자손들이 음덕을 입고 백세가 지나도 제사를 받는다. 주나라 때 진(陳)과 기(杞)나라가 있었지만 초나라가 이들을 멸망시켰다. 그러나 그때 이미 제나라 전씨(田氏)가 일어났으니 〔순임금은〕 어떤 사람인가? 「진·기 세가」 제6을 지었다.

무왕은 은나라의 유민들을 거두어서 강숙(康叔)을 그 땅에 봉했다. 무왕은 〔강숙을〕 상나라 말기의 혼란함과 멸망된 일로써 경계시키고, 「주고(酒誥)」와 「자재(梓材)」[15]를 들어 주색의 해독을 일러 주었다. 삭(朔, 혜공)이 태어난 뒤로 위(衛)나라는 기울기 시작하여 안정되지 못했다. 남자(南子, 위령공의 부인)가 태자 괴외(蒯聵)를 미워했기 때문에 아들 첩(輒)과 아버지의 명분이 뒤바뀌게 되었다. 주나라의 덕이 쇠약해지고 전국 시대의 제후들은 강해졌다. 위(衛)나라는 약하고 작은 나라였으나 각(角)은 오히려 마지막에 멸망했다. 저 「강고(康誥)」를 아름답게 여겨 「위 세가」 제7을 지었다.

아, 기자(箕子)여! 아, 기자여! 바른말을 해도 받아들여지지 않더니 마침내 돌아와서 종이 되었다. 무경(武庚)이 죽은 뒤 주나라는 미자(微子)를 봉했다. 송나라 양공(襄公)은 〔군자의 예를 지키려 하다가〕 홍수(泓水)에서 〔초나

---

15 주공이 무왕의 동생 강숙 봉(封)에게 은나라 말기의 부패한 상황을 들어 훈계한 내용으로 모두 「서경」의 편명이기도 하다.

라에) 크게 패했는데 누가 그를 군자라고 하겠는가? 경공(景公)이 겸양의 덕을 지켰으므로 형혹(熒惑, 화성으로 재난이나 병란의 징조를 보여줌)이 물러갔고, 척성(剔成)이 포학했기 때문에 송나라는 마침내 멸망했다. 미자가 태사(太師, 기자)에게 정치의 도리를 물은 것을 아름답게 여겨 「송 세가」 제8을 지었다.

무왕이 죽고 숙우(叔虞, 무왕의 아들)가 당(唐)에 도읍하였다. 군자들이 태자의 이름을 비방하였는데, 뒤에 결국은 진(晉)나라 곡옥(曲沃)의 무공(武公)에게 멸망했다. 헌공(獻公)과 여희(驪姬)의 사랑은 진(晉)나라를 다섯 대 동안이나 어지럽게 했다. 중이(重耳)는 뜻을 얻지 못하고 떠돌아다니다가 마침내 패업을 이루었다. 육경(六卿)이 정권을 멋대로 휘둘러 진(晉)나라는 쇠약해졌다. 문공이 규(珪)와 창(鬯)을 받은 일을 아름답게 여겨 「진 세가」 제9를 지었다.

중(重)과 여(黎)가 처음으로 〔천문과 지리에 관한 일을〕 창업했고 오회(吳回)가 계승했다. 은나라 말기 육자(鬻子)부터 계보를 명확히 알게 되었다. 주나라 성왕이 웅역(熊繹)을 쓰고, 웅거(熊渠)가 이 일을 이었다. 장왕(莊王)은 현명하여 〔진(陳)을 멸망시켰다가〕 다시 일으키고, 또 〔정나라의 항복을 받았으나〕 정백(鄭伯)을 용서하고,[16] 〔송나라를 포위했으나〕 화원(華元)의 말을 받아들여 군사를 철수했다. 회왕이 〔진(秦)나라에서〕 객사했고 난(蘭)은 굴원을 꾸짖었다. 〔평왕이〕 아첨을 좋아하고 참소하는 말을 믿었기 때문에 초나라는 진(秦)나라에 병합되고 말았다. 장왕의 대의(大義)를 아름답게 여겨 「초 세가」 제10을 지었다.

소강(少康, 하 왕조의 제왕)의 아들 무여(無餘)는 남해로 쫓겨나 몸에 문신을 하고 머리를 자르고 큰 자라들과 함께 살았다. 그 뒤 봉우산(封禺山)을 지키며 우임금의 제사를 받들었다. 구천은 회계산에서 고통을 겪고 대부 문종과 범려를 등용했다. 구천이 만이들 속에 있으면서 그 덕을 닦아 강대한 오나라를 멸망시키고 주나라 왕실을 떠받든 것을 아름답게 여겨 「월왕 구천 세

---

16 장왕은 정나라를 세 달 동안 공격했는데, 이때 정백의 간절한 애원을 받아들여 화친을 맺었다.

가」 제11을 지었다.

환공(桓公)은 동쪽으로 옮길 때 태사의 말을 받아들였다.[17] 〔정나라가〕 주나라의 화(禾) 땅을 침범하자 주나라 왕실 사람들이 이를 비방했다. 제중(祭仲)이 〔송나라 장공의〕 강요로 맹약을 맺었으므로 정나라는 오래 번영하지 못했다. 자산(子産)의 어진 정치에 대해서는 대대로 어질다고 칭송했다. 삼진(三晉)이 침략하여 정나라는 한(韓)나라에 병합되었다. 여공(厲公)이 주나라 혜왕을 주나라로 돌려보낸 것을 아름답게 여겨 「정 세가」 제12를 지었다.

기(驥, 천리마)와 녹이(騄耳, 주나라 목왕이 탄 명마)가 조보(造父, 어마(御馬)의 명인)를 세상에 알려지게 했다. 조숙(趙夙)은 진(晉) 헌공(獻公)을 섬겼고, 조숙의 아들 조최(趙衰)가 그 뒤를 이어 진 문공을 돕고 주나라 왕실을 높이 받들어 마침내 진(晉)나라의 보신(輔臣)이 되었다. 조양자(趙襄子)는 곤욕을 당한 끝에 지백(智伯)을 사로잡았다. 주보(主父, 무령왕)는 산 채 결박을 당하고 굶어 죽을 지경이 되자 참새를 잡아먹었다. 조나라 왕 천(遷)은 편협하고 음란하여 어진 장수를 배척했다. 조앙(趙鞅)이 주나라의 혼란을 토벌한 것을 아름답게 여겨 「조 세가」 제13을 지었다.

필만(畢萬)이 위(魏)나라에서 봉토를 받게 되자 점치는 사람이 〔후대에 융성할 것을〕 미리 알았다. 위강(魏絳, 필만의 자손)이 양간(楊干, 진(晉) 도공(悼公)의 동생)을 죽이려다가 그에게 융적과 화친을 맺게 했다. 문후(文侯)는 의를 사모하여 자하를 스승으로 삼았다. 혜왕이 스스로 교만하자 제나라와 진(秦)나라가 이를 공격했다. 〔안희왕(安釐王)이〕 신릉군을 의심했기 때문에 제후들은 군사를 거둬들였다. 마침내 대량을 멸망시키고 왕가(王假)는 진(秦)나라에 잡혀 마부가 되었다. 위 무자(魏武子)가 진(晉) 문공(文公)을 도와 패도(霸道)를 이룬 것을 아름답게 여겨 「위 세가」 제14를 지었다.

한궐(韓厥)의 음덕으로 조무(趙武)가 일어나게 되었다. 조나라가 끊어진 것

---

17 환공은 주나라 왕실의 혼란을 보고 태사에게 어떻게 하면 좋을지 물었고, 태사는 도읍을 동쪽으로 옮기도록 하였다.

을 이어 주고, 폐지된 제사를 다시 세워 주었기 때문에 진(晉)나라 사람들이 그를 받들었다. 〔한(韓)나라〕 소후(昭侯)가 열후 가운데 뛰어난 것은 신불해를 등용했기 때문이다. 〔한(韓)나라 왕 안(安)은〕 한비자를 의심하여 믿지 않았기 때문에 진(秦)나라의 습격을 받게 되었다. 한궐이 진(晉)나라를 돕고 주나라 천자의 공부(貢賦)를 바로잡은 것을 아름답게 여겨 「한 세가」 제15를 지었다.

완자(完子)가 난을 피해 제나라로 가서 환공을 도왔고, 다섯 대에 걸쳐 은 밀히 〔제나라 사람에게〕 은혜를 베풀었으므로 제나라 사람들은 이를 〔칭찬 하여〕 노래했다. 전성자(田成子)는 정권을 잡고, 전화(田和)는 후(侯)가 되었다. 제나라 왕 건(建)이 〔진(秦)나라의 모략에〕 마음이 흔들려 공(共) 땅으로 옮겨 졌다. 위왕(威王)과 선왕(宣王)이 혼탁한 세상을 다스려 홀로 주나라 왕실을 받든 것을 아름답게 여겨 「전경중완 세가」 제16을 지었다.

주나라 왕실이 쇠약해지자 제후들은 제멋대로 행동했다. 중니(仲尼, 공자) 는 예가 땅에 떨어지고 음악이 무너진 것을 슬퍼했다. 그래서 경술(經術)을 닦 아 왕도를 밝혀 어지러운 세상을 바로잡아 정도로 돌아오게 하고자 하였다. 이것을 글로 나타내고 천하를 위해 의법(儀法)을 만들었으며, 육예(六藝)의 기 강을 후세에 전했다. 「공자 세가」 제17을 지었다.

걸왕과 주왕이 왕도를 잃자 탕왕과 무왕이 일어났고, 주나라가 도를 잃자 『춘추』가 지어졌으며, 진(秦)나라가 정도(政道)를 잃자 진섭이 세상에 나타났 다. 제후들이 반란을 일으켰는데, 그 기세는 바람이 일고 구름이 피어오르는 것과 같아서 마침내 제나라를 멸망시켰다. 천하의 이러한 일은 진섭에서 비 롯되었다. 「진섭 세가」 제18을 지었다.

성고의 대(臺)에서는 박희(薄姬, 효문제의 어머니 박(薄) 태후)가 처음으로 일 어났다. 두(竇) 태후는 뜻을 굽혀 대(代)로 갔는데, 〔대왕(代王)이 황제가 되자〕 두씨 일족을 존귀한 신분으로 높였다. 율희(栗姬, 효경제의 비)는 신분상의 귀 함을 믿고 교만했기 때문에 왕씨(王氏, 경제의 왕후 왕(王) 태후)가 기회를 엿보 아 황후가 되었다. 진(陳) 황후가 너무 교만했기 때문에 마침내 위자부(衛子夫,

한나라 무제의 황후 이름)를 황후로 삼았다. 그녀의 덕을 아름답게 여겨 「외척 세가」 제19를 지었다.

한나라 고조는 속임수를 써서 한신(韓信)을 진(陳)나라에서 사로잡았다. 월나라와 초나라 사람들은 사납고 경박했기 때문에 고조는 아우 교(交)를 봉하여 초나라 왕으로 삼았다. 초나라 왕은 팽성(彭城)에 도읍을 정하고 회수와 사수 지역을 튼튼히 하여 한나라의 종번(宗藩)이 되었다. 이왕(夷王)의 아들 무(戊)가 사도(私道)에 빠져 〔그 아들〕 예(禮)가 뒤를 이었다. 유(游)가 고조를 도운 것을 아름답게 여겨 「초 원왕 세가」 제20을 지었다.

한나라 고조가 군사를 일으켰을 때, 유고(劉賈, 형왕(荊王))도 가담했으나 뒤에 경포의 습격을 받아 그의 봉국인 형(荊)과 오나라 지역을 잃었다. 영릉후(營陵侯) 유택(劉澤)은 여 태후를 격분시켜 낭야왕(琅邪王)이 되었으나, 제나라 왕의 사자 축오(祝午)의 말에 속아 제나라를 믿고 갔다가 돌아오지 못했다. 서쪽 관중으로 들어갔다가 한나라 왕실이 효문제를 세울 당시 다시 연나라 왕에 봉해졌다. 천하가 통일되기 전에 유고와 유택은 일족을 이끌고 한나라 왕실의 번병(藩屛) 및 보신(輔臣)이 되었다. 「형연 세가」 제21을 지었다.

천하는 이미 평정되었으나 〔고조에게는〕 친속이 적었다. 제나라 도혜왕(悼惠王, 고조의 첩 소생인 유비(劉肥))이 어른이 되자 동쪽 지방 제나라를 굳게 다스렸다. 〔그 아들〕 애왕(哀王)은 멋대로 행동하여 여씨들에게 노여움을 샀다. 〔애왕의 삼촌으로 당시 재상이던〕 사균(駟鈞)이 포악했기 때문에 한나라 왕실에서는 애왕을 황제로 모시는 것을 허락하지 않았다. 여왕(厲王)은 누이와 밀통하다가 주보언(主父偃)에게 들켜 죽게 되었다. 유비(劉肥)가 〔고조의〕 팔다리 같은 신하였음을 아름답게 여겨 「제 도혜왕 세가」 제22를 지었다.

초나라 항우의 군사가 한나라 왕의 군사를 형양에서 포위했으나 서로 삼 년 동안 대치하고 있었다. 소하는 산서 지역을 진무한 뒤 계책을 써서 군대를 보충하고 양식을 끊어지지 않게 공급했다. 또한 백성이 한나라를 사랑하게 하고 초나라를 위해서는 즐겨 일하지 않도록 만들었다. 「소 상국 세가」 제23을 지었다.

[조참은] 한신과 함께 위(魏)나라를 평정하고 조나라를 깨뜨리고 제나라를 점령하여 드디어 초나라 군사를 약하게 만들었다. 그는 소하의 뒤를 이어 한나라의 상국이 되어 [소하의 법을 그대로 따르고] 바꾸거나 고치지 않았기 때문에 백성이 편안했다. 조참이 자신의 공을 자랑하지 않고 재능을 뽐내지 않은 것을 아름답게 여겨 「조 상국 세가」 제24를 지었다.

장막 안에서 꾀를 내어 눈에 보이지 않는 가운데 승리한 것은 자방(子房, 장량)이 그 일을 꾸몄기 때문이다. 그는 이름이 알려지지도 않고 용감한 공적도 없었으나 어려운 것을 쉽게 해결하고 큰일을 작은 일로 처리했다. 「유후 세가」 제25를 지었다.

[진평(陳平)의] 여섯 가지 기이한 계책이 쓰여 제후들이 한나라에 복종했다. 여씨의 난을 토멸하는 데는 진평이 핵심 역할을 했다. 이리하여 한나라 왕실의 종묘를 편안히 하고 사직을 안정시켰다. 「진 승상 세가」 제26을 지었다.

여씨 일족이 힘을 모아 왕실을 약화시키려고 일을 꾀했다. 주발(周勃)은 정도에 어긋났으나 임기응변으로 적절히 대처했다. 오나라와 초나라가 반란을 일으켰을 때, 주아부(周亞夫, 주발의 아들)는 창읍(昌邑)에 주둔하여 제나라와 조나라를 괴롭히면서 양나라의 출병을 독촉하여 오나라와 싸우도록 했다. 「강후 세가」 제27을 지었다.

오나라와 초나라 등 일곱 나라가 반란을 일으켰을 때 양나라만은 한나라 왕실의 번병으로 방위에 임했다. 그 뒤 양나라는 한나라 왕실의 사랑을 믿고 공을 자랑하다가 재앙을 입을 뻔했다. 오나라와 초나라를 막은 것을 아름답게 여겨 「양 효왕 세가」 제28을 지었다.

오종(五宗)[18]이 왕이 되자 한나라 왕실의 친속들은 화합하였고, 크고 작은

---

18 한(漢)나라 경제(景帝)에게는 자식이 열네 명 있었다. 그중 열세 명의 어머니가 다섯 명인데, 같은 어머니를 서로 종친으로 여겨 오종(五宗)이라고 한 것이다.

제후들은 모두 번병이 되어 그 마땅한 자리를 얻었다. 이리하여 분수에 벗어나는 일을 하는 것이 점점 사라지게 되었다. 「오종 세가」 제29를 지었다.

[황제의] 세 황자(皇子)가 왕이 되었으니, 그 책문(策文)의 글이 볼 만하다. 「삼왕 세가」 제30을 지었다.

칠십 열전 해제

말세에는 모두 이익을 다투지만 오직 저들(백이와 숙제)만은 의를 지키느라 바빴다. 나라를 양보하고 굶어 죽으니 천하가 그들을 칭송했다. 「백이 열전」 제1을 지었다.

안자(晏子, 안영)는 검소하고 이오(夷吾, 관중)는 사치스러웠다. 제나라 환공은 [관중의 보좌로] 패자가 되었고, 경공(景公)은 안자를 써서 나라를 잘 다스렸다. 「관·안 열전」 제2를 지었다.

이이(李耳, 노자)는 무위(無爲)로써 스스로 자연스럽게 변하고, 청정(淸淨)으로써 스스로 바르게 하였다. 한비는 사물의 이치를 헤아리고 형세와 이치에 따랐다. 「노·장·신·한 열전」 제3을 지었다.

옛날부터 제왕은 모두 『사마법』이 있었는데, 양저(穰苴)가 이것을 부연하여 밝혔다. 「사마양저 열전」 제4를 지었다.

신(信)과 염(廉)과 인(仁)과 용(勇)이 없으면 병법을 전하거나 검술을 논할 수 없으며, 도(道)와 부합해야 안으로는 몸을 다스리고 밖으로는 변화에 순응할 수 있기에 군자는 덕을 기른다. 「손자·오기 열전」 제5를 지었다.

오건(伍建, 초나라 평왕의 태자)이 참소를 당하여 그 재앙이 태부 오사(伍奢)에게까지 미쳤다. 오상(伍尙)은 아버지를 구하려 했고, 오운(伍員, 오자서)은 오나라로 달아났다. 「오자서 열전」 제6을 지었다.

공자는 문덕(文德)을 서술하고, 제자들은 학문을 일으켜 모두 제후들의 스승이 되었다. 인을 숭상하고 의를 권장했다. 「중니 제자 열전」 제7을 지었다.

상앙은 위(衛)나라를 떠나 진(秦)나라로 가서 〔치국의〕 법술을 밝혀 효공 (孝公)을 강대한 패자로 만들었으니, 〔진나라는〕 후세에도 그 법을 따랐다. 「상군 열전」 제8을 지었다.

천하는 〔여섯 나라가〕 연횡하는 것과 진(秦)나라의 탐욕을 걱정하였는데 소진이 제후들을 붙들어 주고 합종을 맹약함으로써 탐욕스럽고 강대한 진나라를 눌렀다. 「소진 열전」 제9를 지었다.

여섯 나라는 이미 맹약을 하여 화친했으나, 장의는 주장(연횡설)을 밝힘으로써 제후들을 흩어지게 했다. 그래서 「장의 열전」 제10을 지었다.

진(秦)나라가 동쪽 땅을 차지하여 제후들의 패자가 된 것은 저리자(樗里子)와 감무(甘茂)의 책략이 있었기 때문이다. 「저리자·감무 열전」 제11을 지었다.

황하와 화산(華山)을 장악하고 대량을 포위하여 제후들이 손을 잡고 진(秦)나라를 받들게 한 것은 위염(魏冉)의 공이다. 「양후 열전」 제12를 지었다.

남쪽으로 〔초나라의〕 언(鄢)과 영(郢)을 함락시키고 북쪽으로 〔조나라의〕 장평(長平)을 깨뜨리고 〔마침내〕 한단을 포위한 것은 무안군(武安君) 백기(白起)가 장수로 있을 때이고, 또 형(荊, 초나라)을 무찌르고 조나라를 멸망시킨 것은 왕전(王翦)의 계책이다. 「백기·왕전 열전」 제13을 지었다.

〔맹자는〕 유가와 묵가의 유문(遺文, 전해 오는 문헌)을 섭렵하고 예의의 기강을 밝혔으며, 양나라 혜왕이 이익을 추구하는 단서를 끊었다. 〔순경은〕 지난날의 흥망을 열거했다. 「맹자·순경 열전」 제14를 지었다.

〔맹상군은〕 빈객을 좋아하고 선비들을 반갑게 맞았으므로 사람들은 설(薛) 땅으로 모여들었다. 그는 제나라를 위하여 초나라와 위(魏)나라의 침략을 막았다. 「맹상군 열전」 제15를 지었다.

〔조나라의〕 평원군(平原君)은 풍정(馮亭)과 서로 권모(權謀)를 다투고, 초나라로 가서 한단의 포위를 풀고 〔조나라의〕 군주를 다시 제후가 되게 했다. 「평

원군·우경 열전」 제16을 지었다.

　부귀한 몸으로서 빈천한 선비에게 몸을 낮추고 어진 선비로서 하찮은 사람에게 굽히는 일은 오직 신릉군(信陵君)만이 할 수 있다. 「위공자 열전」 제17을 지었다.

　몸을 던져 가면서 군주를 따라 마침내 강한 진(秦)나라의 손아귀에서 벗어나고 유세객들을 시켜 남쪽 초나라로 달아나게 한 것은 황헐(黃歇)의 충의였다. 「춘신군 열전」 제18을 지었다.

　위제(魏齊, 위나라 재상)에게 받은 치욕을 참아 내고 강한 진(秦)나라에서 신임을 받아 위세를 떨쳤으며, 어진 사람을 추천하여 자리를 양보한 사람이 둘 있다. 「범저·채택 열전」 제19를 지었다.

　장수가 되어 계책을 실천하고, 다섯 나라의 군사를 연합하여 약한 연나라를 위해 강한 제나라에 원수를 갚아 그 선군(先君)의 치욕을 씻었다. 「악의 열전」 제20을 지었다.

　〔인상여는〕 강한 진(秦)나라에게는 자기 생각을 펼치고, 염파에게는 몸을 굽혀 그 군주를 위함으로써 한결같이 제후의 존경을 받았다. 「염파·인상여 열전」 제21을 지었다.

　제나라 민왕(湣王)은 〔수도〕 임치를 잃고 거읍(莒邑)으로 달아났지만, 전단은 즉묵을 굳게 지키며 기겁(騎劫)을 깨뜨려 달아나게 함으로써 드디어 제나라의 사직을 보존하였다. 「전단 열전」 제22를 지었다.

　궤변을 늘어놓아 〔진(秦)나라에〕 포위된 성의 근심을 풀고, 작위나 봉록을 가볍게 여기고 자기 뜻대로 자유롭게 사는 것을 즐겼다. 「노중련·추양 열전」 제23을 지었다.

　문장을 지어 풍자하여 간언하고 유사한 비유를 들어 의(義)를 논한 것으로는 「이소」가 있다. 「굴원·가생 열전」 제24를 지었다.

　〔진(秦)나라의〕 자초(子楚)와 우호 관계를 맺고 제후들이 다투어 진나라를 섬기도록 하였다. 「여불위 열전」 제25를 지었다.

조말의 비수로 노나라는 잃었던 땅을 되찾고, 제나라는 [제후들에게] 그 신의를 밝혔다. 예양은 의(義)를 지켜 두 마음을 품지 않았다. 「자객 열전」 제26을 지었다.

그 계획을 분명히 하고 시대의 추이에 따라 진(秦)나라를 추존하여 [진나라가] 해내(海內)를 통일하도록 한 것은 전적으로 이사의 힘이었다. 「이사 열전」 제27을 지었다.

진(秦)나라를 위해 땅을 개척하고 인구를 늘려 북쪽으로는 흉노를 무찌르고, 황하를 따라 요새를 만들었으며, 산에 의지하여 방비를 튼튼히 함으로써 유중현(楡中縣)을 건설했다. 「몽염 열전」 제28을 지었다.

조나라를 평정하고 상산(常山)에 요새를 만들어 하내를 넓히고 초나라의 권세를 약화시켜 한나라 왕의 신의를 천하에 드러냈다. 「장이·진여 열전」 제29를 지었다.

위표는 서하와 상당의 군사를 거두어 [한나라 왕을] 따라 팽성에 이르렀다. 팽월은 양나라를 침략하여 항우를 괴롭혔다. 「위표·팽월 열전」 제30을 지었다.

[경포가] 회남 땅을 가지고 초나라를 배반하고 한나라에 돌아가니, 한나라는 그를 이용하여 [초나라의] 대사마 주은(周殷)을 맞아들여 마침내 항우를 해하(垓下)에서 무찔렀다. 「경포 열전」 제31을 지었다.

초나라 군대가 경(京)과 삭(索) 사이에서 [한나라를] 압박할 때 한신은 위(魏)나라와 조나라를 점령하고, 연나라와 제나라를 평정하여 천하의 삼분의 이를 차지하게 함으로써 항우를 멸망시켰다. 「회음후 열전」 제32를 지었다.

초나라와 한나라가 공(鞏)과 낙(洛) 사이에서 서로 대치하고 있을 때 한왕(韓王) 신(信)은 한(漢)나라를 위해 영천(潁川)을 평정하고, 노관(盧綰)은 항우의 식량 보급로를 끊었다. 「한신·노관 열전」 제33을 지었다.

제후들이 항왕을 배반했지만, 오직 제나라만이 성양에서 항우와 싸웠다. 한나라 군대가 그 틈을 타서 사잇길로 팽성으로 들어갈 수 있었다. 「전담 열전」제34를 지었다.

성을 공격하고 들판에서 싸워 공을 세우고 돌아와 보고하는 데에는 번쾌와 역상이 유능하였다. 채찍을 들어 병마를 지휘한 공이 있고, 또 한나라 왕과 더불어 위기를 벗어난 적도 있었다. 「번·역 열전」[19] 제35를 지었다.

한나라 왕실은 겨우 안정을 얻었으나 문치(文治)의 이치는 아직 밝지 못했다. 장창(張蒼)은 주계관(主計官)이 되어 도량형을 정제하고 음률과 역법을 바로잡았다. 「장 승상 열전」제36을 지었다.

변설로써 맺고 사자가 되어 제후들과 결속하여 회유했다. 제후는 모두 그와 친해져 한나라로 귀순하여 번병이나 보신이 되었다. 「역생·육가 열전」제37을 지었다.

진(秦)나라와 초나라의 일을 상세히 알려면 오직 주설(周緤)만이 있으니, 그는 항상 고조를 따라 제후를 평정하였다. 「부·근·괴성 열전」제38을 지었다.

강한 호족들을 이주시키고 관중에 도읍을 정하고 흉노와 화친을 맺으며, 조정의 의례를 분명히 하고 종묘의 의법(儀法)을 제정하였다. 「유경·숙손통 열전」제39를 지었다.

〔계포는〕 강한 성격을 억누르고 부드러워져 마침내 한나라 신하가 되었다. 난공(欒公)은 권세의 위협을 받았지만 죽은 자(팽월)를 배반하지 않았다. 「계포·난포 열전」제40을 지었다.

감히 군주의 〔싫어하는〕 안색을 무릅쓰고 군주의 〔언행을〕 도의에 맞게 관철시키고, 자기 몸을 돌아보지 않고 나라를 위해 영구한 계획을 세웠다. 「원앙·조조 열전」제41을 지었다.

법을 지켜 대의를 잃지 않고, 옛 어진 사람에 관해 말함으로써 군주의 현명함을 더하게 했다. 「장석지·풍당 열전」제42를 지었다.

돈후하고 자애롭고 효성스러우며 말은 어눌하지만 행동은 민첩하여 겸양

---

19 「사기 열전」에는 「번·역·등·관 열전」이라고 하여, 등공과 관영의 열전이 덧붙어 있다.

에 힘써 군자와 장자(長者)가 되었다. 「만석·장숙 열전」 제43을 지었다.

절개와 지조를 지켜 강직하고 의로움은 청렴하다고 하기에 충분하고, 행실은 현인들을 권장하기에 충분했다. 권세 있는 지위에 있어도 이치에 어긋나는 것에 굽히지 않았다. 「전숙 열전」 제44를 지었다.

편작(扁鵲)은 의술을 말함으로써 방술(方術, 의술)하는 사람들의 종주가 되었다. 〔그 의술은〕 매우 정밀하고 밝아 후세 사람들이 그의 법을 준수하고 바꾸지 못했다. 창공(倉公)은 그(편작)에 근접한 사람이라 할 수 있다. 「편작·창공 열전」 제45를 지었다.

〔고조의 형〕 유중(劉仲)의 아들 비(濞)가 오왕이 되었다. 한나라가 처음 천하를 안정시켰을 때 그는 장강과 회수 사이의 땅을 어루만져 안정시켰다. 「오왕 비 열전」 제46을 지었다.

오나라와 초나라가 반란을 일으켰을 때, 한나라 왕실의 종속 가운데 두영(竇嬰, 위기후)만이 현명하고 선비들을 좋아하여 선비들도 그를 따랐으므로 군사를 이끌고 산동 형양에서 〔반란군에게〕 대항했다. 「위기·무안후 열전」 제47을 지었다.

지혜는 근세의 변화에 대응하기에 넉넉하고, 너그러운 도량은 인재를 얻는 데 쓸 만했다. 「한장유 열전」 제48을 지었다.

〔이광은〕 용감하게 대적하였고, 사졸들에게 인자하고 정이 많으며 호령이 번잡하지 않아서 사졸들이 그를 잘 따랐다. 「이 장군 열전」 제 49를 지었다.

하, 은, 주 삼대 이래로 흉노는 늘 중국의 근심과 재해가 되었다. 〔한나라 왕실은 흉노의〕 강하고 약한 때를 알아 군비를 갖추어 정벌하려고 했다. 「흉노 열전」 제50을 지었다.

구불구불한 변방을 곧게 하고 하남(河南) 땅을 넓혀 기련산(祁連山)의 적을 무찌르고, 서역의 나라들과 통하는 길을 개척하고 북방의 오랑캐를 무찔렀다. 「위장군·표기 열전」 제51을 지었다.

대신과 종실이 사치를 내세우며 서로 다툴 때 공손홍만은 먹고 입는 것을 절약하여 모든 관리의 모범이 되었다. 「평진후·주보 열전」 제52를 지었다.

한나라가 이미 중국을 평정하자, 조타(趙佗)는 옛 양월(楊越)을 안정시켜 남방 변병을 보전하고 공물을 바치게 했다. 「남월 열전」 제53을 지었다.

오나라가 반란을 일으키자, 동구(東甌) 사람들이 오왕 비(濞)를 죽이고 봉우산(封禺山)을 보위하여 결국 한나라의 신하가 되었다. 「동월 열전」 제54를 지었다.

연나라 태자 단(丹)이 요동 사이로 흩어져 달아나자, 위만(衛滿)이 그 도망친 백성을 거둬 해동(海東)에 모으고, 진번(眞藩)을 안정시키고 변새를 보위함으로써 [한나라] 외신(外臣)이 되었다. 「조선 열전」 제55를 지었다.

당몽(唐蒙)은 사자로 나가 야랑(夜郎)과 통하였고, 공(邛)과 작(筰)의 군장들은 스스로 한나라의 내신(內臣)이 되기를 청하여 한나라가 보낸 관리들의 통치를 받아들였다. 「서남이 열전」 제56을 지었다.

「자허부(子虛賦)」와 「대인부(大人賦)」의 말은 지나치게 아름답고 과장된 부분이 많지만 그것이 가리키는 바는 풍간을 통해 무위로 돌아가게 하는 것이다. 「사마상여 열전」 제57을 지었다.

경포가 반란을 일으키자, [고조의 아들] 유장(劉長)이 대신 군주가 되어 양자강과 회수 남쪽을 진압하여 사나운 초나라 서민들을 안정시켰다. 「회남·형산 열전」 제58을 지었다.

법률을 받들고 이치에 따라 일을 처리하는 관리는 공로를 자랑하지 않고 능력이 있음을 뽐내지 않는다. 백성도 그를 칭찬하는 일이 없지만 그릇된 행동을 하지도 않는다. 「순리 열전」 제59를 지었다.

의관을 바르게 하고 조정에 서면 여러 신하 가운데 감히 허튼소리를 하는 자가 없으니 장유(長孺, 급암의 자)의 엄숙함 때문이었다. 그는 사람을 즐겨 추천하여 장자(長者)로 불렸으니, 장(壯, 정당시의 자)에게는 그러한 기개가 있었기 때문이다. 「급·정 열전」 제60을 지었다.

공자가 죽은 뒤부터 경사(京師)에서 학교교육을 중히 여기는 사람이 없었는데 건원, 원수 연간에는 학교교육이 빛났다. 「유림 열전」 제61을 지었다.

백성이 근본을 저버리고 교묘함을 일삼아 정해진 규칙에서 벗어나 법을 우롱하니 착한 사람도 그들을 교화시킬 수 없었다. 오직 모든 것을 엄격하고 혹독하게 해야만 이를 바로잡을 수 있었다. 「혹리 열전」 제62를 지었다.

한나라는 이미 사자를 대하(大夏, 박트리아)까지 오가도록 하여 서쪽 멀리 있는 오랑캐는 안쪽 나라를 향해 목을 내밀고 중국을 보고 싶어했다. 「대원 열전」 제63을 지었다.

다른 사람을 곤경에서 구해 주고 다른 사람이 부족한 것을 도와주니 어진 사람이 아닌가? 신의를 잃지 않고 언약을 저버리지 않았으니 의로운 자들에게서 취할 것이 있다. 「유협 열전」 제64를 지었다.

군주를 섬기면서 군주의 이목을 즐겁게 하고 얼굴빛을 펴게 하여 친근한 정을 얻은 것은, 그들이 미색으로 사랑받을 뿐 아니라 재능에도 각기 뛰어난 점이 있었기 때문이다. 「영행 열전」 제65를 지었다.

세속에 흐르지 않고 권세와 이익을 다투지 않으며, 위아래가 막힌 곳이 없고, 사람들도 그것을 해롭게 여기지 않아 그 도가 받아들여졌다. 「골계 열전」 제66을 지었다.

제, 초, 진, 조나라의 점복가들은 그 풍속에 따라 사용한 방법이 다르므로 그 대체적인 뜻을 살펴보려 한다. 「일자 열전」 제67을 지었다.

하, 은, 주 삼대는 거북으로 점치는 방법이 다르고, 사방의 오랑캐들도 점치는 법이 제각기 달랐다. 그러나 모두 이것으로 길흉을 판단했다. 대충 그 요지를 살폈다. 그래서 「귀책 열전」 제68을 지었다.

벼슬이 없는 필부 신분으로 정치를 해치지도 않고, 백성에게 방해되지도 않으면서 때에 맞춰 팔고 사서 재산을 늘린 사람이 있다. 지혜로운 자도 이들에게서 취한 점이 있다. 「화식 열전」 제69를 지었다.

우리 한나라는 오제(五帝)의 뒤를 잇고 삼대(三代)의 중단된 위업을 이었다. 주나라의 도가 사라지자 진(秦)나라는 고문(古文)을 없애고 『시(詩)』와 『서

(書)』를 불태웠다. 그래서 명당(明堂), 석실(石室), 금궤(金匱) 등에 보관하던 옥판(玉版)의 도적(圖籍)이 모두 흩어지고 말았다. 이때 한나라가 일어나자 소하가 율령을 정리하고, 한신이 군법을 밝혔으며, 장창이 장정(章程)을 만들고, 숙손통이 예의를 제정했다. 곧 훌륭한 문학지사(文學之士)가 조금씩 빛을 발하여 등용되고 『시』와 『서』도 왕왕 곳곳에서 나왔다. 조참이 갑공(蓋公)을 추천한 뒤로 황제와 노자의 도를 말하였고, 가의와 조조는 신불해와 상앙의 법가 학술을 밝히고, 공손홍은 유학으로 세상에 나왔다. 이리하여 한나라 초기 이래 백 년 동안 천하에 있던 서적과 고사(古事)들이 태사공의 손에 모이지 않은 것이 없었다.

태사공의 관직은 아버지와 아들이 이어서 맡았다. 태사공 사마천은 말한다.

"아, 우리 조상은 일찍이 이 일을 주관하여 당우(唐虞) 시대에 이미 알려졌고, 주대(周代)에 이르러서도 이것을 맡았다. 그러므로 사마씨는 대대로 천관(天官)을 맡아 왔고, 그것이 나에게까지 이르렀구나! 삼가며 새겨 두자! 삼가며 새겨 두자!"

그래서 천하에 흩어져 있는 구문(舊聞)을 망라하여 왕업(王業)이 일어난 처음과 끝을 살피고 흥성하고 쇠망한 것을 살펴보았으며, 사실에 입각하여 논하고 고찰했다. 대략 삼대를 추정하여 기술하고, 진나라와 한나라를 기록하되 위로는 헌원(황제)으로부터 시작하여 아래로는 지금에 이르기까지 열두 본기를 지었으니 모두 조례를 나누어 기록했다. 그러나 시대를 같이하는 것도 있고 달리하는 것도 있어서 연대가 확실치 않으므로 십 표를 만들었다. 또 〔시대에 따라〕 예악의 증감, 법률과 역법의 개정, 병권, 산천, 귀신, 천인(天人), 시세 변화에 따라 폐해지는 것을 살피고 세상의 변화에 적용해 나가는 내용으로 팔 서를 만들었다. 이십팔수(二十八宿)는 북극성을 돌고, 서른 개의 바퀴살은 한 개의 바퀴통을 향하여 끝없이 돈다. 보필하는 팔다리 같은 신하들을 이에 비유하여 충신으로서 도를 행하여 군주를 받드는 모습을 삼십 세가로 지었다. 의를 지지하고 재능이 뛰어나서 시기를 놓치지 않고 천하에 공명을 세운 사람들에 대해서는 칠십 열전을 지었다. 무릇 백삼십 편에 오십이만 육천오백 자이니 『태사공서(太史公書)』[20]라고 한다. 개략적인 것을 「자서」로 지어 본문에 빠진 부분을 보충하여 일가(一家)의 말을 이루었다. 육경에 대한 서로 다른 견해들을 정리하고 백가의 잡다한 학설을 정리했다. 정본(正本)은 명산(名山)에 깊이 간직하고 부본(副本)은 수도에 두어 후세 성인 군자들의 열람을 기다린다. 「태사공 자서」 제70을 지었다.

태사공은 말한다.

"나는 황제로부터 역사를 서술하여 태초(太初, 한나라 무제의 연호)에 이르러 마치니 백삼십 편이다."

---

20 본래 『사기』는 '태사공서' 또는 '태사공기'라고 일컬어졌다. '태사공기'의 약칭이 '사기'인데 태사공이 죽은 뒤 약 300년 후 위(魏)나라 때부터 '사기'라는 명칭으로 굳어졌다.

해설

동양 역사서의 근간이자 인간에 대한 위대한 성찰 『사기』

동양뿐 아니라 세계의 고전으로 손꼽히는 『사기』는 사성(史聖) 사마천(司馬遷)이 아버지 사마담(司馬談)의 유언에 따라 완성한 역사서이다. 전설상의 황제(黃帝) 시대부터 사마천 자신이 살았던 한 무제 때까지 2000여 년의 고대 역사를 다루었다. 특히 주나라가 붕괴되면서 등장한 제후국 50개 가운데 최후까지 살아남은 전국칠웅(戰國七雄), 즉 진(秦)을 비롯한 한(韓)·위(魏)·제(齊)·초(楚)·연(燕)·조(趙) 등의 흥망성쇠 과정을 주축으로 서술한 인물 중심의 통사다. 역사 속에 명멸해 간 제왕과 제후 그리고 수많은 인물들과 각국의 생존사가 『사기』에 생생하게 담겨 있다. 춘추 전국 시대를 정점으로 앞서거니 뒤서거니 내려온 상고(上古) 시대는 역사상 가장 치열한 생존 싸움이 벌어졌고 그 아래에서 펼쳐진 개개인들의 힘겨운 삶은 『사기』 곳곳에 각인되어 있다. 고금의 많은 지식인들이 이 책을 인간의 본질을 가장 날카롭게 파헤친 인간학의 보고라고 보는 이유이다.

『사기』는 중국 고대사를 사관에 입각해 기록한 최초의 역사서라는 의미를 넘어선다. 이는 사마천 개인이 지닌 불세출의 통찰력과 날카로운 안목에 힘입은 바가 크다. 『사기』는 '기전체'라는 형식에 바탕을 둔 정확한 기술과 투철한 역사관으로 동양 역사 서술의 기본이 되는 책일 뿐 아니라, 행간 행간에 작가의 숨결이 느껴지는 문학서이자 학문의 전 분야를 아우른 백과전서이다. 이러한 『사기』는 우리나라에도 큰 영향을 끼쳐, 현존하는 가장 오래된 역사서인 김부식의 『삼국사기』나 『고려사』도 기전체로 쓰였다.

『사기』의 쉼 없는 생명력의 원천은 처절한 인간적 고뇌를 통해 이루어진 산물이라는 데 있다. 사마천이 『사기』의 완성을 위해 심혈을 기울인 것은, 그것이 깊은 절망의 늪에 빠진 자신이 건재하다는 것을 입증할 수 있는 일이라고 믿었기에 가능한 일이었다. 현세에서 받은 치욕과 오명을 사후의 언제라도 씻어 버릴 수 있다고 믿었던 그였기에 모든 것을 『사기』의 완성에 내걸었다.

고통 속에 『사기』를 집필한 사마천

『사기』는 다른 역사서들과는 달리 국가가 아닌 개인의 노력으로 탄생한 대작으로서 저자 사마천의 삶과는 떼어놓고 생각할 수 없다.

사마천의 출생 시점에 관해서는 설이 분분한데 대체적으로 한 경제(漢景帝) 중원(中元) 5년인 기원전 145년에 태어났다고 본다. 자는 자장(子長)이며 용문(龍門, 지금의 섬서성(陝西省) 한성시(韓城市)) 출신으로, 그의 아버지 사마담은 한 무제 때 사관인 태사령(太史令)에 임명된 역사가였다. 사마천은 아버지가 받들었던 황로(黃老) 사상의 영향을 받아 성장하면서 천문과 지리, 『주역』 및 음양의 원리 등을 어깨너머로 배우기도 했다. 그러다 10살 때 아버지를 따라 수도인 장안(長安)에 오면서 새로운 세계에 더욱 눈을 뜨게 된다.

사마천은 스무 살 때인 한 무제 원삭 3년(기원전 126년)부터 3년 가까이 전국을 유람하여 오늘날의 호남성, 강서성, 절강성, 강소성, 산동성, 하남성 등을 두루 돌아다녔다. 이때의 유람은 훗날 『사기』의 현장성을 높이는 데에 결정적인 역할을 한다. 돌아오고 나서 20대 후반까지는 경학대사인 공안국(孔安國)에게 고문을 배워 유학에 대한 식견도 쌓았다.

청나라 학자 왕국유(王國維)의 고증에 의하면 바로 무제 원수(元狩) 5년(기원전 118년), 나이 스물여덟에 사마천은 낭중(郎中)이 되었다. 낭중은 한나라 관료 체계에서 낮은 등급에 속했는데도 한 무제는 순행과 봉선 의식에 사마천을 데리고 다녔으니 사마천이 무제의 총애를 받았음을 짐작할 수 있다.

원봉(元封) 원년(기원전 110년) 사마천의 나이 서른여섯이 되던 해, 한 무제는 동쪽 태산에 봉선 의식을 거행하러 순행했는데, 그를 수행하던 태사령 사마담이 낙수에서 병으로 쓰러졌다. 그때 사마천은 무제의 사신으로 파촉 이남 지역에 새로운 군(郡) 설치 문제를 처리하고 돌아온 참이었다. 위독해진 아버지 사마담은 사마천에게 유언을 남겼으니 그 핵심은 역사를 집필하라는 것이었다. 아버지가 세상을 떠난 후 사마천은 원봉 3년(기원전 108년)에 아버지의 대를 이어 태사령이 되니 이때 그의 나이 서른여덟이었다. 사마천이 태사령이 된 지 5년 후 한 무제는 태초력(太初曆)이라는 새로운 역법을 발표하고 연호를 바꾸고는 봉선 의식에 참여하게 되는데, 대개 이 무렵 그가 『사기』 집필을 시작했다고 추측한다. 그러나 그가 『사기』를 온전히 혼자 힘으로 저술한 것이라고는 보기 힘들다. 아버지 사마담은 세상을 떠나기 전에 이미 『사기』의 체제를 어느 정도 세워 두었고, 서른일곱 편 정도는 이미 거의 완성 단계에 있던 것으로 보인다. 사마천은 본래 『사기』를 '태사공서(太史公書)'라고 불렀으니, 이는 태사공이 지은 책이란 의미로서 아버지에 대한 존칭을 드러내 아버지의 유지를 받들었음을 보였다.

그런데 사마천은 한 무제의 눈 밖에 나면서 크나큰 시련을 맞이하게 된다. 천한(天漢) 2년(기원전 99년) 한나라의 장수 이릉(李陵)이 군대를 이끌고 흉노와 싸우다가 흉노에게 투항하는 사건이 발생한 것이다. 사람들은 이 사건을 두고 이씨 가문의 명예에 먹칠을 한 것일 뿐만 아니라 한나라 조정의 체면도

깎아내린 것이라고 했다. 그러나 사마천만은 그의 투항이 어쩔 수 없는 일이었다며 이릉을 변호하여 결국 무제의 노여움을 사 감옥에 갇히고 말았다. 그가 선택할 수 있는 길은 세 가지 중 하나였다. 첫째, 법에 따라 주살될 것, 둘째, 돈 오십만 전을 내고 죽음을 면할 것, 셋째, 궁형을 감수할 것. 사마천은 두 번째 방법을 취하고 싶었으나 중인(中人)에 불과했던 그가 그런 거액을 낸다는 것은 불가능했고 결국 마지막 길을 선택했다. 목숨만이라도 부지하여, 역사서를 쓰라는 부친의 유지를 받들기를 택한 것이다.

궁형의 처절한 고통을 체험한 사마천은 한 무제에 대한 원망을 『사기』 전편에 스며들게 했고, 인간에 대한 깊이 있는 탐색을 통해 역사란 결코 왕후장상에 의해서만 이루어지지 않는다는 점을 분명히 드러낸다. 후에 무제에 의해 중서령(中書令)을 제수 받아 다시 무제의 곁에서 일하게 되었는데, 이때 『사기』 저술 작업은 상당히 진척된 상태였다. 사마천이 「보임소경서」를 쓴 기원전 91년경에는 『사기』가 거의 마무리되었으니, 아버지의 유언을 받든 지 20년의 세월이 흐른 시점이었다.

사마천의 가족에 대해서는 밝혀진 바가 많지는 않다. 같은 마을 출신의 아내 양씨(楊氏)가 있다고 전해지며 사마천이 겪어온 길을 함께 동고동락한 현명한 조력자였다고 한다. 아내 이외에 첩도 한 명 있었던 것으로 보이며 사마림(司馬臨)과 사마관(司馬觀)이라는 아들 둘과 딸 하나가 있었다는 의견도 있다. 사마천이 죽은 시기도 분불명한데, 『사기』를 집필하고 나서 바로 그해 혹은 그 이듬해 세상을 떠났던 것으로 보인다.

『사기』의 구성과 체제

『사기』는 본기(本紀) 12편, 표(表) 10편, 서(書) 8편, 세가(世家) 30편, 열전(列傳) 70편 등 모두 130편, 52만 6500자로 이루어져 있다. 현재 중화서국(中

華書局)에서 간행한 표점본 『사기』는 55만 5660자로 여기에는 저소손(褚少孫) 등이 보필한 3만여 자가 더 수록되어 원서에 비해 훨씬 많다. 본기는 오제(五帝)부터 한 무제에 이르기까지 천하에 권력을 행사하던 왕조나 군주들의 사적을 연대순으로 엮어 기록한 것이고, 표는 각 시대의 역사를 연표 및 월표로 일목요연하게 정리하여 나타냈다. 서는 정치, 사회, 문화, 과학, 천문학 등과 같은 전장 제도(典章制度)를 기록하고 있어서 문화사나 제도사의 성격을 갖는다. 세가는 제후들의 역사라고 할 수 있으니 제왕보다는 낮은 위치인 봉건 제후들의 나라별 역사 기록이다. 열전은 제왕과 제후를 위해 일했던 인물들의 전기를 주로 수록했는데, 때로 계급을 초월하여 기상천외의 인물들이 포진하고 있기도 하다. 이 다섯 부분은 서로 긴밀하게 연계되어 있으며, 얽히고설킨 인물 관계로 인해 비슷한 내용이 여러 편에 실려 있는 경우도 적지 않다.

본기: 제왕들의 역사를 기록하다

제왕들의 역사를 기록한 본기는 오제(五帝)로부터 한 무제에 이르기까지 천하에 권력을 행하던 왕조나 제왕들의 사적을 연대순으로 엮어 기록한 것이다. '본기(本紀)'의 '기(紀)'는 기록한다는 의미의 '기(記)'와 같으며, '역사적 사실에 근거하여 기록한다,' 즉 '사실의 기록'이란 뜻이다. 본기 12편은 역법으로 볼 때 12간지와도 관련되어 있는데, 시간적 순서와 인물의 비중도에 따라 각 편을 안배했다.

본기는 대체로 왕조를 기준으로 하여 시대순으로 12편을 배열했다. 그리하여 「오제 본기(五帝本紀)」, 「하 본기(夏本紀)」, 「은 본기(殷本紀)」, 「주 본기(周本紀)」는 상고사(上古史)에 속하고, 「진 본기(秦本紀)」, 「진시황 본기(秦始皇本紀)」 「항우 본기(項羽本紀)」는 근고사(近古史)에 속하며, 「고조 본기(高祖本紀)」, 「여태후 본기(呂太后本紀)」, 「효문 본기(孝文本紀)」, 「효경 본기(孝景本紀)」, 「효무 본기(孝武本紀)」는 금세사(今世史)에 속한다.

그중 한 고조 유방에 앞서 패권을 장악했으나 결국 왕이 되지 못하고 몰락한 항우의 삶을 그린 「항우 본기」는 『사기』에서 가장 뛰어난 편 중 하나로 손꼽힌다. 특히 항우가 자신의 입지를 확고히 구축한 거록(巨鹿)의 전투, 삶과 죽음의 길목을 사이에 둔 '홍문연(鴻門宴)'의 상황은 저마다의 개성을 가진 사람들이 갖가지 생각을 품고서 임기응변하며 일으키는 갈등이 극적으로 구성되어 있다. 더구나 천하 통일의 성패가 걸려 있어 무대는 더욱 긴박하다.

표: 고대사를 도식화하다

황제(黃帝) 시대로부터 한 무제 때까지 2500여 년의 역사를 일목요연하게 정리한 표는 모두 열 편으로, 세표(世表), 연표(年表), 월표(月表)로 구성되어 있으며 그중 가장 많은 것이 연표이다. 하·은·주 삼대와 오제를 다룬 「삼대 세표」는 제왕들의 세계(世系)를 다루었기에 '세표'라 한 것이고, 진한 교체기를 다룬 「진초지제 월표」는 짧은 기간인 데 비해 기록할 사건이 많아 월별로 기록하였기에 '월표'라 한 것이다. 이 2편을 제외한 나머지 8편은 모두 연표이다.

『사기』 인물을 중심으로 역사를 구성해 나가는 기전체라는 역사 서술 체제를 탄생시켰지만 표만은 시간순으로 정리되어 성격을 달리한다. 이를 두고 당나라 역사학자 유지기(劉知機)는 『사통(史通)』에서 사마천이 기전체의 결점을 보완하기 위해 표를 지은 것이라고 말하기도 했다. 이렇듯 보는 시각에 따라 표가 다른 편의 보충에 불과하다고 생각할 수도 있다. 그러나 표는 본기와 세가 및 열전의 기록 범위를 더욱 확장하고 나머지 편들 사이의 교량 역할을 한다.

서: 전장 제도의 이론과 역사

서는 『사기』 중에서도 어렵기로 정평이 나 있는 부분으로 제도, 과학, 민생, 치수 등과 같은 전장 제도를 기록하고 있어 제도사의 성격을 갖는다. 서는 모두 여덟 편인데 각기 두 편씩 짝을 이루고 있다. 첫 부분인 「예서(禮書)」와 「악서(樂書)」는 사마천이 추구하는 이상적인 정치 제도를 다룬 것이고, 「율서(律書)」와 「역서(曆書)」는 한 무제의 전쟁관을 풍자하고 역법 개혁에 대해 비판한 것으로 전쟁을 둘러싸고 벌어지는 정치 현실을 거론한 것이다. 「천관서 (天官書)」와 「봉선서(封禪書)」는 사마천이 추구하는 변화와 개혁의 문제를 하늘의 형상을 빌려 짚어 낸 것이고, 「하거서(河渠書)」와 「평준서(平準書)」는 치수와 경제라는 민생 문제가 제국의 진정한 기반이 된다는 점을 거론한 것이다. 이런 구분의 근저에는 위로는 사계절과 여덟 방위라는 천하의 기강에 부합하고 아래로는 옛날과 오늘의 시대적 변용에 맞추고자 한 의도가 담겨 있다.

이 중 「천관서」는 완벽한 성관(星官) 체계를 구축한 것으로 평가되며 고대 천문학을 연구하는 데 중요한 자료가 된다. 그리고 민생의 중요한 부분을 차지하는 치수 사업을 다룬 「하거서」와 사마천의 경제 사관이 집약되어 있는 「평준서」는 시대와 역사를 꿰뚫는 사마천의 문제의식이 제대로 돋보이고 있다는 점에서 그 의의를 찾을 수 있다.

세가: 제후왕의 역사를 기록하다

세가는 30편으로 이루어져 있는데, 본기와 마찬가지로 시대 순서와 저자 의도에 따라 배열했다. 각 편을 시대별로 구분해 보면 춘추 전국 시대 18편, 한대(漢代) 12편으로 주로 춘추 전국 시대에 치중되어 있다.

제후왕들의 이야기를 주로 다룬 세가 30편은 중국 역사에서 대단히 큰 의미를 지닌다. 일인지하 만인지상의 권력을 지닌 제후들은 위로는 천자를 모시고, 옆으로는 여러 제후국들과 경쟁하며, 아래로는 신하를 거두며 한 시대를 이끌어 나가는 막중한 위치에 있는 자들로서 이들의 일거수일투족이 국가의 운명과 함께했기 때문이다.

이러한 세가 속 중심인물들은 중원에 발호했던 수많은 제후들의 표상을 그려 낸 것이라 할 수 있다. 어떤 제후는 천자를 무너뜨리고 패주가 되길 꿈꾸기도 하고, 또 어떤 제후는 강대국 틈바구니에서 멸망하지 않고 살아남기 위해 발버둥 치기도 했다. 사마천은 이를 통해 나라를 운영하는 이들이 지녀야 할 역사관, 세계관, 인생관을 '일가의 말(一家之言)'으로 보여줬다. 즉 개인을 통해 역사를 해석하고자 했던 것이다.

열전: 권력과 인간의 관계를 파헤친 진정한 인간학의 보고

『사기』의 백미로 손꼽히는 열전은 왕과 제후가 아닌 다른 인물들, 즉 재상, 유림, 혹리, 자객, 유협 등에 관한 기록으로 모두 70편으로 이루어져 있다. 각양 각층의 인물들의 삶이나 그들과 관련된 사건들을 서술하고 평가하여 사마천의 역사의식이 가장 잘 드러나는 부분이다.

열전에서 '열(列)'은 배열이나 서술의 의미를 지닌다고 볼 수 있다. '전(傳)'은 본래 경전의 주석을 가리키는 말로 스승과 제자 사이에 구두로 전해진 것을 의미하며 보통 전기(傳記, biography), 즉 개인의 역사라는 뜻으로 받아들여진다. 그러나 사마천의 열전은 인물의 전 생애를 나열식으로 보여 주기보다는 그 인물이 단적으로 가장 잘 드러나는 일화나 특징을 제시하는 데 주력했다. 심지어 「중니 제자 열전」에서는 별로 중요하지 않다고 판단되는 인물들은 후반부에 이름만 나열하는 방식을 취하기도 했다.

사마천은 인물들의 개별적 유형에 입각하여 당대를 움직인 인물들을 재구성하면서 경서(經書)와 제자서(諸子書)뿐 아니라 민간에서 구전되는 이야기들에서도 자료를 취하는 유연성을 보였다. 또한 열전에 등장할 인물들을 선정할 때는 자신이 입수한 문헌 가운데에서 될 수 있는 대로 도덕적 기여도가 높은 인물들을 먼저 고르고 거기에 평가를 더했다. 선을 행하는 복을 받고, 그렇지 않은 자는 화를 입게 된다는 진리를 깨닫게 하고자 함이었다. 그래서 진(秦)나라 말기에 전횡했던 환관 조고는 그 권세와 역할이 상당했음에도 따로 편을 구성하지 않고 「이사 열전」 등 다른 인물들의 열전을 통해서 부분적으로 드러나 있다.

이러한 열전을 구성함에 있어 사마천은 인간 사회에서 흔히 있을 수 있는 대립과 갈등, 배반과 충정, 이익과 손실, 물질과 정신, 도덕과 본능, 탐욕과 베풂 등 양자택일의 기로에 선 인간을 어떤 선택적 갈등에 직면하게 하고, 그러한 갈등 자체가 인간이 사는 모습임을 강조한다. 『사기 열전』을 생명력이 꿈틀거리는 산 역사로 인식하게 만든 것은 바로 현재를 살아가는 '인간' 본위의 역사를 읽게 만든 작가의 각고의 노력 덕분이다.

『사기』의 집필 목적

그렇다면 사마천이 『사기』를 쓴 목적은 무엇인가? 「태사공 자서」와 「보임소경서(報任少卿書)」에서 밝힌 집필 목적을 정리하면 다음과 같다.

첫째, 사마천은 『사기』를 통해 "하늘과 인간의 관계를 탐구하고 고금의 변화에 통달하여 일가(一家)의 말을 이루고자(究天人之際, 通古今之變, 成一家之言)"(「보임소경서」) 했다. 이러한 원대한 이상과 포부는 세상의 이치를 탐구하고 과거와 현재의 역사적 변천 과정을 총망라하여 서술함으로써 자신 또한 이 분야에서 경지를 이루겠다는 야심에서 나온 것이다. 때문에 『사기』는 조정의 명을 받아 집필한 관찬(官撰) 역사서가 아닌 사마천 스스로 발분(發憤)하여 집필한 사찬(私撰)이다. 이 점은 조정의 간섭에서 벗어나 사마천의 개인적 사관이 좀 더 직접적으로 책에 녹아들 수 있게 했고 당대의 제왕이었던 한 무제에 대한 날 선 비판을 가능케 했다.

둘째, 『사기』는 발분 의식의 소산이다. 그가 궁형을 선택할 수밖에 없었던 것은 단지 목숨을 이어 나가기 위한 구차한 행위가 아니라 역사 기록을 완성하여 후세에 이름을 남기기 위함이었다. 「보임소경서」에서 사마천은 "옛날에도 잘살고 신분이 귀했지만 이름이 닳아 없어져 버린 사람은 이루 다 기록할 수가 없으며 오직 평범하지 않은 사람만이 거론될 뿐입니다. (중략) 이런 사람들은 모두 마음속에 울분이 맺혀 있는데 그것을 발산시킬 도리가 없었기 때문에 지나간 일을 서술하여 앞으로 다가올 일을 생각한 것입니다. 좌구는 눈이 없고 손자는 발이 잘려 결국 세상에서 쓸모가 없게 되었지만, 물러나 서책을 논하여 그들의 울분을 펼치고 문장을 세상에 전해 주어 스스로를 드러냈습니다."라며 자신이 궁형을 감내하면서까지 『사기』를 지으려 했던 속내를 드러낸다. 「백이 열전」에서 '천도시비(天道是非, 하늘의 도는 옳은가 그른가)'론을 제시한 것도, 신념을 위해 수양산으로 들어가 굶어 죽은 백이와 숙제의 모습이 마치 사마천 자신의 모습와 비슷하다는 동류의식을 반영한다. 또한 치욕을 견뎌 내고 세인들에게 이름을 떨친 관중(管仲)이나 오자서(伍子胥), 경포(黥布) 등에게 특별한 의미를 부여하여 그들의 전기를 따로 마련한 것도 그들의 삶이 사마천이 자신의 처지와 무관하지 않다는 의식에서 비롯된다.

셋째, 역사적 사실에 대한 직서(直書)와 포폄(褒貶)이다. 즉 사실을 있는 그대로 서술하고 그에 대해 역사가가 옳고 그름이나 선하고 악함을 평가하는 것이다. 이는 공자(孔子)가 『춘추(春秋)』를 서술한 방식에 바탕을 두면서 후세 사람들에게 도덕적 규범을 제시하여 미언대의(微言大義, 작은 말 속에 담긴 큰 의미)를 느낄 수 있도록 하기 위한 것이다. 『춘추』의 정신을 계승하려는 사마천의 생각은 부친 사마담의 견해와도 일치되는데, 공자의 역사 집필 원칙을 누군가가 계승하여야 한다는 당위에서 비롯되었다.

넷째, 아버지의 유지를 계승하기 위함이다. 사마천은 갑작스레 병으로 쓰러진 아버지 사마담에게 자신의 일을 이어받아 역사서를 완성하라는 유언을 듣는다. 그리하여 사마천은 아버지의 대업을 완수하겠다고 다짐하고, 20여 년에 걸친 고된 작업 끝에 결국은 이루어 낸 것이다.

사마천의 독특한 역사관이 반영된 서술 방식

『사기』가 다른 역사서들과 가장 구별되는 점은 그 안에 담긴 사마천의 현실적인 역사관이다. 사마천은 명분보다는 실질을 중시하는 관점을 곳곳에서 드러냈으니, 예를 들어 항우는 제왕이 되지 못하고 한 고조 유방에게 패배했음에도 항우의 이야기를 열전이 아닌 본기에 실어 「고조 본기」 앞에 배치했다. 이러한 구성은 사마천이 진(秦)나라를 멸망시킨 항우의 공적을 높이 평가하고, 그가 진한 혼란기에서 실질적인 통치 지위를 갖고 있었음을 확신했기 때문이다. 그 당시 의제(義帝)가 있었지만 명목상의 존재일 뿐 모든 실권이 항우에 있었으며, 진나라를 멸망시킨 항우가 스스로 '서초패왕'이 되어 제후왕을 임명하는 등 사실상 절대 권력의 소유자였다는 사실에 주목한 것이다.

이러한 예는 또 있다. 사마천은 유약하고 무능하며 꼭두각시에 불과한 혜제(惠帝) 대신, 실질적으로 천하를 장악했던 여 태후를 내세워 「여 태후 본기」를 썼다. 이것 또한 사마천의 현실적 역사관에서 비롯된 것임을 알 수 있다. 그러나 사마천은 여 태후의 군주적 지위는 인정하되 그녀의 부정적 면모를 가감 없이 드러내 보였다.

이는 사마천의 통변론(通變論)과도 연결된다. 『사기』의 밑바탕에는 '변화(變)'야말로 역사의 기본 틀이며 이것이 없다면 역사의 존재 당위도 없다는 것, 즉 변화가 인류 사회 발전의 원동력이라는 생각이 전제되어 있다. 사마천은 「십이 제후 연표」의 서문에서 "사물이 성하면 쇠하니 진실로 그것이 변화하기 때문이다.(物盛而衰, 固其變也)"라고 했으니, 역사는 시대의 흐름에 따라 변하는 것이 기본이며 그런 변화하는 양상을 있는 그대로 보여 주는 것이 역사가 본연의 자세라는 인식이 자리 잡고 있는 것이다.

또한 사마천은 화이불분(華夷不分), 즉 중원과 이족을 구분 짓지 않는 열린 역사의식을 지니고 있었다. 예를 들어 세가의 첫 편인 「오태백 세가(吳太伯世家)」는 오나라가 주나라 태왕의 아들인 태백의 후예이고 월나라는 우임금의 후예이며, 흉노의 선조는 황제의 후예라는 시각으로 우월론적 중화주의를 부정하는 관점을 담고 있다. 춘추 시대 오나라의 위상이 북방의 전통 강국 진(晉)나라나 동방의 강소국 노(魯)나라, 정(鄭)나라의 위상에 비해 현저히 낮은 비주류였음에도, 이 편을 세가의 첫머리에 두었다는 것은 매우 독창적인 안목이라 할 것이다.

아울러 사마천은 덕정을 중시하는 통치관을 지니고 있었고, 나라를 다스림에 있어 가장 근본은 인(人)이라고 생각했다. 이런 면모는 진섭을 열전이 아닌 세가에 편입시킨 데서도 엿보인다. 진나라 말기 일개 고용살이 신분에서 군사를 일으켜 왕이 되었다가 불과 6개월 만에 평정된 진섭을 통해 사마천은 거대 제국 진나라의 멸망을 그렸다. 진 제국도 일개 고용살이에 의해 무너질 수 있다는 현실, 즉 보이지 않는 백성들의 힘이 대단히 무섭다는 점을 강조하고자 한 것이다. 이는 후에 반고(班固)가 『한서(漢書)』를 집필하면서 진섭을 세가가 아닌 열전에 강등하여 배치한 것과 확연히 대비된다.

『사기』에 대한 평가와 위상

사마천은 「태사공 자서」 말미에서 "정본(正本)은 명산(名山)에 깊이 간직하고 부본(副本)은 수도에 두어 후세 성인군자들의 열람을 기다린다."라고 했다. 정본을 숨겨 두려한 사마천의 우려대로 통치자에 대한 비판을 숨기지 않은 『사기』에는 후세의 누군가에 의해 내용이 삭제되거나 변경된 흔적이 남아 있다. 더구나 한 무제는 사마천이 『사기』에서 아버지 경제와 무제 자신의 치부를 드러내 신랄하게 비판한 것을 보고 매우 노여워하며 「효경 본기」와 「효무 본기」를 폐기하도록 했다고도 한다. 그리하여 『사기』는 그것이 완성된 전한 시대 때부터 오랫동안 왕실과 역사가들에게 소외된 채 몇 세기를 보내야 했다.

이는 『사기』에는 90여 년 늦게 나온 반고의 『한서』와 달리, 유가 못지않게 제자백가를 두루 다루려는 학문적 균형 감각이 배어 있었기 때문이다. 즉 사마천은 유가보다는 황로 사상에 무게를 두고, 개방적인 사고로 자객, 광대, 점술가, 의사와 상인 등 중요하게 여겨지지 않던 다양한 사회 계층의 사람들도 과감하게 열전에서 다루었는데, 이는 당시 유가적 사회질서를 세우려 했던 통치권자들에겐 못마땅했을 것이다. 예컨대 사마천은 「자객 열전」, 「골계 열전」, 「일자 열전」, 「귀책 열전」에서 9류(流) 3교(敎) 등 당시 사회의 세세한 부분까지 담아내려고 애썼다. 그런데 반고는 『한서』에서 「동방삭전(東方朔傳)」을 제외하고는 비정통파나 하류 문화에 대해서는 전혀 언급하지 않았다.

반고 역시 『한서』 「사마천전(司馬遷傳)」에서 "그(사마천)가 시비를 가리느라 성인의 모습을 왜곡했으며, 대도(大道)를 논할 때에도 황로 사상을 앞에 두고 육경(六經)을 뒤에 놓았으며, 유협을 서술할 때에는 처사(處士)들을 제치고 간웅(奸雄)들을 부각시켰다. 또 화식(貨殖)을 서술할 때에는 세력과 이익을 높이고 천하고 가난한 것을 수치로 생각했는데, 이 모든 것이 그가 만든 폐단이다."라며 사마천을 호되게 비판했다.

당나라 역사가 유지기 역시 비판적인 시각으로 『사통(史通)』에서 반고를 기리고 사마천을 깎아내렸다. 특히 그는 「이체(二体)」 편에서, 『사기』와 『좌전』을 기전체와 편년체의 비조로 삼지만 진정으로 두 문체를 대표하는 책은 반고의 『한서』와 순열(荀悅)의 『한기(漢紀)』라고 했다. 그가 볼 때 사마천이 항우를 본기에 포함시킨 것이라든지 한나라를 배반한 제후왕인 오왕 비(濞), 회남왕 유장(劉長)과 유안(劉安), 형산왕 유사(劉賜) 등을 열전에 편입시킨 것, 심지어 한나라 초기 공신들에 불과한 소하, 조참, 장량, 진평, 주발 등을 세가에 둔 것이나, 공자, 진섭, 외척을 세가에 둔 것은 인정하기 힘든 방식이었다.

그러나 『사기』는 당 대(唐代)부터 관리 임용 시험 과목에 들어가면서 중시되어 송 대(宋代)까지 역사가와 문인들의 주된 관심 대상이 되었다. 당송팔대가인 한유(韓愈)는 사마천에 대해 비판적이었으나, 유종원(柳宗元)은 『사기』를 '웅심아건(雄深雅健)'이라고 평하면서 문장 학습의 기본 틀로 삼았고, 구양수(歐陽脩)는 『사기』 애호가로서 그것을 즐겨 읽으면서 작문에 활용하고자 했다. 『사기』에 대한 평가는 원 대(元代)에는 잠시 주춤했으나, 청 대(淸代)에 기윤(紀昀)과 조익(趙翼) 등이 재평가했고 양계초(梁啓超)는 사마천을 '역사계의 조물주'라고 떠받들었다. 장병린(章炳麟)도 『사기』와 『한서』를 같은 대열에 두고 역사의 전범으로 여겼다. 특히 근대 중국의 위대한 문학가 루쉰(魯迅)은 『사기』를 일컬어 "역사가의 빼어난 노래요, 운율 없는 「이소」다.(史家之絶唱, 無韻之離騷)"(『한문학사강요(漢文學史綱要)』)라고 극찬했다.

　『사기』는 이렇듯 오랫동안 회자되면서 일부 논란에도 불구하고 중국 24사(史)의 모범으로 이어져 내려왔다. 관찬 역사서도 아닌 사마천 개인의 기록인 『사기』가 후대에 24사의 필두로 거론된 것은 우선 중국 전설 시대부터 춘추 전국 시대를 거쳐 한 무제까지 이르는 시기의 유일한 통사이기 때문이다. 더불어 사마천이 역사가로서 끈질기게 고집한 사실성과 현실성이 『사기』를 오랜 세월 동안 살아 숨 쉬게 한 원동력일 것이다.

사기 선집

1판 1쇄 펴냄 2014년 11월 14일
1판 7쇄 펴냄 2022년 3월 30일

지은이   사마천
편 역   김원중
발행인   박근섭·박상준
펴낸곳   (주)민음사

출판등록 1966. 5. 19. (제16-490호)
서울특별시 강남구 도산대로1길 62(신사동) 강남출판문화센터 5층 (우편번호 06027)
대표전화 02-515-2000 | 팩시밀리 02-515-2007
www.minumsa.com

ISBN 978-89-374-3141-8 (03910)

* 잘못 만들어진 책은 구입처에서 교환해 드립니다.